U0560590

# 禮記通解

〔明〕郝敬　撰
廖明飛　點校

長江出版傳媒
崇文書局

# 禮記通解卷十二

郝敬　解

## 明堂位第十四

《明堂位》，取篇首語命篇。篇内所言，非盡明堂也。誇飾魯事以尊周公〔一〕，尊周公而適以彰魯之僭，其事不可謂有，不可謂全無。魯之僭，見于《春秋》與《詩》，而皆託于成王之賜。故夫子因魯史成《春秋》，删《詩》存《魯頌》，不録《魯風》，示「誰毁」之義。後儒不察，謂夫子以天子之事與周公之後，不知周公之後自與也，乃緣飾《明堂位》之説。明堂不見于《詩》《書》，惟《周頌·我將》之序云「祀文王于明堂」，《孟子》云「明堂，王者之堂」，然則明堂誠有之。蓋巡守、朝會之所，猶宗廟之謂清廟云爾。《戴德記》有上圓下方，九室十二堂，三十六户，七十二牖，益以朱草、蒿宫，悠謬之譚。竊意古聖爲宫室，上棟下宇，以蔽風雨，制從易簡，可久可大，南面而治，取諸《離》，

〔一〕「公」下一字格原爲墨釘，今删。

法天觀象，昏旦十二取正中，重明麗正，居上臨下，未有一室盤旋如機偶以法天者也。此技方緯稗陋說。鄭玄好信，云天子宫室皆然，豈非「素隱行怪」者與？嗟乎！世遠教湮，經殘禮壞，後人耳食秦、漢以來處士之餘唾。自吾夫子已云文獻不足徵，況數千百年以下至今日乎！禮家言多駁雜，採真絀浮，存乎高明之士嘿識，不然，則孟子謂「盡信《書》，不如無《書》」者矣。

昔者周公朝諸侯于明堂之位：天子負斧依，南鄉而立；三公，中階之前，北面東上；諸侯之位，阼階之東，西面北上；諸伯之國，西階之西，東面北上；諸子之國，門東，北面東上；諸男之國，門西，北面東上；九夷之國，東門之外，西面北上；八蠻之國，南門之外，北面東上；六戎之國，西門之外，東面南上；五狄之國，北門之外，南面東上；九采之國，應門之外，北面東上。四塞賽，世告至。此周公明堂之位也。明堂也者，明諸侯之尊卑也。昔殷紂亂天下，脯鬼侯以饗〔一〕諸侯，是以周公相武王以伐紂。武王崩，成王幼弱，周公踐天子之位，以治天下。六年，朝諸侯於明堂，制禮作樂，頒度量，而天下大服。七年，致政於成王。

〔一〕「饗」，原訛作「養」，今據閩本改。

昔者周公朝諸侯于明堂之位，言成王幼，周公代爲天子，受諸侯朝也。「天子負依」以下，記明堂朝列之位。天子，即指周公。九夷、八蠻等國，未詳。九采，即九州。《王制》云：「千里之外曰采。」應門，天子正門。塞，謂夷服、鎮服，在外爲蔽塞者也。世告至，謂嗣王即位與其國君繼立，來告也。鬼侯，《史記》作「九侯」，九、鬼聲近。脯，謂殺之，以肉爲脯也。

按：王者向明而治，謂之明堂。今云明堂爲明諸侯之尊卑，鑿説也。謂周公朝諸侯，爲天子，負依南面，尤孟浪之言。愚嘗考《詩》《書》，知周公殺兄，作僞《書》者誣之；周公踐祚，記禮者誣之。武王年八十生成王，九十三崩，成王立，年十三，非甚童蒙也。故周公伐奄，討武庚，皆奉王以行。流言一至，避位二載，王不自悔迎公，公不敢歸。故詩人歌曰「公孫碩膚，赤舄几几」，孔子稱其不驕不吝。從古功高德隆，小心忠慎，未有如公者矣。豈有十三歲天子在位，宰相南面負扆，受諸侯朝之禮乎？況踐位六年，成王年已十九，七年致政，成王年已二十，周公何事貪權乃爾？「七年致政」云者，誤解《洛誥》「復子明辟王」與「誕保文武受命，惟七年」語，緣飾之過也。説詳《洛誥》。至明堂位次，尤爲可疑。天子南面，諸公北面，是矣。侯西面，伯東面，將誰朝乎？九夷、八蠻、六戎、五狄立四門外，或東西面，或南北面，天子不見朝者，朝者亦不見天子，何爲乎？至于五狄北門外南面，將使天子北面而受其朝乎？九采之國，鄭云九州之牧也，二伯帥諸侯入，牧居外糾察。夫朝者散列四門内外，九牧立南門外一方，以糾察中外三方，豈相及乎？禮，諸侯朝天子，北面稽首，今六服四面環繞相拜，何以明尊？不拜不稽首，一立而退，何以成禮？鄭氏謂六服以遠近，或一二歲，或五六歲一周，則是明堂之位有東無西，有南無北，有門内無門外，尤非朝常，皆可哂也。

成王以周公爲有勳勞於天下，是以封周公於曲阜，地方七百里，革車千乘，命魯公世世祀周公以天子之禮樂。是以魯君孟春乘大路，載弧韣獨，旂十有二旒，日月之章，祀帝于郊，配以后稷，天子之禮也。季夏六月，以禘禮祀周公於大廟，牲用白牡，尊用犧象、山罍，鬱尊用黄目，灌用玉瓚大圭，薦用玉豆、雕篹酸，去聲，爵用玉琖盞仍雕，加以璧散上聲、璧角，俎用梡緩嶡鱖。升歌《清廟》，下管《象》，朱干玉戚，冕而舞《大武》，皮弁素積，裼析而舞《大夏》。《昧》，東夷之樂也。《任》，南蠻之樂也。納夷蠻之樂於大廟，言廣魯於天下也。君卷袞冕立于阼，夫人副褘立于房中。君肉袒迎牲於門，夫人薦豆籩，卿大夫贊君，命婦贊夫人，各揚其職。百官廢職服大刑，而天下大服。

曲阜，魯地。孟春，周正月建子，冬至之月。弧，弓也。以竹爲弓，所以張旂。弓外有衣曰韣。《考工記》謂「弧旌枉矢」，《覲禮》謂侯氏「載龍旂，弧韣」，是也。日月，畫于旂上者。周季夏六月，建巳之月也。禘本春祭，惟魯用夏，故下節仍云「夏礿」。禘祭帝，三王始祖皆帝子。祭始祖從出之帝曰禘。牲白牡，用殷王禮，不敢以時制待周公也。尊、罍，皆酒器。爲牛形曰犧。象，猶形也。或曰：形似象也。畫山雲之文曰山罍。鬱尊，盛鬱鬯之尊。黄目，尊爲獸形，以黄金飾目。灌酌鬱鬯獻尸，尸灌地也。玉瓚，以金爲盂，大圭爲柄。玉豆，以玉飾豆。篹，籩屬，以竹爲之，有雕文。爵，行酒之器。夏曰琖，玉爲之，仍用雕刻也。加，加爵也。正獻之外曰加。散、角，皆爵名。璧，即玉也。俎以載肉。虞曰梡，夏曰嶡。梡四足如案，嶡則施横木于足閒也。《清廟》，《周頌》首篇，祭文王之樂歌。下，堂下。管，竹音。《象》，象舞之歌，即《維清》之詩。堂下以管吹《象》也。朱干，朱盾。玉戚，玉飾斧。冕而舞，謂舞者戴冕。《大武》，武王樂。戴皮弁，服素裳，尚質也。裼，單衣也。《大夏》，禹樂。《昧》《任》，皆樂名。合先代之舞，兼四夷之音，昭德象功之至也。先代與四夷之樂，惟天子兼用。成王命魯以此祀周公，欲廣大魯國于天下也。君袞冕立于阼，魯君主祭也。夫人，魯君之夫人。祭則夫人薦豆。副，首飾，編髮爲之。褘，翟衣，王后服，魯君夫人亦得服之也。房，廟中東房。揚，舉也。諸臣助祭者各舉其事也。廢，不舉也。不舉者服大刑，故天下大服也。

按：成王追念周公勳勞，享祀盛其禮，或有之。至于子孫侯度，胡可越也？豈謂車服、儀仗盡比乘輿，郊禘大事一切僭用之乎？魯用郊自僖公始耳。據《春秋》與《魯頌》所載，昭然可考，烏得厚誣成王，并累周公？而記者侈譚爲盛事，「廣魯于天下」，是何言與？孟子之言最近古，曰：「公侯皆方百里。」周公封於魯，太公封於齊，亦爲方百里。今魯方百里者五，則是魯至戰國時始拓地至五百里。今謂成王始封七百里，夫魯七百，齊亦七百，如此，盡海内地不足給數公侯，千八百國，何地可封？所謂天子萬乘，諸侯千乘者，大畧論君十臣一。開方之法，方百里者中方萬里曰千乘，方千里者中方百萬里曰萬乘，極言其多耳。後儒按數取盈，以《司馬法》丘甸之賦求之，即天子畿内分封之餘不能具千乘，況公侯乎？是以愈質愈不合矣。

**是故夏礿、秋嘗、冬烝、春社、秋省而遂大蜡乍，天子之祭也。大廟，天子明堂。庫門，天子皐門。雉門，天子應門。振木鐸於朝，天子之政也。山節藻棁，復廟重檐延，刮楹達鄉向，反坫出尊，崇坫康圭，疏屏，天子之廟飾也。**

礿、嘗、烝，詳見《王制》。不言春者，春祭曰禘。魯春郊而夏禘也。春社，祈年也。秋省，報賽也。省其收入豐儉，則八蜡通不通可知，故遂大蜡也。數者之禮，諸侯皆有，惟魯獨盛，比于天子。大廟之制，即天子之明堂。庫門，魯大門。雉門，魯中門。天子五門：自外而內，曰皐，曰庫，曰雉，曰應，曰路。諸侯三門：曰庫，曰雉，曰路。而魯庫、雉門皆如天子。木鐸，金口木舌。天子將發號令于朝，振之以警衆聽也。山節，刻欂櫨爲山也；藻棁，畫侏儒爲藻也。詳《禮器》。復廟，廟重屋也。重屋故重檐，即今樓閣也。刮楹，刮磨楹柱，使光澤也。達鄉，通達窻牖，使向明也。反坫，兩君相見，設坫兩楹閒，獻酬飲畢，反爵于上也。出尊，設尊于堂，亦兩楹之閒。小禮如祭殤、陽厭之類，則尊于房室，不出也。崇，高也。坫，所以閣。康，安也。圭，禮器。受賓之圭，安措高閣之上，防動摇也。疏屏，屏障之屬，疏通使明爽也。凡此，皆天子廟飾，魯皆用之也。

按：《郊特牲》《祭義》謂春祭爲禘，季夏禘，自魯祀周公始。前言孟春祀帝于郊，季夏六月禘周公于太廟，故于此不復言春禘。而鄭氏云魯在東方，王春東巡守，故魯闕春祭。夫既郊矣，社矣，獨廢其廟祭乎？此附會《王制》而過者也。凡鄭註舍本文曲説類此。

**鸞車，有虞氏之路也；鉤車，夏后氏之路也；大路，殷路也；乘路，周路也。有虞氏之旂，夏后氏之綏**芮，平聲**，殷之大白，周之大赤。夏后氏駱馬，黑鬣；殷人白馬，黑首；周人黄馬，蕃鬣。夏后氏牲尚黑，殷白牡，周騂剛。泰，有虞氏之尊也；山罍，夏后氏之尊也；著**長，入聲**，殷尊也；犧、象，周尊也。爵，夏后氏以琖，殷以斝**嫁**，周以爵。灌尊，夏后氏以雞夷，殷以斝，周以黄目。其勺**常，入聲**，夏后氏以龍勺，殷以疏勺，周以蒲勺。土鼓、蕢**塊**桴**浮**、葦籥，伊耆氏之樂也；拊**撫**搏玉磬，揩**戛**擊大琴、大瑟、中琴、小瑟，四代之樂器也。**

鸞車，有鈴之車。路、輅通。鉤車，鄭謂「曲輿」。輿，車牀。前闌曲曰鉤車。大路，殷木輅也。乘路，周玉輅也。旂、綏、大白、大赤，皆旗名。綏、緌同，以旄牛尾注旂竿之首而垂緌也。白馬黑鬣曰駱。黄馬，蕃鬣，即赤身黑鬣之騂，馬之赤近黄者。騂，赤色。牡曰剛。凡祭牲皆用牡。泰，瓦尊也。尊無足著地曰著。琖之言淺，以形扁淺名。斝之言稼，以刻禾稼名。爵，形似爵。三者皆行酒之器。灌尊，灌獻鬯酒之尊。夷、彝同，常也。宗廟常用之器曰彝。刻雞于上曰雞彝。勺，挹飲之器。

龍，刻龍形。疏，刻鏤疏通。蒲，刻蒲草文。塤泥爲鼓，結塊爲桴，斷蘆爲籥，古伊耆氏之樂也。拊，以手循之。搏，以手彈之。或曰：拊搏，樂器也，韋爲之，實以穅，如小鼓。揩擊，猶戛擊。磬言拊搏，琴瑟言揩擊，互文也。琴不言小，瑟不言中，亦互文也。四代，謂虞、夏、殷、周。

魯公之廟，文世室也；武公之廟，武世室也。米廩，有虞氏之庠也；序，夏后氏之序也；瞽宗，殷學也；頖判宮，周學也。崇鼎、貫鼎、大璜、封父龜，天子之器也；越棘、大弓，天子之戎器也。夏后氏之鼓，足，殷楹鼓，周縣玄鼓。垂之和鐘，叔之離磬，女媧之笙簧。夏后氏之龍簨笱虡距，殷之崇牙，周之璧翣。有虞氏之兩敦對，夏后氏之四璉，殷之六瑚，周之八簋。俎，有虞氏以梡，夏后氏以嶡，殷以椇矩，周以房俎。夏后氏以楬刧豆，殷玉豆，周獻豆。有虞氏服韍弗，夏后氏山，殷火，周龍章。有虞氏祭首，夏后氏祭心，殷祭肝，周祭肺。夏后氏尚明水，殷尚醴，周尚酒。有虞氏官五十，夏后官百，殷二百，周三百。有虞氏之綏，夏后氏之綢叨練，殷之崇牙，周之璧翣。凡四代之服、器、官，魯兼用之。是故魯，王禮也，天下傳之久矣，君臣未嘗相弑也，禮樂、刑法、政俗未嘗相變也。天下以爲有道之國，是故天下資禮樂焉。

周之文、武，功德隆重，二廟百世不遷，曰世室。魯以伯禽廟爲文世室，伯禽玄孫武公之廟爲武世室。米廩，粢盛之藏。虞學曰庠。《孟子》云：「庠者，養也。」以養爲義，故以米廩當之。習射有序，即夏學也。習樂有瞽宗，即殷學也。頖宫猶泮宫，講學行禮之處，即周學也。崇、貫、封父、越，皆亡國名。鼎、璜、龜、戟、弓，皆周先王伐國所得之器。棘、戟通。鼓足，鼓有四足。楹，以木貫鼓中，上出如楹柱也。縣鼓，懸而鼓之也。垂，堯之共工。和鐘，歌鐘。編懸比次，故曰和也。叔，古人，一名無句，始作磬者。離，歷也，亦編懸。稀疏故曰離。或曰：特懸之大磬也。笙，列竹匏中象物生出地也。簧美在其中，故曰笙簧，女媧氏始作也。簨虡，以懸鐘磬。横曰簨，植曰虡。龍，刻爲龍形。崇牙，殷人于簨上刻文爲重牙，周人又設璧翣爲飾。翣，扇也，形團如璧。敦、璉、瑚、簋，皆盛黍稷之器。二、四、六、八，皆魯有之數。梡、嶡見前。椇，味甘，形如珊瑚。俎，足閒横木曲橈，形如椇。房俎，俎有跗如房。楬豆，木豆無文飾也。獻，文美之稱，鄭讀爲「娑」，刻文稀疏貌。韍，祭服之韠。有虞氏以韋爲之，夏畫山，殷畫火，周爲龍章。祭，殺牲以祭。三代各用所勝：夏尚黑勝赤，故祭心；殷尚白勝青，故祭肝；周尚赤勝白，故祭肺。明水，明潔之水。水無味，醴味薄，酒味厚。周官倍商，商倍夏，夏倍虞。四代之官，魯兼備之。綏、綢練、崇牙、璧翣，四者皆送葬之具。綏，旌旗之緌。綢，幬通，韜也。練，熟帛也。以韜旌竿爲旐旒也。崇牙，畫重牙之文于旌翣也。

按：此篇之言，無一當禮，欲獻諛周公，而不知其悖。作記者儻亦寓《春秋》之義，不然，魯三桓之徒自爲之，猶晉人之爲《左傳》，尊晉而不自知其惡也。四代之官，共六百五十，魯以百里之國兼之，安所給禄？入春秋，羽父弑隱公，慶父弑二君，禮樂、刑政之變，不可枚舉。今云「未嘗相弑」「未嘗相變」，記言爲無稽矣。

## 明堂位終

# 喪服小記第十五

《喪服小記》，記喪服之制小者。

**斬衰，括髪以麻。爲母，括髪以麻，免而以布。齊衰，惡笄以終喪。男子冠而婦人笄，男子免而婦人髽**查**。其義，爲男子則免，爲婦人則髽。苴杖，竹也。削杖，桐也。**

禮，父喪斬衰，母喪齊衰，衰異而小斂括髪以麻同。括，結也。括髪雖同，而父喪括髪，則免冠徒首，以至成服；母喪括髪，則免冠加布，至成服。此其爲等殺也。凡不冠曰免。以布，以麻布纏頭，所謂絻也。不言齊衰言母者，齊衰不獨母也。惟爲母齊衰，括髪而絻，其他雖絻不括髪也。惡笄，承上母喪齊衰而并及婦人喪服。凡齊衰，皆惡笄也。惡笄，麤惡之笄，以竹木爲簪，終喪而后易之。凡首服，男冠女笄，喪則男子以免易冠，婦人以髽易笄。免去冠，髽去笄，皆未成服之服，男女異名耳。苴，麤惡之狀。喪禮斬衰苴絰杖，爲父用竹，圓象天也。竹有節，取節哀也。削杖，爲母也。削，取殺削意，方象地。桐，恫也，哀恫與父同也。

按：免禮不同，去冠徒首曰免，免冠加布覆首曰絻。古冕、絻字通，與不冠之免稍别。齊輕于斬，以布，輕于徒首。親始死投冠，笄纚猶存，明日小斂畢，尸將出堂，乃去笄纚散髮，謂之脱髦，以麻結之。父喪括麻徒首，母喪括麻加布。明日大斂，又明日成服，死之第四日也。註疏謂始死戴素冠，視小斂。素冠，既祥之冠，始死焉可用？未成服，安得有冠？疏又引《檀弓》叔孫武叔母死，尸出户，袒且投其冠括髮爲證。夫親死越宿，尚從容笄縰，拂髦加冠，待含斂出户，然後投冠，此子游所謂不知禮者，豈可爲括髮之證？

**祖父卒，而后爲祖母後者三年。爲父、母、長子稽顙。大夫弔之，雖緦必稽顙。婦人爲夫與長子稽顙，其餘則否。男主必使同姓，婦主必使異姓。爲父後者爲出母無服。**

適孫無父，爲祖父喪三年。祖父先死，祖母後死，爲祖母喪亦三年。若祖父在，爲祖母期，亦如父在爲母期也。父死，適孫承重，故曰「爲後」。庶孫則否，如本服。稽顙，以顙擊地，痛之至也。爲父母之喪與長子之喪乃稽顙。父母至尊至親，長子正體也。士有喪，大夫弔之，雖輕喪如緦麻，亦稽顙。尊大夫，不敢待以輕禮也。婦人稽顙，唯夫與長子之喪爲然，其餘否。雖己父母喪，亦不稽顙。喪必有主以接賓客，如無主，則使人代。必使喪家同姓之男代男主，使喪家異姓之女代女主。異姓之女，同宗之婦也。爲父後者，父之適子也。出母，母爲父黜者。適子無服，以其承父也，庶子則期。按此禮未允，説見《檀弓》「子上之母死」一章。

親親以三爲五，以五爲九，上殺去聲、下殺、旁殺而親畢矣。王者禘其祖之所自出，以其祖配之，而立四廟。庶子王亦如之。別子爲祖，繼別爲宗，繼禰者爲小宗。有五世而遷之宗，其繼高祖者也。是故祖遷於上，宗易於下。尊祖故敬宗，敬宗所以尊祖禰也。庶子不祭祖者，明其宗也。庶子不爲長子斬，不繼祖與禰故也。庶子不祭殤與無後者，殤與無後者從祖祔食。庶子不祭禰者，明其宗也。

三，謂身、父、子。由父親祖，由子親孫，以三爲五也。由祖以親曾、高二祖，由孫以親曾、玄二孫，又以五爲九也。九者，三其三代也。中三代，上三代，下三代，所謂同姓九族也。殺，謂五服減等。親漸疏，則服漸輕。上殺，由父而減至高祖。下殺，由子而減至玄孫。旁殺，由己身同輩旁減。身以上，父斬衰三年，祖父齊衰期，曾、高祖齊衰三月，上殺也。身以下，長子斬，庶子期，適孫期，庶孫大功，曾、玄緦麻，下殺也。身以旁，同父兄弟期，同祖大功，同曾祖小功，同高祖緦麻，旁殺也。高祖之外無服，故曰畢。禘，祭帝也。三代之王，皆古帝之苗裔。夏始顓頊，黄帝其所自出也。商始契，周始后稷，帝嚳其所自出也。三王各追祀其始祖所自出之帝，而以始祖配饗，故謂之禘。四廟，四親廟。高、曾、祖、父爲四親。天子七廟，云四者，據五服言也。庶子不得主祭，至繼統爲王，亦用王禮。庶子繼世爲諸侯，亦如諸侯可知。别子，即庶子，諸侯適子之弟，不得繼爲諸侯，别其支自爲祖，即同姓卿大夫之始祖也。其適子適孫世世承繼别子爲宗，所謂百世不遷之大宗也。父廟曰禰，繼禰爲小宗。此又别子之庶子爲父者也。長子長孫，既繼别子爲大宗，庶子之適子，又各繼其父爲小宗，而同父之兄弟共宗之也。由此遞降，至於五世，小宗凡四。親兄弟之適，是繼禰之小宗也。同堂兄弟之適，是繼祖之小宗也。再從兄弟之適，是繼曾祖之小宗也。三從兄弟之適，是繼高祖之小宗也。小宗有四，而皆自繼禰始，故但曰「繼禰」。餘詳《曲禮下》篇。族人一身，共事五宗。大宗不遷，小宗五世則遷，故曰「其繼高祖者也」。自高祖至玄孫五世，而玄孫之子於父之高祖六世，則無服矣。不可仍統父同高祖之兄弟，乃遷從近者爲宗。蓋世以次漸遠，祖以次漸移，宗亦以次漸易。玄孫之子，又以父之曾祖爲高祖，而父繼曾之宗，又爲己繼高之宗，父繼高之宗，己在三從外爲疏屬矣。故曰：「祖遷于上，宗易于下。」宗法之立，所以尊祖。宗子繼祖禰之正體，故敬宗子即敬祖禰。宗子主祭，庶子不得自祭祖，所以明宗也。宗子自爲其長子斬衰，以己繼祖禰，長子繼己也。庶子不得爲宗，其長子亦無承繼之重，故不爲其長子斬衰。庶子無家廟，但祭其祖于宗子之廟。凡庶子親屬之殤者、無後者，無廟可祭，亦于宗子家廟從其祖祔食，己皆不得祭也。庶子苟非仕則無廟，雖禰亦不得自祭，亦于宗子家廟供其牲物，而宗子爲主祭之。凡此，皆所以明宗也。

按：古宗法爲有天下國家者繼世明統系、杜覬覦耳。又慮夫世遠支繁，散而無統，于源頭處，立大宗統之，使人知尊祖；又于分派處，立小宗，使人知敬禰。故曰：「敬宗所以尊祖禰。」然裁抑庶子，使身不得自祭，家不得立廟。有國家則有宗祠，有國不祀，先王以爲討，子孫不祭祖、父，制禮之謂何？非適，非大夫士則無廟，廟必適子爲主。儻庶爲大夫，適爲庶人，則庶人以適坐占大夫，大夫以庶坐降庶人，人生何不幸而爲庶子也！儻適庶俱大夫，則適子廟重複；若適庶皆庶人，或累世不仕，則永爲不祭之家，而祖禰爲無依之鬼。貴賤雖異，各言其子，各言其孫，各言其祖、父，何强世以不堪！故宗法必通人情而后可行也。

親親，尊尊，長長，男女之有别，人道之大者也。從服者，所從亡則已。屬從者，所從雖没也服句。妾從女君而出，則不爲女君之子服。

此論服之降殺。親親以恩言，尊尊以分言，長長以齒言，男女，如父與母、兄弟與姊妹之類，莫不有差等之别。從服，謂不在九族五服之内，從其所尊所親者爲服也。如臣從君服君之黨，妻從夫服夫之黨，子從母服母之黨，妾從女君服女君之黨，皆是因所從者爲服。所從者死，則不服矣。屬從，又就其中情誼連屬，如子從母、妻從夫之類。母與夫雖亡，猶服之。至如妾從女君來嫁，苟女君以罪見出，妾亦從出，女君儻有子在，子死，女君服期，妾可無服。蓋女君與夫絶矣。女君之服爲其子，非爲其夫也。

女君既不得從夫，而妾又安得從女君？此屬從之未没亦不服者也。

**禮，不王不禘。**

禘，解見前篇。此王者之祭，非王者不得用之。

**世子不降妻之父母，其爲去聲妻也與大夫之適子同。父爲士，子爲天子、諸侯，則祭以天子、諸侯，其尸服以士服。父爲天子、諸侯，子爲士，祭以士，其尸服以士服。**

世子，謂天子與諸侯之適子。禮，爲妻父母緦麻，天子、諸侯貴則降。世子貴，服輕亦宜降，而此獨否者，非獨重妻也，未爲君，不敢上同于尊也。故其爲妻服，與大夫適子爲妻齊衰不杖期同。舉大夫者，期至大夫降，而爲妻期獨不降，大夫適子爲妻期。《儀禮》曰：「父之所不降，子亦不敢降也。」其不杖者，《儀禮》曰：父在，爲妻不杖。父在妻喪，則父爲主，故子不得伸。家國雖異，敬父則同。雖天子諸侯世子，下同于大夫適子，厭于所尊，一也。父爲士，子爲天子、諸侯，則以天子、諸侯禮祭，子自伸其敬也。其爲父尸，服死者本服，象其生也。若父爲天子、諸侯，子爲士，安士之分，用士禮祭，而尸服士服，不得仍用生時貴服，何也？爲天子、諸侯亡其國與天下，使子爲士庶人，生不成君，死安得君服，而以庶人祭天子、諸侯乎？父爲士，子爲天子，舜祀瞽瞍是也。父爲天子，子爲士，桀、紂耳。尸服所以異也。

**婦當喪而出，則除之。爲父母喪，未練而出則三年，既練而出則已；未練而反則期，既練而反則遂之。**

禮，婦爲舅姑期。婦當舅姑之喪見出，則除其服，義絶故也。如婦自有父母之喪，未期見出，情復隆于其父母，爲終三年，不復從既嫁之期。若期外見出，既嫁之服已除，不必更同其兄弟爲三年也。若其父母喪未期，夫命復反，仍從已嫁之期。期外命反者，無中道廢，遂終三年可也。

按：服以時變通，是已。但婦與夫同遭親喪而棄之，又忽反之，非禮之經，于此獨詳，豈古人以出妻爲常事邪？未可訓也。

**再期之喪，三年也。期之喪，二年也。九月、七月之喪，三時也。五月之喪，二時也。三月之喪，一時也。故期而祭，禮也。期而除喪，道也。祭不爲除喪也。三年而后葬者必再祭，其祭之閒不同時，而除喪。大功者主人之喪，有三年者則必爲之再祭。朋友，虞祔而已。**

此明練、祥二祭之義。凡吉祭，每時一舉，有三年之喪則廢。三年之喪，二十五月而祥，二十七月而除。二十五月，是再期也。二十七月，則三年矣。期之喪，十三月而除，是二年也。大功九月，而中殤降服之大功有七月者，是三時也。小功五月之喪，是二時也。緦麻三月，是一時也。禮，三月一祭。親喪，則期而練祭，再期而祥祭，不敢經歲不祭，禮當然也。期而男除首絰，女除要帶，再期而除衰，哀以時漸殺，道當然也。祭與除喪，各有其義，祭不爲除喪舉也。何以明之？人子有因他故，三年後得葬其親者，亦期而練祭，再期祥祭，但再祭中間，不與已葬者同時除喪。練祭同設，而絰帶不同除；祥祭同設，而衰不同除。蓋祭不可闕，親柩在殯，衰絰亦不可除，則祭不爲除喪明矣。鄭解未達。大功者主人之喪，謂從父兄弟死大功，代爲死者妻、子主喪也。無妻、子則無人爲三年之喪，無再祭。有妻、子爲三年之喪，而子幼妻不能主，則大功者攝主其練祥，以終兩期之禮。至朋友，但爲治其虞祭、祔祭耳。獨言大功者，期則親兄弟矣。有親兄弟，不爲無主。此爲孤弱無同父之親者。自此以上并大功無者，益可知矣。先儒曰：率「朋友死，于我殯」之義，練祥不必大功，親黨皆不得辭也；推「行有死人，尚或殣之」之〔一〕心，虞祔不必朋友，相識者皆不得辭也。善言禮矣。

**士妾有子而爲之緦，無子則已。生不及祖父母、諸父、昆弟，而父稅兌喪，己則否。爲君之父母、妻、長子，君已除喪而后聞喪，則不稅。降而在緦、小功者，則稅之。近臣，君服斯服矣，其餘從而服，不從而稅。君雖未知喪，臣服已。**

士妾有子者，則士爲之緦，無子則無服。獨言士，是大夫以上，妾雖有子，亦不爲之服矣。子生

〔一〕「之之」，原止有一「之」字，今依文義補。

在他邦，不及見其祖父母與伯叔父、昆弟，其父亦以在他邦，聞喪後時，父當爲税服。追服曰税。子可不税，爲生不識面，而喪過時也。苟時未過，猶爲之服。卿大夫爲君之父母、妻、長子，皆有服。若有事羈他邦，君已除服，臣始聞喪，則不追服。蓋是服本從君，君除則可已矣。降而在緦、小功，謂正服本重，以殤降者，詳見《儀禮》。凡降服重于正服，服已降，又不税，則近薄矣。雖輕如緦、小功，時過必追服也。近臣，謂近君小臣，卑賤，君服從服，無論税非税矣。其餘若卿大夫輩，限内則從服，限外不從税。如國有大喪，君在外，不及聞，臣在本國者服矣，不必待君也。

按：祖父母、諸父、兄弟之喪皆期，情非輕也。豈以生不及，死遂同路人乎？此禮未宜。《儀禮·喪服傳》云「兄弟皆在他邦，加一等。不及知父母，與兄弟居，加一等」，謂生不得與骨肉同居，聞其死，有加無殺。不幸之中，又不幸焉，故極哀也。《檀弓》：「曾子云：『小功而不税，則是遠兄弟而終無服也，可乎？』」此之謂也。夫正小功猶欲税，降小功可知；降小功猶税，期可知。孰謂祖父母、諸父、昆弟可不税乎！凡禮家言參差類此。

**虞，杖不入於室；祔，杖不升於堂。**

此哀殺去杖之節。虞先祔後，堂淺室深。杖以扶哀，哀漸輕，杖以漸去，未葬則杖不去身。既葬，虞祭于室，則杖止升堂，入室去杖。虞後祔祭，杖亦不升堂，室可知矣。

爲君母後者，君母卒，則不爲君母之黨服。

君母，謂適母。無適子，立庶子爲後。君母死，則不爲君母之黨服，即上章「從服者，所從亡則已」之意。

按：庶子爲適母後，適母死，則不爲母黨服。是後其生，不後其死也，猶弗後矣。鄭以「徒從」釋之，豈子從母而可謂之徒從乎？

絰殺，五分而去一。杖大如絰。

麻在首在腰皆曰絰。分言，則首爲絰，腰爲帶。此謂帶也。《儀禮》斬衰首絰，以苴麻爲之，大一搹。搹、搤同。拇指與第二指圍曰搤。帶殺首絰五分之一，而杖之大如帶。五分，象五服也。五服皆有絰有帶。齊衰之絰，大如斬衰之帶，五分去一，以爲齊衰之帶。大功之絰，大如齊衰之帶，五分去一，以爲大功之帶。小功之絰，大如大功之帶，五分去一，以爲小功之帶。緦麻之絰，大如小功之帶，五分去一，以爲緦麻之帶。

妾爲君之長子，與女君同。

女君，謂正嫡。女君爲長子齊衰三年，妾同之，重繼體也。

**除喪者先重者，易服者易輕者。**

重輕皆以首、要絰言。重謂男子重首絰，婦人重要絰。除喪，謂期而小祥，喪服漸除，男子先除其首絰而要絰不除，婦人先除其要絰而首絰不除。蓋哀之殺也，由重漸輕，未有先輕而後重者也。易服，謂既葬卒哭，以葛易麻，男子要絰輕，故要易葛而首不易；婦人首絰輕，故首易葛而要不易，《檀弓》所謂「婦人不葛帶」是也。蓋服之吉也，由輕變重，未有越輕而趨重者也。一除一易，輕重先后自然之節。鄭以易爲大喪既葛帶，遭小喪易麻，據《閒傳》與《服問》解，而意亦該乎其中。

**無事不辟廟門，哭皆於其次。**

辟、闢通，開也。廟門，殯宮門。鬼尚幽，有事則開，無事則闔。倚廬曰次。無事哀至，哭皆于次。有事闢門，入，即位哭。

**復與書銘，自天子達於士，其辭一也。男子稱名，婦人書姓與伯仲，如不知姓，則書氏。**

復，招魂也。銘，明旌。復呼名姓，望其魂來也。銘書名姓，使其魄依也。書姓與伯仲，書銘也。始生所從出曰姓。子孫蒙先世官謚若字爲氏。

按：人始死升屋招呼，此古俗禮。男子稱名，苟臣子復君父而名，可乎？鄭遂推爲殷禮，無稽。

斬衰之葛與齊衰之麻同，齊衰之葛與大功之麻同，麻同皆兼服之。報葬者報虞，三月而后卒哭。父母之喪偕句，先葬者不虞、祔，待後事。其葬，服斬衰。

葛所以易麻，大喪既葬、虞、卒哭，男子以葛易麻帶，婦人以葛易麻首絰。葛比麻，五分殺一。斬之葛絰，與齊衰初死之麻絰同。齊衰之葛絰，與大功初死之麻絰同。兼服，謂斬衰卒哭後，遭齊衰之喪，服齊衰之麻絰可，服斬衰之葛絰亦可。齊衰卒哭後，遭大功之喪，服大功之麻絰可，服齊衰之葛絰亦可。《服問》云「麻之有本者，變三年之葛」，是也。報，與「赴」通，告也。以葬期告人，并告以虞期。蓋葬、虞本同日，亦或有他故不得虞，必并報之。鄭解「報」爲「速」，恐非。三月而后卒哭，謂三月後葬，葬而虞，乃卒無時之哭，禮也。不虞卒哭與卒哭不虞，皆非禮。父母之喪偕，謂父母同時死也。《曾子問》云「葬先輕後重，奠先重後輕」，即此意也。先葬謂葬母，所謂葬先輕也。不虞、祔，不爲母設虞祭、祔祭，待父葬畢虞、祔。先父後母，所謂奠後輕也。其葬皆服斬衰，謂母本齊衰，爲父未葬，從重也。按此言父母喪偕之禮，與《曾子問》同，而此節之言爲近。

大夫降其庶子，其孫不降其父。大夫不主士之喪。

禮，爲庶子期。大夫貴，則降爲大功，以庶子不爲大夫也。其孫，謂庶子之子，爲其父三年，不以祖之所降而降其父。蓋子有降，父無降也。《儀禮·喪服傳》曰：父之所不服，其子亦不敢服。此謂大夫之尊壓其子，而祖之尊不以壓其孫也。士死無後，其親戚有爲大夫者，不得主其喪，尊卑不倫也。

按：此亦爲有親屬代主者言。苟士無屬可代，雖大夫，其可辭乎！

**爲慈母之父母無服。夫爲人後者，其妻爲舅姑大功。**

慈母如母，而慈母之父母則疏矣，故無服。其夫既離其本生之父母爲人後，則妻亦從其夫爲人婦。夫于生父母期年，妻于夫生舅姑降一等，大功耳。

**士祔於大夫則易牲。**

士死無後，主祔于祖。如祖爲大夫，祭用少牢，士祔食，則易以特牲，不敢因祖之牲。蓋主可祔，禮不可假也。鄭謂不以卑牲祭尊，同用少牢，非也。後云「妾無妾祖姑者，易牲而祔于女君」，亦謂各異其牲耳。《雜記》云「士不祔于大夫」，彼謂先祖兄弟有爲士者可以類祔則祔之，此謂無士可祔者，故祔于大夫也。

**繼父不同居也者，必嘗同居。皆無主後，同財而祭其祖禰，爲同居；有主後者爲異居。**

繼父，謂母再嫁之夫，前夫之子，因母爲父者也。《儀禮》有同居繼父，有不同居繼父，有未嘗同居繼父，凡三等。同居繼父，謂子幼無父隨母嫁，與繼父同居，子無大功之親爲主，繼父亦無大功之親爲後，父用財貨築宫廟，使此子得自祭其先祖禰，終身相依，有父之道。如此，乃爲同居繼父，其死也，爲服齊衰期。所謂不同居繼父者，始嘗同居，亦同財而祭，但此子自有大功之親爲主，繼父亦有大功之親爲後，終遂異居，是爲異居繼父，死服齊衰三月。其未嘗同居繼父者，母嫁子未往，子自有主，繼父自有後，其不同財祭可知。因母稱父，其實路人，無可爲服矣。記言不詳舉，而義皆備。

**哭朋友者於門外之右，南面。**

《檀弓》曰：「朋友，吾哭諸寢門之外。」以朋友門外之交也。南面，取向外義。

**祔葬者不筮宅。士、大夫不得祔於諸侯，祔於諸祖父之爲士、大夫者。其妻祔於諸祖姑，妾祔於妾祖姑，亡無則中一以上而祔，祔必以其昭穆。諸侯不得祔於天子，天子、諸侯、大夫可以祔於士。**

宅，謂葬地。祔葬，謂後死者葬附于先塋。先世葬宅已筮，祔葬則不再筮。「士、大夫」以下，謂既葬祔主于廟者。蓋諸侯之庶子、庶孫，始別宗爲士、大夫而無後者。禮，惟大宗立後，庶無後，則以其主附于祖，然不得祔于祖之爲諸侯者。諸侯雖親，貴已絶宗，但可附于諸祖父爲士、大夫者之廟。諸祖父，即諸侯之從父，士、大夫死者之從祖父也。其妻，即士、大夫之妻。諸祖姑，即諸祖父之妻。妾祖姑，即諸祖父之妾。亡、無同。無諸祖父之爲士、大夫與無妾祖姑可祔，則閒一代以上，求有者祔之。中，猶閒也，謂閒諸曾上祔諸高，諸祖父無妾，上祔于諸高祖父之有妾者。廟次左昭右穆，父子不同列，各以世次。諸侯不得祔于天子，亦謂天子之庶子、庶孫始命爲諸侯而無後者，不得祔于天子也。天子、諸侯、大夫可祔于士，謂士之子孫爲天子、諸侯、大夫，死則附于祖，不敢自尊以卑其祖父也。

按：此節爲庶子無後而附食于祖者之禮。《傳》曰：爲人後者，後大宗也，大宗，收族者也，不可以絶。故禮無絶宗而有絶庶。庶絶，其妻妾無主，分别附寄。鄭以爲既葬卒哭之祔，若是，則廟制有常數，各祀其祖禰，各有小宗，焉得祔于諸祖？妻從夫，妾從嫡，焉得祔于諸祖姑？廟無二主，新入則舊遷，焉得以新主附于舊主？妾不世祭，焉得屢世有妾祖姑廟？諸家附會，勉强分疏，終未釋然也。

**爲母之君母，母卒則不服。宗子，母在爲妻禫。爲慈母後者，爲庶母可也，爲祖庶母可也。爲父、母、妻、長子禫。慈母與妾母，不世祭也。**

君母猶言適母。母之適母，非母之生母也。母在，適母死，則母爲之服，而己從母服。母卒無從，則不服。宗子、宗婦繼正體，故宗子爲妻期而禫，父在則不禫，厭于尊也。無父，雖母在亦禫。若非宗子，有姑在，豈得伸禮于婦乎？爲慈母後者，《儀禮》所謂妾無子與妾子無母者，父命之爲母子者也。爲庶母，謂後庶母爲慈母也。爲庶祖母，謂父妾無子，命己妾之子後之，亦爲慈母。三母皆妾，故皆可以妾之子爲後。禫，除喪之祭，言思慕平澹也。大喪二十七月禫，期喪十五月禫。惟父、母、妻、長子四喪，皆情至禮重，禫而除，備禮也。慈母與妾母不世祭，謂子祭之，孫以下不祭也。

按：己妾之子爲己妾無子者後則可，爲父妾無子者後，越昭穆之次矣。慈母猶母，有三年之喪，無再世之祀，于人情未允。

丈夫冠而不爲殤，婦人笄而不爲殤。爲殤後者，以其服服之。久而不葬者，唯主喪者不除，其餘以麻終月數者，除喪則已。箭笄終喪三年。齊衰三月，與大功同者繩屨。

男女之死，雖在殤年，而既冠既笄，則爲丈夫婦人矣，不得以殤殺禮，喪用成人可也。殤雖冠而未昏，無爲父之道，若立後，但依本親服服之，如姪爲叔後，仍以叔服服[一]之之類。久而不葬，謂親死有他故踰期不得葬也。主喪，謂子于父母，臣于君，妻于夫之類，未葬皆不得除衰絰。其餘，謂旁親也。以麻終月數，謂期以下，既葬，主人受葛，則諸親皆變葛。今未葬，主人猶麻，諸親亦麻，但終所服之月數者。除其喪，則止不服，不待主人也。箭笄，小竹爲簪，即前云「惡笄」，婦女大喪用之。爲尊者齊衰三月，爲卑者大功九月，情畧相等，故同用麻繩爲屨也。

按：禮，爲人後者以繼宗也。惟大宗則立後，殤未任爲父，無後理，故服所後殤，不得如父服。今世俗死無子，不分老幼適庶，輒議立後，利死者財產，以繼絕爲名耳。其事假仁，其實非禮。

練，筮日、筮尸、視濯，皆要絰、杖、繩屨，有司告具而后去杖。筮日、筮尸，有

---

[一]「服服」，原止有一「服」字，今依文義補。

**司告事畢而后杖，拜送賓。大祥，吉服而筮尸。**

練，小祥祭名。將祭，必筮日與爲尸之人，祭之先夕，省牲濯器。主人除首絰，而服要絰，杖、繩屨，以將此三事。有司告三事具備，而后主人去杖也。筮日、筮尸，謂命蓍揲策，則去杖，致敬于神。《喪大記》云「聽卜，有事于尸，則去杖」，是也。有司告筮事畢，主人乃復執杖，拜送賓客。蓋筮必有賓至，杖拜送，不忘哀也。若大祥之祭，筮尸則用吉服，不絰、杖、繩屨矣。筮尸吉服，筮日、視濯可知。

**庶子在父之室，則爲其母不禫。庶子不以杖即位。父不主庶子之喪，則孫以杖即位可也。父在，庶子爲妻，以杖即位可也。**

庶子，衆子，禮與適異。庶子爲大夫與父異宮，容得自伸。若不命之士與父同宮，則母喪不禫。庶賤，厭于尊也。庶子、適子同遭親喪，獨適子爲喪主，以杖即位。《儀禮》云：杖者，擔主也。庶子雖杖不爲主，不以杖即位，惟杖于門外耳。適子死，父爲主，杖，則適子之子，不以杖即位，避尊也。若庶子死，父不爲主，庶子之子爲主，以杖即位可也。適子妻死，父爲主，則適子不以杖即位。若庶子妻死，父不爲主，庶子自主，以杖即位可也。斯二者，又不在「庶子不以杖即位」之限。

按：杖之設，爲扶毀也。故期服有杖有不杖，以親疏爲差。如拘適庶，分貴賤，適杖庶不得杖，是庶子之哀不如適子也；父杖子不得杖，是子之哀父，不如父之哀子也。行禮以義爲質，則使人不疑而安，可久。

諸侯弔於異國之臣，則其君爲主。諸侯弔，必皮弁錫衰。所弔雖已葬，主人必免。主人未喪服，則君亦不錫衰。

諸侯無親弔外臣之禮。有事異國，遇貴臣喪則弔，因主君及也。故主君代爲主，臣不敢自主也。君弔，則首皮弁，服錫布之衰。麻布光澤者曰錫。如弔于葬後，主人無免禮，大功以上，卒哭則不免。遇君弔，非免時，主人亦必免，以重禮待君也。如始死來弔，主人未成服，正當免時，則君不錫衰，所謂「羔裘玄冠者，易之而已」。曾子襲裘入，以此。

養去聲有疾者不喪服，遂以主其喪。非養者入主人之喪，則不易己之喪服。養尊者必易服，養卑者否。

親屬有疾無告，己欲養之，而身有喪，不可以喪服往，諱其凶也。若疾者死，既養之，當遂爲主其喪，不得以己喪棄之也。如疾時未釋服致養，今死往主其喪，即服己之喪服往，不必易矣。凡養父兄必易吉服，養子弟則否。

妾無妾祖姑者，易牲而祔於女君可也。婦之喪，虞、卒哭，其夫若子主之，祔則舅主之。

前言妾死祔于妾祖姑，則同牲而祭。如祖父無妾可祔，則祔于適祖姑廟，易牲可也。女君，即適祖姑。易牲，謂改易其牲，如女君少牢則妾特牲，女君特牲則妾特豚之類，與前士祔于大夫易牲同。鄭以易牲爲同牲，非也。婦之喪，謂舅爲子婦之喪。虞、卒哭之祭，行于寢，夫主之，夫死，子主之，舅不與也。婦之主納于廟，祔祭于祖姑，是舅之母也。禮行于廟，則舅主之，夫與子不敢主也。

**士不攝大夫，士攝大夫唯宗子。主人未除喪，有兄弟自他國至，則主人不免而爲主。**

士卑，大夫尊，大夫有喪無主，士不敢代爲主。士代大夫主，唯宗子則可，以其爲家之尊也。禮，既卒哭則不免，惟君弔，孝子雖過時亦免。若兄弟過時至，則主人不免可矣。

按：古者封建世官，諸侯、大夫、士世相臨也，故大夫與士禮如君臣。自郡縣分，而仕者惟在官相轄，歸則鄉人士皆其親戚故舊，而欲以古禮責之不相臨之士，則亢矣；士以古禮加之非所事之大夫，則諂矣。故禮貴識時。

**陳器之道，多陳之而省納之可也，省陳之而盡納之可也。**

陳器，謂陳設從葬之明器。賓客親戚皆有器物贈死，故陳設多，然納于壙中者有限，故省多則少納，少則盡納，適宜而止。不以財儉親，不以美没禮，斯可矣。

**奔兄弟之喪，先之墓而後之家，爲位而哭。所知之喪，則哭於宫而後之墓。**

奔喪者常後期，至，苟葬矣，兄弟之親則先省死者而後成禮，情迫也。若朋友，先成禮而後省墓，禮爲先也。宫，故殯宫。兄弟，門内之戚，故稱家。

**父不爲衆子次於外。與諸侯爲兄弟者服斬。**

適長子死，父出舍于喪次，衆子則否。諸侯死，臣皆服斬。爲兄弟者莫非臣，不得止從本服，亦皆服斬，兄弟以下可知。兄弟以上，則本服耳。兄弟或有在異國者，故稱「諸侯」。

**下殤小功，帶澡麻不絶本，詘而反**句**，以報之。**

下殤小功，謂期服之親自九歲至十三歲死者，服再降爲小功。禮輕情重，故要帶澡治其麻，而不斷其根，帶末屈而反向上絞之，不散垂也。詘，屈同。報，答也，即《儀禮》「報服」之「報」。謂此死者于生者，其服同，以答之。鄭謂報爲合糾之，非也。獨言下殤者，長殤小功，澡麻絶本可知也。言帶不言首絰，男子重首，易服者易輕，帶麻澡而首絰麻猶不澡也。自斬衰至大功，麻皆連根。始死未成服以前，帶皆散垂。至小功帶，始用澡麻，去根，屈末不散垂。惟下殤降小功情重，不去根，而不散垂則同，所以明之。

**婦祔於祖姑，祖姑有三人，則祔於親者。其妻，爲大夫而卒，而后其夫不爲大夫，**

**而祔於其妻，則不易牲。妻卒而后夫爲大夫，而祔於其妻，則以大夫牲。**

婦祔，謂婦先夫死未立廟者，以其主附于祖姑廟。祖姑有三人，謂祖父之妻有嫡、繼、庶，而親者乃舅之生母，宜祔之。夫爲大夫而妻先死，祭妻之牲嘗用少牢矣，其後夫失位，不得用少牢。及死而祔祭于妻，亦用其降牲耳，不敢變易，復用前大夫之牲也。如妻死時，其夫爲士庶人，祭嘗用特牲矣，後其夫爲大夫死，而祔于妻，乃可用大夫少牢之牲耳。

按：禮，大夫三廟，上及曾祖，死當祔于祖，胡爲祔于妻？蓋妻先死，立廟而毀曾祖廟，則非禮；不毀益廟，則踰制。故不立廟，但以其主附于祖姑。及夫死廟祀，妻配食，而其主在先，故謂之祔于其妻。註疏以「始來仕無廟者」解。夫既爲大夫來仕，營宫室，必先寢廟，至死而尚無廟可附乎？非也。

**爲父後者爲出母無服。無服也者，喪者不祭故也。**

爲父後者，適子也。出母，母爲父所出，死則適子無服。蓋服則廢祭，祭吉喪凶，凶服不可以行吉禮。因既絶之母，廢先祖之祭，所以不爲服耳。

按：此適子非出母所生猶可，若出母生我也者，而死同路人，于理順乎？易喪服而祭，未爲不可也。

**婦人不爲主而杖者：姑在爲夫杖，母爲長子削杖，女子子在室爲父母，其主喪者不杖，則子一人杖。**

杖，擔主也。婦人與夫同爲喪主，則與夫同杖。夫死無子，妻爲主，則杖。其不爲主而杖者有二：舅死姑在，有夫之喪，爲夫杖，從子而不爲主也；父死母存，長子死，則其母爲削杖，報以類，亦不爲主也。又女子子未嫁喪父母，外無男兄弟爲主，使其同姓攝主，攝主無杖，惟有女子子一人，焉得不杖？此皆婦人不爲主而杖之類。

**緦、小功，虞、卒哭則免。既葬而不報虞，則雖主人皆冠，及虞則皆免。爲兄弟，既除喪已，及其葬也，反服其服，報虞、卒哭則免，如不報虞則除之。遠葬者，比反哭者皆冠；及郊而后免，反哭。君弔，雖不當免時也，主人必免，不散麻。雖異國之君，免也，親者皆免。**

此記免之節。緦、小功，輕喪也。五服始死，親者皆免冠哭，至成服後，情重者遇禮事哭踊則免，服輕者不免。惟既葬反而虞與卒哭之祭，主人盡哀之時，衆親皆免，雖緦、小功亦免矣。既葬不報虞，承前言報葬則報虞。三月卒哭，正禮也。既葬不以虞告，是偶有他故不得虞。其閒未虞之日，雖孝子亦且冠，衆親可知。至虞，凡親者與祭皆免，孝子可知。兄弟之喪，本服限滿已除，主人有故，過期未葬，及葬日，還服其本服送之。若主者以虞、卒哭告，則免而往；不以告，則既葬而除本服耳。遠葬，謂葬在遠郊。其反也，哭其在途皆冠，及近郊入國而後免，以反哭于廟。君弔臣喪，在始死未卒哭前，當免之時固免，雖弔于卒哭後，不當免時，孝子亦必免，但要絰不如始死未成服時散垂耳。此禮不但本國君弔，雖外國君至亦然。不惟孝子，凡親者與喪皆然，所以重君也。

按：禮，既葬則速反而虞，故曰：「葬日虞，弗忍一日離也。」此云既葬不報虞，則主人皆冠，此禮可疑。

**除殤之喪者，其祭也必玄。除成喪者，其祭也朝服縞冠。**

殤未成喪，其禮簡，無虞與卒哭、練之變服。其除服之祭，衣冠皆玄，純吉不用素也。除成人之喪，祥祭用朝服。古者禮服皆稱朝服，衣緇而裳色殊也。冠縞不用玄，不純吉也。

**奔父之喪，括髮於堂上，袒，降，踊，襲、絰于東方。奔母之喪，不括髮，袒於堂上，降，踊，襲、免于東方，絰。即位，成踊，出門，哭止。三日而五哭三袒。**

親死既殯，孝子自外來奔，故無始死投冠扱衽之變，至則免冠脫髦，括髮于殯宮堂上，肉袒，下堂而踊。將踊，必先袒。踊畢，掩襲袒衣，著〔一〕絰于堂序東，奔父喪之禮也。母喪，初至免冠，不括髮，殺于父也。袒于堂，降，踊畢，襲衣，加絻布于首，就堂序東，加〔二〕絰。即位于東階下，更成踊，

〔一〕「絰」上一字格爲墨釘，今刪，《續修》本作「要」。

〔二〕「絰」上一字格爲墨釘，今刪，《續修》本作「要」。

與父同也。禮畢，出殯宫門，就倚廬之次。此初至一哭，故曰哭止。明日，又明日，皆朝夕哭，所謂三日五哭也。初至袒，明日，又明日，皆朝袒，所謂三袒也。禮，始死，孝子哭踊無時，五哭三袒，聞喪久，殺也。

按：此禮詳《奔喪篇》。此云奔母喪不括髮爲異，記言難盡同也。始死襲絰，舊謂要絰耳。服宜先首，男重首，豈襲帶反遺首乎？絰名由首起，《檀弓》云「絰者，實也」，孝子沈痛首疾之狀。《喪服傳》五服帶皆由絰降，初喪首、要俱絰也，詳《士喪禮》。然喪先首、要絰，何也？冠帶，人類所以别于禽獸，無吉凶，須臾不可去。初喪吉衣冠盡解，凶衣冠未成，故襲衣以掩其吉服，加絰帶以代冠帶。今新喪有要絰無首絰，父母喪皆免以布，與古異。鄭註未曉。

適婦不爲舅後者，則姑爲之小功。

適婦，適子婦。禮，舅姑爲適婦大功，爲庶婦小功。不爲後，謂適婦無子，而其舅先死，是不爲舅後，則姑爲之降服小功，殺之也。鄭謂適子有廢疾他故及死無子不承重者，若是，何獨殺于其婦乎？

## 喪服小記終〔一〕

〔一〕「喪服小記終」，此行原在書葉闕損處，據《續修》本補。

# 大傳第十六

《大傳》，傳禮之大者。禮莫大于治人。聖人治天下，治其人而已，制禮以爲治人之道而已。篇中所言，人道大端，故曰「大傳」。

**禮，不王不禘。王者禘其祖之所自出，以其祖配之。諸侯及其太祖。大夫、士有大事，省於其君，干祫及其高祖。牧之野，武王之大事也。既事而退，柴於上帝，祈於社，設奠於牧室，遂率天下諸侯執豆籩，逡奔走，追王大王亶父、王季歷、文王昌，不以卑臨尊也。**

天子有天下，其功德廣遠，分無閒隔，故祀其始祖，又追祀其所從出之祖。無上之尊，罔極之報，惟聖人在天子位，乃能通古今于一息，聯曠世爲一體。自非然者，不惟精誠不逮，而地分不相接，則其感不通。後王踵襲，已爲虛文，而況諸侯以下，欲僭用之者乎？故禮以辨上下，定民志，舉一禘而凡禮可知。首言禘，舉其大者。祫即禘，祫言合也。禘始祖，則合祀羣祖，故曰祫。其禮大，故曰大事。諸侯以及其始祖爲大事，大夫、士以及其高祖爲大事。諸侯五廟，故得祫。大夫、士廟不足，欲祫其祖，必因君祫，省視君之大事，乃以尊祖之情求祫于君。干，求也，如「干禄」之「干」。君許乃祫，亦止及其高祖。無君命，則不敢祫。武王之大事，自革商始。牧野功成，退而升柴于天，祈告于地，設奠行主于牧之館。因率天下諸侯助祭，以隆尊號于祖考，不欲使祖考爲諸侯，而子孫以天子臨之也。

上治祖禰，尊尊也。下治子孫，親親也。旁治昆弟，合族以食，序以昭繆穆，別之以禮義，人道竭矣。聖人南面而聽天下，所且先者五，民不與焉：一曰治親，二曰報功，三曰舉賢，四曰使能，五曰存愛。五者一得於天下，民無不足，無不贍者。五者一物紕批繆，民莫得其死。聖人南面而治天下，必自人道始矣。立權度量，考文章，改正朔，易服色，殊徽號，異器械，別衣服，此其所得與民變革者也。其不可得變革者則有矣，親親也，尊尊也，長長也，男女有別，此其不可得與民變革者也。

治，猶理也。別其隆殺，辨其親疏，所以理之也。合族以食，謂祭祀燕饗，集宗族子姓共飲食也。合食族人，序之以昭穆而不亂；上下旁治，別之以禮義而不瀆，則人倫之道竭盡而無餘欠矣。聖人之治天下，治其民也。然治民而不先人道，民不可得而治。人道多端，其本始于親，其道終于愛。故一曰治親，上治、下治、旁治是也；二曰報功，天地祖宗，生成垂創之功，不可忘也；三曰舉賢，有德者弼成人道，以共安天下，舉而尊之；四曰使能，有才者服官任事，以共治民，器而使之；五曰存愛，親功賢能，總繫乎人主仁愛之一念，所以尊祖敬宗，與賢才宣猷効力，亦惟行吾之愛，使仁覆天下耳，故存愛終焉。愛常存而人道始終盡矣。五者兼得，則親功賢能之業廣，而愛無不博，民不待足而自足，不賙給而自贍，此不與而與之道也。物，猶事也。紕繆，差錯也。若五者一事差錯，則倫常乖，天理滅，大亂起，而民莫得其死，雖先民而治何益？所以聖人治天下自人道始。故夫立權衡度量，考典籍文章，改年之正與月之朔，易服色，殊旗號，徽，旗也，與禮樂之器，軍旅之械，衣服吉凶貴賤之等，凡此皆世主所謂治民之事，可隨時變通，非秉彝根心不可變革者也。其不可變革者，親親，尊尊，長長，男女有別，立人之道，古今不易，聖人治天下所必先也。

同姓從宗，合族屬；異姓主名，治際會。名著而男女有別。其夫屬乎父道者，妻皆母道也；其夫屬乎子道者，妻皆婦道也。謂弟之妻婦者，是嫂亦可謂之母乎？名者，人治之大者也，可無慎乎！四世而緦，服之窮也。五世袒免，殺同姓也。六世，親屬竭矣。其庶姓別於上而戚單於下，昏姻可以通乎？繫之以姓而弗別，綴之以食而弗殊，雖百世而昏姻不通者，周道然也。

同姓之親，主之以宗，族人各從其小宗，以共從其大宗，宗法明而族屬聯合矣。異姓本疏，以交際會合爲親，生無定分，惟名爲主，故理治其交際之會，不使之亂。異姓相親，必始昏姻；主名治會，必先男女。男女非天合，而以名定。男各妻其妻，女各夫其夫，則尊卑上下之名著。夫屬父輩者，其妻即母輩；夫屬子輩者，其妻即婦輩，皆所謂名著也。名著則分辨，未聞以弟之妻爲婦，兄之妻爲母者，他皆可知已。此别男女所以在名著，而治際會必主名也。故曰：名者，治人之大，君子不可不慎！然欲使異姓際會，男女有别，必先同姓合族，然後昏姻不亂。是故宗族之親，雖竭于五世，而繫姓綴食之禮，直通乎百世。四世，謂同高祖者。緦，緦麻服。一世同父爲親兄弟，服期；再世同祖爲從兄弟，服大功；三世同曾祖爲再從兄弟，服小功；四世同高祖爲三從兄弟，服緦麻。服至緦麻盡矣，故曰窮也。五世，謂父同高祖兄弟，但相爲袒免，無正服。凡哭踊必袒衣，免冠加布，即今弔喪、送葬者以白布裹頭之類。五世親盡，但可謂同姓，故減殺也。六世，謂祖與同高祖者，親屬竭絶，亦惟弔送袒免，無服也。庶姓，謂祖姓分爲衆姓，如魯姬姓，三家又各以氏爲姓之類。上，謂始别姓者。下，謂其子孫。單，盡也。庶姓别于先世，親情盡于子孫，如此，則昏姻其可相通乎？設疑之辭，若遂通昏姻，是亂人道矣。故庶姓雖别，猶繫以祖姓，弗使别也。雖服窮屬竭，祭祀燕饗猶綴以飲食，弗使殊也。遠至百世，男女永不瀆，昏姻永不通，此天下古今之大道，故曰「周道」，猶言「周行」云爾。或曰：周人之道。然則夏、商禮有同姓爲婚者與？此節文義本貫通，舊解支離。

按：免有輕重，袒亦有輕重。父喪免而不以布，徒首耳，此免之重者。母喪以下免以布，免之輕者。親喪袒衣見體，袒之重者。射饗割牲執弓矢之類，袒禮衣而不見體，袒之輕者。袒輕免亦輕，袒重免亦重，是以吉袒則冠。《問喪篇》云「冠者不肉袒」，明惟肉袒乃不冠耳。然則五世親盡之袒免，與大喪之袒免異，鄭氏未曉。同姓不婚，自古爲然，故曰「周道」。而世儒云：舜娶於堯，君子不以爲非禮；魯昭公娶吴，君子以爲不知禮，文質不同。此誤解「周道」爲周禮，若是，則記言謬矣。堯、舜同姓，司馬遷《世表》之訛。舜匹夫有天下，惟其非世族也。四岳薦舜曰「有鰥在下，曰虞舜」，未言帝族。帝亦曰：「予聞如何」，是未識生平也。豈宗族中有子弟升聞如舜者，將授以天下，而尚不識其人乎？古立姓辨族，以厚別也。唐虞時無姓則已，既有姓，焉有瀆亂之事。孔子删六籍首堯、舜，禮器律度量衡，三五同風，何獨人倫之大，反瀆亂不如周禮乎？其非同姓決矣。故「周道」當作「周行」解爲是。

**服術有六：一曰親親，二曰尊尊，三曰名，四曰出入，五曰長幼，六曰從服。從服有六：有屬從，有徒從，有從有服而無服，有從無服而有服，有從重而輕，有從輕而重。自仁率親，等而上之至于祖，名曰輕。自義率祖，順而下之至于禰，名曰重。一輕一重，其義然也。**

服，喪服也。術，道也。喪本于戚，故服以親親爲始。二曰尊尊，論分之崇也。三曰名，論相稱謂之名。四曰出入，論門内門外、在室出嫁之類。五曰長幼，論成人未成人之等。六曰從服，即下文六者之類。屬從，如子從母服母之黨，妻從夫服夫之黨，夫從妻服妻之黨，情相連屬而從之服者也。徒，空也。情不相屬，徒以尊者所服，從而服之。如臣從君服君之黨，妻從夫服夫之君，妾從女君服女君之黨之類。從有服而無服者，如兄爲弟服，而嫂從兄不爲叔服之類。從無服而有服者，如妻爲娣姒服，而夫從妻不爲嫂服之類。從重而輕者，如妻爲其父母期，夫從妻服則三月之類。從輕而重者，如公子爲君所厭，自爲其母練冠，而公子之妻從公子爲服期之類。輕重之等，皆仁義相循，自然之節。仁主愛，于情爲重，循愛親之仁，歷級而上，至於曾、高屬絶則輕，是義之所裁也。義主制，于情爲輕，循同祖繼禰之義，相生而下，至于父母一體情隆則重，是仁之所鍾也。蓋造化人事之理，輕者常浮而上，重者常沈而下。上率常逆而情輕，下率常順而情重，故《坊記》云「民薄于孝而厚于慈」，即此意。仁宜下而上率，所以濟其輕；義宜上而下率，所以節其重。輕止于祖，重止于親，先王所爲節之以禮也。君子義以爲質，禮以行之，故曰「一輕一重，其義然也」。五服六術之輕重，皆由此出，豈但從服之一術而已乎！

君有合族之道，族人不得以其戚戚君句，位也。庶子不祭，明其宗也。庶子不得爲長子三年，不繼祖也。別子爲祖，繼別爲宗，繼禰者爲小宗。有百世不遷之宗，有五世則遷之宗。百世不遷者，別子之後也。宗其繼別子之所自出者，百世不遷者也。宗其繼高祖者，五世則遷者也。尊祖故敬宗，敬宗，尊祖之義也。有小宗而無大宗者，有大宗而無小宗者，有無宗亦莫之宗者，公子是也。公子有宗道。公子之公，爲其士大夫之庶者宗其士大夫之適者，公子之宗道也。絶族無移服句，親者屬也。自仁率親，等而上之至于祖，自義率祖，順而下之至于禰，是故人道親親也。親親故尊祖，尊祖故敬宗，敬宗故收族，收族故宗廟嚴，宗廟嚴故重社稷，重社稷故愛百姓，愛百姓故刑罰中，刑罰中故庶民安，庶民安故財用足，財用足故百志成，百志成故禮俗刑，禮俗刑然後樂洛。《詩》云：「不顯不承，無斁於人斯。」此之謂也。

君尊殊族，合其族而不使離，君所以自爲親親之道也。在族人，則不得以己之親親君者，尊卑異位也。庶子不主祭祖禰，祭皆于宗子家，以明有宗也。適子之長子死，適子爲服三年，以適子繼祖，長子繼己，即繼祖也。若庶子非繼禰，其長子亦非繼祖，則不得爲其長子服三年。諸侯之適子世爲諸侯，其別子爲大夫，不敢繼諸侯而自爲之祖，其子孫世世適承適，繼別子爲大宗，別子之庶子庶孫又各生適子，各繼其父爲小宗。大宗百世不遷，是別子之世適，繼始祖者也。小宗五世則遷，各自其禰而上，繼其高祖者也。蓋宗因廟主，始祖之廟百世不毁，繼始祖之宗亦不易。高祖廟五世則遷，繼高祖之宗亦易，故高祖而上，五世則無服。繼別之大宗，五服之外，皆爲齊衰三月。此小宗、大宗遷與不遷之異也。人有祖必有宗，有小宗必有大宗，有大宗必有小宗，有宗則莫敢不宗。餘詳《曲禮下》篇與《喪服小記》。尊祖故敬宗，謂宗子繼祖，尊其祖之所自來，故敬之也。「有小宗無大宗」三者，惟公子爲然。公子即別子。其初爲公子，其所生子亦稱繼禰之小宗，而未再傳，是無繼祖之大宗也。其適子稱繼別之大宗，而未再傳，是有大宗無小宗也。別子既不敢宗諸侯，而當其身亦無人宗之，是無宗，人亦莫之宗也。皆指別子言，故曰「公子是也」。自此以外，則未有有小宗無大宗，有大宗無小宗，有無宗人不宗者矣。舊解恐非。别子所以有宗道者，别子之父爲公〔一〕者，憂其子孫庶支之爲士大夫者涣而無統，

〔一〕「公」下一字格爲墨釘，今删，《續修》本作「子」。

使士大夫之爲適子者主之，此公子所以有宗道，本君父之命也。族人敢不宗乎？絶族，謂高祖以上至四從，則族屬絶矣。移、施通，旁及也。無移服，無旁及之服，所謂旁殺者也。絶族無旁服，何也？親親之道，惟情相連屬，族絶則不相屬，所以無移服也。仁主愛親，循親而上，祖亦親之親也。義主尊祖，循祖而下，禰猶親于祖也。故親親爲人道之本。收族，猶合族。無子孫則無以奉宗廟，族屬衆，故宗廟嚴。非祖禰則無以垂基業，宗廟嚴，故社稷重。百志成，謂養生送死無憾也。禮俗刑，謂禮讓成俗，可爲儀刑也。樂，謂世道雍熙也。

## 大傳終

# 少儀第十七

《少儀》猶《曲禮》之類。少，猶小也。

聞始見君子者，辭曰：「某固願聞名於將命者，不得階句。」主適敵者曰「某固願見」，罕見曰「聞名」，亟見曰「朝夕」，瞽曰「聞名」，適有喪者曰「比」。童子，曰「聽事」。適公卿之喪，則曰「聽役於司徒」。君將適他句，臣如致金玉貨貝於君，則曰「致馬資於有司」。敵者，曰「贈從者」。臣致襚於君，則曰「致廢衣於賈架人」。敵者，曰「襚」。親者兄弟不以襚進。臣爲君喪，納貨貝於君，則曰「納甸於有司」。賵馬入廟門。賻馬與其幣，大白兵車，不入廟門。賻者既致命，坐委之，擯者舉之，主人無親受也。受立授立，不坐。性之直者則有之矣。

聞，記者自述所聞。君子，尊長之稱。辭，求見者自通之辭。某，求見者自名。言某固願以名聞于將命之人，但無階可通耳。主，指所見之君子。見者爲客，所見者爲主。鄭以「主」字連上讀，迂矣。適、敵同，謂分相敵，則直云「願見」，不階將命也。疏闊罕見，則云「願聞名」。欲亟見，則云「願朝夕」。主人瞽者，則勿云見，但云「聞名」。凡往喪，非爲見，爲助役耳。比，助也。童子求見，則曰「聽事」。臣贐君行，則曰「致馬資于有司」。以衣贈死者曰襚。臣致襚于君，則曰「致廢衣于賈人」。謙言衣未必可用，以付賈人市賣耳。《周禮》玉府有賈八人，識物價者。凡賓客致襚，須擯傳辭執襚將命以進。兄弟之親則直以衣進陳之房中，不必執以將命。甸、佃通。若爲佃君之田，納貢于有司者然。贈死曰賵，助生曰賻。廟門，殯宮門。送死者必入廟門，助生者不必入。大白，素旐也；兵車，戎車，皆以助送喪之用。凡賻，使者既致主命，跪而委其物于地，其擯者舉之，主人哀戚不親受也。吉禮則親拜受。凡以物與人授受，人立亦立，人坐亦坐。坐，猶跪也。當立而跪，惟遇分尊性直倨者則有之，非禮也。

鄭解性直爲尊者身短，近鑿。

始入而辭，曰「辭矣」，即席曰「可矣」。排闔説脱屨〔一〕於户内者，一人而已矣。有尊長在，則否。問品味，曰：「子亟食於某乎？」問道藝，曰：「子習於某乎？」「子善於某乎？」不疑在躬，不度民械，不願於大家，不訾重器。氾泛埽曰埽，埽席前曰拚糞，拚席不以鬣，執箕膺擖葉。不貳問，問卜筮，曰義與平聲？志與？義則可問，志則否。尊長於己踰等，不敢問其年。燕見不將命。遇於道，見則面，不請所之。喪俟事，不犆特弔。侍坐，弗使不執琴瑟，不畫地，手無容，不翣也。寢，則坐而將命。侍射則約矢，侍投則擁矢，勝則洗而以請，客亦如之，不角，不擢馬。

賓始入門，主人當讓賓先入，則擯者必告主人曰：「辭矣。」及賓主升堂，即席當坐，擯告曰：「可矣。」言不必再辭也。排闔，推門入也。古人席地坐，脱屨升席，唯長者一人脱之户内，餘脱于户外。如先有尊者在内，衆人後入，則皆不得脱于户内矣。問人飲食之嗜好，不直指其癖。問人道藝之能否，惟恐暴其短。衣冠舉止，凡在己身，自有法度。但行其可信，不必狐疑。瞻前顧後，則手足

〔一〕「屨」，原訛作「屢」，各本同，據閩本正。

無措矣。器械所以備不虞，無故取民閒器械，度其利鈍，則人必疑。見富貴大家，不可遂生欣願。人有重器，不可估其價貲。訾、貲通。氾、泛同，偏也。門庭內外偏埽曰埽。埽席前片地曰拚。拚、糞通，但除不潔，不偏埽也。鬣，帚也。席上不用帚，恐反汙席。箕以盛糞壤。膺，胸也。擖、葉通。箕舌薄如葉內向胸，不使塵及尊長。凡以事問人不答，必有隱，則不貳問。貳，再也。如問人卜筮，且問曰所卜爲義理乎？爲心志乎？如義理可再問，心志不再問，恐有隱也，即「不貳問」之類。鄭解恐非。尊長於己踰等，父師之行，不敢問其年，嫌與序齒也。私居進見，不敢使擯介將命，卑幼非賓主也。遇尊長于道路，見己，則進而面；不見，則郄避，勿煩以禮也。不問所往，不敢叩其私也。弔尊長之喪，俟其有事哭泣時，不特弔，恐尊長特哀也。侍坐必端慤，非有命，不敢擅操琴瑟，不以手畫地指示，不以手形容物像，不以暑揮扇。翣，扇也。如尊長寢，有命，則跪而將之。射二人爲耦，各四矢，彼此更迭取，禮也。若卑幼與尊長耦，四矢并取，不敢與尊長更迭，故曰「約矢」。凡投壺，亦賓主各四矢，尊長委矢于地，一一取投。卑幼擁抱其矢，不敢委地。射投勝，尊長當飲，不敢徑酌，必先洗爵以請。客即尊長。如客勝，己亦請命自酌飲也。不角，不敢與尊長角勝負。投壺之勝算曰馬。每勝一矢，爲立一籌，謂之馬者，以爭先名。四矢合立四馬，而勝敗不全，或一人得二，一人得一，則二馬者擢取一馬成三，謂之擢馬。卑幼雖得二馬，不敢擢尊長之一馬以爭勝，崇讓也。

執君之乘車則坐。僕者右帶劒，負良綏，申之面，拖諸幦覓，以散綏升，執轡然後步。

執，執御，謂君未登車時。《曲禮》謂展軨效駕，取貳綏，跪乘，驅之五步而止，是也。坐，跪也。跪乘，敬也。帶劍宜左而右者，君在車左，避也。綏，挽以登車之索。良綏，正綏也。負，背負也。面，猶前也。君由車後升，僕以背負正綏授君，而申其餘于前，拖于髀上。皮覆軾曰髀。此君升僕授綏之禮也。散綏，副綏也。以散綏升，僕先自升也。無授綏者，繫綏車上，自挽以升。待君升，僕者乃理轡執之，然後驅也。

**請見不請退。朝廷曰退，燕遊曰歸，師役曰罷。侍坐於君子，君子欠伸，運笏，澤劍首，還**（旋）**屨，問日之蚤莫，雖請退可也。**

人情欣慕則請見，厭怠則思退，故見可請，退不可請也。朝廷士所登進，于其去曰退。燕遊不可長往，于其退曰歸。師旅徒役，人所勞苦，于其歸曰罷。罷，止也，疲也。疲故止。志疲則欠，體倦則伸，坐久故也。凡物在手曰運，手沾物曰澤。運所搢之笏，摩所佩之劍首，旋轉席前所脱之屨，則君子有欲起之意，侍坐者雖請退亦可矣。

**事君者量**（亮）**而后入，不入而后量。凡乞假於人，爲人從事者亦然。然，故上無怨而下遠罪也。**

量，籌度也。入，進也。量其可進而后入。既入而后量，則無及矣。乞假，借貸也。從事，從人服事也。亦然，亦先量也。量而入，故有興道致治之效而上無怨，無失身僨事之悔而下遠罪。如此，乃謂之知禮。

不窺密，不旁狎，不道舊故，不戲色。

不窺密，不伺人之隱。旁狎，詭隨親暱之狀。生平舊故，向人稱道，則似有所要挾。戲色，謂嬉笑。

爲人臣下者，有諫而無訕，有亡而無疾，頌而無讇諂，諫而無驕，怠則張而相之，廢則埽而更之，謂之社稷之役。

訕，謗也。亡，去也。疾，怨恨也。頌，美也。讇，諛也。驕，亢也。怠，謂君德不脩也。廢，謂政事敗壞也。役，功勞也。

毋拔來，毋報往，毋瀆神，毋循枉，毋測未至。士依於德，游於藝；工依於法，游於説。毋訾衣服成器，毋身質言語。言語之美，穆穆皇皇；朝廷之美，濟濟翔翔；祭祀之美，齊齊皇皇；車馬之美，匪匪翼翼；鸞和之美，肅肅雍雍。問國君之子長幼，長，則曰「能從社稷之事矣」；幼，則曰「能御」、「未能御」。問大夫之子長幼，長，則曰「能從樂人之事矣」；幼，則曰「能正於樂人」、「未能正於樂人」。問士之子長幼，長，則曰「能耕矣」；幼，則曰「能負薪」、「未能負薪」。執玉執龜筴（策）不趨，堂上不趨，城上不趨。武車不式，介者不拜。

拔、報，皆急疾之狀。掘起曰拔，急反曰報，即《詩》云「其爲飄風」之意。士君子儀度雍容，往來勿倏忽也。毋瀆神，所謂「敬鬼神而遠之」。毋循枉，不循行枉曲，所謂「務民之義」也。毋測未至，不逆其將來，所謂「行法俟命」也。三者皆循理素位之事。爲士者，以德爲依，而閒習於六藝。爲百工者，以法爲依，而閒習于師説。人衣服成器，毋估計其貲值之多少。人言語辨論，毋身質任其是非。穆穆，深也。皇皇，美也。濟濟，密也。翔翔，舉也。匪、斐通，文也。鸞和，車馬之鈴。肅肅雍雍，應和之節。問國君大夫之子，謂臣下自相問對。御，御車。樂人，即大司樂、樂正之屬，教國子者也。長則能從樂人學，幼則始見正于樂人，或尚未能見正于樂人也。士之子賤，長則能耕田，幼則始能負薪，或尚未能負薪也。張足直前曰趨。兵車不爲禮，故不式。武容不挫折，故不拜。

按：對國君大夫之子，與《曲禮》小異，而《曲禮》爲近。《曲禮》國君子幼曰「未能從宗廟之事」，此曰「未能御」。御非主職，故鄭作治事解。然既能治事，豈得謂幼？本謂長則能從社稷，幼則能御車耳，用「天子以德爲車，以樂爲御」之意。

婦人，吉事，雖有君賜，肅拜；爲尸坐，則不手拜，肅拜；爲喪主，則不手拜。葛經而麻帶。

肅拜，即今婦人拜。端肅立，微俯躬，足不跪，手不及地。男子手及地，加首于手，曰手拜。婦人唯凶事稽顙拜，手至地，吉拜皆立。雖拜君賜亦立，餘可知矣。禮，吉祭無婦人尸，唯虞祭，婦爲祖姑尸。尸皆坐，古坐即跪，男拜皆坐，婦人當爲尸坐。主賓拜，尸答則起而立俠拜，亦不坐而手拜也。爲喪主，謂與其夫共主舅姑、長子喪之類。不手拜，謂稽顙也。葛絰，謂婦人大喪，卒哭後，以葛易首絰，而帶仍用麻，婦人重要也。《喪小記》謂易服先易輕，是也。

**取俎進俎不坐。執虛如執盈，入虛如有人。凡祭於室中、堂上，無跣。燕則有之。未嘗不食新。**

俎以盛牲肉。取，謂取肉于俎。進，謂進肉于俎。俎高有足，立便也。執無物之空器，如有物滿器中；入無人之空室，如有人在室中，皆主敬不二之意。跣，謂脱屨。凡祭祀燕飲，或于室，或于堂。祭主敬，不惟堂上，雖室中亦不敢脱屨。燕主恩，不惟室中，雖堂上亦脱屨。嘗，謂薦新于廟。祖考未嘗，則孝子未忍食新。

**僕於君子，君子升、下則授綏，始乘則式，君子下行，然後還**旋**立。乘貳車則式，佐車則否。貳**[一]**車者，諸侯七乘，上大夫五乘，下大夫三乘。有貳車者之乘馬、服車不齒，**

---

[一]「貳」上原有「乘」字，蓋涉右行之「乘」字而衍，今據閩本删。

觀君子之衣服、服劍、乘馬弗賈嫁。

御車曰僕。君子升車下車，僕皆授綏。始乘，謂君子尚未登車時，僕式致敬，以待君子升。君子下車行矣，然後御者旋車立，脱駕也。乘，謂代乘。貳車、佐車，皆副車。文曰貳，武曰佐。貳車則式以乘，佐車則否，武尚質也。有貳車者，皆尊貴人。其車馬衣服，皆不可齒。齒者，論其年歲新故。弗賈，謂不估其值。平尊者物，不敬。

其以乘壺酒、束脩、一犬賜人若獻人，則陳酒執脩以將命。亦曰「乘壺酒、束脩、一犬」。其以鼎肉，則執以將命。其禽加於一雙，則執一雙以將命，委其餘。犬則執緤，守犬、田犬則授擯者，既受乃問犬名。牛則執紖，馬則執靮的，皆右之，臣則左之。車則説脱綏，執以將命。甲，若有以前之，則執以將命；無以前之，則袒櫜奉胄。器則執蓋。弓則以左手屈韣獨執拊撫。劍則啟櫝，蓋襲之，加夫扶襓饒與劍焉。笏、書、脩、苞苴、弓、茵、席、枕、几、穎、杖、琴、瑟、戈有刃者櫝句、筴、籥，其執之皆尚左手。刀郤刃授穎，削授拊。凡有刺刃者，以授人則辟刃。乘兵車，出先刃，入後刃。

乘壺，四壺也。脩，脯也。十脡爲束。卑者曰賜，尊者曰獻。所執惟脩，而辭則并稱酒與犬也。鼎肉，肉之已解剔可升鼎者，即執肉以將命。禽加于一雙，不止一雙，惟執一雙以將命。緤，牽犬繩。犬種三：防宅曰守犬，逐獸曰田犬，供庖曰食犬。田犬、守犬有名，故問。紖以牽牛，靮以牽馬，皆用右手，便也。臣，謂俘虜。以左手操其袖，右手防其不測。前，謂獻物必先有所執以將命，如獻甲者無所先，則袒其㦸甲之衣，奉胄以將命。袒，開也。櫜，甲衣也。胄，兜鍪，首甲也。獻器皿者，執其器之蓋以將命。獻弓者，左手屈弓衣至把執之。弓把曰拊，《曲禮》謂「右手執簫，左手承弣」，是也。櫝，劒匣。襲，重也，取匣蓋卻而重之底下。夫襓，劒衣。加衣匣中，置劒于上也。笏也，書也，脯脩也，與一切苞裹苴藉餽餉之物也。茵，褥也。席也，枕也，几也。潁，鐍也。杖也，琴也，瑟也。戈之有刃者，則加櫝。筴，蓍筴。籥，如笛。以上十五物，皆左手執上，右手承下，便也。授刀者，刃向後，授以把。潁，刀把也。削，古書刀。拊，亦把也。辟刃，謂不以刃向人。戎車必載兵，出則先刃，向敵也；入則後刃，嫌倒戈也。

按：鄭註「几潁」之「潁」爲警枕，然上既言枕矣，又以刀授潁之「潁」爲鐶，鐶不可爲潁。潁者，開發鋭利之名，故禾穗曰潁。古人佩觿，即今之錐，解結開閉，有把而後可發，故觿稱潁，刀把亦稱潁。毛遂謂如錐處囊脱潁，是也。錐、鐍同，即觿也。

**軍尚左，卒尚右。賓客主恭，祭祀主敬，喪事主哀，會同主詡**許**。軍旅思險，隱情以虞。**

左爲陽，生方，故出師以左爲後。將軍尚左，欲其生還也。右爲陰，死方，故師行以右爲前。士卒尚右，欲其効死也。賓客尚辭讓，故主恭。祭祀尚嚴肅，故主敬。諸侯會同尚文物，故主宣揚。詡，宣揚也。軍旅凶危，尚思慮險難，隱密己情，以虞度敵人，皆禮之要也。

燕侍食於君子，則先飯而後已，毋放飯，毋流歠，小飯而亟之，數噍醮，毋爲口容。客自徹，辭焉則止。客爵居左，其飲居右。介爵、酢爵、僎遵爵皆居右。羞濡魚者進尾，冬右腴，夏右鰭奇，祭膴呼。凡齊去聲，執之以右，居之於左。贊幣自左，詔辭自右。酌尸之僕，如君之僕。其在車，則左執轡，右受爵，祭左右軌、范，乃飲。

燕，燕飲。將食，不待君子讓而先飯。食竟，必待君子畢而後已。《曲禮》曰「主人未徧，客不虛口」，是也。鄭解「後已」爲勸食，恐非。放飯，搶食也。流歠，長飲也。小飯，含餔少也。亟之，入口頻也。數噍，嚼食欲數數然，不得從容弄口爲容也。凡奠爵，左爲尊，客飲，則受而奠于殽右。不飲，奠于殽左，飲則右便也。賓之副曰介。賓酌主曰酢。僎之言遵，鄉先達來觀禮者。爵皆居右，殊于賓也。羞，進也。濡魚，熟魚有汁者。魚之美在尾，魚行以尾，故數魚以尾。薦魚亦先尾。乾魚在俎則横，濡魚進則以尾當客。陽氣所在，魚味美。冬陽氣在下，魚美在腴。腴，腹也。以腴向右。夏陽氣在上，魚之美在鰭。鰭，脊也。以鰭向右，右便取也。腴、鰭有左右，進尾則同。大臠曰膴，食必先祭。進魚則以一大臠加俎上待祭。齊、劑通，和也。食羹欲和醯醬，以右手執醯醬，羹器居左，便也。君以禮致幣于賓，相幣者自君左將之，尊賓也。君有詔令于下，傳辭者自君右傳之，臨卑也。尸之僕，御尸車者也。尸行有祖道之祭，酌酒獻僕，如君獻僕之禮，尸尊如君也。僕在車，以左手執轡，右手受爵，祭左右兩軌與范，然後飲。軌，車輪。范、範通，車箱。以其範圍所載，故曰範。

凡羞有俎者，則於俎内祭。君子不食圂（豢）腴。小子走而不趨，舉爵則坐祭立飲。凡洗必盥。牛羊之肺，離而不提心。凡羞有湆（泣）者，不以齊。爲君子擇葱薤（械），則絶其本末。羞首者，進喙，祭耳。尊者以酌者之左爲上尊。尊壺者面其鼻。飲酒者、機（暨）者、醮者，有折俎不坐。未步爵，不嘗羞。牛與羊、魚之腥，聶而切之爲膾。麋鹿爲菹，野豕爲軒，皆聶而不切。麕爲辟雞，兔爲宛脾，皆聶而切之。切葱若薤實之醯以柔之。其有折俎者，取祭，反之，不坐，燔亦如之。尸則坐。

羞，謂所進殽品。俎長横席前，祭不得出俎外，即俎内祭之。無俎設豆，于豆閒祭之。圂、豢通。穀食曰豢，犬豕是也。腸胃曰腴。犬豕食穀，腸胃似人，故不食。若牛羊腸胃，祭享用之。小子未成人，不徐趨，不坐飲，分卑，不得與賓介俱備禮容也。凡洗爵必盥手。凡祭以肺，離謂但割之使開而不絶其中央少許，祭則以手提而絶之曰提。不言豕，可知也。湆，汁也。齊、劑通，和也。凡羞有汁者已和，客欲和，取無汁者和有汁，是以主人之味爲不調也。進牲首，以喙向客。客祭則取耳。尊，酒器。尊者，設尊者。酌者，酌酒者。尊南北直陳，以南爲上。設者東面則南爲右，酌者西面則南爲左，故云「尊者以酌者之左爲上尊」。尊壺，以壺爲尊，陳設之也。鼻，壺面也。面鼻，以壺面向尊者。飲酒，燕而飲也。機，沐而飲也。醮，冠而飲也。折俎，折牲體爲俎，盛饌也。不坐，立行禮，禮盛不坐，坐必徹俎。步爵猶行爵，謂獻酬也。先飲酒，後嘗羞，禮以酒爲主也。腥，生肉。聶，大臠也。切，細剉也。辟雞、宛脾，解見《内則》。有折俎，則取俎肉以祭，而反其餘肉于俎，皆立爲之，即前云「取俎進俎不坐」也。燔，燒肉助奠，亦以俎。如之，謂取反亦不坐。此賓客之禮，尸則否，皆佐食授之也。

**衣服在躬而不知其名，爲罔。**

知其名，謂識其義也。《學記》云「不學雜服，不能安禮」，故曰罔也。此語真雅言之要。記者因下文無燭與瞽，并記于此。即《大學》云「心不在焉，食而不知其味」，《中庸》云「人莫不飲食，鮮能知味」之意。飲食、衣服一也。恒人昏迷放佚，飲食而知其味，衣服而知其名者，天下鮮矣。罔，昏迷也，亦暗行無燭、瞽者之類。君子所以貴行著習察也。

**其未有燭，而後至者，則以在者告，道瞽亦然。凡飲酒，爲獻主者執燭抱燋**（爵）**，客作而辭，然後以授人。執燭，不讓、不辭、不歌。洗、盥、執食飲者勿氣，有問焉，則辟咡而對。**

燭，炬也。古以薪爲燭。獻主，即主人。燋，炬之未爇者。禮，賓主相與辭讓賡歌，主執燭則廢禮，是以客辭，主乃以燭授人。奉水洗、盥與執食飲進尊長，勿使氣觸之。尊者有問，偏其口而對。辟，偏也。口旁曰咡。

爲人祭曰致福，爲己祭而致膳於君子曰膳，祔、練曰告。凡膳告於君子，主人展之，以授使者于阼階之南，南面，再拜稽首送。反命，主人又再拜稽首。其禮，大牢則以牛左肩、臂、臑嫩，又老，去聲折九箇，少牢則以羊左肩七箇，犆特豕則以豕左肩五箇。國家靡敝，則車不雕幾，甲不組縢，食器〔一〕不刻鏤，君子不履絲屨，馬不常秣。

爲人攝主或助祭，歸胙于君子，則曰致福；己祭歸胙于君子，則曰供膳耳，不敢言致福也。其祔與小祥之祭，歸胙于君子，則曰告祔、練耳，不敢言膳也。凡以膳告致君子，主人展視其物，授使者獻之。其禮，謂主人所用之禮。用大牢則獻牛，用少牢則獻羊，犆豕則獻豕，皆左肩。祭用右，故獻左。肩、臂、臑，皆前脚。肩下曰臂，臂下曰臑。折九箇，斷爲九也。靡敝，靡散雕敝也。雕幾，車上雕刻爲細紋也。組縢，甲上以組紃聯絡爲飾也。穀食馬曰秣。

# 禮記通解卷十二終

〔一〕「器」，原訛作「品」，據閩本改正。

# 禮記通解卷十三

郝敬　解

## 學記第十八

或疑此篇不言先王學制與教學之法，非也。凡禮家言多枝葉，《記》所以賢于《三禮》，正以其中多微言。如《中庸》《大學》《樂記》《禮器》《禮運》等篇，無文之旨，反約之義，庶幾乎先聖雅言、「禮云」之訓。至于教學之法，如司徒典樂，三代學校，四時教法，諸篇不啻詳已。此篇多名理，有聖門默識務本、不厭不倦之意。禮如是而後能執中，言禮之精者也。

發慮憲，求善良，足以謏聞，不足以動衆。就賢體遠，足以動衆，未足以化民。君子如欲化民成俗，其必由學乎！玉不琢，不成器；人不學，不知道。是故古之王者建國君民，教學爲先。《兑說命》曰：「念始終典于學。」其此之謂乎！雖有嘉肴，弗食，不知其旨也；雖有至道，弗學，不知其善也。是故學然後知不足，教然後知困。知不足，然後能自反也；知困，然後能自强也。故曰，教學相長也。《兑命》曰「學效學半」，其此之謂乎！

發慮，猶言立志。憲，法也。謏之言狻，訹誘也，與「蒐」通。謏聞，獵聲譽也。就賢，親仁也。體遠，愛衆也。言民感動易而變化難，雖有法古向善之志，親賢愛民之實，而不知學，欲興教化、移風俗，無由也。故古之王者教學爲先。兑，作「説」。《説命》，《商書》篇名。典，常也。肴必食而後知其美，道必學而後知其善。道無窮，學然後知己之不足。學亦無窮，教然後知己之未通。困，不通也。學者能好學，則知君子之教爲有益；君子能善教，則學者益知己之不足，故曰相長。學學，當作「斆學」。「斆」與「教」同。言君子之教與學者之學，其功相半。學者未可專恃教忘學也。舊以「成己成物」解，謂教人則知己之困，恐非。困者，學之功也。

古之教者，家有塾，黨有庠，術有序，國有學。比年入學，中年考校。一年視離經辨志，三年視敬業樂羣，五年視博習親師，七年視論學取友，謂之小成；九年知類通達，强立而不反〔一〕，謂之大成。夫然後足以化民易俗，近者説服而遠者懷之，此大學之道也。《記》

〔一〕「反」，原訛作「友」，據閩本正。

曰：「蛾子時術之。」其此之謂乎！

塾，門堂，家學也。術，街巷也。國，城中也。塾、庠、序，皆學名。言古者自家至國，遠近隨處皆有學。比年，猶言每年。中年，間一年。每年有入學之人，間一年省視。一年，即入學之次年。三、五、七、九，皆間一年也。離經，解析經書義理也。辨志，觀其趨向也。知類通達，擇識精也。强立不返，操守定也。《記》，古語。蛾，蟲之有羽者，蠶屬。術、述同，化也。蛾生子化蟲，蟲復化蛾，時至則化，學能化民，亦猶是也。

按：道一而已。古人立教，便是大學。道者，進德脩業之路，天子、庶人一也。古者教赤子，便是教爲大人；學下學，便是學上達；教灑埽應對，便是教盡性致命，兼道藝本末精粗而言，故曰大。童時鼓篋肄習即胚胎十五、三十以後事，九年大成自一年離經辨志始，故三五七九年之學通命曰「大學之道」。後儒因記言大學，孔子十五志學，遂謂十五前當有小學而今亡，別作《小學》補之。此道術爲天下裂也。古字蛾、蟻通。鄭氏以蟻子成垤解，未協。又拘《周禮》五百家爲黨，萬二千五百家爲遂，改「術」爲「遂」，謂塾爲閭學，庠爲黨學，序爲遂學，尤牽强。

大學始教，皮弁祭菜，示敬道也。《宵雅》肄異三，官其始也。入學鼓篋怯，孫去聲其業也。夏楚二物，收其威也。未卜禘不視學，游其志也。時觀而弗語，存其心也。幼者聽而弗問，學不躐等也。此七者，教之大倫也。《記》曰：「凡學，官先事，士先志。」其此之謂乎！

自此以下，皆言教學深造自得之方。此一節專言教也。大學，大成之學，故國學曰大學。始教，謂入學之初。天子使有司服皮弁服，薦蘋藻，告先師，示以尊師欽崇之道也。《宵雅》，即《小雅》。肄，習也。三，謂《小雅》首三篇《鹿鳴》《四牡》《皇華》，皆君臣相勸勞之詩，初學習之，以居官任事，誘其初志也。鼓篋，擊鼓警衆，開篋笥，出所治經籍，使各遜順其業也。孫、遜同，謙虛受教意。攻治曰業。學以明經爲業。夏作「榎」，山楸也。楚，荆也。二物以撻不率教者，約束之使知敬畏也。威、畏通。禘，春祭。既卜祭日，天子乃視學，大合樂，將以祭也。未視學之先，使學者從容肄習，故曰「游其志」，言不迫也。時觀，謂時時觀省，即「無行不與」之意。覿面昭示，不假言語，使嘿識自得，故曰「存其心」。幼者蒙昧，知識未定，且静聽師友講訓，不可責以問難。蓋問生于疑，疑必當理，幼者疑未必當，而問反滋疑，但聽受久，自然開悟，故曰「學不躐等」。鄭改「學」作「教」，恐非。大倫，即不躐等。倫，序也。序有先後，先其所當先，則後者自得。《記》，古語。官與士皆不可廢學，居官而學，以事爲先；爲士而學，則以志爲先，即「大倫」之謂。

大學之教也時句，教句，必有正業，退習必有居句。學句，不學操縵，不能安弦；不學博依，不能安詩；不學雜服，不能安禮；不興其藝，不能樂洛學。故君子之於學也，藏焉，脩焉，息焉，遊焉。夫然〔一〕，故安其學而親其師，樂其友而信其道，是以雖離師輔而不反也。《兑命》曰：「敬孫務時敏，厥脩乃來。」其此之謂乎！今之教者，呻申其佔覘畢，多其訊句，言及于數朔，進而不顧其安，使人不由其誠，教人不盡其材，其施之也悖，其求之也佛弗。夫然，故隱其學而疾其師，苦其難而不知其益也。雖終其業，其去之必速。教之不刑，其此之由乎！

大學之教貴于時。時者，從容不迫之謂，即《論語》云「時習」也。「教有正業」以下，皆言時之事。有正業，有定居，教之時也。操縵而後弦，博依而伸詩，雜服而後禮，興藝而後樂，四者學之時也。有正業，如孝弟仁讓以立本，《詩》《書》禮樂以學文，皆業之正也。退而習之，必有常居；庠序學校，必有專地。終日樂羣，不見異物而遷，則其居也。弦詩禮，即興藝之事，悦心之資。鼓琴瑟，先學調弦雜弄，然後手熟于弦。縵，雜弄也。學歌詠，先學搏拊依永，然後聲和于詩。博、搏通。手搏擊，聲依永，乃可以歌。鄭解爲博物託興，迂也。學禮，先學冠裳衣服雜制，然後身比于禮。凡學先游習技藝，興動志意，然後樂于學。藝，即操縵等藝。此學有倫而教因時，不可躐等也。藏、脩、息、遊四者，皆漸進意。藏，沉潛也。脩，作治也。息，安靜也。游，從容也。如是，則學者優游自得，

〔一〕「夫然」下原衍一「後」字，今據閩本删。按：下「夫然」下不衍。

無苦難之患，資深居安，所得堅固，離師輔而不退失也。敬，心不放也。遜，志不驕也。時敏，及時敏勉也。厥，其也。脩，即學也。來，猶得也。「今之教者」以下，皆躐等之失。呻，吟也。佔、覘通，視也。畢，簡也。佔畢，覘視簡策。教者無心得，但諷吟其所佔畢。訊，問也。以佔畢陳言教學者，多其訊問，責以記誦，言及于數，謂多言煩促，强使進益，不顧學者心之安悦否也。使人，即教人。呻其佔畢而無得，多言强進而不安，教者非中心善誘，學者亦口耳相襲，故曰「不由其誠」。學者有進益之資，教者不能曲成，故曰「不盡其材」。教之所施者悖，學之所求者拂，故學者諱所短而疾怨其師，苦教之難而不見其益。雖勉强卒業，旋得旋失。教之不率，皆由于此。刑，猶率也。

大學之法，禁於未發之謂豫，當其可之謂時，不陵節而施之謂孫，相觀而善之謂摩。此四者，教之所由興也。發然後禁，則扞旱格而不勝；時過然後學，則勤苦而難成；雜施而不孫，則壞亂而不脩；獨學而無友，則孤陋而寡聞；燕朋逆其師，燕僻廢其學。此六者，教之所由廢也。君子既知教之所由興，又知教之所由廢，然後可以爲人師也。

大學之法四者，皆從容善養之意。欲禁其邪僻之心，不待欲竇既啓，早親師友，則先事豫順，無臨時撿攝之艱，是謂「禁于未發」。啓當其憤，發當其悱，是謂當可之時。不强以所未達，不告以所不喻，是謂不陵躐其節而爲遜順也。置莊嶽之間，使之齊語；入芝蘭之室，使之自芳，是謂相觀以善而爲漸摩也。扞，拒也。格，隔也。不勝，如敵相拒不克也。時過後學，即失時廢學者，見時不可失也。友燕昵之朋，違拒其師，好燕僻之事，必廢棄其學。故知教所由廢，即知教所由興，知所由興，則養之豫而無不勝。教以時而不難成，施以遜而不壞亂，摩以善而無燕朋，故曰可爲人師。

故君子之教喻也，道而弗牽，强而弗抑，開而弗達。道而弗牽則和，强而弗抑則易，開而弗達則思。和易以思，可謂善喻矣。學者有四失，教者必知之。人之學也，或失則多，或失則寡，或失則易，或失則止。此四者，心之莫同也。知其心，然後能救其失也。教也者，長善而救其失者也。善歌者使人繼其聲，善教者使人繼其志。其言也約而達，微而臧，罕譬而喻，可謂繼志矣。君子知至學之難易，而知其美惡，然後能博喻，能博喻然後能爲師，能爲師然後能爲長，能爲長然後能爲君。故師也者，所以學爲君也。是故擇師不可不慎也。《記》曰：「三王四代唯其師。」其此之謂乎！凡學之道，嚴師爲難。師嚴然後道尊，道尊然後民知敬學。是故君之所不臣於其臣者二，當其爲尸則弗臣也，當其爲師則弗臣也。大學之禮，雖詔於天子，無北面，所以尊師也。

教喻，教使曉喻。道，謂引導。牽則拽之使前耳。强，謂振作。抑則按之使止矣。開，謂啓發。達則通之使至矣。道弗牽，則行有常而和。强弗抑，則氣自平而易。開弗達，則味有餘而思。以此教喻，斯善喻矣。又必知學者之失，材辨者或失之多，愚魯者或失之寡，兼人者或失之易，昏庸者或失之止。教者各知其心之病以救其失，故教則喻，傳則習，而學者繼其志也。約而達者，辭不煩而機自通也。微而臧者，旨不露而心自悦也。罕譬而喻者，比方不多而義理曉暢也。如此，則心心相承，兩志不違，是謂繼志。此其際至難也，亦至易也。教者與學者遇，則無心自得而易；教者與學者不相遇，則艱苦不入而難。相遇則順成而美，不相遇則拂逆而惡。知此者，乃能善誘樂育，廣博開喻，而天下無不可教之人，然後可爲人師也。能教人則能治人，而可爲長。能治人，則能治國平天下，而可爲君。三王四代所以獨隆者，惟其君皆能爲人師，故學莫先于尊師。嚴，欽崇也。君與師一，以師道君天下，則人服其治；以君道師天下，則人服其教。作君作師，二者關係世道重矣。大學之禮，惟師爲尊，雖告天子亦無北面者。《大戴記·武王踐祚》篇謂武王東面，尚父西面，是也。

善學者，師逸而功倍，又從而庸之；不善學者，師勤而功半，又從而怨之。善問者，如攻堅木，先其易者，後其節目，及其久也，相説以解；不善問者反此。善待問者，如撞鐘，叩之以小者則小鳴，叩之以大者則大鳴，待其從容，然後盡其聲；不善答問者反此。此皆進學之道也。記問之學，不足以爲人師。必也其聽語乎！力不能問，然後語之；語之而不知，雖舍之可也。良冶之子必學爲裘，良弓之子必學爲箕，始駕馬者反之，車在馬前。

君子察於此三者，可以有志於學矣。古之學者，比物醜類。鼓無當於五聲，五聲弗得不和；水無當於五色，五色弗得不章；學無當於五官，五官弗得不治；師無當於五服，五服弗得不親。君子曰：大德不官，大道不器，大信不約，大時不齊。察於此四者，可以有志於本矣。三王之祭川也，皆先河而後海，或源也，或委也。此之謂務本。

庸，功也。歸功于師也。攻，治也。木惟節目爲堅，先治其易者，則其節目自解。學者有問，先就明處理會，參伍之久，凝滯漸解。不善問者反是。舍易求難，愈問愈惑矣。待問，謂師也。小叩小鳴，大叩大鳴，即夫子教鄙夫之意。因人順應，迎機開導，勿使齟齬，此善答也。不善者反此，謂矯拂亂發，機不相投也。從容然後盡其聲者，悠游不迫之意。鐘不疾擊，則聲之大小長短，得以盡聞；言不亂告，則理之是非可否，得以詳思。鄭改「從容」爲「舂容」，鑿也。記問，謂記其所問，非有心得，不可以爲師，但使人聽其所記之語則可耳。力不能問，謂學者材識短淺，不能疑難，然後其人以所記問者語之。若明者能問，則所不知者多矣。語非其所欲問，聽者安能知？語而不知，何益？雖舍棄可也。冶，鎔金者。良，良工。箕，筐屬。碎金可鎔補以爲器，敗皮可聯緝以爲裘，角木可橈枉以爲弓，柳竹可編屈以爲箕，物理變通，存乎良工子弟耳。不然，執弓學弓，執冶學冶，尚不能肖，而況能旁通乎？馬前車後，此常理也。然馬子不習車，則反繫車後，見久習貫，其性自馴，如人暴戾，强學，氣質自變，故曰：察此三者，可以志學。比物醜類，謂比方于物，醜齊其類。鼓，擊也，猶「鼓瑟」「鼓簧」

之「鼓」。五音，宫、商、角、徵、羽。當，猶主也。五色，青、赤、黄、白、黑。五官，耳、目、口、鼻、身。《洪範》「五事」，即五官之學。五服，斬、齊、大小功、緦。無當、弗得，謂以事物爲象數，而輕舍也。大德不官，不司一職也。大道不器，無施不可也。大信不約，唯義所在也。大時不齊，天運循環也。四者本立用妙，故曰志於本。河在中國，海在東裔，故王者祭川必先河。河流不息故爲源，海納河流故爲委。委，下也，聚也。海在下，爲水所聚也。《孟子》云：「源泉混混，不舍晝夜。盈科而後進，放乎四海，有本者如是。」又曰：「流水之爲物，不盈科不行；君子之志於道，不成章不達。」即此意也。□□□□此節之義〔一〕，言教學有本，務其本，約而能博；遺其本，勞而罔功。易簡自然者，學之本；枝葉繁瑣者，學之末。心得爲自然，口耳爲繁瑣，道藝之分也。善學者有心得，師逸功倍而歸功焉。不善學者恃口耳，師勞功半而歸怨焉。學不能無問，知本則先其易，而難者自解，苟專事解釋，逐處成滯矣。教不能無答，知本則因量告語，徐俟自通，苟勉强雜施，其聽亂矣。不善教者無心得，徒恃記聞，使人聽其語而不能問，恣其所語而不解，終于棄之。此爲不知教也。不善學者無心得，徒守陳跡，未知冶之可爲裘，弓之可爲箕，馬後之可爲駕。此又爲不知學也。蓋學之精微活潑，非殉象可求，而局于口耳見聞者，皆逐末忘本。故以物類比而齊之，如聲必鼓而後和，然鼓終非聲也；色必

〔一〕「即此意也」下四字格留空至行底，改行「此節之義……」云云，審其内容，頗疑「此節之義」上脱一「按」字，以下皆爲郝氏按語，然亦不敢必其如此，故仍之不改也。

水而後章，然水終非色也；官必學而後治，然學終非官也；服必師而後親，然師反無服也。故曰：德必官，而大德不官；道寓器，而大道不器；信能約，而大信不約；時則齊，而大時不齊。此知本之説也，猶河之爲源，海之爲委，祭先河而後海，學先本而後末也。

## 學記終

# 樂記第十九

漢武帝時河閒獻王與諸生共采《周官》及諸子語作《樂記》，其内史丞王度以授常山王禹，至成帝時獻上，凡二十四卷。劉向校書，又得《樂記》二十三篇，與河閒異。此篇取劉向二十三篇内十一篇合成者也：一《樂本》，二《樂論》，三《樂禮》，四《樂施》，五《樂言》，六《樂象》，七《樂情》，八《魏文侯》，九《賓牟賈》，十《樂化》，十一《師乙》。其餘十二篇：曰《奏樂》，曰《樂器》，曰《樂作》，曰《意始》，曰《樂穆》，曰《説律》，曰《季札》，曰《樂道》，曰《樂義》，曰《招本》，曰《招頌》，曰《竇公》，目存篇亡矣。河閒之作，并目亡之。或曰《禮經》有《儀禮》

《周禮》，《樂經》全亡。愚謂《禮》《樂》皆未亡也。《周禮》《儀禮》皆非經也，《記》所言多《禮經》之義，而《樂》在其中。使《禮》《樂》偕亡，斯須不可去者湮滅無傳，則世道毁，人類盡矣。天下何緣復見禮樂哉！夫經，常道也。聖人傳道不傳器，言經不言緯。道者亘古不易，而器者隨時變通；經者總持大常，而緯者隨事附會也。故言禮曰殷因於夏，周因於殷，損益可知；言樂曰始作翕如，縱之純如，皦如，繹如，以成。可知「禮云禮云，玉帛云乎；樂云樂云，鐘鼓云乎」，此聖人禮樂明法，傳經之要旨。三德五倫，視聽言動，威儀文章之爲禮；《國風》《雅》《頌》，鐘鼓干戚，五音六律之爲樂。昔人所傳，今人所習，孰非先聖之彝訓，安在其爲無傳也。人心者，禮樂之林。聖人以倫常爲禮官，以性情爲樂府。籩豆陳設之數，吹竹比黍之律，古今不同器，先後不同時，官有典守，家有私業，賢者識大，不賢者識小，因時損益，今樂猶古耳。豈必盡舉已陳之數，而后爲樂存乎？今不求其本，講其器數，及淫哇邪僻，則曰古制不傳。豈古制不傳，「人而不仁，如樂何」也。故禮樂非二，中正即禮，和平即樂，樂洽禮也。恒人樂放縱而憚撿押，故古聖言樂即言禮。《詩》三百皆以稽治亂，考得失，故「一言以蔽曰：思無邪」。無邪者，禮也。世儒援《詩》補樂，樂無專經，自古爲然。記樂於禮，先聖之微旨也。篇内所言，本諸人心，通之治道，帝王不相沿，刑政軍旅，無適非樂。此聖人「可知」之義，而世儒徒以不詳舉器數爲恨。今使黄帝伶倫復生，手制六管尚在，時運有古今，氣數有升降，亦未必吹之而八風應矣。至如瓠巴之鼓琴，師曠之歌風，師涓之寫音，奇怪要眇，皆後儒緣飾爲緯、器，非易簡可知之道。若云「百獸率舞」「鳳凰來儀」，彼以聖人至德，非以「簫《韶》

九成」也。不然，春秋《韶》樂尚在，孔子嘗三月聽，何獨「鳳鳥不至」乎？天下容有有是理無是事者，有是理者神之所會，無是事者形之所格也。故心之所能思者，手足不能到，造化與人事，其一者不可二，其二者不可一。知此者，可與言禮樂。聖人之言禮樂，言其可知者耳。記所以爲有得也。

凡音之起，由人心生也。人心之動，物使之然也。感於物而動，故形於聲。聲相應，故生變，變成方，謂之音。比音而樂之，及干戚羽旄，謂之樂。樂者，音之所由生也，其本在人心之感於物也。是故其〔一〕哀心感者，其聲噍焦，去聲以殺；其樂心感者，其聲嘽闡以緩；其喜心感者，其聲發以散；其怒心感者，其聲粗以厲；其敬心感者，其聲直以廉；其愛心感者，其聲和以柔。六者非性也，感於物而後動。是故先王慎所以感之者。故禮以道其志，樂以和其聲，政以一其行，刑以防其姦。禮樂刑政，其極一也，所以同民心而出治道也。凡音者，生人心者也。情動於中，故形於聲，聲成文，謂之音。是故治世之音安以樂，其政和；亂世之音怨以怒，其政乖；亡國之音哀以思，其民困。聲音之道與政通矣。宮爲君，商爲臣，角爲民，徵爲事，羽爲物。五者不亂，則無怗占懘滯之音矣。

〔一〕「其」字原脱，據閩本補。

宮亂則荒，其君驕；商亂則陂，其官壞；角亂則憂，其民怨；徵亂則哀，其事勤；羽亂則危，其財匱。五者皆亂，迭相陵，謂之慢。如此則國之滅亡無日矣。鄭、衛之音，亂世之音也，比於慢矣。《桑閒》，濮上之音，亡國之音也，其政散，其民流，誣上行私而不可止也。凡音者，生於人心者也。樂者，通倫理者也。是故知聲而不知音者，禽獸是也。知音而不知樂者，衆庶是也。唯君子爲能知樂。是故審聲以知音，審音以知樂，審樂以知政，而治道備矣。是故不知聲者不可與言音，不知音者不可與言樂，知樂則幾於禮矣。禮樂皆得，謂之有德。德者，得也。是故樂之隆，非極音也；食饗之禮，非致味也。《清廟》之瑟，朱絃而疏越，壹倡而三歎，有遺音者矣。大饗之禮，尚玄酒而俎腥魚，大羹不和，有遺味者矣。是故先王之制禮樂也，非以極口腹耳目之欲也，將以教民平好惡而反人道之正也。人生而静，天之性也。感於物而動，性之欲也。物至知知，然後好惡形焉。好惡無節於内，知誘於外，不能反躬，天理滅矣。夫物之感人無窮，而人之好惡無節，則是物至而人化物也。人化物也者，滅天理而窮人欲者也。於是有悖逆詐僞之心，有淫泆作亂之事。是故强者脅弱，衆者暴寡，知者詐愚，勇者苦怯，疾病不養，老幼孤獨不得其所。此大亂之道也。是故先王之制禮樂，人爲之節。衰麻哭泣，所以節喪紀也。鐘鼓干戚，所以和安樂也。昏姻冠笄，所以別男女也。射鄉食饗，所以正交接也。禮節民心，樂和民聲，政以行之，刑以防之。禮樂刑政，四達而不悖，則王道備矣。

此一章，所謂《樂本》。本者，人心也。單出曰聲，雜比曰音。人聲爲聲，協律爲音。聲有應和婉轉，相應生變也。變而清濁高下，成方也。五音損益相生，如宫變生徵，徵變生商，商變生羽，羽變生角。比合其音以爲樂，干戚羽旄以爲舞，則聲容兼備，謂之樂也。樂者，音之所由生，言樂由音生也。噍，促也。殺，削也。嘽，寬也。樂者其情舒，喜者其氣揚，故其聲亦應之。廉，方也。六者，謂喜、怒、哀、樂、愛、敬。非性，性本寂静也。六者人心之動，而聲隨之應，故心爲樂本。先王作樂，先正人心也。聲成文，即「變成方」也。治世之音安樂，由政和也；亂亡之音哀怨，由政乖民困也。樂以觀政，非樂能生政也。宫、商、角、徵、羽五音，説見《月令》。君、臣、民、事、物，各以聲輕重清濁爲次。宫最濁爲君，商爲臣，角爲民，徵爲事，羽最清爲物。臣不可以上君，民不可以加臣，五音皆以次殺，則得其理而無沾滯矣。臣過君，民過臣，謂之陵亂。鄭、衛之音，説見《詩》。二國風氣浮靡，聲音妖冶，世俗寫以爲新聲，非大雅之奏，聖人惡之。《桑間》，即《衛風·桑中》之詩。濮上，衛地，政散無化，民流無節，故生亡國之音。此以上，言樂本于人心，通于治。此以下，言聖人審音知樂，反本正人心，而禮樂興也。樂通倫理，謂通于事物倫類之理。事得其理謂之禮，物得其和謂之樂，未有失理而能和者，故曰「知樂則幾于禮」。禮樂皆得，則中和兼致，故曰有德。蓋人心以中節爲和，大道以不盡爲有餘，此禮樂相須，欲不可縱，樂不可極也。非極音，言不極聲音之美也。非致味，言不致滋味之極也。朱絃，謂以練染之絲爲絃絲。練則熟而聲濁，不練則勁而聲清。朱絲爲絃，不欲聲之太清也。越琴底孔，疏通也。孔小聲急，孔大聲遲，疏之使通，欲其聲之遲也。歌者一人倡，三人和，言少也。此不極聲也，而其中有不盡之餘音焉。玄酒，水也。腥魚，魚未熟者。大羹，羹無味者。不和，不雜他味。此不敢味也，而其中有不盡之餘味焉。蓋不極口腹耳目之欲，所以爲禮樂之隆，教民恬淡以節性，平好惡，反人道之正，治之原，樂之本也。好惡不節，窮欲滅理，乖戾淫泆，大亂之道。故先王制禮樂刑政，品節裁制，所以王道四達，無政散民流之禍也。

○按：此章言樂本人心，通之政治，以不極爲隆，以反正爲平，明白易簡，真聖人「樂云」之意。至于五音與政通，本諸人心發于政，故聞樂知德，觀禮知政，知其心耳。若夫律有長短，絃有小大，則聲有高下，不如是，變不成方，聲不成變。故五音者，自然之節奏，所以和聲，非本爲君臣民事物而設也。必如〔一〕執此以察治亂興衰，如五行休咎之說，後儒附合，未盡足據耳。

**樂者爲同，禮者爲異。同則相親，異則相敬。樂勝則流，禮勝則離。合情飾貌者，禮樂之事也。禮義立，則貴賤等矣。樂文同，則上下和矣。好惡著，則賢不肖別矣。刑**

〔一〕「如」字疑衍。

禁暴，爵舉賢，則政均矣。仁以愛之，義以正之。如此則民治行矣。樂由中出，禮自外作。樂由中出，故静；禮自外作，故文。大樂必易，大禮必簡。樂至則無怨，禮至則不争。揖讓而治天下者，禮樂之謂也。暴民不作，諸侯賓服，兵革不試，五刑不用，百姓無患，天子不怒，如此則樂達矣。合父子之親，明長幼之序，以敬四海之内，天子如此，則禮行矣。大樂與天地同和，大禮與天地同節。和，故百物不失；節，故祀天祭地。明則有禮樂，幽則有鬼神。如此則四海之内合敬同愛矣。禮者，殊事合敬者也。樂者，異文合愛者也。禮樂之情同，故明王以相沿也。故事與時並，名與功偕。故鐘鼓管磬，羽籥干戚，樂之器也；屈伸俯仰，綴兆舒疾，樂之文也。簠簋俎豆，制度文章，禮之器也；升降上下，周旋裼襲，禮之文也。故知禮樂之情者能作，識禮樂之文者能述。作者之謂聖，述者之謂明。明聖者，述作之謂也。樂者，天地之和也。禮者，天地之序也。和，故百物皆化；序，故羣物皆别。樂由天作，禮以地制，過制則亂，過作則暴。明於天地，然後能興禮樂也。論倫無患，樂之情也；欣喜歡愛，樂之官也。中正無邪，禮之質也；莊敬恭順，禮之制也。若夫禮樂之施於金石，越於聲音，用於宗廟社稷，事乎山川鬼神，則此所與民同也。

此一章，所謂《樂論》，論樂與禮之功用。言樂必言禮，此達禮樂之深者。制作莫大乎禮樂，聖人所以經世道，參天地，質鬼神者也。禮非離樂，不和不可行禮；樂非離禮，不節不可作樂。仁義並用，愛敬相資，内外同異，一而二，二而一也。樂主和，故曰同。禮主辨，故曰異。合情飾貌者，中相得而外不流也。好惡著，刑賞均，皆禮樂之實。歌詠舞蹈，由心生也，故曰中出。品節文章，自貌增也，故曰外作。由中出者，和順從容，故曰静。自外作者，條理分明，故曰文。静則和而不違，故易。文則理而不亂，故簡。易則無聲，故爲大樂。簡則無文，故爲大禮。樂至則人皆得其所而無怨，禮至則人各安其分而不争。樂達則通之天下，禮行必責之天子。父子有親，長幼有序，推之四海之内，無一人敢慢，則敬篤禮行，而建中以致和，存乎天子耳。天地與人，形器雖異，中和一理。天地以中和之氣運造化，爲鬼神；聖人以中和之德行愛敬，爲禮樂。故聲音者樂之小，節文者禮之小，中和易簡，大禮大樂，聖人與天地同。大樂之和，恩及百物；大禮之節，報事天地。盡志曰祀，盡物曰祭。郊盡志，社盡物，故曰節。禮樂顯于有象，造化運于無形，聖人與天地鬼神同運，故禮樂作而仁讓興，四海之内，合敬同愛矣。禮主于殊，樂主于合，此禮樂之小者。敬而不能合，愛而不能殊，此愛敬之小者。聖人所謂禮樂，事不必同而敬，文不必同而愛，何也？事與文雖殊，禮樂之情不殊。如唐、虞揖遜，湯、武征伐，明王相沿，不嫌相殊者。事因乎時，名因乎功，所謂大禮大樂與天地鬼神同者也。故禮樂不貴器與文，而貴情。屈伸俯仰，舞之容也。綴，舞列也。兆，域，舞位也。舒疾，舞之節也。情，精實也，即樂之和、禮之中也。惟聖人爲能致中和，作禮樂。若器與文，明者能記述之。天地之和，天地之節，即禮樂之情。明于天地，然後能興禮樂，即知禮樂之情能作也。如堯、舜、湯、武，所謂明天作地制，能化能别，免于暴亂之過者也。天陽主施，樂生，故曰天作。地陰主成，禮節，故曰地制。過制則亂，言失節也，如春夏而霜雪。過作則暴，言屑越也，如秋冬而發生。唐、虞、三代無此事，故曰能興禮樂。「論倫」以下，又推本人心而言。論，辨也，所謂「皦如」。倫，序也，所謂「繹如」。人情有别有序，無陵亂之患，是樂之情實，而所主在和，故以欣喜歡愛爲官。官，猶主也。禮以中正無邪爲本，以莊敬恭順爲節。樂之發于聲音，禮之行于百神，皆不過此。此聖明與衆人同者也。

王者功成作樂，治定制禮。其功大者其樂備，其治辯者其禮具。干戚之舞，非備樂也；孰亨烹而祀，非達禮也。五帝殊時，不相沿樂；三王異世，不相襲禮。樂極則憂，禮粗則偏矣。及夫敦樂而無憂，禮備而不偏者，其唯大聖乎！天高地下，萬物散殊，而禮制行矣。流而不息，合同而化，而樂興焉。春作夏長，仁也。秋斂冬藏，義也。仁近於樂，義近於禮。樂者敦和，率神而從天；禮者别宜，居鬼而從地。故聖人作樂以應天，制禮以配地。禮樂明備，天地官矣。天尊地卑，君臣定矣。卑高以陳，貴賤位矣。動靜有常，小大殊矣。方以類聚，物以羣分，則性命不同矣。在天成象，在地成形，如此，則禮者天地之别也。地氣上齊躋，天氣下降，陰陽相摩，天地相蕩，鼓之以雷霆，奮之以風雨，動之以四時，煖之以日月，而百化興焉。如此，則樂者天地之和也。化不時則不生，男女無辨則亂升，

**天地之情也。及夫禮樂之極乎天而蟠乎地，行乎陰陽而通乎鬼神，窮高極遠而測深厚。樂著太始，而禮居成物。著不息者天也，著不動者地也。一動一靜者，天地之間也。故聖人曰禮樂云。**

此一章，所謂《樂禮》，取章首「作樂」、「制禮」名也。樂以象功，故功成則作樂。禮以飾治，故治定則制禮。辯與偏通，言治化偏及也。功大樂備，非備以器也。治辯禮具，非具以物也。干戚者舞之器，孰烹者祭之物。干戚無遺音矣，孰烹無遺味矣。是以古之帝王，建中和之極，而立于禮樂之先，因時達節，反本合情，故殊時不沿樂，異世不襲禮。樂沿而不反其所自生則極，極則溺而憂。禮襲而不反其所自始則粗，粗則敝而偏。厚于樂而無憂，備于禮而不偏者，其唯聖人。知時而不處其極，故功成樂備，能無憂也；當世而不襲其粗，故治定禮具，能不偏也。豈强設哉！天高地下，萬物散處分殊，條理區別，此自然之禮已行矣。兩間化育，流行不息，合同變化，此自然之樂已興矣。聖人惟因之耳。樂近於仁，故敦厚慈和，動率陽神，而圓融以從天。禮近于義，故辨別時宜，靜居陰鬼，而直方以從地。蓋天道和動，樂作宣暢，所以應天；地道靜肅，禮制莊嚴，所以配地。聖人制禮作樂，昭明詳備，故能裁成輔相，職覆職載，各得其官矣。「天尊地卑」兩段，孔子繫《易》之辭，引以明禮樂官天地之義。卑高，如山澤之類。動爲陽，靜爲陰；陽爲大，陰爲小，故曰小大殊矣。方，謂四方。物，謂萬物。方以類聚，言聚各以其類；物以羣分，言分各以其羣。人物所受之性，與天所付之命，各不同也。天象，謂日月星辰之象；地形，謂山川草木之形。其經緯區别，莫非自然之禮，故曰「禮者天地之别」。上齊，猶上躋。二氣升降，雷霆、風雨、四時、日月運而百化興。此絪緼摩蕩，莫非自然之樂，故曰「樂者天地之和」。氣化不時，則物不生，是别而無和也。男女無辨，則亂起，是和而無别也。故禮樂不可相離，天地之性情也。極，窮至也。蟠，盤結也。行陰陽，通鬼神，即上文應天配地、率神居鬼之意。窮極高遠，即「極乎天」也。測深厚，即「蟠乎地」也。乾知大始，天氣之和，樂之顯諸仁而爲著也。坤作成物，地氣之肅，禮之藏諸用而爲居也。要之，居皆著也，地皆天也，故著之動而不息者天之運，著之静而不動者地之處。動而不静則不成，静而不動則不生，故一動一静，混闢無窮，天地之閒，所以爲變化之門，一陰一陽之道，聖人言樂必言禮，合一而不離，此也。夫世儒之云禮樂也，鐘鼓玉帛而已。聖人云云然，引而不發。記者乃能根極天命人性、陰陽鬼神之奥，以闡揚中和之旨，乃知天地之閒無時無處非禮樂。以此爲訓，後世猶有以不見器數爲恨者，亦可謂不達矣。

昔者舜作五弦之琴以歌《南風》，夔始制樂以賞諸侯。故天子之爲樂也，以賞諸侯之有德者也。德盛而教尊，五穀時熟，然後賞之以樂。故其治民勞者，其舞行綴遠；其治民逸者，其舞行綴短。故觀其舞，知其德；聞其謚，知其行也。《大章》，章之也。《咸池》，備矣。《韶》，繼也。《夏》，大也。殷、周之樂盡矣。天地之道，寒暑不時則疾，風雨不節則饑。教者，民之寒暑也，教不時則傷世；事者，民之風雨也，事不節則無功。然則先王之爲樂也，以法治也，善則行象德矣。夫豢豕爲酒，非以爲禍也，而獄訟益繁，則酒之流生禍也。是故先王因爲酒禮。壹獻之禮，賓主百拜，終日飲酒而不得醉焉，此先王之所以備酒禍也。故酒食者，所以合歡也。樂者，所以象德也。禮者，所以綴淫也。是故先王有大事，必有禮以哀之；有大福，必有禮以樂之。哀樂之分，皆以禮終。樂也者，聖人之所樂也，而可以善民心。其感人深，其移風易俗，故先王著其教焉。

此一章，所謂《樂施》，言樂之施用也。琴始于神農，七弦。舜作五弦，有宫商角徵羽，而無文武。《南風》，歌名，其辭未詳。《家語》載解愠阜財之辭，鄭謂未聞，司馬遷作《史記》不録，馬昭謂爲王肅僞增耳。制樂以賞諸侯，明樂不可苟作。諸侯有樂，天子賜之。治民勞，功德隆；治民逸，功德殺，故舞列有長短，又以見樂後于禮也。《大章》，堯樂。章，明也。《咸池》，黄帝樂，或云堯樂，所謂《大咸》也。咸，皆也。池，施也。功德施，無不備也。《韶》，舜樂。繼，紹堯也。夏禹樂大，功大也。殷、周之樂，湯，《大濩》；武，《大武》也。盡，盡美也。寒暑時，風雨節，天地之樂；教化興，事功成，王者之樂。故先王作樂，法天地以爲治也。上能教以時，節以事，則上善，民行象上之德，樂所以興也。是故禮樂並用，樂以禮終。飲酒導和，無禮則生禍。豢豕，養豕也。爲酒，造酒也。壹獻，禮之小者。士饗唯一獻。百拜，言多也。綴，約束也。淫，放蕩也。大事，喪事也。人事死爲大。大福，祭饗也。

哀樂皆以禮善終，無禮則無節而罔終。樂必有禮，聖人所以樂之，以其善民心，感人深，移風易俗，故著之爲教也。

按：《史記・樂書》「樂也者，聖人之所樂也」以下六句連下章「夫民有血氣心知之性」爲《樂言》。第六章「樂象，樂也者，施也。禮也者，報也」至「所以贈諸侯也」十四句，接此章「哀樂之分，皆以禮終」下。蓋施、報、贈諸侯等語，與章首天子作樂賞諸侯，文義正協，爲《樂施》。此章末「善民心」、「移風俗」等語，與上文不甚屬，屬下章，頗似。

夫民有血氣心知之性，而無哀樂喜怒之常，應感起物而動，然後心術形焉。是故志微、噍焦，去聲殺晒之音作而民思憂，嘽闡諧、慢易、繁文、簡節之音作而民康樂，粗厲、猛起、奮末、廣賁之音作而民剛毅，廉直、勁正、莊誠之音作而民肅敬，寬裕、肉好、順成、和動之音作而民慈愛，流辟、邪散、狄成、滌濫之音作而民淫亂。是故先王本之情性，稽之度數，制之禮義，合生氣之和，道五常之行，使之陽而不散，陰而不密，剛氣不怒，柔氣不懾，四暢交於中而發作於外，皆安其位而不相奪也。然後立之學等，廣其節奏，省其文采，以繩德厚，律小大之稱，比始終之序，以象事行，使親疏、貴賤、長幼、男女之理皆形見於樂，故曰「樂觀其深」矣。土敝則草木不長，水煩則魚鼈不大，氣衰則

**生物不遂，世亂則禮慝而樂淫。是故其聲哀而不莊，樂而不安；慢易以犯節，流湎以忘本；廣則容姦，狹則思欲；感條暢之氣，而滅平和之德。是以君子賤之也。**

此一章，所謂《樂言》，言樂也有性無常。謂發不中節，中無定主，應感而動，隨物而起。心術，猶言心曲。「志微」以下六者，皆性之感動，形于聲音，故聞其音而心術可知。志，言細也。噍殺，皆小意。殺，言衰也。嘽，寬也。諧，和也。慢，緩也。易，平也。繁文，多而成文。簡節，少而有制。言節文繁簡、疏密勻稱也。和柔曰肉，圓活曰好。璧孔曰好，週地曰肉。音之和婉似之。狄、翟同，雉也。成，猶合也。滌，養牛羊之牢。濫，溷雜也。言如鳥獸亂合無分辨，淫亂之意。六音，皆心術所形。是以先王作樂，非徒聲容也，本之情性，因民心也；稽之度數，考律呂也；制之禮義，厲名教也；合生氣之和，愛而弗傷也；道五常之行，教之明倫也；陽而不散，飽煖無逸居也；陰而不密，嚴肅無煩苛也；剛氣不怒，柔氣不懾，剛柔正直也；四暢交于中，安位不奪者，自君身以及天下，均和咸理也。四海會于皇極，而萬物各得其所；四體喻于中心，而萬事各適其宜。此大和洋溢，樂所由興也。大然後立之學，如樂正、樂胥之官是也；立之等，如舞《勺》、舞《象》之序是也。廣其節奏，使學者多其所習也。省其文采，察其五音六律，使成文章也。皆所以繩約其德性而歸之于厚也。五音有君臣民事物，小大之稱也；有十二律，始終之序也。皆法其稱，比其序，以象之于政事，措之于躬行。必使新疏貴賤、長幼男女各有倫理，如樂之稱序。所謂應感起而心術形者，皆足以昭德象功，故曰「觀其深」矣。本根盛故元氣暢，宇宙大和，然後禮樂興。苟世運衰亂，則禮慝樂淫，聽其音，使人慢易流湎，中心無主，乍喜乍悲，時而開廣，則放浪祇以容姦，非清虛之量也；時而迫狹，則躁率祇以急欲，非儼若之思也。如此，則傷天地條暢之氣，滅人心平和之德。雖鐘鼓管籥，干戚羽旄，聲容盡美，君子不貴也。

凡姦聲感人而逆氣應之，逆氣成象而淫樂興焉。正聲感人而順氣應之，順氣成象而和樂興焉。倡和有應，回邪曲直各歸其分，而萬物之理各以類相動也。是故君子反情以和其志，比類以成其行。姦聲亂色不留聰明，淫樂慝禮不接心術，惰慢邪辟之氣不設於身體，使耳目鼻口心知百體皆由順正以行其義。然後發以聲音，而文以琴瑟，動以干戚，飾以羽旄，從以簫管，奮至德之光，動四氣之和，以著萬物之理。是故清明象天，廣大象地，終始象四時，周還象風雨，五色成文而不亂，八風從律而不姦。百度得數而有常，小大相成，終始相生，倡和清濁，迭相爲經。故樂行而倫清，耳目聰明，血氣和平，移風易俗，天下皆寧。故曰：「樂者，樂也。」君子樂得其道，小人樂得其欲。以道制欲，則樂而不亂；以欲忘道，則惑而不樂。是故君子反情以和其志，廣樂以成其教。樂行而民鄉向方，可以觀德矣。德者，性之端也。樂者，德之華也。金石絲竹，樂之器也。詩，言其志也。歌，詠其聲也。舞，動其容也。三者本於心，然後樂器從之。是故情深而文明，氣盛而化神，和順積中而英華發外，唯樂不可以爲僞。樂者，心之動也。聲者，樂之象也。文采節奏，聲之飾也。君子動其本，樂其象，然後治其飾。是故先鼓以警戒，三步以見方，再始以著往，復亂以飭歸，奮疾而不拔，極幽而不隱，獨樂其志，不厭其道，備舉其道，不私其欲。是故情見而義立，樂終而德尊，君子以好善，小人以聽過。故曰：「生民之道，樂爲大焉。」樂也者，施也。禮也者，報也。樂，樂其所自生，而禮反其所自始。樂章德，禮報情、反始也。所謂大輅者，天子之車也。龍旂九旒，天子之旌也。青黑緣者，天子之寶龜也。從之以牛羊之羣，則所以贈諸侯也。

此一章，所謂《樂象》，取「氣成象」之語以名也。上言心之邪正形于音，自内而出也。此言音之邪正感于心，自外而入也。姦聲，凡非禮之聲入耳皆是。聲感于耳，氣動于心，氣運生象，歌詠舞蹈，皆聲氣相感應而成也。感者爲倡，應者爲和，倡和相因，謂之有應。回，不正也。各歸其分，猶言各從其類。情反正而後和志，類比善而後成行。耳目口鼻心志百體，不近姦聲邪色，由順由正，以行其義，所謂以正感也。「琴瑟」以下，所謂順氣應之成象而和樂興也。清明、廣大、始終、周旋，皆和樂之象。五色成文，舞容也。八風從律，聲音也。五方之色各異，舞容應之；四時有八節，節至風生，音律從之，皆言和也。百度得數，如五音十二律，三分損益，隔八相生，九九而終，皆數也。言百，概舉也。不亂、不姦、有常，所謂「皦如」也。相成、相生、相經，所謂「繹如」也。樂行倫清，以至天下寧，樂和之效也。倫清，條理清明，無曖昧昏亂，故足以動人心而移風俗。蓋本其性情心術，順正以行義，氣和聲和，而天地之和應，非琴瑟、干戚、羽旄、簫管之力也。故得其道則爲樂，失其道則爲欲，君子反情以和志，不以從欲爲和也；廣樂以成教，非以聲樂爲娛也。使民鄉方，向德也。德本于性，樂本于德，而八音者，樂之器也。詩者，言心之志耳；歌者，詠心之聲耳；舞者，動心之容耳，故曰「三者本于心」。文明者，樂之氣象。化神者，樂之感動。和順積中，所謂「性之德」也。英華發外，所謂「德之華」也。先鼓警戒，謂樂作先擊鼓，示戒備也。三步見方，謂舞先三頓足，示方始也。樂以三爲節，再始，謂一節終再作也。往，進也。著，見也。自始漸終謂之往。亂，樂將終也。飭，整齊也。歸，猶止也。拔，突起也。舞容奮疾，然不以拔爲疾，便捷又從容也。樂聲幽遠，然不以隱爲幽，微渺又清亮也。志則樂矣，然非以欲忘道也。道既舉矣，又非成己遺人也。情見而義亦立，樂成而德益尊。君子聽之，興起其善心；小人聞之，蕩滌其邪穢。樂所以有裨于生民也。蓋由反情以和志，正感而順應，未有不反而能和，不正而能順者。故樂順主于施，禮反主于報，天子以大輅、龍旂、寶龜賞賜諸侯，施可謂厚矣。然必從以牛羊之羣，若但以寶器爲重，以犧牲爲輕，則施幾于不反矣。寶器所以施恩，犧牲所以報本，此報施之義也。青黑緣，以青黑布藉龜，如玉之有繅也。

按：《史〔一〕・樂書》「樂也者，施也。禮也者，報也」以下十四句，在第四章《樂施》「哀樂之分，皆以禮終」之下，當從之，詳前。

樂也者，情之不可變者也。禮也者，理之不可易者也。樂統同，禮辨異。禮樂之說，管乎人情矣。窮本知變，樂之情也；著誠去僞，禮之經也。禮樂偵負天地之情，達神明之德，降興上下之神，而凝是精粗之體，領父子君臣之節。是故大人舉禮樂，則天地將爲昭焉。天地訢欣合，陰陽相得，煦虛，去聲嫗瘀覆育萬物，然後草木茂，區勾萌達，羽翼奮，角觡格生，蟄蟲昭蘇，羽者嫗伏，毛者孕鬻，胎生者不殰瀆，而卵生者不殈洫，則樂之道歸焉耳。樂者，非謂黃鐘、大呂、弦歌、干揚也，樂之末節也，故童者舞之。鋪筵席，陳尊俎，列籩豆，以升降爲禮者，禮之末節也，故有司掌之。樂師辨乎聲詩，故北面而弦；宗祝辨乎宗廟之禮，故後尸；商祝辨乎喪禮，故後主人。是故德成而上，藝成而下，行成而先，事成而後。是故先王有上有下，有先有後，然後可以有制於天下也。

此一章，所謂《樂情》，取章首「情不可變」之語名也。樂者，歡愛之情發乎自然，故不可變。

〔一〕「史」，即指《史記》，下文亦有直出「史」字稱《史記》者，知非有漏脱，故仍之。類此者不悉校。

禮者，中正之體成于一定，故不可易。自然者統其同，一定者辨其異，故禮樂管攝乎人情矣。情不可變，而變者非其本，窮其本則情同。經不可易，而易者非其誠，去其僞則誠著。天地之情，中和是也，禮樂依而偩之。神明之德，愛敬是也，禮樂行而達之。樂率神從天，禮居鬼從地，是降興上下之神也。以聲音器數之末，將無聲無文之本，是凝精粗之體也。樂統其同，禮辨其異，是領父子君臣之節也。大人舉禮樂，言聖王制禮作樂也。天地爲昭，言功用贊化育也。訢合，猶欣合。煦者，温以氣。嫗者，伏以體。天煦地嫗，天覆地育也。區、勾通，物萌起而勾曲也。羽翼，飛鳥也。角觡，走獸也。角有肉曰䚡，無肉曰觡。蟄，伏也。蟲伏初啓，如暗得明，如死復生，故曰昭蘇。鬻、育同，養也。胎敗曰殰，卵毀曰殈。天地絪緼，萬物化醇，孰非樂之道，故曰「歸焉」。然則樂豈黄鐘、大吕、弦歌、干揚之謂與？童者舞之，言非成人之學，如十三舞《勺》、成童舞《象》是也。北面，言位卑也。宗，宗人。祝，大祝。習商禮，曰商祝。商尚質，喪主素，故商祝辨喪禮也。宗廟之敬在尸，喪禮之哀在主人。立于尸、主人之後，輕可知也。德、行，禮樂之本。所謂天地之情，神明之德，不可變，不可易者也。藝、事，禮樂之末，所謂童子之舞，有司之掌，宗祝、商祝之所辨者也。上下以位言，猶尊卑也。先後以序言，猶緩急也。德爲本，藝爲末，行體諸身，事措諸物，端本致末，成己及物，先王所以能興禮樂，宰制天下也。

魏文侯問於子夏曰：「吾端冕而聽古樂，則唯恐卧；聽鄭、衛之音，則不知倦。敢問古樂之如彼何也？新樂之如此何也？」子夏對曰：「今夫古樂，進旅退旅，和正以廣；弦匏笙簧，會守拊鼓；始奏以文，復亂以武；治亂以相去聲，訊疾以雅；君子於是語，於是道古，脩身及家，平均天下。此古樂之發也。今夫新樂，進俯退俯，姦聲以濫，溺而不止；及優侏儒儒，獶腦雜子女，不知父子；樂終，不可以語，不可以道古。此新樂之發也。今君之所問者樂也，所好者音也。夫樂者，與音相近而不同。」文侯曰：「敢問何如？」子夏對曰：「夫古者天地順而四時當，民有德而五穀昌，疾疢振不作而無妖祥，此之謂大當。然後聖人作爲父子君臣以爲紀綱，紀綱既正，天下大定；天下大定，然後正六律，和五聲，弦歌《詩》《頌》，此之謂德音，德音之謂樂。《詩》云：『莫其德音，其德克明。克明克類，克長克君。王此大邦，克順克俾。俾于文王，其德靡悔。既受帝祉，施于孫子。』此之謂也。今君之所好者，其溺音乎？」文侯曰：「敢問溺音何從出也？」子夏對〔一〕曰：「鄭音好濫淫志，宋音燕女溺志，衛音趨促數速煩志，齊音敖辟喬驕志。此四者，皆淫於色而害於德，是以祭祀弗用也。《詩》云：『肅雝和鳴，先祖是聽。』夫

〔一〕「對」字原脱，今據閩本補。

肅肅，敬也。雝雝，和也。夫敬以和，何事不行？爲人君者，謹其所好惡而已矣。君好之，則臣爲之；上行之，則民從之。《詩》云：『誘民孔易。』此之謂也。然後聖人作爲鞉、鼓、椌腔、楬慳，入聲、壎、篪池，此六者，德音之音也。然後鐘、磬、竽、瑟以和之，干、戚、旄、狄以舞之。此所以祭先王之廟也，所以獻、酬、酳、酢也，所以官序貴賤各得其宜也，所以示後世有尊卑長幼之序也。鐘聲鏗，鏗以立號，號以立橫誑，橫以立武。君子聽鐘聲，則思武臣。石聲磬上聲，磬以立辨，辨以致死。君子聽磬聲，則思死封疆之臣。絲聲哀，哀以立廉，廉以立志。君子聽琴瑟之聲，則思志義之臣。竹聲濫，濫以立會，會以聚衆。君子聽竽笙簫管之聲，則思畜聚之臣。鼓鼙之聲讙，讙以立動，動以進衆。君子聽鼓鼙之聲，則思將帥之臣。君子之聽音，非聽其鏗鏘而已也，彼亦各有所合之也。」

此一章，所謂《魏文侯》也。端冕，衣玄端而冠冕也。唯恐卧，既倦而矜持也。進旅退旅，進退整齊也。和正以廣，和平廣大也。拊，樂器，縫韋實糠，擊以節樂，蓋柷、敔之類。弦匏笙簧，共守此爲節也。始奏以文，本乎仁也。復亂以武，止乎義也。治亂以相，瞽師察音之不協者，贊相之也。訊，亦治也。疾，即前章「奮疾不拔」之「疾」，謂音節之繁促者，訊之以雅正也。於是語，謂君子於此作樂之時，相與稱道古人脩身、齊家、治國、平天下之事。此古樂之發揮也。豈爲悦耳目之娱哉？進俯退俯，形狀傴僂也。姦，不和也。濫，不正也。溺而不止，流蕩無節也。優，倡優也。侏儒，短人也。玃，獮猴也。雜，戲弄也。爲侏儒、猿猴之狀，男女混雜也。倡優父子相謔，故曰不知父子。樂作至終，無復古人雅道可語。此新樂之發也。大當，猶言至治。德音之謂樂，此語簡當親切，即夫子「樂云」之旨。《詩》，《大雅·皇矣》之篇，美王季之德也。莫，寂静也。類，分別也。俾，《詩》作「比」，和也。帝祉，上帝福祉。溺音，沈湎之音，與德音反也。好濫，貪愛無別也。淫志，蕩人心志也。燕女，燕安女色也。趨數，促迫重複也。敖辟，倨侮偏僻也。喬作「驕」。鞉，如鼓小，有柄有耳，摇擊之也。椌、楬，即柷、敔。壎，六孔，燒土爲之。篪如笛，竹爲之。六者，音之最質，故曰德音。鐘、磬、竽、瑟，音之美者，所以和也。狄、翟同，羽也。無淫哇之音，無俳優之舞，所以崇嚴敬，用之宗廟朝廷。獻、酬、酳、酢，官序貴賤，無不得宜，示後世尊卑長幼之序也。鏗以立號，言鐘聲鏗然高亮，有號令之象。横，盛氣貌。令嚴氣壯，立武之道，故聽之思武臣。磬、罄同，罄罄然盡也。《史記》作「硜」，石聲，堅確也。有辨別之象，辨則決，故能致死守封疆，亦辨別意。哀聲凄切，使人恬退收斂，故能廉。廉則世味不染，以立志。君子無故不去琴瑟，此也。濫，散漫也。散則思聚，故立會。讙，轟騰也。驩欣踊躍，故以進衆。

賓牟賈侍坐於孔子，孔子與之言，及樂，曰：「夫《武》之備戒之已久，何也？」對曰：「病不得其衆也。」「咏歎之，淫液之，何也？」對曰：「恐不逮事也。」「發揚蹈厲之已蚤，何也？」對曰：「及時事也。」「《武》坐，致右憲左，何也？」對曰：「非《武》坐也。」「聲淫及商，何也？」對曰：「非《武》音也。」子曰：「若非《武》音，則何音也？」對曰：「有司失其傳也。若非有司失其傳，則武王之志荒矣。」子曰：「唯。丘之聞諸萇(腸)弘，亦若吾子之言是也。」賓牟賈起，免席而請曰：「夫《武》之備戒之已久，則既聞命矣。敢問遲之遲而又久，何也？」子曰：「居，吾語汝。夫樂者，象成者也。總干而山立，武王之事也。發揚蹈厲，太公之志也。《武》亂皆坐，周、召之治也。且夫《武》，始而北出，再成而滅商，三成而南，四成而南國是疆，五成而分，周公左，召公右，六成復綴，以崇天子(句)。夾振之而駟伐，盛威於中國也。分夾而進，事蚤濟也。久立於綴，以待諸侯之至也。且汝獨未聞牧野之語乎？武王克殷反商，未及下車而封黃帝之後於薊(計)，封帝堯之後於祝，封帝舜之後於陳；下車而封夏后氏之後於杞，投殷之後於宋，封王子比干之墓，釋箕子之囚，使之行商容而復其位。庶民弛政，庶士倍祿。濟河而西，馬散之華山之陽而弗復乘，牛散之桃林之野而弗復服，車甲衅(欣，去聲)而藏之府庫而弗復用，倒載干戈，包之以虎皮，將帥之士使爲諸侯，名之曰建(上聲)櫜(高)。然後天下知武王之不復用兵也。散軍而郊射，左射《貍首》，右射《騶虞》，而貫革之射息也。裨冕搢笏，而虎賁之士說(脱)劍也。祀乎明堂，而民知孝。朝覲，然後諸侯知所以臣。耕藉，然後諸侯知所以敬。五者，天下之大教也。食三老、五更於大學，天子袒而割牲，執醬而饋，執爵而酳，冕而總干，所以教諸侯之弟也。若此，則周道四達，禮樂交通，則夫《武》之遲久不亦宜乎！」

此一章，所謂《賓牟賈》也。賓牟，姓；賈，名。曰，孔子問。對，賈對。《武》樂將作之始，擊鼓備戒，久而後舞，何也？賈言武王憂衆心未同，待之久也。咏歎，長歎。淫液，聲不絶也。不逮事，言武王望諸侯至，恐緩不及事，故歎也。發揚，舞者奮發振揚。蹈厲，頓足猛厲。已蚤，甚速也。及時事，及時從事也。坐，跪也。致右，右膝著地。憲、軒通，左膝去地軒起也。非《武》坐，言武事奮作，無坐容也。商，金聲，殺音也。淫，浸盛也。言《武》樂浸淫有殺伐之音。非《武》音，言殺音非《武》樂也。有司，謂典樂之官。失傳，失其説也。荒，謬也。言有好殺之心，不得爲神武矣。唯，應辭。萇弘，周大夫姓名。是，猶同也。夫子言已聞于萇弘，與賈言同。免席，避席。聞命，承夫子之唯而是也。賈言備戒遲久，爲病不得衆，既聞命矣，然遲之矣，及綴兆成，又久于綴，何也？「子曰」以下，夫子所自得者語之。將舞而總持干盾，嶷立如山不動者，象聖人臨事鎮定，是武王之事也。執持不動曰總。其發揚蹈厲，是太公鷹揚之志也。樂終曰亂。《武》終皆跪。致右憲左，象周公左，召公右，分二監以文治天下，故致憲服從也。樂奏一終曰成。始奏象師渡河而北，再奏象牧野滅商，三奏象克商南還，四奏象疆理南方，五奏象周公、召公分職而治，六奏復綴謂舞者南北左右，皆復初位，象治定功成，四海攸同，尊崇武王爲天子也。鄭以「天子」屬下文讀，非也。《武》樂終六成，「夾振」以下三段，解遲久義。夾振駟伐，即《武》始也。左右未分，故曰夾。振，衛護也。駟，車馬也。伐，攻戰也。《詩》云「駟騵[一]彭彭，肆伐大商」，舞以象之，故曰「盛威於中國也」。分夾而進，舞者左右分隊前進，即北出也。事蚤濟，即再成滅商，賈謂「及時事」，夫子謂「太公之志」者也。久立于綴，謂行綴已列，久立不動，即賈所疑「遲而又久」。夫子所謂「總干山立」，象武王待諸侯之集也。「牧野之語」以下，再明遲久之義。語，謂傳記。反商，謂牧野既克，還至紂都。黄帝、堯、舜之後，三恪也。杞、宋，二王後也。下車、未下車，記先後分封之序。殷言投，徙置也。行商容，使用殷禮也[二]。弛政，弛其苛禁。倍禄，增其食禄。濟河而西，既平商歸西周也。衅、釁通，以牲血塗之也。倒載，臥而載之，示寢兵也。建作「鍵」，鎖也。櫜以韜兵，鎖其韜，示不用也。散軍，放散三軍。郊射，行射于郊學也。《貍首》，逸《詩》名，天子射之樂歌。左，言尊也。《騶虞》，諸侯射之樂歌。右，言卑也。貫革，射穿皮也。兵射尚力，主貫革。郊射尚文，故止不爲也。裨冕，裨衣而冠冕，《周禮》所謂「五冕」也。裨，副也。天子衮冕爲正，公侯以下冕爲副。搢，插也。文士冠裳，故虎賁之士，皆解脱佩劍。五者，射禮也，冠裳也，祭祀也，朝覲也，耕藉也，皆崇文偃武之事，故曰大教。「食三老、五更」以下，

〔一〕「騵」，原作「源」，今據《毛詩》改正。
〔二〕「使用殷禮也」，《續修》本作「使人行取也」。

解見各篇。此所言遲久與前待諸侯意小異。耕藉養老，不必皆武王事；禮樂交通，則成周之世矣。而遏劉、耆定，本武之功，百年化洽，皆所謂「《武》之遲久」也，以象功昭德，不亦宜乎！

君子曰：禮樂不可斯須去身。致樂以治心，則易直子諒之心油然生矣。易直子諒之心生則樂，樂則安，安則久，久則天，天則神。天則不言而信，神則不怒而威，致樂以治心者也。致禮以治躬則莊敬，莊敬則嚴威〔一〕。心中斯須不和不樂，而鄙詐之心入之矣。外貌斯須不莊不敬，而易慢之心入之矣。故樂也者，動於内者也；禮也者，動於外者也。樂極和，禮極順，内和而外順，則民瞻其顔色而弗與争也，望其容貌而民不生易慢焉。故德煇動於内而民莫不承聽，理發諸外而民莫不承順。故曰：致禮樂之道，舉而錯之，天下無難矣。樂也者，動於内者也。禮也者，動於外者也。故禮主其減，樂主其盈。禮減而進，以進爲文；樂盈而反，以反爲文。禮減而不進則銷，樂盈而不反則放，故禮有報而樂有反。禮得其報則樂，樂得其反則安。禮之報，樂之反，其義一也。夫樂者，樂也，人情之所不能免也。樂必發於聲音，形於動静，人之道也。聲音動静，性術之變盡於此矣。

〔一〕「嚴威」，原倒作「威嚴」，據閩本乙正。

故人不耐能無樂，樂不耐無形。形而不爲道，不耐無亂。先王恥其亂，故制《雅》《頌》之聲以道之，使其聲足樂而不流，使其文足論而不息，使其曲直、繁瘠、廉肉、節奏足以感動人之善心而已矣，不使放心邪氣得接焉。是先王立樂之方也。是故樂在宗廟之中，君臣上下同聽之則莫不和敬；在族長鄉里之中，長幼同聽之則莫不和順；在閨門之内，父子兄弟同聽之則莫不和親。故樂者，審一以定和，比物以飾節，節奏合以成文，所以合和父子君臣、附親萬民也。是先王立樂之方也。故聽其《雅》《頌》之聲，志意得廣焉。執其干戚，習其俯仰詘伸，容貌得莊焉。行其綴兆，要其節奏，行列得正焉，進退得齊焉。故樂者，天地之命，中和之紀，人情之所不能免也。夫樂者，先王之所以飾喜也。軍旅鈇鉞者，先王之所以飾怒也。故先王之喜怒皆得其儕柴焉。喜則天下和之，怒則暴亂者畏之。先王之道，禮樂可謂盛矣。

此一章，所謂《樂化》，言禮樂能變化人也。致，極盡也。樂由中出，故以治心。易，無思也。直，無僞也。子，生意也。魚鳥之卵，果穀之實，皆謂子。諒，信也。或云：「子」當作「慈」。自然曰天。不測曰神。禮由外作，故以治躬。愛生於心，故樂動于内。敬形于貌，故禮動于外。德煇，猶德音。理，事理。減，《史》作「謙」。禮主謙退故減，樂主發生故盈。謙退者詳于數，故進；發生者防其淫，故反。文，謂度數聲容。謙退而不詳于數，則固陋而爲銷；發生而不止其淫，則恣縱而爲放。報，猶復也。減者以能進爲復，盈者以不放爲反。禮得報而進，則敬以行而樂。樂不盈而反，則和得敬而安。禮之報即樂，樂之反即禮，禮樂相須，其義一也。樂者，樂也，言自然不容已也。人情生則惡可已，故曰不能免。發于聲音，形于動静，歌咏舞蹈，皆天機自然，故曰性術之變盡于此。此，指樂也。文，聲容，猶「五色成文」之「文」。論而不息，即所謂「論倫無患」也。言舞容明辨，文采足論，而又周旋相生不絶也。審一以定和，謂樂不拘于一，如宗廟主敬，鄉里主順，家庭主親，審其所主，而皆定于和。物，謂樂之器，禮之度。比物飾節，謂奏樂以飾禮也。禮節與樂奏合成文，則禮以和行，父子君臣合和，而萬民親附矣。「志意得廣」四者，皆學樂之效。先王教樂與人學樂，莫切于此。天地之命，即中和之紀，造化人事物理，中和而後有條，故曰紀。人情所不能免，乃所以爲命與紀也。軍旅鈇鉞，言怒得其和，雖怒亦樂也。儕，猶類也。

按：《史記》此章第八，居《魏文侯》之前，「致禮以治躬」下多「者也治躬」四字，宜從之。

子贛見師乙而問焉，曰：「賜聞聲歌各有宜也。如賜者宜何歌也？」師乙曰：「乙，賤工也，何足以問所宜。請誦其所聞，而吾子自執焉。愛者宜歌《商》。温良而能斷者，宜歌《齊》。夫歌者，直己而陳德也，動己而天地應焉，四時和焉，星辰理焉，萬物育焉，故《商》者，五帝之遺聲也。寬而靜，柔而正者，宜歌《頌》；廣大而靜，疏達而信者，宜歌《大雅》；恭儉而好禮者，宜歌《小雅》；正直而靜，廉而謙者，宜歌《風》。肆直而慈愛，商之遺聲也，商人識之，故謂之《商》。《齊》者，三代之遺聲也，齊人識之，故謂之《齊》。明乎商之音者，臨事而屢斷；明乎齊之音者，見利而讓。臨事而屢斷，勇也。見利而讓，義也。有勇有義，非歌孰能保此？故歌者，上如抗，下如隊，曲如折，止如槀木，倨中矩，句（溝）中鉤，纍纍乎端如貫珠，故歌之爲言也，長言之也。説（悦）之，故言之；言之不足，故長言之；長言之不足，故嗟歎之；嗟歎之不足，故不知手之舞之、足之蹈之也。」

《子貢問樂》。

此〔一〕章所謂《師乙》也。師，樂官。乙，名。聲歌，謂引長其聲而歌也。曲合樂曰歌。歌有聲，《商》《齊》是也。聲有辭，《風》《雅》《頌》是也。「吾子自執焉」下脱「肆直而慈」四字。肆，遂也。遂直而慈愛，言其人剛而能柔也。宜歌《商》，謂宜習商聲。温良而能斷，言其人柔而能剛也。宜歌《齊》，謂宜習齊聲。蓋《商》者西方之音，五氣屬金，金從革，體剛用柔，故人剛而能柔者宜之；《齊》者東方之音，五氣屬木，木曲直，體柔用剛，故人柔而能剛者宜之。二者中和正直，皆歌之聲也。

〔一〕「此」下依例似當有「一」字。

歌不可僞爲，聲由心生，直陳己德者也。動己而天地、四時、星辰、萬物莫不應者，隆古之氣，上聖之德，唯《商》爲然，五帝之遺聲也。以《商》聲歌《風》《雅》《頌》，各有所宜，皆以能反爲主。寬、柔、廣大、疏達之屬，即所謂樂之盈也；静、正、信、恭儉、好禮、廉謙之屬，即所謂「盈而反」也。《頌》《大雅》主敬，故濟以和；《風》《小雅》主和，故純用敬。歌非徒和也，得其反則安，反情以和志，故不專主慈愛。遂直而慈愛，則能敬以和，所謂「備舉其道，不私其欲」，《風》《雅》《頌》七德具矣。故爲五帝之遺聲，而謂之《商》者，以商人能識之。商，秦地也，商人始封，即今陝西商州。識，記也。西方之音，天地之肅清氣也。齊，即今山東。東方之音，天地之絪緼氣也。高秋氣爽，霜寒露凝，故西方之聲象五帝。雷雨滿盈，萬物奮作，故東方之音象三代。明乎其音，則足以變其習，養其性，而薰其德。明乎《商》音者，直而能斷；明乎《齊》音者，温而能讓。能斷則勇，能讓則義。勇與義，所謂「盈而反」也。樂盈不反則放，禮減不進則銷。《齊》聲温而能斷，所謂「樂得其反則安」也；《商》聲直而能愛，所謂「禮得其報則樂」也。《風》《雅》《頌》之義，未有易此者。故師乙欲以《商》《齊》之聲勸子貢，即先禮後樂之意也。歌以養性情，故曰：「非歌孰能保此。」「如抗」七者，歌之法也。上者聲高抗，舉也。下者聲卑。隊，墜也。曲者聲迴。折，曲也。止者聲絶。槁木，枯木不生也。倨者，聲折而方也。矩，曲尺也。句，曲也。半環曰鉤。纍纍，聲歷録然也。端，正也。歌皆有辭，故曰言。歌言必永，故曰長言。心和悦，故發爲言。言不足，故長言。又不足，故嗟嘆。又不足，以至手舞足蹈不知。此天機自動，所謂樂則生，生則惡可已者，歌之道也。《子貢問樂》，記者之目，猶《文王世子》之類也。

按：此章缺「肆直而慈」四字，鄭氏疑全文皆錯簡，依《史記·樂書》以「寬而静」至「肆直而慈愛」十一句四十九字，承「吾子自執焉」下，以「愛者」承「肆直而慈愛」，連下「宜歌《商》」爲句，至「五帝之遺聲也」，連下「商人識之」，以「愛商之遺聲也」六字爲衍文。陳澔本改從之。然詳立言之意，不以《商》《齊》二聲與《風》《雅》《頌》并列，聲與辭殊也。以二聲歌咏三詩，本記樂于禮之意。《商》《齊》爲正聲，《風》《雅》《頌》爲正辭。又以《商》先《齊》，五帝先三代，而歸于勇與義者，樂以禮爲先，和以敬爲主，先收斂而後發生，反本樂生之道也。今以「商」爲《商頌》，「齊」爲《齊風》，與《頌》《雅》《風》混爲六歌，豈《頌》之中復舉《商》，十五《國風》之内獨舉《齊》乎？記明言《商》爲五帝之聲，商人識之，《齊》爲三代之聲，齊人識之，當世所傳聲，有此二者。《魏文侯》章亦云齊音驕志，宋音溺志，鄭音淫志，衞音煩志，亦謂四聲，非四詩也。如以爲四詩，鄭、衞、齊則有《風》矣，安所得《宋風》乎？如以《商頌》爲宋，則《商頌》之音安得爲溺志乎？故曰歌之爲言也，歌爲言，聲爲音，言即詩也。後世聲、歌不明，故詆《鄭》《衞》二風爲淫詩，疑古序爲妄作，蔽原于此。

# 禮記通解卷十三終

# 禮記通解卷十四

郝敬　解

## 雜記上第二十

《雜記》者，雜記諸禮而喪爲多，皆後世行禮之家損益成文，非必盡古之制也。

諸侯行而死於館，則其復如於其國。如於道，則升其乘車之左轂，以其綏復。其輤（茜）有裧（襜），緇布裳帷，素錦以爲屋而行。至於廟門，不毀牆，遂入，適所殯，唯輤爲説（脱）於廟門外。大夫士死於道，則升其乘車之左轂，以其綏復。如於館死，則其復如於家。大夫以布爲輤而行，至於家而説輤，載以輲（團）車，入自門，至於阼階下而説車，舉自阼階，升適所殯。士輤葦席以爲屋，蒲席以爲裳帷。

館，客舍也。復，招魂也。如於其國，禮如在本國也。道，路也。綏，旌旄。《詩》云：「淑旂綏章。」輤，柩車之有飾者。裧、襜同，輤衣也。四簷曰襜。下裳曰帷，覆頂曰幄。素錦，白花絹。屋、幄同。廟，殯宮。牆，柳翣，飾柩旁者。不毀，不拆去也。適所殯，謂以柩升西階，殯于肂四也。輲，團也。輲車，即輴車，又謂輇車，《周禮·遂師》謂「蜃車」。車輪無輻曰輇，用全木爲小輪也。蜃，蚌屬。輲車如牀，四輪低小，迫地行，如蜃，故謂團車。至於阼，未殯由主階也。脱車，將以柩殯也。

按：士用葦席爲屋，此禮大簡，然則庶人以下，又何以殺邪？

凡訃於其君，曰「君之臣某死」。父、母、妻、長子，曰「君子臣某之某死」。君訃於他國之君，曰「寡君不祿，敢告於執事」。夫人，曰「寡小君不祿」。大子之喪，曰「寡君之適子某死」。大夫訃於同國，適敵者，曰「某不祿」；訃於士，亦曰「某不祿」；訃於他國之君，曰「君之外臣寡大夫某死」；訃於適者，曰「吾子之外私寡大夫某不祿，使某實」；訃於士，亦曰「吾子之外私寡大夫某不祿，使某實」。士訃於同國，大夫，曰「某死」；訃於士，亦曰「某死」；訃於他國之君，曰「君之外臣某死」；訃於大夫，曰「吾子之外私某死」；訃於士，亦曰「吾子之外私某死」。

訃、赴通，至也。曰，皆使者之辭。《曲禮》：「壽考曰卒，短折曰不祿。」今君薨亦曰不祿，謙也。適、敵通。適者，謂位相敵也。外私，謂外國之私好者。實，猶信也，遠使曰信，鄭作「至」，非也。

**大夫次於公館以終喪，士練而歸，士次於公館。大夫居廬，士居堊室。**

此記臣居君喪之禮。大夫受君恩重，士稍輕，服同斬衰三年，而哀次有等。大夫次於公館，喪除後歸，雖練祥不歸也。士小祥練祭則歸，大夫練猶次公館。士未練之先亦次公館，時大夫猶在倚廬。大夫初喪居倚廬，士初喪居堊室，皆在殯宫門外。以木倚檐下曰倚廬，壘土墼爲屋曰堊室。倚廬重于堊室，堊室重于公館。斬衰居倚廬，既練居堊室。士初喪即居堊室，不待練也。位尊者情重，位卑者哀殺。大夫居廬時，士居堊室；大夫未出廬，士已次公館；大夫次公館，士已歸，此其差也。

按：鄭於此節之義未達，謂練而歸與居堊室之士爲邑宰，次公館之士爲朝廷士，鑿也。

**大夫爲其父母、兄弟之未爲大夫者之喪服如士服，士爲其父母、兄弟之爲大夫者之喪服如士服。大夫之適子，服大夫之服。大夫之庶子爲大夫，則爲其父母服大夫服，其位與未爲大夫者齒。士之子爲大夫，則其父母弗能主也，使其子主之；無子則爲之置後。**

周人貴貴，禮尚等殺。雖父母、兄弟喪服，皆以貴賤爲差。大夫貴，士賤。父兄死者與子弟生者爵同大夫，則喪得服大夫服，不然則否。大夫適子嗣大夫官，乃得爲大夫服。庶子爵大夫，與父母同，亦得爲大夫服，但仍在庶子列，不得與適子大夫齒，避宗也。若父母爲士，子爲大夫死，則雖父母不得以士主其喪，使其子主之可也。無子則置後，後爲大夫，大夫服可也；爲士，士服可也。若父母以士服主，則不可。

按：先王之禮，父母之喪，齍疏之服，飦粥之食，無貴賤一也。春秋以來，大夫奢僭無度，政由己出，妄自尊大，以貴加其父母、兄弟，喪與士異。如記言，則是大夫爲父母、兄弟服亦薄矣。父兄爲士，子弟爲大夫，則不敢服；父兄爲大夫，子弟爲士，亦不敢服。今不知大夫服若何。據《春秋傳》晏平仲父喪，斬衰，苴絰杖，菅屨，食粥，居倚廬，寢苫枕草。此正親喪之禮，而其老曰：非大夫禮。則當世以此禮爲士，而大夫薄可知矣。三年之喪，自天子達。苟大夫殺于士，諸侯而上而天子，漸尊漸殺，無貴賤之謂何？大夫適子服大夫服，爲其嗣大夫之官耳。先王無世官，豈適子盡爲大夫乎？士之子爲大夫死，父母不得主，以士不得主大夫也。不曰父母主其子乎？父以士不得主大夫子，是父母之尊不敵一大夫，而使其子主，無子置後，是子無論適庶，皆得主大夫父，而父母一爲士，即不得主大夫子，豈理也哉？

大夫卜宅與葬日，有司麻句，衣布衰句，布帶，因喪屨，緇布冠不蕤緌，占者皮弁。如筮，則史練冠長衣以筮，占者朝服。大夫之喪，既薦馬，薦馬者哭踊，出，乃包奠，而讀書。

大夫之喪，大宗人相，小宗人命龜，卜人作龜。

卜宅，卜葬域也。葬日，葬期也。有司，供卜筮之事，即大夫之臣也。麻，首要絰也。臣義服斬衰，惟衣有衰，該裳言也。正服斬衰縷三升，不成布，義服斬衰稍降成布，故曰「衣布衰」也。布帶，大帶。正斬衰惟絞帶，疏衰以下加布帶也。因喪屨，仍繩屨不變，惟冠變也。吉冠緇帛有緌，此用布無緌，不全吉也。蕤、緌通，纓也。占者，即下宗人，公有司，代大夫命龜者也。《士喪禮》「命筮者在主人之右」，是也。不言主人，可知也。有司麻衰喪屨，則主人可知。占者皮弁，禮神求吉，故變吉也。不言服，與筮同朝服也。史作龜，求卦者，即下卜人也。練冠，小祥之冠。長衣，即深衣。深衣連裳，故曰長，長亦深也。不與有司同服，公臣也。筮舉史，卜舉有司，互見也。筮、占者，家臣也。朝服，緇衣。不言冠，與有司同也。不與有司同服，禮神吉也。薦馬，柩將出，薦馬于廟，駕葬車也。禮，設遣奠，則薦馬，以遣奠之牲體，包裹送葬，以贈死之物與人，書于版柩，行讀以告也。大宗人、小宗人，猶《周禮》大宗伯、小宗伯，皆公有司。卜人，亦君卜人。家不藏龜，大夫喪，皆公有司治之也。命龜，告龜以所卜之事。作龜，灼以求兆也。

按：《喪服小記》云：練，筮日、筮尸，主人要絰、杖、繩屨；有司告事畢而後杖。夫筮練主人不除要絰，故卜葬有司不除首絰也。筮練有主人在，卜葬主人在可知。然《士喪禮》筮宅主人北面免絰，今云「有司麻」，是緇布冠上猶加絰，豈易冠即不易絰，有布帶而無絰帶，所謂「易服易輕者」與？鄭讀「有司麻衣」爲句，以麻衣爲深衣，純素爲長衣，非也；謂有司衣半吉，史衣純凶，尤非也。史服吉，有司服凶耳。兩占者服則皆吉。鄭意謂卜重筮輕，不知卜與筮皆有有司、史、占者，而公臣與家臣異。家有蓍無龜，大小宗人、卜人皆公臣也。記舉有司、占者、史，以該主人；卜舉有司該史，筮舉史該有司」，卜舉皮弁該朝服，筮舉朝服該冠，文義互見。鄭註未達，云「占者尊于有司」，似亦知卜爲公臣，而又云練冠長衣爲純凶，有司布衰爲半凶，豈大夫之喪，公臣反凶服，重于家臣乎？謬矣！

**内子以鞠衣、褒衣、素沙。下大夫以襢展衣，其餘如士復句。諸侯以褒衣、冕服、爵弁服；夫人税彖衣揄狄，狄税素沙。復西上。**

此記死者招魂之服。内子，大夫妻之未命者。舉内子，通已命者言。《春秋傳》趙衰妻請逆叔隗于狄以爲内子，而已下之，是内子爲嫡妻通稱也。鞠、菊通，衣黄色。卿妻之命服褒衣，君褒賜之衣。婦人從夫，亦有褒衣。沙、紗同，輕綃也。以無文素紗單衣，蒙錦衣上，即褧衣也，一作「絅衣」。《詩》云：「衣錦褧衣，裳錦褧裳。」又云：「蒙彼縐絺，是紲袢也。」《士昏禮》女純衣加景，女從者被潁黼。景、潁、絅皆通，所謂「衣錦尚絅」也。《周禮》王后六服有素紗，即此，惟婦人有之。衣在上爲陽，故招魂用之。《喪大記》云：復衣不以袡。袡，裙也，裳在下爲陰，故不以復。下大夫，亦謂其内子，襢衣其命服，《周禮》作「展衣」。其餘，謂襢衣之下，士妻褖衣，亦有素紗，復下大夫妻、士妻皆同也。夫人，諸侯妻，揄狄其命服。税作「褖」，黑色，《周禮》作「緣」，字从彖。彖豕，色黑。税字从兑，音近也。狄、翟通，雉也。揄狄，飛雉。税衣揄狄，謂黑衣繡飛雉，如玄衣繡龍謂玄衮也。狄税素紗，謂揄狄税衣上籠素紗，象生時之容。復西上，西以北爲上。西北鬼方，求諸幽之意。鄭謂「陽長左」，恐非。

按：此節鄭謂爲錯簡，今依原文解，未錯。謂素紗爲衣裏，招魂言衣耳，何爲特舉裏？褻衣多裌，禮衣多單。《孟子》云舜爲天子被袗衣。袗，單也。故「襢衣」之「襢」通作「禪」，單也，與「襢裼」之「襢」通。六服皆單，鄭云素紗爲裏，非也。餘見《玉藻》及《周禮・天官・司服之職》。

**大夫不揄絞屬於池下。**

此記大夫柩車之飾。揄，摇動也。絞、縞通，薄繒也。棺罩四簷，以竹爲承霤曰池。池下綴縞，飛揚摇拽曰揄絞，士禮也。《喪大[一]記》「君龍帷，三池，振容」，謂帷左右前簷垂飾振動爲容也。士布帷，一池當前，垂縞摇動，亦似振容。「大夫畫帷，二池，不振容。」蓋大夫池惟左右，前缺見柩，故以縞連屬兩旁池下不動以障柩，與士異也。

按：《檀弓》云「池視重霤」，惟天子四面，諸侯三池缺後，大夫二池缺前後，士一池當前，猶樂之有懸。大夫禮宜優于士，而以前池缺屬絞不動，不如士揄絞，故特記之。鄭謂不言君與士爲脱簡，以絞爲青黄色，非也。餘詳《喪大記》。

**大夫附於士。士不附於大夫，附於大夫之昆弟，無昆弟則從其昭穆。雖王父母在亦然。**

〔一〕「喪大」，原倒作「大喪」，據上下文乙正。

婦附於其夫之所附之妃配，無妃則亦從其昭穆之妃。妾附於妾祖姑，無妾祖姑則亦從其昭穆之妾。男子附於王父則配平聲，女子附於王母則不配。公子附於公子。

葬附於墓，祭附於廟，皆謂之附。附各以昭穆，如孫爲士，祖爲大夫，則不敢附大夫祖，附於祖之昆弟爲士者。祖無昆弟，又從其昭穆，上間一世，附於高祖。蓋高祖與祖同昭穆也。雖王父母在亦然，謂孫死附祖者，祖未死無可附，亦附於高祖也。婦死，則附於夫所附之妃。夫所附，即祖父也。所附之妃，即夫之祖母，婦之祖姑也。無妃，亦從其昭穆之妃，亦間一代，上附高祖姑也。妾死亦然。男子死附於王父，則男子之妻死附於王母，故曰配。若女子未嫁與嫁未三月死，歸葬于父母家，亦附於王母，而壻則他姓，無附於王父之禮，故曰不配。公子未爲君而死，不敢附於祖之爲君者，亦附於祖之兄弟爲公子者，無則亦以昭穆而上也。

按：此節之意與《喪服小記》畧同。廟各有數，墓各有地，士大夫不各於其廟墓，而以士附大夫，大夫附士，此其死而無後，五世之親合祀于宗室者耳。庶人無廟，納神主于櫝，亦附也。但士孫即不得附大夫祖，必附於從祖與高祖。如無從祖而世又不及五世者，是終無附矣。夫有祖與高祖父可附，婦無妃而上之，則是婦先夫食，亦逆祀也。《小記》云「士附於大夫，則易牲」，又云「妾無妾祖姑者，易牲而附於女君」，庶幾近之。女子附於王母則不配，鄭謂「不祭王父」，豈有附女子於王母而不告王父者？謂「有事于卑者，不敢援尊」，佞説也。

**君薨，大子號稱子，待猶君也。**

君在稱世子，君薨稱子。踰年改元，乃稱君。如僖公九年夏葵丘之會，宋襄公在喪書子，而序于衛、鄭、許、曹上，是以諸侯待之也。此節據《春秋傳》例記之。

**有三年之練冠，則以大功之麻易之，唯杖屨不易。有父母之喪尚功衰，而附兄弟之殤則練冠附**句**，於殤稱陽童某甫，不名**句**，神也。凡異居，始聞兄弟之喪，唯以哭對可也。其始麻，散帶絰。未服麻而奔喪，及主人之未成絰也，疏者與主人皆成之，親者終其麻帶絰之日數。**

《喪服小記》云：「齊衰之葛與大功之麻同。」三年之喪，至期而練，首絰已除，故但有練冠。是時以大功布易衰，以葛帶易麻帶。今言麻，謂易以大功之細麻帶亦可也。不言衰，練後之衰，即大功布七升也。唯杖屨不易者，以大功無杖，三年之杖，待除喪後去也。屨則練與大功同繩，故曰「不易」。鄭謂「爲練而復遭大功之喪者」，此句未及，下文乃及之。有父母之喪尚功衰，即練而易以大功布之衰，尚未除也。復遭兄弟殤之附祭，則即練冠行禮。不言喪言附者，初喪變本服，既葬附，因大喪練服可也。同父兄弟成人之喪期，從兄弟成人之喪大功，殤皆降一等，故自大功以下，練冠可也。陽童者，庶殤之稱。《曾子問》云：庶子之殤祭于室之白，曰陽童；宗子之殤祭于室之奥，曰陰童。此兄弟之殤，則宗子之附庶殤者耳。某甫，稱字。不名，所以神而敬之也。異居始聞兄弟之喪，對使者即哭，不待爲位，情迫也。聞喪，即以麻爲要絰，散垂不絞而奔。此在遠者也。若近者，未及服麻奔喪，至則主人或尚未小斂，未襲絰。若死者是疏兄弟小功以下，則與主人皆成之，主人絰亦絰，主人成服亦成服；若是親兄弟大功以上，雖主人小斂後既成服，己必終三日散帶之數，然後成服。禮，小斂襲絰麻散垂，三日成服，乃絞。必散垂者，初喪摧裂之容也。

**主妾之喪，則自祔至於練祥，皆使其子主之。其殯、祭，不於正室。君不撫僕、妾。女君死，則妾爲女君之黨服；攝女君，則不爲先女君之黨服。**

妾之喪，謂有子之妾，或攝女君者，貴，故其喪，君爲主，重之也。自祔祭以後，則使妾之子自主，君不主，殺于適也。其殯與祭，皆不得于正室，避適也。不撫僕、妾，謂凡僕、妾死，君不親撫其尸，賤也。女君，謂適妻。女君雖死，女君之黨之喪，妾猶爲服，不以女君死廢也。若妾攝女君〔一〕，亦女君矣，則不爲之服。

按：既葬虞而死事畢，祔以後則神事矣，故下節「主兄弟之喪，雖疏亦虞之」。君主妾喪，虞猶主也，祔以後，乃使其子。鄭以「自祔」爲句，是祔猶君主，非也。僕、妾不同，誼重者情篤，謂君皆不撫，

〔一〕「女君」，原倒作「君女」，據文義乙正。

太拘。《喪小記〔一〕》云「從服者，所從亡則已」，又云「爲君母後者，君母卒則不爲君母之黨服」，近薄。此云「女君死，妾爲女君之黨服」，近厚；第云「攝女君，則不爲先女君之黨服」，亦薄矣。

**聞兄弟之喪，大功以上，見喪者之鄉而哭。適兄弟之送葬者弗及，遇主人於道，則遂之於墓。凡主兄弟之喪，雖疏亦虞之。**

聞喪，謂奔喪。大功以上，謂從昆弟及親兄弟也。喪者之鄉，謂死者所居之鄉。適，往也。往送兄弟之葬弗及，而孝子已葬反，遇諸途，則己獨造其墓，不與主人俱反也。凡兄弟死無後，己代爲主，則當爲之終其葬。雖在五世袒免外，必爲之虞而後去。死事至虞乃終，故前節君主妾喪，自祔以後，乃使其子主，虞以前皆自主，此也。

**凡喪服未畢，有弔者，則爲位而哭，拜踊。**

服未畢，亦將畢也。哀雖已殺，賓弔，必爲位哭踊。

**大夫之哭大夫，弁絰；大夫與殯，亦弁絰。大夫有私喪之葛，則於其兄弟之輕喪則弁絰。**

〔一〕「喪小記」，即指《喪服小記》，下文亦仍有以「喪小記」爲稱者，知郝氏原文當如此，非有誤奪也。

大夫始死小斂，主人襲絰，而大夫往哭，則戴弁加環絰。如大斂畢而殯，大夫在，亦弁絰。不衰，未成服也。既成服往，則錫衰矣。不錫衰而弁絰，所謂羔裘玄冠易之而已也。私喪，私親之喪，無與于兄弟之公者，如妻喪期之類。葛，謂卒哭以葛代麻，而遭兄弟緦麻之喪，必加麻絰于首以往。雖大夫降旁，於緦麻兄弟無服，然於始死，不忍以私喪之末臨兄弟也。

**爲長子杖，則其子不以杖即位。爲妻**句**，父母在，不杖，不稽顙。母在，不稽顙。稽顙者，其贈也拜。**

父爲長子杖，則長子之子不以杖即位哭，避尊也，但杖于次耳。妻之喪，有父母在則不杖，見賓不稽顙，親在不敢申情于所私也。母在則杖，但不稽顙。凡所謂稽顙者，賓客有贈死之禮，拜謝也。父母在妻死，贈拜皆不稽顙者，嫌以財而竭情于所私也。

**違諸侯，之大夫，不反服。違大夫，之諸侯，不反服。**

違，去也。之，至也。先臣諸侯，後去而臣大夫，先所臣諸侯死，則不反服。先臣大夫，後去而臣諸侯，先所臣大夫死，則不反服。前後尊卑殊也。

按：此禮未可盡拘。有如前後所臣者，分雖殊而恩篤，手足腹心，三有禮焉，烏可以新故貴賤易心也？二盜之爲公臣服管仲，非違大夫而之諸侯者與？

喪冠條屬，以別吉凶。三年之練冠，亦條屬右縫。小功以下左，緦冠繰早纓。大功以上散帶。

通長曰條，不斷曰屬，謂冠下用繩或布一條，屈而圍合，以爲冠武，垂其餘以爲纓。《喪服傳》斬衰冠繩纓，齊衰冠布纓，纓條屬，是也。吉冠則武斷而不屬。《士冠禮》云：緇布冠有缺項，組纓，屬于缺。此吉凶之别也。練冠，小祥之冠，用布亦條屬，無缺項。其屬際合縫處偏居右，從凶也。小功以下，縫偏左，從吉也。小功冠猶條屬，緦麻冠不屬，有缺項，但用繰治之麻爲纓，屬于缺，與絲組纓異也。大功以上，始死麻帶散垂不絞，至成服後而絞。小功以下，麻帶初喪即絞。《喪小記》云「不絶本，詘而反」，是也。註疏未達。

朝服十五升，去其半而緦，加灰句，錫也。諸侯相襚以後路與冕服，先路與褒衣不以襚。遣車視牢具。疏布輤，四面有章，置于四隅。載粻，有子曰：「非禮也。喪奠脯醢而已。」祭稱「孝子」「孝孫」，喪稱「哀子」「哀孫」。端衰、喪車，皆無等。

古布幅廣二尺二寸，朝服布十五升。八十縷曰升，共千二百縷也。去其半爲七升有半，則六百縷也，是爲緦服之布。緦布與朝服布縷同細，而朝服布密，緦布稀，緦言細如絲也。但其布不加灰，以灰湯澡治使光澤，謂之錫，弔服錫衰是也。贈死曰襚。後路，副車也，隨從之車，在法駕後者，所謂

「貳車」也。先路，導行之車，在法駕前者，鹵簿之正車，故不可以贈死。褒衣，解見上，寵命特賜，故亦不可以贈死。遣車，送葬之車。送行曰遣。饗饋之牲曰牢。生有饗饋，死有遣車，皆以爵命爲差，故牢具視其命數，遣車視其牢數。《周禮》：天子十二牢；上公九命，九介九牢；侯伯七命，七介七牢；子男五命，五介五牢。《檀弓》云：諸侯七个，遣車七乘；大夫五个，遣車五乘。古字「介」「个」通。遣車視牢，即其視命數也。鄭以「个」爲包肉之「箇」，非也。遣車本爲死者儀衛，非爲載牢具，而世俗因其視牢數，遂以載米肉耳。喪車有飾曰轎。以疏布爲帷，四面如屏郭，置牢肉于四隅，載米糧于中。粻，糧也。此流俗爲之，故有子曰「非禮也」。喪有奠無祭，祭吉喪凶，祭有牲牢黍稷，奠則脯醢耳，無殺牲包肉載粻之禮。「祭稱」以下，因有子之言附記。祭稱「孝子」「孝孫」，吉主敬也。奠稱「哀子」「哀孫」，凶主哀也。哀不盡物，大牢而祭，非喪奠也。故端衰、喪車，皆無差等。端，正也。喪服衣上有衰，故曰衰。衣用正幅，故曰端，如吉服稱玄端也。喪車，惡車，無飾，故無等。皆以明凶禮異吉也。

按：鄭氏註以遣車爲明器，以四隅爲椁中，謬也。説詳《檀弓篇》。有子云喪奠惟脯醢，而《儀禮》遣奠陳五鼎，具羊豕，豈《儀禮》非古與？禮家言相矛盾類此。鄭氏謂「死者不食糧，遣奠無黍稷」爲解，以牲體即脯醢，周旋其説，非本文之意。

大白冠、緇布之冠，皆不蕤。委武玄縞而后蕤。大夫冕而祭於公，弁而祭於己。士

**弁而祭於公，冠而祭於己。士弁而親迎，然則士弁而祭於己可也。**

大白冠，大古以白布爲冠，即緇布冠之未染者。《郊特牲》云「大古冠布，齋則緇之，其緌也，孔子曰未之聞」，是也。蕤、緌通，冠纓之垂者。委，下也。冠下曰武。二冠無緌，質也。其制小，加于頂，故其武不能下委。後世冠用帛，制始大，武下圍額，後有缺項著纓，而始有緌。《玉藻》云「居冠屬武，有事然後緌」，是也。玄冠，齋祭之冠；縞冠，大祥之冠，皆有事而後緌也。《周禮》五冕，大夫玄冕，士弁。冕尊于弁，弁尊于冠。大夫以冕助祭于君，以弁自祭祖考。士無冕，故助祭于公亦以弁。然士不以弁自祭，以弁親迎，親迎用弁，祭用弁亦可。此記者之意。

**暢，臼以椈，杵以梧。枇匕以桑，長三尺，或曰五尺。畢用桑，長三尺，刊其柄與末。**

暢、鬯通，香氣也。臼，擣鬱香之臼。椈，柏也。以柏爲臼，杵所以舂。梧，桐也，以爲杵。枇、匕通，以載牲體，升于鼎俎，用桑爲之，長三尺。畢，以出肉于鼎。《特牲禮》云：「宗人執畢先入。」《玉藻》云：大夫笏，畢用。《射禮》云：司馬以弓矢爲畢。名同制異，形相似也。刊，削也。柄，謂畢也。末，謂匕也。鄭云喪匕用桑，吉匕用棘，蓋據《特牲記》云枇用棘，然安知此之獨爲喪匕也？

**率律帶，諸侯大夫皆五采，士二采。**

率、律同。《玉藻》云「凡帶有率無箴功」，謂但裂帛如法熨帖，不用箴功也，故曰「率帶」。《玉藻》云國君朱緑，大夫玄華，士緇，此云五采、二采，相矛盾。故鄭以此爲襲尸之帶，因記多喪禮附會，其實記言不盡同也。

**醴者，稻醴也。甕、甒、筲、衡，實見間，而后折入。重**平聲**，既虞而埋之。**

醴酒，以實于甒。送葬者用稻醴，美也。甕、甒皆瓦器。甕盛醯醢，甒盛醴酒。筲，竹器，盛黍稷。衡、桁通，以木爲之，承甕甒諸器也。見，棺衣也。飾棺使不見，故曰見。間，謂棺外見内也。實諸器物于間，以從葬也。《既夕禮》云「藏器于傍加見」，是也。折，以木三直五横，加于壙上，承席載土者也。《既夕禮》云「加折，卻之加抗席，覆之加抗木」，是也。折入，入折于壙也。重，始死削木懸鬲，衣葦帶鞈，以像死者之魄，不養不可動也，故曰重。既葬而虞，則埋于廟門之外。

**凡婦人，從其夫之爵位。**

婦人之禮，以夫貴賤爲等，無專制也。

**小斂、大斂、啓，皆辯**偏**拜。朝夕哭不帷，無柩者不帷。君若載而后弔之，則主人東面而拜，門右北面而踊，出待，反而后奠。**

啓，謂將葬啓殯，與大、小斂三事切死者身，孝子哀痛尤甚。賓客在者，主人皆徧拜謝，致哀也。

孝子朝夕哭，欲見其殯，故褰舉其帷。無柩，謂奔喪未至哭于次，則不用帷。凡帷，爲柩設也。載而後弔，謂柩已出載于車，遇君弔，則君即主位西面，孝子堂下東面拜謝，就門右北面，向柩哭踊畢，乃出門，待君行拜送，反而後設祖奠也。

**子羔之襲也，繭衣裳與稅彖衣纁袡然爲一，素端一，皮弁一，爵弁一，玄冕一。曾子曰：「不襲婦服。」**

子羔，高柴字。襲，衣尸也。斂亦有衣。包之曰斂，衣之曰襲。子羔襲用大夫禮，衣五稱，繭衣裳相連，著綿于中。《玉藻》云：「纊爲繭。」稅衣，黑衣。袡，襜通，帷裳，即今裙也。昏禮女嫁，純衣纁袡爲一，謂以繭衣裳爲裏，綴稅衣纁袡爲表，共一稱，近身之服。字書：袡，蔽膝。鄭謂裳下緣。緣、蔽膝，豈可稱一襲乎？素端，禮衣，制如玄端，色素。皮弁，以皮爲弁，朝服之首服，緇布衣裳也。爵弁，爵色帛爲弁，緇帛衣、纁帛裳也。玄冕，弁之有延旒者，玄帛衣裳，加繡文也。以冠名服，襲其服，非襲其冠也。曾〔一〕子譏其用婦人服者，稅衣似夫人六服之一，纁袡似昏禮女子始嫁之服也。

按：《周禮》玄冕，大夫之上服。子羔爲孟氏宰，襲以大夫，非禮也。當世諸侯僭天子，大夫比

〔一〕「曾」，《續修》本作「有」，《存目》本有讀者塗抹，不易辨識，或亦作「有」歟？

諸侯，家臣比大夫。有司徒、司馬之官，皆稱家大夫，如楊貨〔一〕輩，儼然以大夫自居，非先王之典。豈子臯不辨此與？殆于顏淵之厚葬者耳。

爲君使而死，公館復，私館不復。公館者，公宮與公所爲也。私館者，自卿大夫以下之家也。

解見《曾子問》。

公七踊，大夫五踊，婦人居間；士三踊，婦人皆居間。

此君與大夫、士始死哭踊之節。君死五日而殯，踊凡七次。大夫三日而殯，踊凡五次。士二日而殯，踊凡三次。每踊三跳，三踊九跳，乃成一踊。婦人與男子皆即位，男女各以類踊，而男子爲主，婦人居其間，隨男子更迭踊也。鄭謂男子踊畢婦人踊，婦人踊畢賓客踊，謂之居間。

公襲，卷衣一，玄端一，朝服一，素積一，纁裳一，爵弁二，玄冕一，褒衣一，朱緑帶，申加大帶於上。

〔一〕「楊貨」，即指陽貨，《儀禮節解》卷三同作「楊貨」，知郝氏原文如此，故仍之。

公，上公。卷衣，龍衮衣也。玄端，色玄制方，亦禮衣也。二者舉衣該裳。朝服，朝見之服，緇衣，言服，兼衣裳也。素積，即素裳。惟裳有積，積，折也。纁，赤色也。二者舉裳該衣。爵弁，以爵色帛爲弁。爵，玄色。玄冕，以玄色帛爲冕。二者舉冠該服。爵弁用一，君招魂亦爵弁服也。玄冕，玄衣纁裳。褒衣，天子寵賜之衣。朱緑帶，《玉藻》所謂「雜帶」，裏衣裳用之也。申，重也。大帶加于禮服外。《玉藻》云「素帶，終辟」，國君之大帶也。

按：古者禮衣色多玄，制方，通謂之端，即緇衣也。緇即玄色深黑者。衣有常色，裳隨宜也。鄭云：玄端朱裳也；朝服，緇衣素裳也；素積，素衣裳，即皮弁服也；纁裳，冕衣之裳也；爵弁服，爵色皮爲弁，亦玄衣纁裳也；雜帶，襲尸之帶也。恐未盡然。

**小斂環絰，公、大夫、士一也。公視大斂，公升，商祝鋪席，乃斂。魯人之贈也，三玄二纁，廣尺，長終幅。**

小斂，謂視小斂。環絰，首絰如環，細而無缺項，《喪服》殤大功所謂「不繆絰」也。始死，弔者以此易玄冠，故云「公、大夫、士一也」。公，國君也。視大斂，視其臣也。升，升堂。周人主喪事者曰商祝，以亡國名也。殷尚白，喪主素。商祝鋪席，舉尸于堂大斂，皆君命也。魯人贈死者以玄幣三、纁幣二，其廣一尺，其長二尺二寸，短狹之甚，非禮也。凡幣，幅廣二尺二寸，長一丈八尺。

按：大喪首絰，後皆有缺施纓。《喪服傳》長殤大功纓絰，是也。中殤大功稍輕，不纓絰，即所謂「環絰」也。無缺曰環。五服自大功以上，冠絛屬而絰纓，小功以下，冠缺而絰環。小斂以前，未成服之弔服，加環絰于冠弁上，制與此同，貴賤通用也。鄭謂爲初喪小斂之絰。孝子親始死，投冠笄纚，小斂脱髦括髮，豈尚從容素弁委貌環絰如弔客乎？謬矣！

弔者即位于門西，東面。其介在其東南，北面西上，西於門。主孤西面。相者受命，曰：「孤某使某請事。」客曰：「寡君使某，如何不淑。」相者入告，出曰：「孤某須矣。」弔者入。主人升堂，西面。弔者升自西階，東面，致命曰：「寡君聞君之喪，寡君使某，如何不淑。」子拜稽顙。弔者降，反位。

此以下五節，皆諸侯使人相弔贈之禮。弔者，鄰國使臣也。門西，客位也。介，副使。介非一人，立以西爲上，近正使也。西於門，不敢當門中，稍近西。主孤，孝子也，立于阼階下西面。相者不稱擯，喪不接賓也。受命，受主孤命。往門西請于弔者，孤必稱名，明適嗣也。請事，請問使事。客，使臣也。如何，問辭。不淑，凶喪也。須，待也。喪主不出迎賓，待于階下。殯在堂，主人升，立於殯東南，西面。弔者立於殯西南，東面。致命，使臣致其君命。子拜，孝子拜謝也。君初喪稱子，踰年稱君。對賓稱孤，對殯稱子。反位，反門西之位。弔未有不哭踊成禮退者，通下文含、襚、賵、臨畢至第五節，則弔者哭臨成禮也。

含者執璧將命，曰：「寡君使某含。」相者入告，出曰：「孤某須矣。」含者入，升堂致命。子拜稽顙。含者坐委于殯東南，有葦席，既葬蒲席。降出，反位。宰夫朝服，即喪屨，升自西階，西面坐取璧，降自西階，以東。

此鄰國致含之禮。奉玉納死者口曰含。璧，玉也。含者坐委璧于殯東南，就主人位，西面跪而委之也。初喪葦席以承璧，既葬至，則設蒲席。宰夫主饋奠之事。下文云「宰舉璧與圭，宰夫舉襚」，則此「宰夫」當作「宰」，蓋大宰也。朝服，吉服。本記曰「執玉不麻」，鄰國玉來，不敢承以凶服，惟屨不易。宰自階升堂，東就主位，西面，跪取璧席上，自西階降，以璧東歸于内也。

按：大喪以玉易麻，此禮未宜。

襚者曰：「寡君使某襚。」相者入告，出曰：「孤某須矣。」襚者執冕服，左執領，右執要平聲，入，升堂致命，曰：「寡君使某襚。」子拜稽顙。委衣于殯東。襚者降，受爵弁服於門内霤，將命，子拜稽顙如初。受皮弁服於中庭，自西階受朝服，自堂受玄端，將命，子拜稽顙皆如初。襚者降，出，反位。宰夫五人舉以東，降自西階。其舉亦西面。

此鄰國致襚之禮。衣服曰襚。所致五服，冕及玄端，由尊漸卑也。使者受五服，門外至于堂，由遠漸近也。委衣殯東，襚者過殯東西面坐委也。受，謂本國宰夫受于襚者也。門内霤，中門内簷下。將命，使臣將君命于主人也。中庭，堂下中。西階，堂階也。堂，殯宮堂也。襚者始致冕于堂，降取服，以次升堂致命。主君使宰夫就受，不欲煩賓，故漸受漸近也。每受一衣，孝子拜稽顙謝。宰夫五人舉五服，東藏于內也。降自西階，自西階下堂東也。其舉亦西面，亦如舉璧也。

按：冕服繡衣，爵弁服玄衣，皮弁與朝服玄端，頗通用，而冠各異，色皆不離玄緇，其用不同，未可詳考。大抵皮弁以上貴者之服，朝服玄端上下通用；弁服以上多用帛，朝服以下襍用布帛，此其殊也。鄭謂皮弁白冠白衣裳，恐未盡然。

**上介賵諷，執圭將命，曰：「寡君使某賵。」相者入告，反命曰：「孤某須矣。」陳乘黃、大路於中庭，北輈。執圭將命。客使自下由路西。子拜稽顙。坐委于殯東南隅。宰舉以東。凡將命，鄉殯句。將命，子拜稽顙。西面而坐委之。宰舉璧與圭，宰夫舉襚，升自西階，西面坐取之，降自西階，賵者出，反位于門外。**

上介，鄰國所遣之正使。車馬贈死曰賵。圭以先車馬也。乘黃，四黃馬。大路，後路，前云不以先路也。中庭，堂下。北輈，以車轅北向。上介執圭升堂，將命。上介之從者自堂下控馬立車西，主君堂上拜稽顙。上介堂上坐委圭于殯東南隅。宰舉圭以東藏于內也。凡將命，總弔、含、襚、賵而言。鄉殯，殯在北，使臣立于殯西南向之。使臣將命，則嗣君拜稽顙。使臣就東南主位，西面，跪委其所致之物。必于地者，喪，主人無親受也。璧與圭，則主君之宰舉之，衣服則宰夫舉之，皆自西階升堂，過東南隅，西面跪取之，還，由西階降。禮畢，使臣出，反位于門外，即上文弔者門西之位。

上客臨，曰：「寡君有宗廟之事，不得承事，使一介老某相執紼弗。」相者反命曰：「孤某須矣。」臨者入門右，介者皆從之，立于其左，東上。宗人納賓，升，受命于君，降曰：「孤敢辭吾子之辱，請吾子之復位。」客對曰：「寡君命，某毋敢視賓客，敢辭。」宗人反命曰：「孤敢固辭吾子之辱，請君子之復位。」客對曰：「寡君命，某毋敢視賓客，敢固辭。」宗人反命曰：「孤敢固辭吾子之辱，請吾子之復位。」客對曰：「寡君命，使臣某毋敢視賓客，是以敢固辭，固辭不獲命，敢不敬從。」客立于門西，介立于門左，東上。孤降自阼階，拜之，升，哭，與客拾踊三。客出，送于門外，拜稽顙。

此使臣成弔之禮，通上含、襚、賵三者同。上客，使臣也，即前弔、含、襚、賵之客。臨，入臨柩哭也。臨者，即指上客也。禮，客入門左。外來西爲左，今入門右，趨東，避賓位也。介，副使也。東上，謂上介在東，副介以次立而西。宗人掌禮，請客復門西賓位也。敢不敬從，從主君命，趨門西也。介立門左東上，立使臣之西也。主降拜，拜臨也。不言答拜，喪拜無答也。升哭，主客俱升堂哭于殯，成弔也。拾踊，主客更迭踊也。九踊成三。客出，主君送于門外，拜稽顙，送之也。

按：古弔喪于生者慰問，死者含、襚，有賵，有哭臨，不拜柩，不祭。主人有拜稽顙，賓無答拜。蓋弔生哀死者，賓客之情，於是爲至。孝子思親哀痛，拜固應爾。凶事匆劇，各唯自盡，非從容款曲、賓主交拜爲禮也。古惟喪拜不答，情戚禮質也。今之弔禮，非古也。習尚所趨，亦未講于禮之義耳。

**其國有君喪，不敢受弔。外宗房中南面，小臣鋪席，商祝鋪絞、紟、衾。士盥于盤北，舉遷尸于斂上。卒斂，宰告，子馮之踊，夫人東面坐馮之，興踊。士喪有與天子同者三：其終夜燎，及乘人，專道而行。**

國有君喪，臣民遭私喪者，不敢受人弔，共戚君也。外宗以下，君薨大斂之禮，與《喪大記》同。外宗，宗人女嫁外姓卿大夫爲妻者。同姓族人之婦曰内宗。宰告，告斂畢也。子馮，嗣君憑尸哭也。夫人，嗣君妻也。終夜燎，庭燎達旦也。乘人，謂柩車不用馬，使人肩之也。專道，柩行于路，人皆避也。言士喪，則諸侯大夫可知。

# 雜記上終

# 雜記下第二十一

有父之喪，如未沒喪而母死，其除父之喪也，服其除服，卒事反喪服。雖諸父昆弟之喪，如當父母之喪，其除諸父昆弟之喪也，皆服其除喪之服，卒事反喪服。如三年之喪，則既顈頃，其練祥皆行。王父死，未練祥而孫又死，猶是附於王父也。有殯，聞外喪，哭之他室。入奠，卒奠出，改服即位，如始即位之禮。

未沒喪，謂未終喪，祥禫之前也。父喪將終，復遭母喪，于除父喪時，服除喪之服，行祥禫禮，卒事，復服母服。遇諸父昆弟之喪亦然。當父母之喪，謂當親喪始死至除喪日月内，既除彼服，復服親喪之服。如前後所遭皆三年之喪，而前喪既除，可以衣顈，則其練祥皆依時舉行，不可遂廢也。顈，布之輕疏者，即練祥之服，通作「顈」，與褧、景通。《詩》「衣錦褧衣」，《士昏禮》女從者被顈黼，又云「姆加景」，是也。鄭謂爲草名，代葛，未然。王父，祖父。禮，孫死附祖，然卒哭而祔，練而脩廟，祥而後主入廟。王父死，未練祥，雖無廟可祔，而孫猶是附王父，主在殯宫附于殯宫，入廟附于廟也。有殯，謂有父母之殯。入奠殯宫，畢出，改服即位，如新聞喪即位哭之禮，不得以有喪遂廢也。鄭謂「如始哭之時」，非也。

大夫士將與祭於公，既視濯而父母死，則猶是與祭也。次於異宮。既祭，釋服，出公門外，哭而歸，其它如奔喪之禮。如未視濯，則使人告，告者反而後哭。如諸父、昆弟、姑、姊、妹之喪，則既宿則與祭。卒事出公門，釋服而后歸，其它如奔喪之禮。如同宫，則次于異宫。曾子問曰：「卿大夫將爲尸於公，受宿矣，而有齊衰内喪，則如之何？」孔子曰：「出舍乎公宫以待事，禮也。」孔子曰：「尸弁冕而出，卿、大夫、士皆下之。尸必式，必有前驅。」父母之喪，將祭而昆弟死，既殯而祭。如同宫，則雖臣妾，葬而后祭。祭，主人之升降散等，執事者亦散等，雖虞、附亦然。自諸侯達諸士，小祥之祭，主人之酢也嚌劑之，衆賓、兄弟則皆啐翠之。大祥，主人啐之，衆賓、兄弟皆飲之可也。凡侍祭喪者，告賓祭薦而不食。

視濯，謂祭前一日，省視祭器之滌濯也。猶是與祭，言雖喪亦與祭。但出居别室，吉凶不同處也。如期功之喪，既受宿斯與祭矣。宿，肅通，祭前三日戒賓也。同宫，謂死者爲同居之親，既宿遭喪，出居别室也。「曾子問」以下至「必有前驅」，解見本篇。父母之喪，將祭，謂練祥之祭，遭昆弟之喪，待殯後祭。如同居之喪，雖臣妾必葬後祭，不可當凶事行吉禮也。祭則主人升階、下階每等一足散步行，所謂「栗階」也。每等兩足並，更升，所謂「拾級」也。詳見《燕禮》。從容則拾級，急遽則散等。

練祥吉亦散等者，有昆弟及同宫之喪故也。主人散等，則執事者皆散等。此昆弟在殯之禮也。雖昆弟既葬虞、祔，主人練祥亦然。主人之酢，謂主人獻賓長，賓長酢主人。至齒曰嚌，入口曰啐。小祥主人猶未可啐酒，衆賓客及同姓兄弟祭終受主人獻爵，啐之可也。小祥漸吉，大祥尤吉，故主人受酢啐，衆賓、兄弟盡飲可也。不言獻賓，啐、飲同也。侍，相禮也。祭喪，即練祥，喪祭也。告賓，謂相禮者告賓客也。祭薦，謂主人獻賓，賓受獻，主人薦脯醢，相者告賓取所薦，祭之豆閒畢食之。練祥但告祭，不食也。至虞、祔之祭，主人并獻薦廢矣。

按：虞以前未葬，哀至禮質，但有饋食曰奠，無酒獻爵。既葬虞，則以祭易奠。祭交神，吉禮也。至虞哀殺，禮漸文，始有酒獻尸，尸酢主人，主人飲卒爵，無獻賓客、兄弟以下等事，亦不全成祭也。今小祥大祥，比虞祭又吉矣。虞酢主人卒爵，祥祭主人止于嚌、啐，何也？神惠爲重，故受尸酢，雖在喪亦卒爵。賓賜稍輕，但嚌、啐耳，猶既葬疏食水飲，不食菜果，祥而後食肉。若既葬君食之，大夫與父之友食之，粱肉亦不避，尊君父之命也。若父母新喪而與祭于公，出公門乃易服，非禮也。大夫死，當祭必告，明日不繹。君于臣喪且然，況父母乎？非人君以孝教臣與臣子以孝事親之禮，不可訓也。

子貢問喪，子曰：「敬爲上，哀次之，瘠爲下。顔色稱其情，戚容稱其服。」請問兄弟之喪，子曰：「兄弟之喪，則存乎書策矣。君子不奪人之喪，亦不可奪喪也。」

問喪，問父母之喪。敬者，必誠必信，不以匆急失禮，慎終也。喪主哀而上敬者，制禮之義，情至無節文，故禮以齊之。禮，敬而已也。父母親同，父喪隆于母，即「敬爲上，哀次之」之義。世謂善居喪者哀瘠耳，稍不敬必忘哀，敬則自哀，哀則瘠。顔色稱情，内外稱也。戚容稱服，本末稱也。外不稱内則僞，本不稱末則野。親喪自盡，書策所不能傳者也。兄弟喪存乎書策，遵古禮耳。有之莫敢廢，無之莫敢舉也。不奪人喪，亦不自奪其喪，即書策之意。奪人喪者，强以禮之所不可爲。自奪喪者，違其禮之所當守也。

**孔子曰：「少連、大連善居喪，三日不怠，三月不懈，期悲哀，三年憂，東夷之子也。」**

少連、大連，二人名。三日，親始死，雖哀痛不食而不惰于禮。三月，親喪在殯。不懈，不倦也。憂，戚容也。東夷，東方邊鄙，無中國聖人之教而能盡禮如此，所謂豪傑之士良心同也。

**三年之喪，言而不語，對而不問。廬、堊惡室之中，不與人坐焉。在堊室之中，非時見乎母也不入門。疏衰皆居堊室，不廬。廬，嚴者也。**

言，自言己事。語，與人譚説。倚廬，倚木于門外檐下爲廬。堊室，壘土墼爲室。斬衰居倚廬，既練居堊室，齊衰則居堊室耳。不與人坐，憂思獨居也。父喪練而居堊室，非見母不入内，則居倚廬時益可知。疏衰，齊衰。云皆者，有三年、期、三月之等也。喪稍輕，但居堊室，不居倚廬。倚廬乃哀敬嚴肅之所，父喪斬衰之居，故喪「敬爲上」也。

**妻視叔父母，姑、姊、妹視兄弟，長、中、下殤視成人。親喪外除，兄弟之喪內除。視君之母與君之妻，比之兄弟，發諸顏色者亦不飲食也。免喪之外，行於道路，見似目瞿句，聞名心瞿，弔死而問疾，顏色戚容必有以異於人也。如此而后可以服三年之喪，其餘則直道而行之是也。**

視，謂比其哀戚之等。妻雖暱而分重，姑、姊、妹雖外而情親。殤服雖降，而本服則隆。父母之喪，祥禫而除，先王制禮不敢過也。然除服而非除孝子之心，故曰外除。若夫兄弟之喪，日月已竟，外除內亦除矣。君母、君妻，亦兄弟內除之比，然酒肉醉飽亦非禮。父母之喪初除，出見人有貌似親者，目爲驚顧，聞人稱名與親同者，心爲驚惕。瞿，驚貌。遇喪疾弔問，感動憂戚，倍于常情。此爲外除而內不除，然後可以服三年之喪。其餘兄弟之喪循理而行，如所謂內除者，亦不必矯而過也。

**祥，主人之除也，於夕爲期，朝服。祥因其故服。子游曰：「既祥，雖不當縞者，必縞，然後反服。」**

祥，大祥祭。先夕以期告賓。朝服，謂告期用玄緇吉服也。祥因其故服者，越宿而祭，仍先夕告期之服也。《喪服小記》曰：「其祭也朝服縞冠。」不當縞，謂親喪雖除，有他喪未終，亦必縞冠朝服，行祥事畢，復服他喪之服也。舊解未明。

**當袒，大夫至，雖當踊，絶踊而拜之，反，改成踊，乃襲。於士，既事成踊，襲而后拜之，不改成踊。**

此記主人初喪于大夫士來弔之禮。當袒，謂當其行禮哭踊，則先袒後踊。遇大夫至，且止踊，拜大夫，復更成踊，乃掩襲其袒衣。若於士弔，孝子且畢其禮事，成踊，掩襲袒衣，而后出拜，不更成踊也。大夫尊，士敵，故待之各異。

**上大夫之虞也少牢，卒哭成事、附皆大牢。下大夫之虞也犆牲，卒哭成事、附皆少牢。**

既葬而三虞，虞而卒哭，則喪事成矣。祔以後，神事之，祭之始矣。故用牲漸豐。

按：前篇有子云遣車載牢具「非禮也，喪奠脯醢而已」，此云虞而始用少牢，則自虞而前遣奠無牲用脯醢，信矣。而《儀禮》遣奠用少牢。然則《儀禮》非古與？故禮言難盡合也。

**祝稱卜葬、虞，子孫曰「哀」，夫曰「乃**句**」，兄**句**，弟曰「某卜葬其兄**句**」，弟**句**，曰「伯子某」。**

祝稱，祝史稱主人之辭。葬、虞同日，故卜葬即卜虞。子、孫卜葬祖、父，稱主人曰「哀子」「哀孫」。夫卜葬其妻，稱主人曰「乃夫」。卜兄之葬，稱弟以名。卜弟之葬，稱兄曰「伯子某」。皆祝人稱之。

古者貴賤皆杖。叔孫武叔朝，見輪人以其杖關轂而輠火輪者，於是有爵而后杖也。鑿巾以飯，公羊賈爲之也。冒者何也？所以揜形也。自襲以至小斂，不設冒則形，是以襲而后設冒也。或問於曾子曰：「夫既遣而包其餘，猶既食而裹其餘與？君子既食則裹其餘乎？」曾子曰：「吾子不見大饗乎？夫大饗，既饗，卷三牲之俎，歸于賓館。父母而賓客之，所以爲哀也。子不見大饗乎？非爲人喪，問與平聲賜與。」

杖以扶哀，貴賤皆用之，古禮也。魯叔孫州仇惡輪人以杖穿車轂，轉輪而戲，禁賤者不使杖，此庶人廢杖之始也。輠，轉也。死者沐浴飯含，乃加巾于面。先加巾而鑿孔以含，自公羊賈始也。冒，如直囊，一上一下以韜尸也。襲，謂始死尸沐浴以衣重襲也。小斂，謂死之明日，以衾絞收斂也。襲而斂，可謂慎矣，猶恐其暴露，故設冒也。遣，謂柩將出，設遣奠，包其脯醢送柩，納之壙中也。大饗，饗大賓。卷、捲同，徹也。饗禮畢，徹賓客之俎歸于館。父母親而以賓客待之，悲痛之至。再言「不見大饗」，使深念之。非爲人喪，言爲己父母喪，自盡其哀耳，豈爲賓客而問之、賜之者與？

按：以杖輠輪，非禮也。叔孫遂禁庶人杖，尤非禮也。因一人失禮，而止衆人行禮，不教輪人以孝，而禁人行孝。世之失禮者，何獨輪人？若皆禁也，禮其餘幾。輪人不智，武叔不仁。故禮，小人廢之不足，君子廢之有餘。司名教者，宜深省矣。

三年之喪，以其喪拜；非三年之喪，以吉拜。三年之喪，如或遺之酒肉，則受之，必三辭。主人衰絰而受之。如君命，則不敢辭，受而薦之。喪者不遺人。人遺之，雖酒肉，受也。從父昆弟以下，既卒哭，遺人可也。

喪拜，謂稽顙而后拜。吉拜，謂拜而后稽顙。說見《檀弓》。酒肉受必三辭，辭不得而后受也。衰絰而受，示不敢食也。薦之，薦于死者。喪不遺人，憂不暇爲好也。人遺酒肉受，祥以後也。

縣玄子曰：「三年之喪如斬，期之喪如剡。」

斬，斷也。剡，削也。

期之喪，十一月而練，十三月而祥，十五月而禫。三年之喪，雖功衰，不弔，自諸侯達諸士。如有服而將往哭之，則服其服而往。練則弔。既葬，大功弔，哭而退，不聽事焉。期之喪未葬，弔於鄉人，哭而退，不聽事焉。功衰弔，待事，不執事。小功、緦執事，不與於禮。相趨也，出宫而退。相揖也，哀次而退。相問也，既封而退。相見也，反哭而退。朋友，虞、附而退。弔非從主人也，四十者執紼弗。鄉人五十者從反哭，四十者待盈坎。

期之喪，練、祥、禫備者，父在爲母期也。三年之喪，謂父母初喪。功衰，大功之衰，從兄弟喪之類。新遭大喪，雖有功衰之喪不弔，此貴賤之通禮也。雖於死者有功衰之服，身既斬齊，不得更服彼服往弔，即以斬齊往哭之可也。蓋哭死感傷，因己之哀而致哀則可；弔生問恤，己憂方深而恤人憂則不稱。此初喪未葬以前之禮。至期年練後，凡喪皆可弔，不獨功衰耳。三月既葬後，遇大功之喪亦可弔，但盡哀而退，主人襲、斂、殯、奠之事不待也。聽，待也。期喪，如從父、親兄弟初喪，弔鄉人亦可，但哭即退，不待事也。大功之喪，弔鄉人待事亦可，但不爲執事助役。小功、緦麻之喪，執事亦可，但不與贊相行禮。執事猶勞役，行禮則從容矣。「相趨」以下，論送葬之等。相趨，謂死者曾與同行交淺，柩出殯宫則退。曾相周旋揖讓，柩出宫門外哀次則退。相通問，既封壙則退。相見執贄定交，葬畢孝子反哭退。朋友同業，恩義契重，待虞畢主附死事終退。凡送死爲助役，非隨主人行耳。年四十力强者，執索引柩，待封土滿坎。五十始衰者，從主人反哭，先歸虞可也。此節之義鄭未達，至以「期〔一〕之喪，

〔一〕「期」下原衍一「年」字，據經文删。

十一月」四句移「練則弔」上，謂爲錯簡，何錯簡之多也！

喪食雖惡，必充飢。飢而廢事，非禮也。飽而忘哀，亦非禮也。視不明，聽不聰，行不正，不知哀，君子病之。故有疾飲酒食肉，五十不致毀，六十不毀，七十飲酒食肉，皆爲去聲疑死。有服，人召之食，不往。大功以下，既葬適人，人食之，其黨也食之，非其黨弗食也。功衰食菜果，飲水漿，無鹽酪洛。不能食食，鹽酪可也。孔子曰：「身有瘍羊則浴，首有創則沐，病則飲酒食肉。毀瘠爲病，君子弗爲也。毀而死，君子謂之無子。」

耳目不聰明，行不正，皆哀毀之狀。不致毀，不極毀也。疑死，恐死也。適人，人食之，謂往人家，主人留食也。其黨，謂親戚族人。功衰，大喪練後之衰與大功之衰，其布相似，九月之功與三月之齊，情亦相似，故謂之功衰。酪，乳醬也。

非從柩與反哭，無免於堩亘。凡喪，小功以上，非虞、附、練、祥無沐浴。疏衰之喪既葬，人請見之則見，不請見人。小功，請見人可也。大功不以執摯。唯父母之喪，不辟避涕泣而見人。三年之喪，祥而從政。期之喪，卒哭而從政。九月之喪，既葬而從政。小功、緦之喪，既殯而從政。

孝子送葬與反哭，二事最哀痛，故免冠于路。堩，路也。非是二者，行道不可不冠。《喪小記》云：「遠葬者，比反哭者皆冠；及郊而后免。」然則免于堩，惟近者與？沐浴以脩容，雖小功之喪，柩在殯不沐浴，大喪可知。必既葬虞、祔、練、祥之祭，交神乃沐浴耳。齊衰之喪，柩在殯，不見人；既葬，人請見而后見，不請見人也。小功可執摯請人，大功不可。從政，謂從公家之政。

**曾申問於曾子曰：「哭父母有常聲乎？」曰：「中路嬰兒失其母焉，何常聲之有！」**

曾申，曾子之子。父在而問哭父于父，非也。哭有聲，禮至細，亦不足問也。曾子之告，盡乎孝子之情，似亦有不屑誨之之〔一〕意焉。此節與夫子譏弁人孺子泣相反，而義不相違，禮所以不必求同也。

**卒哭而諱**句。**王父母、兄弟、世父、叔父、姑、姊、妹，子與父同諱。母之諱，宮中諱。妻之諱，不舉諸其側。與從祖昆弟同名，則諱。**

卒哭，親死既葬卒哭。諱，避父母名。生則名所常稱，子雖不舉，而親在名在，死則親亡名隱。孝子不忍空聞，況以神事之，尤當敬，故卒哭諱。未卒哭前，猶生事也。凡諱，主人諱也。主人所諱，主人之子亦諱。王父母，即主人父母，于主人子則王父母也。兄弟，主人之兄弟，即主人子之世父、

〔一〕「之之」，原止有一「之」字，今據文義增。

叔父也。姑，主人子之姑，即主人之姊妹也。父母諱，至尊也。兄弟、姊、妹諱，至親也。王父母，世、叔父，姑，父所諱，子亦諱也。故子不逮事父母，則不諱王父母，義與此通。父所不諱而母諱者，是母之黨也。故子在母宫中，則與母同諱，外則否。凡妻所諱，母不諱者，是妻之黨也。但于妻之左右諱，他處則否。若妻所諱者與己從祖昆弟同名，則己亦諱之。從祖昆弟，是同曾祖兄弟也。同曾祖兄弟諱，則同祖兄弟、同父兄弟諱可知。然獨于妻側諱，何也？于父母前，則同父兄弟皆子也，同祖、同從祖兄弟皆姪也，不諱。惟于妻側，雖從祖昆弟亦得申其親，故諱也。兄弟且諱，以上可知。《記》言錯綜，諸解未達。

**以喪冠者，雖三年之喪可也。既冠於次，入[一]哭踊三者三，乃出。大功之末，可以冠子，可以嫁子。父小功之末，可以冠子，可以嫁子，可以取婦。己雖小功，既卒哭，可以冠、取妻，下殤之小功則不可。**

將冠者已卜期而遭喪，即以喪冠冠之，雖遭三年之喪亦可也。于次，謂冠于倚廬、堊室。既冠，入哭踊于殯宫，三者三，九成踊也。此主人自冠。若冠子、嫁女，大功之終乃可；娶妻、娶婦，小功之終乃可。蓋小功五月，苟士，三月葬，卒哭，則服漸除矣；若大夫，五月葬，卒哭，則服既除矣，

〔一〕「入」下一字格爲墨釘，今删，《續修》本作「門」，《存目》有讀者塗抹。

故可也。稱父小功，對己小功也。取婦，父娶己妻也〔一〕。下殤之小功，是期服降也。親重，故嫁娶不可。按：冠，吉禮也，元首之服，成人之始，豈可凶喪哭踊行之。「雖三年之喪可」者，亦得已〔二〕之辭，非禮之正。今人居喪冠者少，居喪嫁娶者多，愈失之矣。

**凡弁絰，其衰侈袂。**

弁加環絰，弔喪之冠也。其衰，細麻布爲之。侈袂，大袖也。吉服尚飾，故侈袂。深衣「袂可回肘，長中，繼揜尺」，是也。弔衰侈袂，則斬、齊袂小可知。

**父有服，宮中子不與於樂。母有服，聲聞焉，不舉樂。妻有服，不舉樂於其側。大功將至，辟琴瑟。小功至，不絶樂。**

宮中子，與父同居之子。古者命士以上異宮。不與于樂，言不歌樂于家門内也。聲聞不舉，不聞聲猶可也。不於側，或聞其聲矣。大功將至，謂服大功之人至，則先辟去琴瑟，助哀也。辟，猶徹也。服小功者至，當其樂作不必止，但不特爲作樂耳。

〔一〕「取婦，父娶己妻也」，《續修》本作「娶婦，父娶妻己也」。
〔二〕「得已」上疑脱「不」字。

姑、姊、妹其夫死，而夫黨無兄弟，使夫之族人主喪。妻之黨，雖親弗主。夫若無族矣，則前後家、東西家；無有則里尹主之。或曰：主之，而附於夫之黨。

按此漢以後懲外戚之禍，儒者爲此禮與？然亦矯之過矣。夫黨無兄弟有族人，禁妻黨不得主喪，是也。夫黨無族，舍妻黨而望諸鄰家里尹，不已迂乎！使妻黨主葬，附祭于夫黨，是也。

麻者不紳，執玉不麻，麻不加於采。國禁哭則止，朝夕之奠即位，自因也。童子哭不偯倚，不踊，不杖，不菲肺，不廬。孔子曰：「伯母、叔母疏衰，踊不絕地。姑、姊、妹之大功，踊絕於地。如知此者，由文矣哉！由文矣哉！」泄柳之母死，相者由左；泄柳死，其徒由右相。由右相，泄柳之徒爲之也。

此約舉行禮輕重變通之義。麻，麻絰，凶服。紳，大帶之垂者，吉服。麻在身，則不得垂紳。執圭璧，行吉禮，則不得服衰麻。既著衰麻，則不得加采色。三者皆言吉凶變易之節。國家有大禮，則禁哭。哭雖止，而朝奠、夕奠即位如常也。成人禮哭則偯，聲委曲曰偯，哭必踊，執杖，菲屨，居倚廬，皆成人之禮，童子居喪則不必備。伯叔、母喪疏衰期，服重而踊低不離地，情輕也。姑、姊、妹喪大功九月，服輕而踊高絕地，情重也。凡禮輕重隆殺，各有儀節，所謂文也。知此，則能由于禮之文矣。禮不止文，重言「由文」者，未盡善之辭。泄柳，魯人。相禮，即爲擯。凡擯居主人左，賓在左也。

泄柳死，門人相禮，以凶事尚右，非古也。

按：《儀禮・喪服》斬衰惟絞帶，齊衰以下乃有布帶以易大帶，加絞帶以易革帶，亦猶斬冠繩武，齊冠布武，父喪徒免，母喪布免。此云「麻者不紳」，謂衰麻則不吉帶垂紳耳，非謂不布帶也。後世凡喪服皆無布帶，直絞帶，非古也。

天子飯九貝，諸侯七，大夫五，士三。士三月而葬，是月也卒哭。大夫三月而葬，五月而卒哭。諸侯五月而葬，七月而卒哭。士三虞，大夫五，諸侯七。諸侯使人弔，其次含、襚、賵、臨，皆同日而畢事者也，其次如此也。卿大夫疾，君問之無筭；士壹問之。君於卿大夫，比葬不食肉，比卒哭不舉樂；爲士，比殯不舉樂。升正柩，諸侯執綍五百人，四綍皆銜枚，司馬執鐸，左八人，右八人，匠人執羽葆御柩。大夫之喪，其升正柩也，執引者三百人，執鐸者左右各四人，御柩以茅。孔子曰：「管仲鏤簋而朱紘，旅樹而反坫，山節而藻棁，賢大夫也，而難爲上也。晏平仲祀其先人，豚肩不揜豆，賢大夫也，而難爲下也。君子上不僭上，下不偪下。」

此記天子、諸侯、大夫喪祭之節。飯，以米物實尸口。貝，水蟲甲，可以爲貨，含尸用之，貴賤以數異。三、五、七虞，皆以葬日爲始，閒日嗣舉也。諸侯使人弔，含、襚、賵、臨以次同日畢舉。

上篇所記，即其次也。升正柩，謂柩在殯，南首。既啓，舁柩朝祖廟，升自西階，正棺于兩楹閒，北首。明旦設遣奠發引。紼，即引也。凡送葬之役，通謂之「執紼」，非必一棺四繩，用人五百也。枚如小箸，銜之以止諠。司馬掌武士，執金鐸，示警也。左右各八人，夾柩護衛也。匠人，木工。葆形如蓋，以鳥羽爲之。執羽葆前以導柩車曰御。茅，通作「旄」，旄屬，《春秋傳》「前茅慮亡」是也。紘，冠纓。大夫祭宜羊、豕。豕小曰豚。豆盛菹醢，不可以薦牲。豚肩不揜豆，極言儉也。解見《禮器》。

按：《周禮》天子含用玉，此云九貝，不合，鄭遂推爲夏禮。《喪大記》於大夫疾三問，此云問無筭。古人言三，皆不一之辭，鄭遂謂此有師保之恩者。諸侯執紼五百人，大夫執引三百，極言其衆耳。豈一棺四紼，遂用三五百人之多？然則天子用千人，無處可容矣。鄭遂謂五百爲一黨之民，三百爲一邑之制。引即紼，鄭謂「在廟曰紼，在途曰引」，其牽鑿類此。

**婦人非三年之喪，不踰封而弔，如三年之喪，則君夫人歸。夫人，其歸也以諸侯之弔禮。其待之也若待諸侯然。夫人至，入自闈門，升自側階，君在阼。其他如奔喪禮然**句。**嫂不撫叔，叔不撫嫂。**

此記婦人弔喪之禮。踰封，謂出境。女嫁爲父母期，此云三年，以通禮言也。歸，謂奔喪歸父母之國。闈門，宮中側門。側階，夾室階。《書·顧命》云夾室側階，是也。不入自大門，不升自堂階，不敢當賓也。主君在阼階，不降迎也。奔喪禮，謂哭踊髽麻之類。撫，謂憑尸。叔嫂不相爲服，故不撫尸，遠别也。

君子有三患：未之聞，患弗得聞也；既聞之，患弗得學也；既學之，患弗能行也。君子有五恥：居其位，無其言，君子恥之；有其言，無其行，君子恥之；既得之而又失之，君子恥之；地有餘而民不足，君子恥之；衆寡均而倍焉，君子恥之。

三患爲學，五恥爲政。學爲本，無本故患。政爲用，無用故恥。敷奏以言，言行則道行。居位無言，則忝其位矣。得，謂以賢見用。失，謂無才見黜。彼此所治之民，衆寡同，而一興一廢，究竟相倍，是優劣懸殊也。

孔子曰：「凶年則乘駑馬，祀以下牲。」

《周禮·校人》六馬，而駑馬爲下。下牲，謂不及肥碩也。

恤由之喪，哀公使孺悲之孔子學士喪禮，《士喪禮》於是乎書。

恤由，人名，蓋士也。《士喪禮》，載今《儀禮》中。書，記也。

按：《儀禮》非盡聖人之舊矣。《論語》云「孺悲見孔子，孔子辭」，豈嘗學禮者與？

子貢觀於蜡乍，孔子曰：「賜也樂乎？」對曰：「一國之人皆若狂，賜未知其樂也。」子曰：「百日之蜡，一日之澤，非爾所知也。張而不弛，文武弗能也。弛而不張，文武弗爲也。一張一弛，文武之道也。」

蜡，解見《郊特牲》。若狂，醉而失禮也。蜡、腊通。乾薧曰腊，枯瘠之狀。沾濡曰澤，醉飽之名。孔子言民終歲憔瘁，僅得一日潤澤，非爾所知，言先王制禮有深意。張弛，以弓喻也。受弦曰張，落弦曰弛。文武，緩急適中之謂。勸民勤生，勞之使張也。以時休息，逸之使弛也。勞而不弛則力疲，故弗能。逸而不張則業廢，故弗爲。文武之道，言不疾不徐，甘苦調適，宜民之道也。

按：鄭解「一日之澤」爲君澤。民閒飲酒，非盡君澤也。或訓文武爲文王、武王，《詩》云「文武吉甫」，其亦文王、武王與？

孟獻子曰：「正月日至，可以有事於上帝；七月日至，可以有事於祖。」七月而禘，獻子爲之也。

周正月，夏十一月，建子也。日至，冬至也。古者冬郊春禘，孟獻子謂冬至可祀大，則夏至亦可祀祖，故以七月禘。周七月建午，夏至之月，今五月也。

夫人之不命於天子，自魯昭公始也。外宗爲君、夫人，猶内宗也。

古者諸侯夫人皆命于天子，魯昭公娶吴，爲同姓，不告天子，故天子亦不命之。凡宗人女，嫁異姓爲外宗，本宗人婦爲内宗。二宗爲君斬衰，爲夫人齊衰，同也。同姓之女亦謂内宗，貴戚之女亦謂外宗。内宗同姓，情親服重；外宗異姓，情疏服輕，而與内同者，同爲臣故也。君與夫人，有父母之義焉。

按：魯昭公之世，王命不行于諸侯久矣。諸侯繼世自立且不由天子，況其夫人乎？何獨罪魯昭公也？昭公娶同姓有之，諸侯之不娶同姓者未必皆有王命也。因昭公娶吴女，附會之耳。

厩焚，孔子拜鄉人爲火來者句。拜之句，士壹，大夫再。亦相弔之道也。

勞雖小而必謝，以有患難相卹之道也。

孔子曰：「管仲遇盜，取二人焉，上以爲公臣，曰：『其所與遊，辟也。可人也。』

管仲死，桓公使爲之服。宦於大夫者之爲之服也，自管仲始也，有君命焉爾也。」

管仲遇羣盜，簡二人，薦爲公朝之臣，曰：「彼所與遊者邪僻也，此二人可用也。」宦于大夫，謂昔嘗仕于大夫者。爲之服，爲昔所事之大夫服。上篇云「違大夫，之諸侯，不反服」，此反服，故曰「自管仲始」。

過而舉君之諱，則起。與君之諱同，則稱字。內亂不與焉，外患弗辟也。

過，誤也。偶然誤稱君諱，則必起立，示不安之意。人名有與君諱同者，則稱字。內亂，謂本國之亂，不可則去，故曰無與。外患，謂敵國侵陵，同心禦侮，故曰不避。

按：「內亂不與」者，身不在事，力不可爲，故不與。審時知幾，處此有道焉，非可晏然如秦越人而已也。

贊大行曰：「圭，公九寸，侯伯七寸，子男五寸，博三寸，厚半寸，剡上，左右各寸半，玉也。藻，三采六等。」

贊大行，謂相大禮者。贊，相也。行，履也，履之言禮也。《中庸》曰：「行同倫。」《周禮》大行人掌諸侯五等之禮，故諸侯會同，謂之大行。此據相禮者所見，而明其可信也。圭，天子所以分封諸侯。九、七、五寸，皆言長也。博，寬也。剡，殺也。玉，用玉爲之。藻、繅通，以藉玉。二色爲采，三采則六等。六等猶言六就。二三相間爲六，采畫之。或曰：以板衣韋也。

按：《聘記》謂諸侯朝天子，圭、藻皆九寸，三采，與此異。《周禮》謂子男執璧，璧圓而圭方，五等諸侯玉，皆輯而合之，何獨子男玉圓？圓則以執，何以合？記言爲近之，鄭執《周禮》，恐非。

哀公問子羔曰：「子之食奚當？」對曰：「文公之下執事也。」

食，謂禄也。奚當，謂或仕止其身，或先世有仕者，故子羔以文公下執事對。蓋先世嘗事文公，至哀公七世矣。下，猶賤也。執事，猶有司。

成廟則釁之，其禮：祝、宗人、宰夫、雍人皆爵弁純衣。雍人拭羊，宗人祝之，宰夫北面于碑南，東上。雍人舉羊升屋自中，中屋南面封奎羊，血流于前，乃降。門、夾室皆用雞，先門而後夾室。其衈二皆於屋下。割雞句，門句，當門句，夾室句，中室句。有司皆鄉室而立，門則有司當門北面。既事，宗人告事畢，乃皆退。反命于君曰：「釁某廟事畢。」反命于寢，君南鄉于門內，朝服。既反命，乃退。路寢成，則考之而不釁。釁屋者，交神明之道也。凡宗廟之器，其名者成，則釁之以豭加豚。

宗廟既成，殺牲取血，祭而塗之曰釁，禦菑釁也。祝宗人，宗人爲祝也。純衣，絲衣也。拭羊，拂摩使浄也。碑以定日晷，在廟庭中。東上，北面以右爲上，鬼事尚右也。升屋自中，當屋東西之中升。封，割也。門，廟門。夾室，東西旁室。衈，割耳取血以薦也。毛牲曰刉，羽牲曰衈。衈取其聽也。門、夾室，皆衈雞于屋下。不升屋，與堂異。鄭謂將封羊先衈，是堂亦用雞，誤也。衈于門則當門，衈于夾室則當夾室中，皆屋下也。事畢皆退，自廟退也。反命于寢，君在路寢也。反命，乃退，諸臣歸也。凡廟成則釁，路寢成，燕會以慶成。考，成也。釁者，交神明之道，廟以事神也。凡宗廟之器有名者，如尊彝鐘鼓之類新成亦釁。豭豚，牡豕也。

諸侯出夫人，夫人比至于其國，以夫人之禮行。至，以夫人入，使者將命曰：「寡君不敏，不能從而事社稷、宗廟，使使臣某敢告於執事。」主人對曰：「寡君固前辭不教矣，寡君敢不敬須以俟命。」有司官陳器皿，主人有司亦官受之。妻出，夫使人致之，曰：「某不敏，不能從而共粢盛，使某也敢告於侍者。」主人對曰：「某之子不肖，不敢辟誅，敢不敬須以俟命。」使者退，主人拜送之。如舅在則稱舅，舅没則稱兄，無兄則稱夫。主人之辭曰：「某之子不肖。」如姑、姊、妹，亦皆稱之。

出夫人，謂夫人以罪見出，送歸本國。比，及也。謂在途及至國。主人對辭云「寡君」，指初主嫁之先君也。前辭不教，謂納采時有此辭。有司從使者齎夫人在國時所用器皿，往設而致之，還其嫁來之物也。主國之君，亦使有司官受之。授以官，明不私也。受以官，有鄙夷之意矣。妻出，謂國君以下出妻者。舅，夫父也。兄，夫兄也。如被出者爲女子，則主人對辭稱「某之子」，如姑、姊、妹則稱某之姑、姊、妹也。

按：出妻非盛德事，記屢言之，何也？不學而難化者，莫如婦人。禮所以爲未然之防也。恒情惟鄉人與婦人狎而易玩，故爵再命，非甚貴也，即不與鄉人齒，與出妻意正同。凡禮皆禁于未然之謂豫也。

孔子曰：「吾食於少施氏而飽，少施氏食嗣我以禮。吾祭，作而辭曰：『疏食不足祭也。』吾飧孫，作而辭曰：『疏食嗣也，不敢以傷吾子。』」

少施氏，魯惠公子施父之後。客食而飽者，答主人之誠也。主人于祭、飧必辭者，感賓意之厚而謙也。飧，既三飯更以飲澆飯，加餐也。傷，謂食粗過飽，恐傷害也。○按：《玉藻》云「孔子食於季氏，不辭，不食肉而飧」，以季氏不知禮也。此食於少施氏而飽，曰「食我以禮」，聖人之愛禮也如此。故《坊記》曰：「君子苟無禮，雖美不食焉。」

納幣一束，束五兩，兩五尋。婦見舅姑，兄弟、姑、姊妹皆立于堂下，西面北上。是見已。見諸父各就其寢。女雖未許嫁，年二十而笄，禮之。婦人執其禮。燕則鬈拳首。

納幣，昏禮也。幣五匹爲束，每匹自兩頭卷至中爲兩，取匹偶相連之義。五兩，五匹也。匹長五尋。八尺曰尋，五八爲四丈，則兩各二丈也。婦，新婦，見舅姑而兄弟、姑〔一〕、姊妹皆立于堂下，北上。舅姑在堂，以北爲尊，即此爲相見之禮，不更就見之也。惟見諸父旁尊，各就其寢，特見之。女子年十五以上許嫁則笄，如未許嫁，年二十亦笄。行笄禮，則賓主皆婦人。笄而未嫁，燕居去笄，鬈髮爲鬌紒，以未成人處之也。

〔一〕「姑」字原闕脱，據經文補。

韠長三尺，下廣二尺，上廣一尺，會去上五寸。紕以爵韋六寸，不至下五寸。純以素，紃以五采。

韠、韍同，即韍也。韋曰韠，制詳《玉藻》。其頸五寸，肩革帶。會，即頸也。項謂之會。《莊子》「會撮指天」，向秀註：「項椎也。」溝亦謂之會，言肩間缺處，納帶其中，與項會合也。去上五寸，即頸也。紕，聯屬也。在冠下爲武，在韠上爲要。《玉藻》「縞冠素紕」，武也。此紕以爵韋，要也，謂以爵色熟皮爲韠要，其寬六寸，不至下五寸，下即頸也，下至于會，則搻其頸矣。純〔一〕以素，謂以素絹緣邊也。紃，條屬，以五色條組爲纓絡下垂也。鄭註殊不可解。

# 禮記通解卷十四終

〔一〕「純」，原訛作「紕」，據經文改。

# 禮記通解卷十五

郝敬　解

## 喪大記二十二

喪記有大小：《小記》參差雜出，此篇始死至大小斂、殯、葬次第畢舉，曰《大記》。

疾病，外内皆埽，君、大夫徹縣玄，士去琴瑟。寢東首於北牖下。廢牀，徹褻衣，加新衣，體一人。男女改服。屬纊以俟絶氣。男子不死於婦人之手，婦人不死於男子之手。君、夫人卒於路寢，大夫、世婦卒於適寢，内子未命則死於下室，遷尸于寢，士之妻皆死于寢。

疾困曰病。埽内外，所以示變，將有賓客問者至也。徹縣，徹樂也。縣，謂鐘磬之屬。寢東首，向生氣也。牖下，《儀禮》作「墉下」，寢室北牆下也。廢牀，寢地，如始生時也。去褻衣，加新衣，死者人之大歸，不以褻終也。體一人，四體各以一人扶持。病則廢牀而下，死則舉置牀上，須四人也。男女改服，去盛飾也。屬纊，以綿屬口鼻，觀其動否，驗氣之有無也。男子將死不近婦人，婦人將死不近男子，厚别以正終也。天子適后之次曰夫人，諸侯以天子次婦之稱稱其妻，亦曰夫人；諸侯適夫人之次曰世婦，大夫以諸侯次婦之稱稱其妻，亦曰世婦，遞降一等也。内子，卿大夫妻之通稱。其已命者爲世婦，與未命者通稱内子。燕息之室曰寢。《周禮》天子六寢，註疏謂君與夫人各三寢。君一爲路寢，二爲小寢，夫人一爲正寢，二爲小寢。今云「君、夫人卒于路寢」，則是夫人寢亦得稱路也。「大夫、世婦卒于適寢」，適寢即正寢，則是世婦亦卒于己之寢也。大夫之内子未命爲世婦者，卒于下室。下室，適寢後室，即小寢之類。小斂畢，而後遷尸于正寢以殯耳。士之妻皆死于寢，是夫妻死同于正寢也。必于正寢者，以正終也。

按：士君子生平持操涵養，知通晝夜之道，惟將死一時，生者不以疾革倉皇失禮，則慎終爲孝子；病者不以命終昏迷改常，則守死爲正人，此制禮之精義也。若夫疾革廢牀寢于地，是速之死耳。知其必死，遷之地下以求生；知其不生，招之屋上以求復。二者皆迂，禮識其至者。

復，有林麓則虞人設階，無林麓則狄人設階。小臣復，復者朝服。君以卷，夫人以屈狄，大夫以玄赬稱，平聲，世婦以襢衣，士以爵弁，士妻以稅衣，皆升自東榮，中屋履危，北面三號，捲衣投于前，司服受之，降自西北榮。其爲賓，則公館復，私館不復。其在野，則升其乘車之左轂而復。復衣不以衣尸，不以斂。婦人復不以袡然。凡復，男子稱名，婦人稱字。唯哭先復，復而後行死事。

復，始死招魂也。階，梯也。國君死，掌山林之官取材木作梯升屋以復也。卿大夫以下無國邑，則無山林。狄人，樂吏，以其簨簴之屬爲梯耳。小臣常近君，故使之復。必朝服，事君如生也。復君以衮衣，上公之服也。復夫人以屈狄，子男夫人之服也。諸侯舉公，夫人舉子男，例餘也。復大夫以玄赤衣裳，大夫之命服也。世婦，大夫妻。襢衣，大夫妻命服。復士以爵弁，其妻以稅衣，皆命服也。榮，屋檐。周制：天子、諸侯屋四注，東西南北皆有檐，故東升北降也。中屋，當屋中。履危，乘屋脊也。三號，呼死者名招之也。三號畢，捲所復衣投于前檐下，司服者以篋受之。復者自西北榮降，西北鬼方，如魂從之還也。其爲賓，謂以君命出使他邦者，禮宜居公館，而死于私館，魂失其所，故不爲復。升車復，見《曾子問》及《雜記》。復衣本欲生之，故不以斂。《士喪禮》又云「以衣尸」，欲其魂附體也。袡，裙也，下體之服屬陰，故不用。婦人稱字，名不著也。唯哭先復，謂病者氣絶則衆哭，哭而復，復而不蘇，乃治死事。死事不先復行，冀其復生也。

始卒，主人啼，兄弟哭，婦人哭句，踊句。既正尸，子坐于東方；卿、大夫、父、兄、子姓立于東方；有司庶士哭于堂下，北面；夫人坐于西方，内命婦、姑、姊、妹、子姓立于西方；外命婦率外宗哭于堂上，北面。大夫之喪，主人坐于東方，主婦坐于西方，其有命夫、命婦則坐，無則皆立。士之喪，主人、父、兄、子姓皆坐于東方，主婦、姑、姊、妹、子姓皆坐于西方。凡哭尸于室者，主人二手承衾而哭。

主人，謂孝子。啼者，嗚咽不成聲，痛之至也。兄弟，死者之兄弟。婦人，死者之内戚。哭則成聲矣。踊，謂啼哭皆踊。「既正尸」以下，國君初死之禮。正尸，謂始死招魂不復，而遷尸于南牖下南首也。子，嗣君初喪之稱。子姓，衆子孫。夫人，嗣君妻。内命婦，同姓卿大夫之妻。子姓，衆女孫。外命婦，異姓卿大夫之妻。外宗，同姓女嫁外戚與其所生女子也。男東女西各別，貴坐賤立異等，大夫之喪亦然，不以凶遽失序也。惟士有男女無貴賤，有東西無立，皆坐也。哭尸于室，謂始死既含襲，未小斂，以衾覆尸，孝子兩手承衾，拊摩尸哭也。

君之喪未小斂，爲寄公、國賓出；大夫之喪未小斂，爲君命出；士之喪，於大夫，不當斂則出。凡主人之出也，徒跣，扱衽，拊心，降自西階。君拜寄公、國賓于位。大夫於君命，迎于寢門外，使者升堂致命，主人拜于下。士於大夫親弔，則與之哭，不逆於門外。夫人爲寄公夫人出，命婦爲夫人之命出，士妻不當斂則爲命婦出。

寄公，鄰邦諸侯失國寄託本國者也。國賓，他國來弔之卿大夫。出，嗣君出迎也。大夫之喪，有君命及門則出。皆謂未小斂時也。士喪，大夫至，正當斂時則不出，不當斂時則出。此與《檀弓》云「大夫弔，當事而至則辭」正同。《雜記》云大夫至，絶踊而拜，謂不當斂時也。凡主人未小斂出，必徒、跣。不冠曰徒，不屨曰跣。惟罪人徒役不冠。《周禮·司圜職》云罷民弗使冠飾，而任之以事，即今遞運囚徒也。始死，喪冠屨未成，又不敢著吉冠屨，故自毀如罪人。鄭註未達。扱衽，以衣前襟插帶間，凶遽之狀。拊心，擊膺也。降自西階，不忍歷主位也。君拜寄公、國賓于位，于西階下之位也。尋常拜迎于門外，此就西階下拜，不出門也。非寄公、國賓，則嗣君亦不出矣。大夫迎君命，則出寢門外，不敢就西階下，亦不出大門也。拜于下，亦西階下也。士于大夫親弔，亦即西階下拜。弔者哭，主人同哭，并寢門不出迎也。夫人，嗣君夫人。命婦，大夫妻與士妻。凡未小斂所出見之賓與主人同，但拜迎升降，婦人與男子異，拜堂上耳。

小斂，主人即位于户内，主婦東面，乃斂。卒斂，主人馮之踊，主婦亦如之。主人袒，説脱髦，括髮以麻；婦人髽撾，帶麻于房中。徹帷，男女奉尸夷于堂，降拜句。君拜寄公、國賓、大夫、士句，拜卿大夫於位，於士旁三拜。夫人亦拜寄公夫人於堂上，大夫内子、士妻特拜命婦句、氾拜衆賓於堂上。主人即位，襲、帶、絰、踊，母之喪，即位而免，乃奠。弔者襲裘，加武，帶絰，與主人拾踊。

主人即位于户内，尸小斂于户内牖下，孝子即位于尸東也。主婦東面，尸西也。主人袒，謂小斂畢，尸將出户，孝子袒衣哭踊也。説、脱同，解也。髦、毛同，髮也。始死，孝子免冠笄縰，至是盡去笄縰，謂之脱髦，如今人脱網巾，散髮髦頭，以麻結髮。括，結也。婦人髽，去髻也。帶麻，絞麻爲要帶。男重首，婦重要。徹帷，徹去堂上之帷。始死帷堂，恐人見尸。既小斂，尸出則徹之。夷，平也。尸偃臥不起曰夷。降拜，孝子下堂拜小斂之賓。「君拜」以下，諸侯之禮。寄公、國賓、大夫、士，凡與小斂者皆拜之。其拜卿大夫，即所降立位，向之而拜。禮，拜賓就賓位，今拜於己位也。士尤卑，側向三拜，士有三等也。旁，側也。君夫人亦拜寄公夫人于堂上，與大夫之内子及士之妻。其内子、妻爲命婦者，特拜之；未爲命婦者，衆女賓也，汜拜之。汜、泛同，共衆拜也。於堂上，婦人禮，拜堂上也。主人即位，即東階下之位。掩襲袒衣，加要絰而踊，此父喪也。若母喪，則即位而免，謂既括髮，以麻布一幅纏頭。父喪，免冠括髮不加布。《喪服小記》云「斬衰括髮以麻，爲母括髮以麻，免而以布」，是也。襲，帶，絰，踊，父母同也。乃奠，始設小斂之奠。弔者襲裘，即《檀弓》子游襲裘帶絰入之時。加武者，吉冠玄武。今加縞武，所謂玄冠者易之，示變也。《玉藻》云：「玄冠縞武，不齒之服。」以其爲弔喪之變服，故使不齒者服之，示變也。《雜記》：「小斂環絰，公、大夫、士一也。」亦謂加絰于武。帶絰，以麻爲要帶。拾踊，與主人更迭踊。此未成服視小斂之禮。若成服弔，則弁絰錫衰矣。

君喪，虞人出木、角，狄人出壺，雍人出鼎，司馬縣玄之，乃官代哭。大夫官代哭，不縣壺。士代哭不以官。君堂上二燭，下二燭。大夫堂上一燭，下二燭。士堂上一燭，下一燭。

虞人，掌山林。出木，爲薪也。角，水斗。狄人，樂吏，主縣者。壺，漏水器，定辰刻者。雍人，主烹飪者。出鼎，以煮水灌壺也，蓋冬月用之。《周禮》司馬有挈壺氏，「凡喪，縣壺以代哭者，皆水火守之，分以日夜，冬則火爨鼎水而沸之，而沃之」，是也。官代哭，謂未殯哭不絶聲，孝子不食困，使官代哭。縣壺分刻，依時相繼也。大夫官代不縣壺，士無官，家人相代。燭，薪炬也。

賓出，徹帷。哭尸于堂上，主人在東方，由外來者在西方，諸婦南鄉。婦人迎客送客不下堂，下堂不哭。男子出寢門外見人，不哭。其無女主，則男主拜女賓于寢門内。其無男主，則女主拜男賓于阼階下。子幼，則以衰催抱之，人爲之拜。爲後者不在，則有爵者辭，無爵者人爲之拜。在竟内則俟之，在竟外則殯葬可也。喪有無後，無無主。

小斂畢，賓出，徹堂上之帷。夷尸于堂，故哭于堂。由外來者，親屬奔喪者也，在尸西。諸婦自西轉而北，故南向。婦人迎送敵者，不下堂，如君夫人臨弔之類乃下堂，下則不哭。初喪，男子迎送敵者，不出寢門，君命至則出，出亦不哭。女主，主婦。男主，孝子。此以下言喪無主使攝之禮。有主則男主拜迎送男賓，女主拜迎送女賓。無女主，則女賓亦男主拜之，但離阼階拜于寢門内。無男主，則男賓亦女主拜之于阼階下。子若幼，使人抱以衰，代拜。如爲後者在遠方，則使人攝之，如賓弔爲有爵者，則攝者以無主辭，不敢承；如弔者無爵，則人爲拜而迎送之。如爲後者近在境内，待其歸乃殯葬；若遠在境外，如期代爲殯葬可也。凡喪，無後者有之，未有無主者，無主則必攝也。

君之喪三日，子、夫人杖；五日既殯，授大夫、世婦杖。子、大夫寢門之外杖，寢門之内輯之；夫人、世婦在其次則杖，即位則使人執之。子有王命則去杖，國君之命則輯杖，聽卜、有事於尸則去杖。大夫於君所則輯杖，於大夫所則杖。大夫之喪，三日之朝既殯，主人、主婦、室老皆杖。大夫有君命則去杖，大夫之命則輯杖。内子爲夫人之命去杖，爲世婦之命授人杖。士之喪，二日而殯，三日之朝，主人杖，婦人皆杖。於君命、夫人之命如大夫，於大夫、世婦之命如大夫句。子皆杖，不以即位。大夫士哭殯則杖，哭柩則輯杖。棄杖者，斷而棄之於隱者。

三日，死後三日。子，兼適庶。夫人，嗣君夫人。世婦，大夫妻。子、夫人三日杖，大夫、世婦五日杖，哀有輕重也。寢門，殯宫門。倚廬在寢門外，子與大夫門外則杖，入門近殯則斂其杖。輯，斂也。夫人、世婦喪次在房，行禮之位在堂，即位則使人執杖，不以杖即位也。子有王命則去杖，敬天子也。有鄰國君命，則輯杖，下成君也。聽卜，卜葬也，有事于尸則去杖，謂虞、祔、卒哭之尸也。《喪服小記》曰「虞，杖不入室；祔，杖不升堂」，又曰「筮日、筮尸，事畢而後杖」，是也。大夫於君所，謂有事于嗣君倚廬之類，則輯杖。大夫所，如同在大夫堊室，彼此皆君喪，則皆杖。「大夫之喪」以下，言大夫杖之禮。大夫有君命去杖，謂適子之後大夫者，承君命問弔也。大夫之命輯杖，謂嗣子承諸大夫問弔也。諸侯子敬諸侯之命，大夫子敬諸大夫之命，同也。內子，大夫妻。夫人，君夫人。世婦，諸大夫命妻。授人杖，暫以杖與從者也。「士之喪」以下，言士杖之禮。禮三日殯，言二日者，死與往日也。殯之明日杖，實四日。言三日者，生與來日也。士于君與夫人之命，亦如大夫承君命，大夫妻承夫人命，去杖也。士於大夫、世婦之命，亦如大夫承大夫命，大夫內子承世婦命，輯杖也。子皆杖，通言庶人之爲子者，無適庶皆杖。惟爲後之子，以杖即位，庶子杖于次，不杖于位。大夫士哭于殯則杖，謂既塗不見親，哀甚也。哭于柩則輯杖，謂殯既啓如見親，敬勝也。棄杖，謂大祥後杖不用，則斷而棄于隱僻處，不使他用褻之也。

君設大盤，造冰焉。大夫設夷盤，造冰焉。士併瓦盤，無冰。設牀，襢第，有枕。含一牀，襲一牀，遷尸于堂又一牀，皆有枕席，君、大夫、士一也。始死，遷尸于牀，幠呼用斂衾，去死衣，小臣楔屑齒用角柶，綴足用燕几，君、大夫、士一也。管人汲，不說脱繘聿，屈之，盡階不升堂，授御者。御者入浴。小巨四人抗衾，御者二人浴。浴水用盆，沃水用枓主，浴用絺巾，挋震用浴衣，如它日。小臣爪足。浴餘水棄于坎。其母之喪，則內御者抗衾而浴。管人汲，授御者。御者差剉，平聲沐于堂上，君沐粱，大夫沐稷，士沐粱。甸人爲垼役于西牆下，陶人出重鬲歷。管人受沐，乃煮之。甸人取所徹廟之西北厞廢薪，用爨之。管人授御者沐，乃沐。沐用瓦盤，挋用巾，如他日。小臣爪手翦須。濡軟，去聲濯棹棄于坎。

君，謂諸侯。冰以清尸，盤以盛冰。造，至也。取冰至，納于盤中。夷盤，盤低平者，置牀下也。併瓦盤，盤小併設也。士無冰，待君賜乃得用。牀設于冰上，將以藉尸也。襢、襌通。第，席也。單第無褥，使冰氣上達，尸不腐敗也。含，飯尸；襲，衣尸，皆在房。小斂畢，遷尸于堂。大斂各異牀，牀各有枕席，君、大夫、士禮同也。始死，謂病將死，遷于地，望其復生，既死，乃遷于所設冰盤牀上。幠，覆也。斂衾，大、小斂之衾。死衣，謂死者所著故衣，將浴則去之。楔，拄也。柶，匙也，以角爲之，長六寸，屈而納之齒間，使口開受含也。綴足，拘尸足也。燕几四足，以几面抵足，以几足夾尸足，拘之使正直。此禮亦君、大夫、士同也。管人，主館舍之人。舍有管鑰，故謂管人。汲，以瓶汲水，供浴也。繘，繫瓶繩，縈屈其繩，以水升階盡等，不升堂，就階上授水。御者入浴。抗衾，舉衾也。水用盆盛，以枓酌水沃之，以葛爲巾，蘸水浴之。衣，布也。挋，拭也。他日，生時也。爪足，謂既浴脩治足爪甲。坎，坑也，在兩階間。《士喪禮》「甸人爲坎于階間，少西」，是也。內御，女侍者。再言管人汲，又以沐也。沐不言水，浴不言煮，互見也。差、搓同，摩也。以水淘米，搓取其潘洗髮曰沐。君沐用粱，稻米之精者也。大夫用稷，粟米也。士用粱，即今高粱，穀之下者。坒，謂以土塊作竈。鬲，甑屬，陶器也。重鬲，兩鬲，設重用之，詳《士喪禮》。甸人治十，使爲坒于西牆下。陶人治器，使出重鬲。管人受沐于堂上，往西牆煮于坄鬲也。廟，死者正寢，即殯宮。始死既復，徹其西北厞。厞，屋檐。甸人取所徹厞材爲薪，煮沐汁也。爪手，修手指甲。翦須，振刷鬚也。濡濯，穢汁也。

按：《士喪禮》既沐浴，乃設夷盤，鄭嫌記參差，謂「君設大盤」以下五十字爲錯簡，移「濡濯棄于坎」之後。今據原文，義理整齊，先言置冰設牀，死始遷牀，非錯也。禮文多稱君、大夫、士，故鄭謂天子禮亡，不盡然。禮書成于衰世，諸侯多用天子禮。記者未及見古王者盛世而補葺遺文，雖不言天子而天子禮亦可知，雖非先王之舊而大畧亦可推矣。

君之喪，子、大夫、公子、衆士皆三日不食。子、大夫、公子、衆士食粥，納財朝一溢米，莫一溢米，食之無筭。士疏食水飲，食之無筭。夫人、世婦、諸妻皆疏食水飲，食之無筭。大夫之喪，主人、室老、子姓皆食粥，衆士疏食水飲，妻妾疏食水飲。士亦如之。既葬，主人疏食水飲，不食菜果，婦人亦如之，君、大夫、士一也。練而食菜果，祥而食肉。食粥於盛（平聲），不盥，食於篹（算）者盥。食菜以醯醬。始食肉者先食乾肉，始飲酒者先飲醴酒。期之喪，三不食，食疏食，水飲，不食菜果。三月既葬，食肉飲酒。期，終喪不食肉，不飲酒，父在爲母爲妻（句）。九月之喪，食飲猶期之喪也。食肉飲酒，不與人樂之。五月、三月之喪，壹不食、再不食可也。比葬，食肉飲酒，不與人樂之。叔母、世母、故主、宗子，食肉飲酒。不能食粥，羹之以菜可也。有疾，食肉飲酒可也。五十不成喪，七十唯衰麻在身。既葬，若君食之則食之，大夫、父之友食之則食之矣。不辟粱肉，若有酒醴則辭。

君之喪，三年之喪也。子，嗣君。大夫，謂大臣。公子，謂庶子。衆士，謂小臣。食粥，三日外也。納，猶進也。財、纔通，猶僅也。鄭註食穀米爲納財，謬也。溢、搤通。一手不盡握曰搤，二十兩曰鎰。以每石百二十斤計之，一升當爲十九兩有奇，一合不及米二兩。今所謂一溢者，即一合米之類。朝財一溢，莫財一溢，謂每日早晚進米纔二合耳。食之無筭，謂不能頓進，隨時强食可也。屢言「食之無筭」，恐其傷生也。夫人，嗣君妻。世婦，大夫妻。諸妻，庶子妻。疏食，粗米爲飯。水飲，水以爲飲。室老，大夫家臣之長。子姓，子所生，即孫也。衆士，室老之下也。士亦如之，謂士之喪亦子食粥，妻妾疏食水飲也。既葬，則主人亦疏食水飲，可無食粥矣。凡食粥者盛于杯盂，不用手，故不盥。飯盛于簋，竹器，用手食故盥。初喪不盥，既葬〔一〕始盥，初喪食粥，既葬〔二〕食飯也。始食菜者，和以醯醬。乾肉味薄于濡肉，醴酒味淡于三酒，終喪將飲酒食肉，必以漸，惡急欲也。期之喪，三不食，謂君、大夫旁期及士庶不杖之期，始喪三餐廢不食，后乃疏食水飲，但不食菜果。至三月葬，乃食肉飲酒如

〔一〕「葬」，原作「喪」，據文義改。
〔二〕「葬」，原作「喪」，據文義改。

故。此期之輕者。又有期終喪不食肉飲酒者，則父在爲母爲妻之杖期是也。大功九月之喪，其飲食之節，與不杖期之喪同。凡喪食肉飲酒者，不以酒肉與人爲樂。雖小功五月，緦麻三月，初喪爲之壹不食、再不食，比及既葬，食肉飲酒，亦不與人爲樂。叔母、世母、舊君、宗子之喪，皆以義服，食肉飲酒可也。大喪三日後始食粥，如性不食粥者，食菜羹可也。大喪不食肉飲酒，有疾，食肉飲酒亦可也。五十始衰，居喪不備禮。七十曰老，唯衰麻在身，飲食居處不變也。禮，既葬，疏食水飲，若君賜食，大夫賜食，父之友賜食，雖粱肉不避，惟酒醴則辭，以其變顔色，亂心志也。

小斂於户内，大斂於阼。君以簟席，大夫以蒲席，士以葦席。小斂，布絞，縮者一，横者三。君錦衾，大夫縞衾，士緇衾，皆一，衣十有九稱去聲。君陳衣于序東，大夫士陳衣于房中，皆西領北上，絞、紟禁不在列。

小斂，尸既含、襲，以衣衾收斂也。初斂衣少曰小，再斂衣衾多曰大。户内，房中也。阼，堂東也。不中堂，死事漸遠也。席，席于地也。簟，竹席。大小斂皆有席。絞，謂以單布絞縛也。縮，直也。順尸爲直。直者一幅包于内，横者三幅束于外，幅末皆析爲三片，絞爲繩結之，故曰絞。衾，被也。文繡曰錦，織絲曰縞，涅布曰緇。小斂君、大夫、士皆用衾一，衣十有九稱。單複具曰稱。複爲袍，必表裡具。衣裳單，必上下具。數取十九，天數終九，地數終十。或著于身，或散包于外，故用十九稱。陳衣，謂將斂陳設衣裳。序，東房東牆。衣領皆西向，向尸也。以北爲上，自北陳而南也。《儀禮》小斂，士」「陳衣于房，南領西上」，與此異。紟，單被，以包斂衾，外受絞者也。不在列，謂絞與紟不在衣十九稱之數。

大斂，布絞，縮者三，横者五，布紟，二衾，君、大夫、士一也。君陳衣于庭，百稱，北領西上。大夫陳衣于序東，五十稱，西領南上。士陳衣于序東，三十稱，西領南上，絞、紟如朝服。絞一幅爲三，不辟。紟五幅，無紞。

縮者三，謂直絞用布三幅，横絞用五幅，大于小斂者。小斂衣衾薄而絞狹，大斂厚而絞寬。布紟，以布爲單被。二衾，一包絞内，一覆絞外。庭，堂下中庭。衣北領西上，向堂陳之，使斂者北面，順西先取也。大夫、士衣陳于堂東牆下，西領，向尸也；南上，尸在堂，南首，順之也。絞、紟如朝服，謂用朝服布十五升爲之。絞一幅爲三，申明絞制也。每布一幅，兩頭分爲三片，中不辟開。紟用布五幅，幅二尺二寸，五幅共一丈一尺。無紞，謂止用方幅包裹，外加絞束之，紟上不更用紞組爲繫也。鄭謂爲被之識，非也。

小斂之衣，祭服不倒。君無襚。大夫士畢主人之祭服，親戚之衣受之，不以即陳。小斂，君、大夫、士皆用複衣、複衾。大斂，君、大夫、士祭服無筭。君褶^(牒)衣、褶衾，大夫士猶小斂也。袍必有表，不禪，衣必有裳，謂之一稱。凡陳衣者實之篋，取衣者亦以篋，升降者自西階。凡陳衣不詘，非列采不入，絺、綌、紵宁，上聲不入。

小斂衣十九稱，尸著之餘，或倒置足間，惟祭服貴重，必領在上，不倒置也。君無襚，謂君斂不用他人贈衣。大夫士用己衣畢，然後用親戚之襚衣。獨言祭服，用其美而貴者耳。小斂衣衾親膚，必著綿纊，謂之複。大斂在外尚美，故多用祭服。無筭，無定數也。衣、衾惟君用褶，褶，裌也。君衣多，故不用綿。大夫士衣少，故大斂衣、衾仍用複，猶小斂也。袍，褻衣，衣與裳連。禪、單同。凡袍有裏必有表，凡衣有上必有下，方謂一稱。稱，成也。衣不散陳，必以篋貯而陳之。凡取衣斂，亦以篋盛而取之。凡陳衣取衣，升降皆自西階，尸斂在阼故也。陳衣不詘，展布于篋中也。列采，五色也。絺、綌，葛屬。紵，麻屬。葛單薄，故不以斂，當暑亦不用也。麻布唯絞、紟用之。上節云「絞、紟如朝服」，朝服用布也。古者布皆麻，斂服多用帛，故紵不入。

凡斂者袒，遷尸者襲。君之喪，大胥是斂，衆胥佐之。大夫之喪，大胥侍之，衆胥是斂。士之喪，胥爲侍，士是斂。小斂、大斂，祭服不倒，皆左衽，結絞不紐。斂者既斂必哭，士與去聲其執事則斂句，斂焉則爲之壹不食。凡斂者六人。

斂者必袒其衣，便事也。小斂畢，遷尸出堂；大斂畢，遷尸入柩，皆襲其袒衣，敬也。袒襲，皆謂執事者。孝子小斂尸出户入柩，哭踊皆袒。國君喪，大祝之胥親執斂事，衆祝之胥助之。是，猶親也。胥，徒長也。侍，猶相也。大夫之喪，君使大祝之胥侍斂，衆祝之胥親執斂事。士之喪，君使衆胥侍斂，士自相爲斂。《周禮》大祝胥四人，喪祝亦胥四人。王喪大祝、衆祝親斂，國君以下皆其胥爲之也。皆左衽者，生時衣衽向右，便于解，斂則衣衽尚左，不復解也。生時帶屈紐，使可抽，尸帶結絞之，不復抽也。士與執事則斂，謂士之喪凡在事者則爲之斂，即前云「士是斂」也。凡斂皆用六人，君、大夫、士同也。

**君錦冒，黼殺**去聲**，綴旁七。大夫玄冒，黼殺，綴旁五。士緇冒，赬殺，綴旁三。凡冒，質長與手齊，殺三尺。自小斂以往用夷衾，夷衾質殺之裁，猶冒也。**

韜尸之囊曰冒。一自上而下，曰質；一自下而上，曰殺。先以殺韜足，後以質韜首而下，故曰冒。君以錦爲冒，黼爲殺。綴旁七，謂旁不合縫，綴七小帶結之。冒用于尸既襲之後、未小斂之前。衣少故可用冒，既冒而後小斂，小斂後用夷衾，制如冒而大，故謂之衾，用以待大斂也。

**君將大斂，子弁絰，即位于序端；卿大夫即位于堂廉，楹西，北面東上；父兄堂下北面；夫人、命婦尸西，東面；外宗房中，南面。小臣鋪席，商祝鋪絞、紟、衾、衣，士盥于盤上。士舉遷尸于斂上。卒斂，宰告，子馮之踊，夫人東面亦如之。大夫之喪，**

將大斂，既鋪絞、紟、衾、衣，君至，主人迎，先入門右，巫止于門外。君釋菜。祝先入，升堂。君即位于序端，卿大夫即位于堂廉，楹西，北面東上，主人房外南面，主婦尸西東面。遷尸。卒斂，宰告，主人降，北面于堂下。君撫之，主人拜稽顙。君降句，升主人馮之，命主婦馮之。士之喪，將大斂，君不在，其餘禮猶大夫也。

《士喪禮》親始死，免冠笄纚，小斂尸出堂，括髮以麻，母喪加絻，皆不冠。惟國君弁而加絰。序端，堂東牆南頭。堂廉，堂南階邊際也。楹，堂柱近廉者。即位楹西，尸出在堂東也。父兄，謂同姓之賤者。夫人，主婦也。命婦，卿大夫妻。外宗，同姓女之適人者。商祝掌斂事，士即商祝之屬。盥于盤上，就冰盤之水盥手，將奉尸，致潔也。《雜記》云「士盥于盤北」，是也。斂上，所鋪衾衣之上也。宰告，大宰告斂畢也。禮，大夫大斂，君使至，主人出寢門迎，今君親至，出大門迎也。望見馬首，孝子先入門内右北面，待君至，臣禮也。巫祝以桃茢辟邪穢，止于門外。君入門，行釋菜禮，告于門，以非問疾弔喪，不入臣家也。祝先入，代巫也。祝升堂，君隨升，即位于東序之端，西向。卿大夫隨君至者，即位于堂檐之西，北向。東上者，君在東也。主人房外南面者，君升時主人隨之升，立當房門外南向，當君之西北，侍立待斂也。遷尸，謂君既至，乃舉尸加所鋪絞、紟、衾、衣上以斂也。主人降，謂斂畢，堂下北面拜謝，立以待命也。君撫之，撫尸，致永别也。君降，乃命主人升堂馮尸，又命主婦馮尸，使各盡其私也。此大夫之斂。士斂，君無臨禮。

鋪絞紟踊，鋪衾踊，鋪衣踊，遷尸踊，斂衣踊，斂衾踊，斂絞紟踊。君撫大夫，撫内命婦。大夫撫室老，撫姪、娣。君、大夫馮父、母、妻、長子，不馮庶子。士馮父、母、妻、長子、庶子；庶子有子，則父母不馮其尸。凡馮尸者，父、母先，妻、子後。君於臣撫之，父母於子執之。子於父母馮之，婦於舅姑奉上聲之，舅姑於婦撫之，妻於夫拘平聲之，夫於妻、於昆弟執之。馮尸不當君所。凡馮尸，興必踊。

七踊皆斂時。鋪則傷親體將斂，斂則傷親體不見，孝子哀慕最切，故踊。手摩曰撫。内命婦，君世婦。室老，貴臣。姪、娣，貴妾。身俯凭曰馮，憑通。君、大夫不馮庶子，謂雖無後者亦不馮也。士馮庶子，馮其無後者，故庶子有子，則父母不馮其尸。父、母先，妻、子後，謂馮尸之序先尊後卑。摩之曰撫，攜之曰執，凭之曰馮，捧之曰奉，擁之曰拘，名雖異，憑尸以哭則同。不當君所，不敢憑君所撫之處，避尊也。興必踊者，憤極頓起也。

按：父母于子，情一也。馮長子，不馮庶子，馮無子之庶，不馮有子之庶，亦禮之過于裁者，在君則可。

父母之喪，居倚廬，不塗，寢苫攝，平聲枕凷塊，非喪事不言。君爲廬，宫之，大夫士襢之。既葬，柱楣，塗廬，不於顯者。君、大夫、士皆宫之。凡非適子者，自未葬，以於隱者爲廬。

既葬，與人立，君言王事，不言國事；大夫士言公事，不言家事。君既葬，王政入於國，既卒哭而服王事。大夫士既葬，公政入於家；既卒哭，弁、絰帶，金革之事無辟也。既練，居堊室，不與人居，君謀國政，大夫士謀家事。既祥，黝堊。祥而外無哭者；禫而内無哭者，樂作矣故也。禫而從御，吉祭而復寢。期，居廬，終喪不御於内者，父在爲母、爲妻。齊衰期者，大功布衰九月者，皆三月不御於内。婦人不居廬，不寢苫；喪父母，既練而歸；期、九月者，既葬而歸。公之喪，大夫俟練，士卒哭而歸。大夫士，父母之喪既練而歸，朔月〔一〕、忌日則歸哭于宗室；諸父、兄弟之喪，既卒哭而歸。父不次於子，兄不次於弟。

倚廬，殯宮中門外東檐下倚木爲廬。不塗，不以泥塗飾。苫，草也。凷、塊同。君廬，宮之，稍塗塞如宮室也。大夫士襢之，袒露無遮蔽也。襢、袒通。既葬後，則立其所倚之木于楣。楣，檐梁也。塗其内，不塗外顯處也。大夫、士皆宮，始設障蔽也。非適子則庶子，廬于門外隱僻處。自未葬，該終喪言也。以於隱，不當顯處也。弁、絰帶，喪服變而半吉，首戴弁，要葛絰也。金革之事，謂金鼓兵甲之事。既卒哭，遇此事亦不避也。既練，居堊室，即倚廬柱楣加塗耳，非别一室也。雖居堊室，猶不與人同居。既祥，大祥也。黑曰黝，白曰堊，皆牆屋之飾，既吉則飾也。《爾雅》：「地，謂之

〔一〕「月」，原訛作「日」，據閩本改。按：注内作「月」不誤。

黝。牆，謂之堊。」祥而外，謂大祥二十五月外。禫而內，謂二十七月內。哀除以漸，即《閒傳》所謂中一月而禫也。祥則鼓素琴，禫則縣樂，故無哭也。從御，謂御婦人。吉祭，謂禫後遇時祭行吉禮，畢乃寢于內。此謂三年之喪也。期亦有終喪不御內者，父在爲母、爲妻杖期是也。其餘衰不杖期，皆三月不御於內。大功布衰，即不杖期，以大功布爲衰，九月，降也。婦人既嫁者爲其父母期，奔喪還，至十一月練歸夫家；如爲祖父母及兄弟爲父後者之期，及期之降爲大功九月者，既葬歸。大夫居君喪，期年練歸，士卒哭歸。禮，命士以上父子異宮，故大夫士遭父母喪，亦既練歸。朔月，謂練外每月之朔；忌日，謂每歲父母亡日，歸哭于宗室。宗室，謂殯宮。適子終喪在殯宮，庶子廟亦在宗子家，往哭也。父、兄不次于子、弟，謂父、兄有子、弟之喪，不居其殯宮門外之次，各歸爲喪耳。

按：《曾子問》云：金革之事無避也者，魯公伯禽有爲爲之，此直云「無辟」，則是常禮矣。《曾子問》爲近之。《雜記》云「大夫次于公館以終喪，士練而歸」，此云大夫練歸，士卒哭歸。此爲近之。鄭以公爲大夫之有地者，附合《雜記》之異，不知記言不必盡合也。大夫士父母之喪既練歸，與《雜記》練居堊室之説異。祥外、禫內以時言，鄭謂大祥「於門外不哭」，禫於「入門不哭」，殯宮門內外，無以甚異也。

君於大夫、世婦，大斂焉；爲之賜，則小斂焉。於外命婦，既加蓋而君至。於士，既殯而往；爲之賜句，大斂焉。夫人於世婦，大斂焉；爲之賜，小斂焉。於諸妻，爲之賜，大斂焉。於大夫、外命婦，既殯而往。大夫士既殯而君往焉，使人戒之。主人具殷奠之禮，俟于門外，見馬首，先入門右。巫止于門外，祝代之先。君釋菜于門內。祝先，升自阼階，負墉南面。君即位于阼，小臣二人執戈立于前，二人立于後。擯者進主人句，拜稽顙。君稱言，視祝而踊，主人踊。大夫則奠可也。士則出俟于門外，命之反奠，乃反奠。卒奠，主人先俟于門外。君退，主人送于門外，拜稽顙。君於大夫疾，三問之；在殯，三往焉。士疾，壹問之；在殯，壹往焉。君弔，則復殯服。夫人弔於大夫士，主人出迎于門外，見馬首，先入門右。夫人入，升堂即位，主婦降自西階，拜稽顙于下。夫人視世子而踊，奠如君至之禮。夫人退，主婦送于門內，拜稽顙，主人送于大門之外，不拜。大夫君句，不迎于門外，入即位于堂下。主人北面，衆主人南面，婦人即位于房中。若有君命，命夫、命婦之命，四鄰賓客，其君後主人而拜。君弔，見尸、柩而后踊。大夫士若君不戒而往，不具殷奠，君退必奠。

國君於大夫與內世婦之喪，皆親臨大斂；若加恩賜，則親臨小斂。外命婦，卿大夫之妻，君于大斂蓋棺後乃往。士則既殯往，若加恩賜，亦親視大斂。君夫人于內世婦視大斂，加恩賜則視小斂。于姪娣諸妻，恩賜則視大斂。於大夫妻既命者，待其殯往弔之。君弔大夫士亦待其既殯往，先使人告。

主人備饌爲盛奠，將告殯，榮君至也。主人出俟于門外，巫止，釋菜，解見上。負墉，背東房南壁也。祝先自阼階升堂，背北墻南向，侍立君側也。即位于阼，君臨臣家，君即主也。執戈，辟不祥也。擯者進主人，謂相禮者導主人進庭中。北面拜稽顙，謝君臨也。君稱言，稱來弔之辭，告主人也。視祝踊，祝導君踊，君視之而踊畢，主人乃踊。若君所臨者是大夫之喪，主人踊畢，即以所具殷奠奠殯，告君臨也。若所臨是士之喪，主人踊畢，出門俟君行，不敢先奠，君命反奠，乃反奠。奠畢，乃出送君。門外拜稽顙，大夫、士同也。喪拜不答，故大夫與士皆得亟拜也。君弔，復殯服，謂主人必免也。凡始殯未成服，則孝子免。既殯成服，則喪冠。如君弔，雖成服後亦免，重君臨，新其禮也。《喪小記》云：君弔，雖不當免時，主人必免。大夫士有喪，君夫人往弔，與世子偕，視世子踊則踊。大夫君，謂大夫弔其家臣，大夫亦君也。即位堂下，位在阼階下，西向。主人，適嗣也。衆主人，庶子也。北面、南面，皆以東爲尊。若大夫君來弔，遇本國君命至，或國中大夫及大夫命妻，或鄰國卿大夫使來，則大夫君代爲主先拜，主人陪其後拜。凡君弔臣，見尸、柩則踊，故前云「既殯而往」，及其未塗則見柩，既塗則不及見矣。

按：執戈臨喪，非哀死之禮。入門釋菜，奠門乎？奠死者乎？君惠顧死者，無一菜之奠，特脩禮于門神，近迂。君夫人入臣家弔喪，近嫌。弔命婦猶可，弔大夫士，過矣。叔嫂不相爲，而況君妻于臣乎？《曾子問》云喪有二孤非禮，爲君臣共拜也。今大夫君後主人拜，非二孤與？亦不合。

君大棺八寸，屬六寸，椑僻四寸。上大夫大棺八寸，屬六寸。下大夫大棺六寸，屬四寸。士棺六寸。君裏棺用朱、緑褥，用雜金鐟贊。大夫裏棺用玄、緑，用牛骨鐟。士不緑。君蓋用漆，三衽三束。大夫蓋用漆，二衽二束。士蓋不用漆，二衽二束。君、大夫鬊舜爪實于緑中，士埋之。

國君棺三重，大棺在外，屬棺居間，椑棺在内。寸，各以厚薄言。裏棺，謂以布帛爲褥貼棺内四周。緑作「縟」，褥通，即裏也。鄭作「琢」，非也。朱、玄，皆褥色。鐟，釘也，以釘褥于木上。雜金，銅鐵之屬。士不褥，棺不用裏也。蓋，闔棺也。用漆，以漆黏合。衽、束，説見《檀弓》。鬊，亂髮也。爪，手足甲也。生時所積，及死時沐浴所翦剔者，皆實之褥内。士無褥，則同濡濯棄于坎埋之。鄭謂「實于緑」之「緑」作「角」，非也。

君殯有輴春，欑攢至于上，畢塗屋。大夫殯以幬道，欑至于西序，塗不暨于棺。士殯見衽，塗上。帷之。熬，君四種八筐，大夫三種六筐，士二種四筐，加魚、腊焉。

輴，承柩之車，解見《雜記》首節。國君殯用輴車。叢木曰欑，以木四面攢簇其柩。至于上，謂四面直上無門，皆封以泥，如屋形，使不見棺，諸侯之殯也。大夫殯不屋，覆以幬。幬，幄也。欑至西序，殯在西階，當西壁一面不攢也。塗不暨棺，猶見棺也。士殯，掘地爲肂四，納棺于中，不没其衽。

棺蓋合縫處曰衽。以木覆其上，塗之。帷，幃也。君、大夫、士殯皆有帷，鬼尚幽也。熬，煎穀也。穀熟則香，以筐盛置柩旁，誘蟲蟻不使侵尸也。種，謂五穀之屬。四、三、二，數以次殺也。魚，乾魚；腊，乾禽，加熬上，皆以惑蟻。君、大夫、士同也。

按：柩旁置熬穀、腊、魚，不可用也。語云「茹魚驅蠅」，此不謂以腊、魚驅蟻乎？古人三日始殯，棺斂或不如今人盡制，故置腊、魚以亂屍氣，不專爲蟻耳。

**飾棺，君龍帷，三池，振容，黼荒**芒**，火三列，黻三列，素錦褚，加僞荒，纁紐六，齊五采，五貝，黼翣二，黻翣二，畫翣二，皆戴圭，魚躍拂池。君纁戴六，纁披六。大夫畫帷，二池，不振容，畫荒，火三列，黻三列，素錦褚，纁紐二，玄紐二，齊三采，三貝，黻翣二，畫翣二，皆戴綏**芮，平聲**，魚躍拂池。大夫戴前纁後玄，披亦如之。士布帷，布荒，一池，揄絞，纁紐二，緇紐二，齊三采，一貝，畫翣二，皆戴綏。士戴前纁後緇，二披，用纁。**

此記君、大夫、士柳車之飾，即今棺罩，送葬者也。形如屋，盡飾爲觀美，不使人惡其親也。龍帷，以帛畫龍爲簷帷。三池，前與左右三方，皆織竹爲承霤狀，猶樂有軒懸，諸侯之制也。振，動也；容，飾也，即龍帷之下垂者，振動爲容飾也。荒，《考工記》作「幠」。織竹如鼈甲，覆蓋其上，外衣以黼也。

繡文黑白曰黼。又畫半環爲火形者三行，畫兩己相背爲黻形者三行，皆于荒上也。褚，幄屬，《檀弓》曰「褚幕丹質」，是也。素錦，白花絹，以爲幄，覆棺上。後加荒，荒重襲于外，故曰僞荒，猶言假髻、義甲也。鄭以「僞」作「帷」，未然。纁紐，謂荒上以纁帛屈爲紐，下綴于牆，兩旁各三，故六也。齊，謂荒頂中央圓起如臍，以雜繒五采爲衣，列行相次，上綴以五貝也。翣如扇而方，兩角上起，木爲骨，文繒爲衣，剪彩爲圭形，戴于兩角上爲飾也。魚，池下爲魚形懸之，行則動摇，如躍池上拂也。纁戴，謂以纁帛爲帶，下繫棺束，上穿荒紐以戴荒曰戴。兩旁各三，故六。纁披，亦以纁帛繫于棺束兩旁，外連綍引柩也。柩行防披側，以此牽持之曰披。皆諸侯之制。大夫二池，有左右無前後，猶判懸也。不振容，謂前無池，但以繒屬左右池下蔽其前。《雜記》云「大夫不揺絞屬于池下」，是也。解見《雜記》。戴綏，翣角上以毛羽爲綏也。戴前纁後玄，左右共四。披亦如之，色數與戴同也。士一池，當柩前，猶特縣也。揄，摇也。絞、縞通，薄繒也，垂柩前池下，爲飾摇動也。戴前纁後緇，色與大夫異，數與大夫同。蓋荒帷非四戴不固，若披則士比大夫殺二矣。

君葬用輴，四綍弗，二碑，御棺用羽葆。大夫葬用輴，二綍，二碑，御棺用茅。士葬用國團車，二綍，無碑，比出宫，御棺用功布。凡封，用綍，去碑負引。君封以衡，大夫、士以咸。君，命毋譁，以鼓封；大夫，命毋哭；士，哭者相止也。君松椁，大夫柏椁，士雜木椁。棺椁之間，君容柷，大夫容壺，士容甒。君裏椁、虞筐，大夫不裏椁，士不虞筐。

輴，載柩之車，制與常車異，四輪迫地行，狀如牀，謂之牀車，又謂團車。「國」作「團」，與「輴」同。《雜記》云「至于家而説輤，載以輴車」，是也。綍，懸柩下壙之索。碑，謂桓楹，植二木，架鹿盧以繞繩者，解見《檀弓》。君碑用二，壙前後各一，每一碑貫二綍。羽葆、茅，俱見《雜記下》篇。士無御棺，但出廟時以大功布象葆旄，導柩出門，在途不用也。封，謂下棺于壙，以綍一頭繫棺，一頭繞碑間鹿盧，人去碑間稍遠，共負綍，聽鼓聲，漸卻行而下，故曰「去碑負引」。引，即綍也。衡，謂以大木横壙上，懸棺平持而下也。咸、緘通，棺束也，謂以綍繫其束而下也。命毋譁，以君命令衆勿諠譁，静聽鼓聲釋綍；大夫不能止譁，但命毋哭；士無命，惟哭者自相止，貴賤之差也。椁在棺外近土，松壽于柏，柏壽于雜木。古者棺椁之間納明器，其間廣狹以貴賤爲等。柷，樂器，形如桶。壺、甒，皆酒器，壺大于甒。裏椁猶裏棺，謂文飾其椁裏也。筐、匡同，謂椁内四方四隅也。虞，度也，度其大小廣狹與棺相宜。大夫不飾椁裏，猶斲削方正，恐臨時齟齬。士亦不甚斲削也。

# 禮記通解卷十五終〔一〕

〔一〕「禮記通解卷十五終」，此行原在書葉闕損處，據《續修》本補。

# 禮記通解卷十六

郝敬　解

## 祭法第二十三

《祭法》，記古人祭祀之法。其言大抵疏濶，四代禘郊祖宗世系，但準後世史冊；所謂廟祧壇墠，制亦鹵莽；王宮、夜明、司命、户、竈等神，似秦、漢方士口吻，多後人附會，非盡先王之禮也。

**祭法，有虞氏禘黄帝而郊嚳，祖顓頊旭而宗堯。夏后氏亦禘黄帝而郊鯀，祖顓頊而宗禹。殷人禘嚳而郊冥，祖契而宗湯。周人禘嚳而郊稷，祖文王而宗武王。**

禘，祭帝也，《喪服小記》云「王者禘其祖之所自出，以其祖配之」也。祀天于郊曰郊，以功德配天之祖配之也。祖，始也，一代成功所始也。宗，尊也，百世子孫所共尊也。此四者，帝王之大祭。虞、夏、商、周四代，皆黄帝之裔。虞、夏去古尤近，故二代皆禘之。虞郊天配以嚳。嚳，堯之父。虞自瞽瞍以上無受命者，而舜受堯之天下，宗堯，自不得不郊堯之父也。顓頊，舜六世上祖，黄帝孫，繼黄帝有天下。黄帝爲虞所自出而生顓頊，則顓頊自當爲虞祖矣。夏后氏之郊，配以鯀。鯀治水死，克生聖子，纘成大功，以有天下。尊父配天，是禹之志也。夏與虞皆黄帝、顓頊之後，故祖與虞同。宗禹者，夏有天下禹始也。殷、周亦同出黄帝，然不禘黄帝而禘嚳者，黄帝藐矣，帝嚳妃簡狄，感玄鳥生契，姜嫄履帝武生棄，殷祖契，周祖棄，則自不得不禘嚳矣。殷郊配冥。冥，契之玄孫，爲夏司空，死于水。其神爲玄冥，功與鯀同。夏推鯀配天，故殷亦推玄冥配天也。祖契宗湯者，契始生商，湯始有天下也。周禘嚳，后稷所自出也。郊天配稷，以教稼穡之功也。祖文王，爲始受命也。宗武王，爲始有天下也。四禮惟郊配天，而禘、祖、宗三者皆廟祭。鄭以禘爲《周禮》圜丘昊天之祭，郊爲分祀五帝，如《月令》孟春祀蒼帝之類，祖、宗如《孝經》明堂配上帝與《月令》季秋大享帝之祭。夫禘之名起于帝，而郊與圜丘何别爲兩？明堂之祭，何獨祖、宗兼配？馬融、張昭已非之，未足盡據也。

按：洪荒厥初，世系渺矣。夫子删《書》，斷自唐、虞，《詩》至《商頌》僅僅爾，況遠論黄帝、顓頊、帝嚳之際乎？五帝，見《家語》及《大戴記》。《家語》夫子告季康子，伏羲、神農、黄帝、少昊、顓頊五帝，以配五氣。《大戴記》夫子告宰予，以黄帝、顓頊、帝嚳、堯、舜爲五帝，司馬遷因之作《本紀》。孔安國序《書》，以伏羲、神農、黄帝、堯、舜爲五，儒者多從之。要皆揣摩爾。據《易傳》云伏羲氏没，神農氏作；神農氏没，黄帝、堯、舜氏作，則堯、舜以前，伏羲以後，帝者非一。《書》斷自堯、舜，舉其可稽者耳。《詩》《書》所不載，而記執有周一代以概四代之禮，遠按洪荒以前諸帝系，難矣。考之《本紀》，虞、夏、商、周皆黄帝之裔，黄帝三傳爲顓頊，四傳爲帝嚳，五傳爲帝堯，似也。然自黄帝至舜九傳，堯爲黄帝五代孫，舜爲黄帝九代孫，何得當堯世而舜受禪乎？禹、契、稷皆黄帝玄孫，去黄帝皆五世。堯與禹爲同高祖兄弟，與契、稷爲同父兄弟，舜爲同族玄孫，堯何以舍契、稷兩弟而遥授不相及之舜乎？由此推之，史冊訛謬已甚，計黄帝至舜必不止九世。舜九世不可據，堯、禹之五世，帝嚳之四世，顓頊之三世，愈不足信矣。禹、契、稷三聖同事堯、舜，禹十七傳，凡四百五十八年至桀，而契十四傳至湯，是湯以前尚有脱漏也。湯又二十八傳，凡六百四十有四年至紂，併夏歷共四十五傳，一千一百餘年矣。而周自后稷至武王纔十六傳，遂歷盡夏商代紂，豈不謬哉？商、周至近，而紕漏且如此，況虞、夏以前，遠距顓頊、帝嚳，世儒欲按此論禮乎？往牒悠邈，若有若無，《詩》《書》所無，一切難信。《家語》《戴記》後人攙補，獨秦博士所稱五帝，頗與《易傳》合，而天地人三皇之説，庶幾《易》道三五之義。蓋洪荒之始，文字未立，衹可義理玄合。三才初分，五氣始運，列聖繼天立極，與天同體。後王報本反始，以天名聖，以聖事天。《家語》五帝，論其世運；《易》辭遺少昊、顓頊，言堯、舜，論其治功，意各有指，自不相違。《大戴記》之言五帝，據今郊、禘、祖、宗四禮所及者耳。四代禮至周始備，虞、夏未可與周禮準也。《記》據周禮擬四代，豈誠四代已行之法與？王肅、馬昭、張融諸子，紛紛聚訟，世代悠渺，竟同占夢，達者闕而弗論可也。

**燔**(煩)**柴於泰壇，祭天也。瘞**(意)**埋於泰折**(坎)**，祭地也。用騂犢。埋少牢於泰昭，祭時也。相近於坎壇，祭寒暑也。王宫，祭日也。夜明，祭月也。幽宗，祭星也。雩宗，祭水旱也。**

四坎壇，祭四方也。山林、川谷、丘陵能出雲，爲風雨，見怪物，皆曰神。有天下者祭百神。諸侯，在其地則祭之，亡無其地則不祭。大凡生於天地之閒者皆曰命，其萬物死皆曰折，人死曰鬼，此五代之所不變也。七代之所更立者，禘、郊、祖、宗，其餘不變也。

燔柴，積柴於壇，加玉帛牲于上焚之，使氣上升，以祭天也。瘞，埋也。埋玉幣牲于坎，使物下通，以祭地也。泰者，尊之之辭。積土爲壇，牡以象陽；掘地爲坎，牝以象陰。折，當作「坎」。《祭義》云「祭日于壇，祭月于坎」，是也。小牛曰犢，祭天地用之，貴初也。騂，赤色，周所尚也。《周禮》謂陽祀用騂牲，陰祀用黝牲，與此異。時，四時也；寒暑也，日也，月也，星也，水旱也，或云即《虞書》「六宗」。其牲皆少牢也。泰昭，謂泰壇、泰坎之北。向南曰昭，猶水北之謂陽也。六宗之牲，皆埋于泰昭。六宗之祭，皆近天地之坎壇也。時言牲，寒暑言坎壇，互見也。王宮，日舍也。日爲陽主，故曰王。夜明，月光也。幽宗，星之尊稱。宗，尊也。星夜見曰幽。雩，禱雨之祭。雩，吁也，吁嗟而禱也。四坎壇，祭四方百物之神，每方各有坎有壇，陽神祭于壇，陰神祭于坎也。山林、川谷、丘陵，山川之神。怪物，氛祲菑祥之氣皆是。天子徧祭天下山川，諸侯于在境内者祭之，不在境内不祭也。亡、無同。天地之間，人與鳥獸草木，凡有生氣皆謂之命。惟物死謂折。折，絶也，斷滅無靈也。人最靈，死則謂鬼。鬼，歸也，以死爲歸也。此幽明之故，生死之説，古聖人所以祭祀之道，五帝不能易也。至於顓頊、帝嚳、堯、舜、禹、湯、武七代所更立禘、郊、祖、宗，此祭祀之法，與世變易者也。若夫天地人物生死之理，不可變也。故祭法不同，其義一也。此節之義，鄭解未達，改「相近」爲「禳祈」，尤非。

天下有王，分地建國，置都立邑，設廟祧壇墠而祭之，乃爲親疏多少之數。是故王立七廟、一壇、一墠。曰考廟，曰王考廟，曰皇考廟，曰顯考廟，曰祖考廟，皆月祭之。遠廟爲祧挑，有二祧，享嘗乃止。去祧爲壇，去壇爲墠。壇、墠，有禱焉祭之，無禱乃止。去墠曰鬼。諸侯立五廟、一壇、一墠。曰考廟，曰王考廟，曰皇考廟，皆月祭之。顯考廟、祖考廟，享嘗乃止。去祖爲壇，去壇爲墠。壇、墠，有禱焉祭之，無禱乃止。去墠爲鬼。大夫立三廟、二壇。曰考廟，曰王考廟，曰皇考廟，享嘗乃止。顯考、祖考無廟，有禱焉，爲壇祭之。去壇爲鬼。適的士二廟、一壇。曰考廟，曰王考廟，享嘗乃止。皇考無廟，有禱焉，爲壇祭之。去壇爲鬼。官師一廟，曰考廟。王考無廟而祭之。去王考爲鬼。庶士、庶人無廟，死曰鬼。

有天下國家者必報本追遠，無忘所自，而天子爲宗。故分建國邑，則立廟、祧、壇、墠四等祭法，以分尊卑，爲數之多少；因世遠近，爲情之親疏。天子七廟，事父以上七世也。累土曰壇，除地曰墠。七廟之外，更立壇、墠各一。考廟，父廟。考，成也，至父成也。王考，祖父。王，君也。皇考，曾祖。

皇，大也。顯考，高祖，最尊，故顯明。祖考，始祖。祖，始也。高、曾、祖、父，謂四親，與始祖廟五。此五廟，天子每月一祭。又高祖之父與高祖之祖，二廟皆五世以上，親盡服絶謂二祧。祧言迢，遠也。又祧言挑，去也。祧廟無月祭，止四時享嘗。至六世以後死者，無廟可容。大祖既不可遷，七廟又不可益，故高祖之祖不得復在祧廟，遷而去之壇，以其廟隨昭穆主上升，下祔新主也。至于八世，壇主又去壇之墠，高祖之父又去祧之壇，世世遞遷。其壇、墠之主，國有祈禱，即壇、墠祭之，無禱則祭不及。八世之後，墠亦不在，禱亦不祭，爲無祀之鬼而已。諸侯五廟，有大祖、四親，無二祧。父、祖與曾祖月祭，高祖、大祖唯四時祭。高祖去廟之壇，墠爲鬼。大夫則三廟、二壇，祭止四時，及其曾祖，而高祖、大祖無廟，有禱爲壇，去壇亦漸遷爲鬼。適士，天子之士，諸侯之上士也。皆二廟、一壇，祭止四時，及其父、祖，而曾祖無廟，有禱爲壇，去壇亦漸爲鬼。官師，一官之長，諸侯之中、下士也，僅一廟，祀其父，并祖亦不得立廟，但與祭耳。再世以上，祖即爲鬼矣。庶士如府史之屬，庶人在官者與不在官之庶人，皆無廟，親死爲鬼而已。

按：《王制》天子七廟，三昭三穆，與大祖之廟七。天子、諸侯皆有大祖，無祧、壇、墠、鬼。此不言大祖，泛云祖考，「遠廟爲祧」，則似世遠輒去，大祖亦不免矣，至使壇、墠露處，絶其血食，故鄭有「祫乃祭」之説以救之，實非記本意。記謂「有禱焉祭，無禱乃止」，未及祫也。然則《祭法》與《王制》，其誰爲先王之舊乎？人生有貴賤，孝先之情本一，自官師不得與士大夫同祀其祖，至于庶士、庶人不幸不得爲大夫士，而親死即爲無祀之鬼，諒非先王制禮之意。

王爲羣姓立社，曰大泰社；王自爲立社，曰王社。諸侯爲百姓立社，曰國社；諸侯自爲立社，曰侯社。大夫以下成羣立社，曰置社。王爲羣姓立七祀，曰司命，曰中霤，曰國門，曰國行，曰泰厲，曰户，曰竈；王自爲立七祀。諸侯爲國立五祀，曰司命，曰中霤，曰國門，曰國行，曰公厲；諸侯自爲立五祀。大夫立三祀，曰族厲，曰門，曰行。適士立二祀，曰門，曰行。庶士、庶人立一祀，或立户，或立竈。王下祭殤五：適子、適孫、適曾孫、適玄孫、適來孫。諸侯下祭三，大夫下祭二，適士及庶人祭子而止。

社義見《郊特牲》。天子有天下曰羣姓，諸侯有國曰百姓。天子爲羣姓，諸侯爲百姓，報其土地生物之功，皆立社。大夫以下不得專有土，故不立民社，自與鄰里共伸報賽曰置社，謂爲衆所置也。有功則置，無功則廢耳。七祀，謂人生居處服用事物，莫不各有鬼神。一司命，主人命生死。二中霤，主堂室居處。三國門，主城郭。四國行，主道路。五泰厲，古帝王無後者，及公厲，古諸侯無後者；族厲，古大夫無後者。厲，害也，鬼無歸則爲害。六户，主出入。七竈，主飲食。此七祀，天子至庶人各以兩降。《月令》《曲禮》《王制》惟五祀，主五氣，大夫之祭也。今增司命與厲爲七，獨天子得祭。《王制》近是。下祭，謂祭卑幼。殤惟適祭，庶不祭，貴正統也。諸侯三，謂子、孫、曾孫也。大夫二，謂子、孫也。尊者澤遠，卑者澤近。

夫聖人之制祭祀也，法施於民則祀之，以死勤事則祀之，以勞定國則祀之，能禦大菑則祀之，能捍大患則祀之。是故厲山氏之有天下也，其子曰農，能殖百穀。夏之衰也，周棄繼之，故祀以爲稷。共（恭）工氏之霸九州也，其子曰后土，能平九州，故祀以爲社。帝嚳能序星辰以著衆，堯能賞均刑法以義終，舜勤衆事而野死，鯀鄣鴻水而殛死，禹能脩鯀之功，黄帝正名百物以明民共財，顓頊能脩之，契爲司徒而民成，冥勤其官而水死，湯以寬治民而除其虐，文王以文治，武王以武功去民之甾，此皆有功烈於民者也。及夫日月星辰，民所瞻仰也，山林、川谷、丘陵，民所取財用也。非此族也，不在祀典。

奠獻曰祭，尊奉曰祀。祭言物，祀言禮也。法施于民，謂立法則以施于民，如神農、后土、帝嚳、堯、黄帝、顓頊、契是也。以死勤事，謂勤勞民事而死，如舜、鯀、冥是也。以勞定國，如禹是也。禦大菑、捍大患，如湯、武是也。厲山，一云烈山，即炎帝神農也，其子名柱。農，農官也。稷，穀神也。序星辰以著衆，謂紀星辰，序時候，曉示衆民也。賞均，謂賞當功也。刑法，謂刑當罪也。義終，謂禪授得人也。勤衆事，謂巡守陟方也。野死，崩于蒼梧也。鄣鴻水，務堙塞也。正名百物，謂正百物之體制而名其實，使民不惑也。共財，供百物爲財用，名正則取用供給，皆得宜也。司徒，教民之官。民成，成德也。冥，水官，即玄冥，契之六世孫。日月星辰，即前六宗也。山林、川谷、丘陵，即前百神也。

族，類也。此節申明前所以祭祀諸神之義。

## 祭法終〔一〕

# 祭義第二十四

《祭義》者，祭祀之義。《郊特牲》云「祭之所尊，尊其義也」，故「君子義以爲質，禮以行之」，未有不知其義而能行禮者也。

祭不欲數朔，數則煩，煩則不敬。祭不欲疏，疏則怠，怠則忘。是故君子合諸天道，春禘秋嘗。霜露既降，君子履之，必有悽愴創之心，非其寒之謂也。春雨露既濡，君子履之，必有怵惕之心，如將見之。樂以迎來，哀以送往，故禘有樂而嘗無樂。

〔一〕「祭法終」，此行原在書葉闕損處，據《續修》本補。

祭急數則不敬，祭遺忘則不愛。愛敬者，祭之本，天之道也。故君子順天道爲春禘秋嘗。秋而霜露既降，萬物以歸，君子感萬物之歸，傷親之俱往，悽愴而祭，非徒爲霜露之寒也。春而雨露既濡，萬物俱生，君子感萬物之生，若親之偕來，怵惕而祭，非徒爲雨露之温也。故君子之祭，驩欣愛樂以迎親之來，悽愴哀慕以送親之往。春禘則大合樂，秋嘗則備禮而殺樂，天道陽生陰殺，孝子心愛而情戚也。

按：祭莫大乎禘、嘗。經傳多言春禘秋嘗，春陽至而神來，秋陰至而鬼歸，報魂報魄，迎來送往，二時爲正。今郡邑百神之祭，皆用春秋二仲，即此義。禘名義頗殊：《喪服小記》云王者禘其祖所自出，以其祖配之，《大傳》云「不王不禘」，《爾雅》釋禘云「大祭」，《禮緯》謂三年一禘，鄭謂郊亦禘也，《王制》云春礿夏禘，《明堂位》云季夏六月禘，《雜記》云七月禘，此與《郊特牲》又云「春禘」，謂春禘者近是，大祭宜當春。《周禮》夏祭曰禴。禴，祭之薄者也。《易》曰「東鄰殺牛，不如西鄰之禴」，是也。祭未有不用樂者，此云「嘗無樂」，《詩》云「秋而載嘗」，「萬舞洋洋」，非嘗樂與？鄭推爲商禮，而《商頌·那》之詩盛稱樂，亂曰：「顧予烝嘗，湯孫之將」，則是商人嘗亦樂也。凡記言難齊類此。

致齊債，上聲於內，散上聲齊於外。齊之日，思其居處，思其笑語，思其志意，思其所樂，思其所嗜。齊三日，乃見其所爲去聲齊者。祭之日，入室，僾愛然必有見乎其位；周還出户，肅然必有聞乎其容聲；出户而聽，愾慨然必有聞乎其歎息之聲。

致齊，專志齊一也。内，心也。散齊，隨事齊一，如不樂，不弔，不御内，不飲酒，不茹葷之類。五思，即齊也。五其，指祖考。見其所爲齊，即見祖考也。三日乃見，積思成象，《詩》云「綏我思成」，是也。齊如見，則祭日必見之矣。僾然，恍惚貌。見于其位，見祖考在神位也。周還，謂往來薦獻。出户，出室中之户。祭設于室，孝子自室户出，聞室中之聲。肅然，清静意。容聲，容色聲音。愾，歎息也。出户乃聞，鬼神不可即也。

按：先儒謂齊者心無所思，方能與鬼神交。若思其居處笑語，反增無窮之悲，恐不能交神，非也。恒人之心，焉能無思？思其所祭，非朋從妄想，「哀與樂半」，記固已言之。人心即鬼神，人心枯寂，則鬼神銷亡，何神明之及交。齊者，誠一耳，非空空無思之謂也。

是故先王之孝也，色不忘乎目，聲不絶乎耳，心志嗜欲不忘乎心。致愛則存，致慤則著。著存不忘乎心，夫安得不敬乎！君子生則敬養，死則敬享，思終身弗辱也。君子有終身之喪，忌日之謂也。忌日不用，非不祥也，言夫日，志有所至，而不敢盡其私也。

色、聲、心志，皆指祖考。不忘，致愛、致慤也。致，極盡也。慤，誠篤也。存，即三者不忘于心也。著，即必見、必聞也。親愛之極，故常存而不舍；堅慤之極，故形著而可見。如此，雖欲不敬，不可得已。終身弗辱，恐辱親也。終身惟恐辱親，則終身無不敬，不但齊之日、祭之日耳。忌日，親亡之日。不用，不以此日舉他事也。夫日，猶言此日。志極于思親，不敢盡心于私事也。

唯聖人爲能饗帝，孝子爲能饗親。饗者鄉向也，鄉之然後能饗焉。是故孝子臨尸而不怍。君牽牲，夫人奠盎；君獻尸，夫人薦豆；卿大夫相君，命婦相夫人。齊齊乎其敬也！愉愉乎其忠也！勿勿諸其欲其〔一〕饗之也。文王之祭也，事死者如事生，思死者如不欲生，忌日必哀，稱諱如見親。祀之忠也，如見親之所愛，如欲色然，其文王與？《詩》云：「明發不寐，有懷二人。」文王之詩也。祭之明日，明發不寐，饗而致之，又從而思之。祭之日，樂與哀半：饗之必樂，已至必哀。仲尼嘗句，奉薦而進，其親也慤，其行也趨趨促以數朔。已祭，子贛問曰：「子之言祭，濟濟漆漆然。今子之祭，無濟濟漆漆，何也？」子曰：「濟濟者，容也遠也。漆漆者，容也自反也。容以遠，若容以自反也，夫何神明之及交？夫何濟濟漆漆之有乎？反饋樂成，薦其薦俎，序其禮樂，備其百官，君子致其濟濟漆漆，夫何慌惚之有乎？夫言豈一端而已，夫各有所當也。」

聖人體天道，德合乎帝，故能饗帝。孝子盡人道，愛篤于親，故能饗親。臨尸不怍，謂其素有致愛致慤、敬享弗辱之誠也。齊齊，整肅貌。愉愉，忠順貌。勿勿，猶忽忽，慌惚意。諸，語辭。文王、

〔一〕「其」字原脱，據閩本補。

孔子，所謂「聖人」、「孝子」也。如不欲生，即「勿勿」，慌惚之狀，與神同幽也。忌日必哀，所謂「終身之喪」也。稱諱如見親，聞名心瞿也。祀之忠，謂致愛、致慤之心，祭祀之實，而薦獻爲疏節也。如見親平生所愛之物，即如見親喜好之色，此文王之孝也。《詩》，《小雅·小宛》之篇。明發，天將旦時也。二人，父母也。《詩》本謂宣王，記者借以贊文王之孝也。祭之明日，既祭之次日。既祭猶不忘，則祭日可知。饗而致之，謂未祭而齊，以致其來也。又從而思之，謂既祭而懷，以思其去也。祭之日，于其來而樂，于其去而哀，故曰半也。饗之必樂，幸其能致也；已至必哀，恐其將去也，即上文「樂以迎來，哀以送往」之意，惟文王能盡之。嘗，秋祭。親，親執事也。慤，專謹貌。趨趨，猶促促。數，舉足頻也。皆不脩容之狀，所謂「無濟濟漆漆」者也。故子貢疑而問之。夫子告以濟濟衆盛，是容之遠而爲瞻望者也；漆漆嚴密，是容之斂而自反者也。容之遠與容之自反者，何與于神明之及交？孝子及神明交接，慌慌惚惚，遠忘其人，内忘其己，夫何濟濟漆漆之有？迨夫堂事既畢，尸反入室，薦熟奠饋，作樂既成，薦其薦牲體之俎時乃序禮樂，備百官，君子乃致濟濟漆漆之容，而慌惚之交，可漸舒矣。蓋方薦腥薦爓之始，貴誠尚質，重神道也。及反饋薦熟之後，人事始盛，故《禮器》曰「一獻質，三獻文」，此也。又主祭對越故貴質，助祭駿奔故貴容。《詩》謂「相維辟公，天子穆穆」，「朋友攸攝，攝以威儀」，此也。故言不可一端盡，各有所主。當，猶主也。

按：言不可一端盡，惟聖人之言爲然。道無偏主，教有兩端，聖人用中行權，無可無不可，兩端也。天地一陰一陽之道，亦兩端也。知道則知言，知言則知禮。

孝子將祭，慮事不可以不豫，比時具物不可以不備，虛中以治之。宮室既脩，牆屋既設，百物既備，夫婦齊戒、沐浴、盛服，奉承而進之，洞洞乎，屬屬乎，如弗勝，如將失之，其孝敬之心至也與（平聲）！薦其薦俎，序其禮樂，備其百官，奉承而進之，於是諭其志意，以其慌惚以與神明交，庶或饗之。庶或饗之，孝子之志也。孝子之祭也，盡其慤而慤焉，盡其信而信焉，盡其敬而敬焉，盡其禮而不過失焉。進退必敬，如親聽命，則或使之也。孝子之祭可知也：其立之也敬以詘（屈），其進之也敬以愉，其薦之也敬以欲，退而立，如將受命，已徹而退，敬齊之色不絕於面。孝子之祭也：立而不詘，固也；進而不愉，疏也；薦而不欲，不愛也；退立而不如受命，敖也；已徹而退無敬齊之色，而忘本也。如是而祭，失之矣。孝子之有深愛者必有和氣。有和氣者必有愉色，有愉色者必有婉容。孝子如執玉，如奉盈，洞洞屬屬然如弗勝，如將失之。嚴威儼恪，非所以事親也，成人之道也。

比時，猶言至期，謂當祭時也。事不豫，物不備，臨時紛擾，非虛中交神明之道。洞洞，不雜也。屬屬，不閒也。如弗勝，惟恐墜也。如將失，若有求也。諭其志意，祝以孝告也。「盡其慤而慤」四者，極言無一毫不盡也。慤以貌言，謹也。信以心言，誠也。敬言志也。禮言物也。或使之，若親命使也。孝子之祭可知，謂其人果孝子，其祭可知也。立，待事而立。進，從事而進。退，既進復退。祭以敬爲本，敬以詘，不敢直也。愉，悦也。欲，欲其享也。立不詘，則抗直而不順；進不愉，則疏闊而不親；薦不欲，則徒食而不愛。本，謂敬齊之心，祭之本也。本不待祭而后有，不畢祭而遂忘。已徹而退，無敬齊之色，是忘本也。凡祭不患不敬，患無深愛之心。蓋嚴威儼恪，可以僞爲，惟深愛之心不可襲取。中心深愛則氣自和，氣和則色自愉，色愉則容自婉，所謂立必詘，進必愉，皆不期然而然矣。執玉、奉盈，洞洞屬屬如弗勝，如將失，皆深愛之容。和愉婉順，孝子所以事親也；嚴威儼恪，成人所以臨下也。故深愛者，祭祀之本也。

先王之〔一〕所以治天下者五：貴有德，貴貴，貴老，敬長，慈幼。此五者，先王之所以定天下也。貴有德何爲也？爲其近於道也。貴貴，爲其近於君也。貴老，爲其近於親也。敬長，爲其近於兄也。慈幼，爲其近於子也。是故至孝近乎王，至弟近乎霸。至孝近乎王，雖天子必有父；至弟近乎霸，雖諸侯必有兄。先王之教，因而弗改，所以領天下國家也。子曰：「立愛自親始，教民睦也。立敬自長始，教民順也。教以慈睦而民貴有親，教以敬長而民貴用命。孝以事親，順以聽命，錯諸天下，無所不行。」

〔一〕「之」字原脱，據閩本補。

道者，大虛自然之理；德者，人心全體之實。道渾無跡，德據有方，故曰德近道也。至孝近乎王，仁愛之量，無所不包也；至弟近乎霸，退讓之節，無所不勝也。天子之尊，能伸于昆弟而不敢敵其父；諸侯之貴，能伸于臣民而不敢先其兄。此先王之教，因人心之同，所以能統領乎天下國家也。又引孔子之言明之。

按：至弟近霸，此非達禮者之言。小白殺子糾攘齊，重耳謀夷吾奪晉，夫霸焉知弟？《春秋》一書，仲尼罪五霸而作，自孟子後鮮有識此義者。孝弟一心，安可分王霸也。

**郊之祭也，喪者不敢哭，凶服者不敢入國門，敬之至也。**

大祭主吉，事天貴清肅也。

**祭之日，君牽牲，穆答君，卿大夫序從。既入廟門，麗于碑；卿大夫袒，而毛牛尚耳；鸞刀以封**（奎）**，取膟**（律）**膋**（聊）**，乃退；爓**（燖）**祭、祭腥而退：敬之至也。**

此謂宗廟之祭。穆，謂子姓。父昭子穆。答，對也。君親牽牲入，子姓對君共牽也。序從，以次從行也。麗，繫也。碑在堂下庭中，牲入，以繩繫牲于碑孔。袒，將有事，解衣露臂也。毛牛，取牛毛告純也。尚耳，取耳邊毛，貴神聽也。鸞刀，有鈴之刀。封，猶割也。膟，血也。膋，腸閒脂。爓，以湯燖肉。腥，生肉也。祭，猶薦也。退，謂告純、告殺，薦腥、薦爓，每行一節竟，退立也。

按：君牽牲入庭，殺之而取血膋于庭，非清廟嚴肅遠庖廚之義，未可行也。

**郊之祭，大報天而主日，配以月。夏后氏祭其闇暗，殷人祭其陽，周人祭日以朝及闇。祭日於壇，祭月於坎，以別幽明，以制上下。祭日於東，祭月於西，以別外內，以端其位。日出於東，月生於西，陰陽長短，終始相巡，以致天下之和。**

天爲元陽之統，大而無爲，日爲諸陽之宗，故祭天以日爲主。先儒謂如君燕主以大夫，王嫁女主以諸侯之義。有主必有配，如考之有妣也。闇、暗通。陽、暘通。夏后氏大事以昏，色尚黑，故用闇。殷人以日中，尚白，故用陽。周人以日出，尚赤，故自朝及暗。日朝出昏入，色皆赤也。殷、夏禮簡，故以夜，以日中；周禮繁，故自朝至莫。壇形高而圓，象陽以祭日。坎形方而深，象陰以祭月。《祭法》云天泰壇，地泰坎，亦此意。日主晝爲明，月主夜爲幽，道本別也。壇高爲上，坎深爲下，人爲之制也。日壇在東，月坎在西，東方發生，其位爲外，西方收斂，其位爲內，別內外之分，以正東西之位。蓋日東出故位東，月西生故位西；日旦出于天地之東，月明生于輪郭之西；日出于東則入于西，月生于西則死于東，互見也。日有出入而成晝夜，月有生死而成晦朔。日爲陰，月爲陽，往來消息，則生長短，終始相禪，循環不息，四時以行，百物以生，致天下之和者，皆日月之功，郊所以大其報也。

按：祭莫大于郊天，而七政次之。《周禮·大宗伯》「以禋祀祀昊天上帝，以實柴祀日月星辰」，《祭法》王宮、夜明、幽宗與四時、寒暑、水旱同序，則是祭日月與郊異也。日月用少牢，郊用犢。

今云郊主日配月，則是同壇也。又云祭日于東，祭月于西，或壇或坎，是日月又不同處也。故註疏謂日月有合祭，郊是也，有分祭，春分朝日、秋分夕月是也。而秋分夕月，不見于經，記言難盡合也。

天下之禮，致反始也，致鬼神也，致和用也，致義也，致讓也。致反始，以厚其本也。致鬼神，以尊上也。致物用，以立民紀也。致義，則上下不悖逆矣。致讓，以去争也。合此五者以治天下之禮也，雖有奇邪，而不治者則微矣。

致，極盡也。至禮無文，立愛立敬者，禮之本。貴質而尚忠，存誠而立本，所以極致其反始也。蓋禮爲節文，而本惟使人反其孝弟忠信之心耳。故曰禮進而反，此禮之最隆也。禮莫重于祭祀，天地、祖宗、百物之靈，孰非鬼神？先王制爲祭祀之禮，以極盡其道于鬼神也。行禮以物用，謂財用。和用，如玉帛犧牲、黍稷芻藁之類，皆有品節適中，民心樂供，所謂和也。義，謂隆殺等級之制。讓，謂父子君臣貴賤上下，極盡其遜讓也。致鬼神，所以教民尊上。蓋祖考至尊，鬼神至靈，人追崇其祖考，知鬼神不可褻，則知禮法當遵，名分當守矣。由此五者治天下，雖有奇怪邪僻之人，亦足以防範變化，不治者少矣。

宰我曰：「吾聞鬼神之名，不知其所謂。」子曰：「氣也者，神之盛也。魄也者，鬼之盛也。合鬼與神，教之至也。衆生必死，死必歸土，此之謂鬼。骨肉斃于下，陰爲野土。其氣發揚于上，爲昭明，君（熏）蒿悽愴，此百物之精也，神之著也。因物之精，制爲之極，明命鬼神，以爲黔首則，百衆以畏，萬民以服。聖人以是爲未足也，築爲宮室，設爲宗祧，以別親疏遠邇，教民反古復始，不忘其所由生也。衆之服自此，故聽且速也。二端既立，報以二禮。建設朝（昭）事，燔燎羶薌，見以蕭光，以報氣也，此教衆反始也。薦黍稷，羞肝肺首心，見間以俠甒，加以鬱鬯，以報魄也。教民相愛，上下用情，禮之至也。君子反古復始，不忘其所由生也，是以致其敬，發其情，竭力從事以報其親，不敢弗盡也。是故昔者天子爲籍千畝，冕而朱紘（宏），躬秉耒；諸侯爲籍百畝，冕而青紘，躬秉耒。以事天地、山川、社稷、先古，以爲醴酪齊（咨）盛，於是乎取之，敬之至也。古者天子諸侯必有養獸之官，及歲時，齊戒沐浴而躬朝之，犧牷祭牲必於是取之，敬之至也。君召牛，納而視之，擇其毛而卜之，吉，然後養之。君皮弁素積，朔月、月半，君巡牲，所以致力，孝之至也。古者天子諸侯必有公桑、蠶室，近川而爲之，築宮，仞有三尺，棘牆而外閉之。及大昕之朝，君皮弁素積，卜三宮之夫人、世婦之吉者，使入蠶于蠶室，奉種浴于川，桑于公桑，風戾以食之。歲既單（丹）矣，世婦卒蠶，奉繭以示于君，遂獻繭于夫人。夫人曰：『此所以爲君服與（平聲）！』遂副褘（揮）而受之，因少牢以禮之。古之獻繭者，其率用此與？及良日，夫人繅騷，三盆手，遂布于三宫夫人、世婦之吉者，使繅。遂朱緑之，玄黄之，以爲黼黻文章。服既成，君服以祀先王、先公，敬之至也。」

動而無形曰氣，静而有形曰魄。知覺運動呼吸，氣也。耳目口鼻形骸，魄也。氣有靈，魄亦有靈。氣之靈輕清飛揚曰神，魄之靈重濁沈伏曰鬼。氣靈如火，其光外揚；魄靈如水，其明内映。故方書曰神無人，精無我，氣魄之謂也。魄以載氣，氣附于魄。鬼伸爲神，神反爲鬼。神陽如日，鬼陰如月。月含日光，鬼依神靈。神去魄死，魄毁神散。非一非兩，變化無端。宇宙升降飛揚，莫非氣也；其糟粕煨燼，莫非魄也。莫非氣魄，即莫非鬼神，故曰盛也。教，即《易》所謂「神道設教」之「教」。天地所以變化庶類，聖人所以發揮道德，于斯爲至。以生死論，則人物生爲神，死爲鬼。有生之類不離土，生自土出，死自土歸。既歸乎土，復出乎土。蠢動含靈，皆由地生。魄無人，死則陰斃于下。氣無我，則發揚于上。上，謂地上。羣分各正，宣布流散者，氣之昭明也。品類傴育，氤氲茀鬱者，氣之焄蒿也。凋謝零落，愁苦荒凉者，氣之悽愴也。此皆百物之精，所謂「氣者，神之盛也」。聖人因物之精，立爲道德之極，顯名曰鬼神。以其靈爽昭著，爲黔首之則，衆人敬畏，萬民以服，是聖人所爲「教之至」也。黔首，黎民也。秦謂百姓爲黔首。「聖人以是」下，詳言祭祀之事。蓋明命鬼神，使人畏服，因其畏服，教之祭祀，始于先祖，使各親其親，報本反始，故衆服而聽速也。古、始，謂先祖。二端，謂氣神、魄鬼也。二禮，謂升臭報氣，奠饋報魄也。朝事，即朝踐，祭日早所行之事也。殺牲取血膋焚燒，羶薌之氣上騰，雜以蕭艾，煙氣紛緼，時見火光。氣爲陽神，熏之以氣，虚以還虚，以報氣也。氣爲形先，資始受氣，故曰教衆反始也。朝事畢，尸入室，饋食薦熟，俎豆之閒，並列兩甒。甒，尊也。俠，雙也，謂一酒一玄酒也。見與閒音近，衍字也，鄭合作「覸」，恐非。魄爲陰鬼，享之以食，實以還實，以報魄也。薦獻徧賓主長幼，故曰教民相愛，上下用情，禮之至也。籍，籍田。紘，冠纓。色先古，謂先祖。醴酪，謂酒漿。養獸之官，養犧牲者。及每歲祭祀之時，君親往視。朝，猶往也。色純曰犧，體備曰牷，既卜曰牲，在牧曰牛。卜吉乃繫于牢，養之三月而后用。皮弁素積，尚質也。朔月、月半，三月以内朔、望也。巡牲，巡視所養之牲。公桑，公家桑；蠶室，近川，以便浴種也。棘牆，置棘牆上。外閉，鎖在外也。昕，日出也。大昕之朝，季春朔旦也。天子后妃之下有夫人，有世婦。諸侯夫人，則正適也，世婦爲次。天子六宮，諸侯三宮。桑，謂採桑。戾，至也。風至葉乾，蠶性惡濕，桑葉乾乃可飼也。歲既單，歲盡也。每歲蠶成之候，新舊一期，故謂歲單，猶言麥秋也。副，首飾。褘，褘衣。少牢以禮，禮獻繭之世婦也。繅，煮繭抽絲也。盆以盛湯。三盆手，手著湯中，抽繭緒三度也。夫人繅三盆，亦猶天子耕三推。天子三夫人，故云三宮。夫人，兼天子、諸侯錯舉也。

君子曰：「禮樂不可〔一〕斯須去身。致樂以治心，則易直子諒之心油然生矣。易直子

〔一〕「不可」下原衍「以」字，今據閩本删。

諒之心生則樂，樂則安，安則久，久則天，天則神。天則不言而信，神則不怒而威，致樂以治心者也。致禮以治躬則莊敬，莊敬則威嚴。心中斯須不和不樂，而鄙詐之心入之矣；外貌斯須不莊不敬，而慢易之心入之矣。故樂也者，動於內者也；禮也者，動於外者也。樂極和，禮極順，內和而外順，則民瞻其顔色而不與争也，望其容貌而衆不生慢易焉。故德煇動乎內而民莫不承聽，理發乎外而衆莫不承順。故曰：『致禮樂之道而天下塞焉，舉而措之無難矣。』樂也者，動於內者也；禮也者，動於外者也。故禮主其減，樂主其盈。禮減而進，以進爲文；樂盈而反，以反爲文。禮減而不進則銷，樂盈而不反則放，故禮有報而樂有反。禮得其報則樂，樂得其反則安。禮之報，樂之反，其義一也。」

解見《樂記》。

曾子曰：「孝有三：大孝尊親，其次弗辱，其下能養。」公明儀問於曾子曰：「夫子可以爲孝乎？」曾子曰：「是何言與！是何言與！君子之所謂孝者，先意承志，諭父母於道。參直養者也，安能爲孝乎！」曾子曰：「身也者，父母之遺體也。行父母之遺體，敢不敬乎？居處不莊，非孝也。事君不忠，非孝也。涖官不敬，非孝也。朋友不信，非孝也。戰陳無勇，非孝也。五者不遂，裁及於親，敢不敬乎！亨孰羶薌，嘗而薦之，非孝也，養也。君子之所謂孝也者，國人稱願，然曰『幸哉有子』，如此，所謂孝也已。衆之本教曰孝，其行曰養。養可能也，敬爲難；敬可能也，安爲難；安可能也，卒爲難。父母既没，慎行其身，不遺父母惡名，可謂能終矣。仁者，仁此者也。禮者，履此者也。義者，宜此者也。信者，信此者也，强者，强此者也。樂自順此生，刑自反此作。」曾子曰：「夫孝，置之而塞乎天地，溥之而横乎四海，施諸後世而無朝夕，推而放諸東海而準，推而放諸西海而準，推而放諸南海而準，推而放諸北海而準。《詩》云：『自西自東，自南自北，無思不服。』此之謂也。」曾子曰：「樹木以時伐焉，禽獸以時殺焉。夫子曰：『斷一樹，殺一獸，不以其時，非孝也。』孝有三：小孝用力，中孝用勞，大孝不匱。思慈愛忘勞，可謂用力矣。尊仁安義，可謂用勞矣。博施備物，可謂不匱矣。父母愛之，嘉而弗忘；父母惡之，懼而無怨。父母有過，諫而不逆。父母既没，必求仁者之粟以祀之。此之謂禮終。」樂正子春下堂而傷其足，數月不出，猶有憂色。門弟子曰：「夫子之足瘳矣，數月不出，猶有憂色，何也？」樂正子春曰：「善如爾之問也！善如爾之問也！吾聞諸曾子，曾子聞諸夫子曰：『天之所生，地之所養，無人爲大。父母全而生之，子全而歸之，可謂孝矣。不虧其體，不辱其身，可謂全矣。故君子頃窺步而弗敢忘孝也。』今予忘孝之道，予是以有憂色也。壹舉足而不敢忘父母，壹出言而不敢忘父母。壹舉足而不敢忘父母，是故道而不徑，舟而不游，不敢以先父母之遺體行殆。壹出言而不敢忘父母，是故惡言不出於口，忿言不反於身。不辱其身，不羞其親，可謂孝矣。」

先意承志，謂父母意未萌而逆之於先，志已形而承之於後，曉譬開諭，置其親于無過之地，是必其身爲聖賢，而後能化其親爲聖賢，孝之至也。豈直奉養之節耳！國人稱願，稱揚羨慕也。然曰，猶若曰。幸哉有子，言何幸得有此子也。衆之本教，言孝爲教衆之本。養能尊曰敬，敬由衷曰安，安不忘曰卒。卒，即能終也。仁、禮、義、信、强五德，皆以孝爲實。樂以孝而生，刑以不孝而作。孝者，仁愛之原，造化之生理，人物之良知，故塞天地，横四海，通後世，四達皆準，良心同也。仁民愛物統于孝，斷一樹，殺一獸，不以時，傷好生之心，皆非孝。孝所以大也。小孝用力，謂庶人。中孝用勞，謂賢士大夫。大孝不匱，謂聖人天子。念父母慈愛，耕田供養，用力也。居仁由義，功加民物，位尊身安，無忝所生，用勞也。恩澤博施，四海九州，備物奉祀不匱也。然猶未終也，孝子愛親之心，不以父母愛惡而閒，不以父母無道自諉，不以父母既死而毀節辱親。仁者之粟，猶言伯夷之樹。萬鍾不辨禮義而受，則辱親矣。如此，乃謂以禮終。大孝終身慕父母，孝子之全節也。樂正子春，曾子門人。無人爲大，謂無如人爲大也。不虧體，謂肌膚不毀傷。不辱身，謂躬行不玷缺。頃步，半步也。一舉足曰跬，再舉足曰步。頃、跬通。道而不徑，謂行大道，不由邪徑也。舟而不游，謂渡以舟，不浮游涉險也。行殆，行危殆也。惡言不出，不以加人。忿言不反，人不以相報也。

按：曾子之父亦賢父也，曾子謙己之不得爲孝，而辭若顯親之未盡道；又以戰陳不勇爲非孝，非至當之論，故記言多後人參補耳。

昔者有虞氏貴德而尚齒，夏后氏貴爵而尚齒，殷人貴富而尚齒，周人貴親而尚齒。虞、夏、殷、周，天下之盛王也，未有遺年者。年之貴乎天下久矣，次乎事親也。是故朝廷同爵則尚齒。七十杖於朝，君問則席，八十不俟朝，君問則就之，而弟達乎朝廷矣。行，肩而不併，不錯則隨，見老者則車、徒辟，斑白者不以其任行乎道路，而弟達乎道路矣。居鄉以齒，而老窮不遺，强不犯弱，衆不暴寡，而弟達乎州巷矣。古之道，五十不爲甸徒，頒禽隆諸長者，而弟達乎獀蒐狩矣。軍旅什伍，同爵則尚齒，而弟達乎軍旅矣。孝弟發諸朝廷，行乎道路，至乎州巷，放乎獀狩，脩乎軍旅，衆以義死之而弗敢犯也。

唐、虞傳賢，故貴德。夏傳子，故貴爵。殷因夏，繼世以有天下國家，故貴富。周繼殷，先家後國，故貴親。四代治道規摹不同，尊高年，崇禮讓，老老幼幼則一。杖于朝，見君亦杖也。君問則席，布席使坐也。不俟朝，先出也。行，肩不併，謂少者與長者行，不得比肩，參錯少次，隨從其後也。車、徒辟，謂遇老者于道，乘車徒行，皆避路也。任，負擔也。不以其任行乎道路，謂不使老者負擔行也。窮老，無告之老。甸徒，兵車之卒。四井爲邑，四邑爲丘，四丘爲甸，甸六十四井，共出車一乘，甲士三人，步卒七十二人。五十始衰，不與此役也。頒禽，田獵分禽。隆，多也。年長者分禽多。春獵曰獀，冬獵曰狩。兵法，五人爲伍，二伍爲什。以義死之，死其長也。弗敢犯，弗敢爲不孝不弟也。

祀乎明堂，所以教諸侯之孝也。食三老、五更於大學，所以教諸侯之弟也。祀先賢於西學，所以教諸侯之德也。耕藉，所以教諸侯之養也。朝覲，所以教諸侯之臣也。五者，天下之大教也。食三老、五更於大學，天子袒而割牲，執醬而饋，執爵而酳，冕而總干，所以教諸侯之弟也。是故鄉里有齒，而老窮不遺，强不犯弱，衆不暴寡，此由大學來者也。天子設四學，當入學而太子齒。天子巡守，諸侯待于竟，天子先見百年者，八十九十者句，東行句，西行者弗敢過句；西行句，東行者弗敢過。欲言政者，君就之可也。壹命齒于鄉里，再命齒于族，三命不齒。族有七十者弗敢先。七十者不有大故不入朝。若有大故而入，君必與之揖讓，而后及爵者。天子有善，讓德於天。諸侯有善，歸諸天子。卿大夫有善，薦於諸侯。士、庶人有善，本諸父母，存諸長老。禄爵慶賞，成諸宗廟，所以示順也。

昔者聖人建陰陽天地之情，立以爲《易》。易抱龜南面，天子卷冕北面。雖有明知之心，必進斷其志焉，示不敢專，以尊天也。善則稱人，過則稱己，教不伐以尊賢也。

西學，西郊之學。《王制》曰：「虞庠在國之西郊。」由大學來，言由大學教化也。四學，虞、夏、殷、周之學。太子齒，謂太子與同學者序年，不以貴先長也。老者東去，則西來者弗敢過；西去，則東來者不敢過，引卻道旁，俟老者過而後行也。鄭註甚迂。一命，謂始受爵一級。齒于鄉，謂在鄉則序齒，出鄉則論爵也。再命齒于族，則鄉亦論爵矣。三命不齒，則族亦論爵矣。此古人貴貴之意。然族內有七十者，則雖有爵者不敢先，是貴亦未嘗不齒也。七十者非大故不入朝，如夫子七十一而沐浴朝，請討陳恒，是大故也。存諸長老，謂託稱長老之教誨。成諸宗廟，天子爵人必于廟，人臣受命必銘于廟也。易抱龜南面，謂掌易之人抱龜南面立也。

孝子將祭祀，必有齊莊之心以慮事，以具服物，以脩宫室，以治百事。及祭之日，顔色必温，行必恐，如懼不及愛然。其奠之也，容貌必温，身必詘，如語焉而未之然。宿者皆出，其立卑静以正，如將弗見然。及祭之後，陶陶遂遂，如將復入然。是故慤善不違身，耳目不違心，思慮不違親。結諸心，形諸色，而術省之，孝子之志也。

有齊莊之心以慮事，即前所謂「慮事不可不豫，虛中以治」也。將事慮無不備，則臨祭專誠不二矣。如懼不及愛然者，色温行恐之狀，愛而如不及，愛之至也。如語焉而未之然者，貌温身詘之狀，將欲語而未語，承聽之專也。宿猶戒也，謂祭祀所宿之賓客，祭畢皆出，孝子退立卑順，静嘿端正以思。如將弗見然者，惆悵無聊之狀。陶陶，鬱結也。遂遂，求伸也。如將復入然者，欲去不去之狀。慤善不違身，謂精慤醇善之德與身合一也。耳目收攝合于心，思慮專一合于親。誠結于心，外形于色，術習而不已，省視而不忘，孝子之志也。

**建國之神位，右社稷而左宗廟。**

社稷成物，居右，陰也。祖考生人，居左，陽也，亦不忍死其親之意。

按：此篇記祭義，而「君子曰禮樂」以下數節，皆言禮樂孝弟之事，至末二節乃及祭祀廟制，見禮樂孝弟爲神明之德，格先之本，非祼將之文耳。惟古人知祭祀之義存誠慎獨，與鬼神合德，是以入廟對越，臨尸不怍。子云：丘之禱久，我祭則受福。今之祭祀，罔人誣鬼，積彌天之惡，而假一奠之敬，可以禳菑，可以徼福，是鬼神亦貪饕無賴之甚者矣。嗟夫！若今之祭祀，烏足與譚祭義哉！

## 祭義終

# 祭統第二十五

統，猶宗也。祭有法有義而皆具於人心，故人心者祭之統也。

凡治人之道，莫急於禮；禮有五經，莫重於祭。夫祭者，非物自外至者也，自中出，生於心也。心怵而奉之以禮。是故唯賢者能盡祭之義。賢者之祭也，必受其福。非世所謂福也。福者，備也。備者，百順之名也。無所不順者之謂備，言內盡於己而外順於道也。忠臣以事其君，孝子以事其親，其本一也。上則順於鬼神，外則順於君長，內則以孝於親，如此之謂備。唯賢者能備，能備然後能祭。是故賢者之祭也，致其誠信與其忠敬，奉之以物，道之以禮，安之以樂，參之以時，明薦之而已矣，不求其爲去聲。此孝子之心也。

禮有五經，謂五品經常之禮。祭所以厚人倫也。鄭引《周禮》吉凶軍賓嘉五者，恐未可據也。不求其爲，言無所爲也。

祭者，所以追養去聲繼孝也。孝者，畜也。順於道，不逆於倫，是之謂畜。是故孝子之事親也，有三道焉：生則養，没則喪，喪畢則祭。養則觀其順也，喪則觀其哀也，祭則觀其敬而時也。盡此三道者，孝子之行也。

畜，養也。畜有收聚意。凡物順則可畜，逆則不可畜，故《易》有《小畜》。《孟子》曰：「畜君者，好君也。」

既内自盡，又外求助，昏禮是也。故國君取夫人之辭曰：「請君之玉女與寡人共有敝邑，事宗廟、社稷。」此求助之本也。夫祭也者，必夫婦親之，所以備外内〔一〕之官也。官備則具備。水草之菹，陸產之醢，小物備矣。三牲之俎，八簋之實，美物備矣。昆蟲之異，草木之實，陰陽之物備矣。凡天之所生，地之所長，苟可薦者，莫不咸在，示盡物也。外則盡物，内則盡志，此祭之心也。

求助，凡在廟百執事皆是，而夫婦爲重。水草之菹，芹茆之類。陸產之醢，兔鴈之類。三牲之俎，牛、羊、豕也。八簋之實，黍、稷也。昆蟲，蜩范、蚳蝝之類。草木，薐芡、榛栗之類。物本乎天者爲陽，本乎地者爲陰。飛走屬陽，種植屬陰也。

〔一〕「外内」，原倒作「内外」，據閩本乙正。

是故天子親耕於南郊以共齊盛，王后蠶於北郊以共純服；諸侯耕於東郊亦以共齊盛，夫人蠶於北郊以共冕服。天子、諸侯非莫耕也，王后、夫人非莫蠶也，身致其誠信，誠信之謂盡，盡之謂敬，敬盡然後可以事神明。此祭之道也。

男耕爲陽，東南陽方。女蠶爲陰，北郊陰方。南爲正陽，天子耕焉。東爲少陽，諸侯耕焉。純服，絲衣也，凡祭服用絲。鄭作「緇」，迂也。非莫耕，言非無人耕也。

及時將祭，君子乃齊。齊之爲言齊也，齊不齊以致齊者也。是故君子非有大事也，非有恭敬也，則不齊。不齊則於物無防也，耆欲無止也。及其將齊也，防其邪物，訖其耆欲，耳不聽樂。故記曰「齊者不樂」，言不敢散其志也。心不苟慮，必依於道；手足不苟動，必依於禮。是故君子之齊也，專致其精明之德也。故散上聲齊七日以定之，致齊三日以齊之。定之之謂齊，齊者，精明之至也，然後可以交於神明也。

齊者，專一之意。不齊則亂，亂則非齊。齊其不齊，所以極其齊也。訖，及也。精，不雜也。明，不昏也。散齊，謂外務散亂，隨事致齊也。致齊，謂極致其齊，以齊其心也。

是故先期旬有一日，宮宰宿夫人，夫人亦散齊七日，致齊三日。君致齊於外，夫人致齊於内，然後會於大廟。君純冕立於阼，夫人副褘立於東房。君執圭瓚祼尸，大宗執璋瓚亞祼。及迎牲，君執紖，卿大夫從，士執芻，宗婦執盎從夫人薦涚水。君執鸞刀羞嚌劑，夫人薦豆。此之謂夫婦親之。及入舞，君執干戚就舞位，君爲東上，冕而總干，率其羣臣，以樂皇尸。是故天子之祭也，與天下樂之；諸侯之祭也，與竟内樂之。冕而總干，率其羣臣，以樂皇尸，此與竟内樂之之義也。夫祭有三重焉：獻之屬莫重於祼，聲莫重於升歌，舞莫重於《武宿夜》，此周道也。凡三道者，所以假於外而以增君子之志也，故與志進退，志輕則亦輕，志重則亦重。輕其志而求外之重也，雖聖人弗能得也。是故君子之祭也，必身自盡也，所以明重也。道之以禮，以奉三重而薦諸皇尸，此聖人之道也。

先祭十一日，守宫之官預告君與夫人齊戒。散齊七日，致齊三日，故須十一日前告也。純冕，以絲爲冕。《論語》云麻冕今純，是也。鄭作「緇」，非也。副褘，王后及君夫人之服。副，首飾。褘，褘衣也。瓚，祼器，以圭爲柄。祼，灌也。酌鬯酒于瓚獻尸，尸瀉酒于地以降神曰祼，始祭之事，《儀禮·特牲》《少牢》無之，蓋天子諸侯之禮也。大宗，大宗伯。璋瓚，以半圭爲瓚柄。璋，半圭也。亞祼，次獻也。祼後迎牲。紖，繩也，以牽牲。芻以飼牲。宗婦，同姓婦。盎齊，濁酒也。涚水，玄酒也。禮上玄酒，故夫人薦之。鸞刀，有鈴之刀。入室饋熟，君親執刀割肉以進。羞，進也。嚌，謂尸取俎肉祭畢，以齒微醫之。豆盛葅醢，亦君夫人薦之也。干，盾也；戚，斧也，舞者所執。君親執立于舞位，東上，主位也。總干以率羣臣，非親舞也。總，執持不動也。天子之祭，四方諸侯皆在，故曰「與天下樂之」。諸侯之祭，四境臣民皆在，故曰「與竟内樂之」。獻重祼，始降神也。聲重登歌，貴人聲也。舞重《武宿夜》，武王之樂也。《武宿夜》，曲名。宿、夙通，敬意。《武》樂六章，其詩非一，今《周頌·武》《酌》《桓》《賚》《般》等篇皆是。或謂武王伐紂，宿于商郊，士卒歌舞待旦，故名。周道，猶言大道。祼獻歌舞之物在外，誠敬之志在内。借物將志，物之進退，以志爲輕重，未有志輕而物能重者。此聖人之道，乃所謂周道也。

夫祭有餕俊，餕者，祭之末也，不可不知也。是故古之人有言曰：「善終者如始，餕其是已。」是故古之君子曰：「尸亦餕鬼神之餘也，惠術也，可以觀政矣。」是故尸謖速，君與卿四人餕。君起，大夫六人餕，臣餕君之餘也。大夫起，士八人餕，賤餕貴之餘也。士起，各執其具以出，陳于堂下，百官進，徹之，下餕上之餘也。凡餕之道，每變以衆，所以別貴賤之等而興施惠之象也，是故以四簋黍見其脩於廟中也。廟中者，竟内之象也。祭者，澤之大者也。是故上有大澤則惠必及下，顧上先下後耳，非上積重而下有凍餒之民也。是故上有大澤，則民夫人待于下流，知惠之必將至也，由餕見之矣。故曰「可以觀政矣」。

餕者，食餘之名。祭畢而餕其餘，是祭之終事也。必謹而行之，慎終如始也。殺牲先薦血腥于鬼神，及熟之于俎而尸始食，是尸亦餕鬼神之餘。此施惠之法，可以觀爲政之道。尸謖，獻畢尸起也。謖之言速也，神道不疾而速也。餕由上及下，人以兩而加，推廣之義也。士各執其所餕餘之具出，陳于堂下。凡與祭百執事之官，以次進食，遂徹之也。四簋黍，祭時八簋，至餕現存其半，雖不足爲衆飽，取其脩禮于廟中而已。廟中雖小，百官皆在，境内之象。四簋雖少，所及必徧，施惠之象。民夫人，猶言民人。

夫祭之爲物大矣，其興物備矣，順以備者也，其教之本與！是故君子之教也，外則教之以尊其君長，内則教之以孝於其親。是故明君在上，則諸臣服從；崇事宗廟社稷，則子孫順孝。盡其道，端其義，而教生焉。是故君子之事君也，必身行之。所不安於上，則不以使下；所惡於下，則不以事上。非諸人，行諸己，非教之道也。是故君子之教也，必由其本，順之至也，祭其是與！故曰：祭者，教之本也已。

爲物大者，祭之義也。興物備者，祭之文也。順以備，謂備不徒物也，聚百順所以爲備也。尊君孝親，皆順之物。順孝者，人之同心。盡祭之道，以教民順孝，故祭爲教本也。

夫祭有十倫焉：見事鬼神之道焉，見君臣之義焉，見父子之倫焉，見貴賤之等焉，見親疏之殺焉，見爵賞之施焉，見夫婦之别焉，見政事之均焉，見長幼之序焉，見上下之際焉。此之謂十倫。鋪筵，設同几，爲依神也。詔祝於室而出于祊崩。此交神明之道也。君迎牲而不迎尸，别嫌也。尸在廟門外則疑於臣；在廟中則全於君，君在廟門外則疑於君，入廟門則全於臣，全於子。是故不出者，明君臣之義也。夫祭之道，孫爲王父尸，所使爲尸者，於祭者子行也。父北面而事之，所以明子事父之道也。此父子之倫也。尸飲五，君洗玉爵獻卿；尸飲七，以瑤爵獻大夫；尸飲九，以散爵獻士及羣有司。皆以齒，明尊卑之等也。夫祭有昭穆。昭穆者，所以别父子、遠近、長幼、親疏之序而無亂也。是故有事於大廟，則羣昭羣穆咸在而不失其倫。此之謂親疏之殺也。古者明君爵有德而禄有功，必賜爵禄於大廟，示不敢專也。故祭之日，一獻，君降立于阼階之南，南鄉，所命北面，史由君右執策命之；再拜稽首，受書以歸，而舍釋奠于其廟。此爵賞之施也。君卷冕立于阼，夫人副禕立于東房。夫人薦豆執校，執醴授之執鐙登；尸酢夫人執柄，夫人受尸執足。夫婦相授受，不相襲處，酢必易爵，明夫婦之别也。凡爲俎者，以骨爲主。骨有貴賤。殷人貴髀俾。周人貴肩，凡前貴於後。俎者，所以明祭之必有惠也。是故貴者取貴骨，賤者取賤骨，貴者不重平聲，賤者不虚，示均也。惠均則政行，政行則事成，事成則功立。

功之所以立者，不可不知也。俎者，所以明惠之必均也。善爲政者如此。故曰「見政事之均焉」。凡賜爵，昭爲一，穆爲一，昭與昭齒，穆與穆齒。凡羣有司皆以齒。此之謂長幼有序。夫祭有畀煇運、胞庖、翟狄、閽者，惠下之道也。唯有德之君爲能行此。明足以見之，仁足以與之。畀之爲言與也，能以其餘畀其下者也。煇者，甲吏之賤者也。胞者，肉吏之賤者也。翟者，樂吏之賤者也。閽者，守門之賤者也。古者不使刑人守門。此四守者，吏之至賤者也。尸又至尊，以至尊既祭之末而不忘至賤，而以其餘畀之，是故明君在上，則竟内之民無凍餒者矣。此之謂上下之際。

筵、几，神位也。筵，席也。几，所以依。考妣配祭，則夫婦同几席。獨言几者，席長几短，几同則席同可知。詔，告也。祝，祝辭。于室，即《儀禮》未迎尸，先陰厭于室，祝饗之禮。廟門旁曰祊。出于祊，謂將祭而求神于門。鬼神不測，不知所在，故博求之，《詩》云「祝祭于祊」，是也。廟中尸尊，廟外君尊，故禮君不出廟迎尸。凡祭，尸飲則獻賓，所以洽神人也。獻先尸後臣，先大臣後小臣，所以明尊卑也。上公禮九獻，尸飲五，是饋食畢，主人酳尸之後也。初獻、亞獻用鬱鬯祼，尸祭，奠不飲，朝踐二獻，饋食二獻，食畢，主人酌酳尸，尸飲共五也，主人乃獻卿。主婦又酳尸，賓長又獻尸，是尸飲七，主人乃獻大夫。此九獻正數，而初亞獻不飲，故但云「飲七」。自此後長賓、長兄弟加爵，尸又飲二爲九，主人乃以散爵徧獻助祭諸臣。貴同，則先長後幼，故曰以齒。此註疏之說，未知是否。

祭有昭穆，謂人神皆有昭穆，父昭則子穆，父穆則子昭。遠近以世言，長幼以齒言，親疏以情言，昭穆所以使不亂也。羣昭羣穆，謂合族老幼衆子姓也。王者爵禄羣臣，必告祖廟，行一獻之禮。祭之日，即策命之日。所命北面，謂君所策命之臣，北面受命也。史，謂掌策命之官。策，謂以方版書命辭。舍奠于其廟者，臣受命歸而自釋奠于家廟也。薦豆執校，謂執豆下中央直處。執醴、執酒者，兼執豆。授，授夫人豆。鐙、鐓通，豆下平底也。執柄，執爵柄。足，爵足。夫人受尸爵，執其下足，不執柄也。夫婦，謂君與夫人授受，亦如執校執足之禮，不相襲其處也。酢必易爵，謂君與夫人相酢，亦易爵更酌也。髀，竅旁大骨。肩，前肩。殷人質，故貴髀之厚。周人文，故貴肩之在前也。凡助祭者皆有俎，故曰「必有惠」。貴者不重，不兼也。賤者不虛，必及也。賜爵，謂祭畢旅酬。昭穆，謂衆兄弟。羣有司，謂衆賓。昭穆各爲一，謂父行一類，子行一類。各類之中，長居前，幼居後，所謂齒也。旅酬必以齒，主恩也。旅酬之爵，下及四守之賤。煇，《考工記》作「韗人」，掌以皮鞔鼓者。甲亦皮爲之，故云甲吏。胞作「庖」。翟、狄通。舞者秉翟，故名。古不近刑人，《周禮》乃使墨者守門，故曰至賤。四守，謂韗人守鼓，庖人守肉，翟人守樂，閽人守門。上下之際，謂上下恩義交接也。

　　按：此節所舉十倫，事多偏曲。尸既以子受父拜，一不迎何足以明義。北面事子，而以爲教子，亦紆曲之論。疏云九獻爲上公禮，然則天子何以加焉？又云侯伯七獻，至酳尸，尸飲三，朝踐、饋食各一獻，則是主人獻尸，主婦不得與也；子男五獻，至酳尸，尸飲一，則是朝踐、饋食全無獻矣。大夫而下，又何以殺之？皆似揣摩之説。

凡祭有四時，春祭曰礿（約），夏祭曰禘，秋祭曰嘗，冬祭曰烝。礿、禘，陽義也。嘗、烝，陰義也。禘者，陽之盛也。嘗者，陰之盛也。故曰「莫重於禘、嘗」。古者於禘也，發爵賜服，順陽義也。於嘗也，出田邑，發秋政，順陰義也。故《記》曰：「嘗之日，發公室，示賞也。草艾（刈）則墨，未發秋政，則民弗敢草也。」故曰禘嘗之義大矣，治國之本也，不可不知也。明其義者，君也。能其事者，臣也。不明其義，君人不全；不能其事，爲臣不全。夫義者，所以濟志也，諸德之發也。是故其德盛者其志厚，其志厚者其義章，其義章者其祭也敬，祭敬則竟内之子孫莫敢不敬矣。是故君子之祭也，必身親涖之，有故則使人可也。雖使人也，君不失其義者，君明其義故也。其德薄者其志輕，疑於其義而求祭，使之必敬也弗可得已。祭而不敬，何以爲民父母矣。

礿、酌通，或作「禴」。《周禮》春祠，夏禴，秋嘗，冬烝，與此異。春夏爲陽，秋冬爲陰。陽盛于夏，陰盛于秋。孟夏而禘，陽極盛也。孟秋而嘗，陰方長也。陽道常饒，盛于將終。陰道常乏，盛于方長。夏百物壯盛，秋萬寶告成。二氣莫盛于夏、秋，故祭莫重于禘、嘗。爵服生養之事爲陽，田邑土地之事爲陰。出，謂分封。秋政，謂刑罰之屬。引《記》言以明嘗出田邑，發秋政之義。發公室，謂發財物。艾、刈通，秋草枯可刈也。墨，墨刑，五刑之最輕者。秋草方刈，小刑可用也。弗敢草，謂未發令使民刈，則民不敢刈也。義，謂陰陽之義。明其義者，内盡志也。能其事者，外備物也。君臣不全，道不備也。濟志，謂成其志之所欲爲也。諸德，謂衆德。發，謂顯于事。竟内子孫，謂四境民之子孫。

夫鼎有銘，銘者，自名也，自名以稱揚其先祖之美，而明著之後世者也。爲先祖者，莫不有美焉，莫不有惡焉。銘之義，稱美而不稱惡，此孝子孝孫之心也。唯賢者能之。銘者，論譔其先祖之有德善、功烈、勳勞、慶賞、聲名，列於天下，而酌之祭器，自成其名焉，以祀其先祖者也。顯揚先祖，所以崇孝也。身比焉，順也。明示後世，教也。夫銘者，壹稱而上下皆得焉耳矣。是故君子之觀於銘也，既美其所稱，又美其所爲。爲之者，明足以見之，仁足以與之，知足以利之，可謂賢矣。賢而勿伐，可謂恭矣。故衛孔悝（恢）之鼎銘曰：「六月丁亥，公假于大廟。公曰：『叔舅！乃祖莊叔左右成公。成公乃命莊叔隨難于漢陽，即宮于宗周，奔走無射。啓右獻公，獻公乃命成叔纂乃祖服。乃考文叔，興舊耆欲，作率慶士，躬恤衛國，其勤公家，夙夜不解，民咸曰休哉！』公曰：『叔舅！予女銘，若纂乃考服。』悝拜稽首，曰：『對揚以辟之。』勤大命，施於烝彝鼎。」

此衛孔悝之鼎銘也。古之君子論譔其先祖之美而明著之後世者也，以比其身，以重其國家如此。子孫之守宗廟社稷者，其先祖無美而稱之，是誣也；有善而弗知，不明也；知而弗傳，不仁也。此三者，君子之所恥也。昔者周公旦有勲勞於天下，周公既没，成王、康王追念周公之所以勲勞者，而欲尊魯，故賜之以重祭，外祭則郊、社是也，内祭則大嘗、禘是也。夫大嘗禘，升歌《清廟》，下而管《象》，朱干玉戚以舞《大武》，八佾以舞《大夏》，此天子之樂也。康周公，故以賜魯也。子孫纂之，至于今不廢，所以明周公之德，而又以重其國也。

鼎，祭器。銘，頌功德之名。自名，孝子自名也。名皆人稱之，而銘則孝子自爲之名也。譔，敘也。酌之祭器，斟酌其辭，著于鐘鼎，以自成其孝先之名也。身比，謂身自比于孝。教，謂教子孫。上下皆得，謂先祖與子孫同得也。所稱，謂先祖也。所爲，謂子孫之爲銘者。明、仁、知、賢、恭，皆指爲銘者也。見，謂見先祖之善。與，謂以美名歸先祖。利，謂上下皆得。勿伐，謂稱不誣實。孔悝，衛大夫蒯聵姊之子也。魯哀公二年，晉趙鞅納蒯聵于戚，至十五年，孔悝立蒯聵，是爲莊公。公假于廟，謂莊公祭于大廟，德孔悝之功，而賜之銘，以褒之也。叔舅，即孔悝。悝實莊公甥，而稱叔舅者，周禮異姓臣之通稱也。莊叔，孔悝之祖孔達也，事衛成公。成公爲晉所逐，奔楚，故曰「隨難于漢陽」。晉人以元咺之訟，執之歸于京師，故曰「即宫于宗周」。啓右猶啓佑，開助也。魯襄公十四年，孫林〔一〕父、甯殖逐獻公，凡十年而后得反國。成叔，莊叔之孫烝鉏也，事獻公。乃考文叔，謂孔悝之父孔圉也。興舊耆欲，謂興起故舊耆德之欲、忠愛之心也。作率，奮起倡率也。慶士，卿士。古慶、卿通，猶「慶雲」之謂「卿雲」也。予女銘，賜汝以銘，纘汝父之事，欲其忠如文叔也。對揚，對答君命稱揚也。辟，君也。勤大命，謂慇懃大命也。施于烝彝鼎，謂勒于烝祭之器。比其身，及其身也。重其國家，謂臣有功勲，則國家增重也。康周公，如《易·晉卦》「康侯」之「康」。

按：子孫能揚先美，謂之至孝，聖人所以教天下後世象賢也。其辭莫詳于《詩》《書》。《雅》《頌》、《訓》《誥》，皆對揚祖德，足爲後世法。蒯聵父子相夷，孔悝之勳，衛之羞也。魯僭禮樂，周公之衰也。不君不臣，不父不子，故夫子曰：「魯、衛之政兄弟。」記者特引二國之事，繫之《祭義》之末，儻夫子删《詩》繫《魯頌》之意與？不然，則記者之無識耳。

# 禮記通解卷十六終

〔一〕「林」，原訛作「寧」，據《左傳》改。

# 禮記通解卷十七

郝敬　解

## 經解第二十六

《經解》，解釋《六經》學者之得失也。次節以後，與經無涉，文義亦不屬。

孔子曰：「入其國，其教可知也。其爲人也，温柔敦厚，《詩》教也；疏通知遠，《書》教也；廣博易良，《樂》教也；絜静精微，《易》教也；恭儉莊敬，《禮》教也；屬辭比事，《春秋》教也。故《詩》之失愚，《書》之失誣，《樂》之失奢，《易》之失賊，《禮》之失煩，《春秋》之失亂。其爲人也，温柔敦厚而不愚，則深於《詩》者也；疏通知遠而不誣，則深於《書》者也；廣博易良而不奢，則深於《樂》者也；絜静精微而不賊，則深於《易》者也；恭儉莊敬而不煩，則深於《禮》者也；屬辭比事而不亂，則深於《春秋》者也。」

此所謂《六經》之教，皆以資習合道者論之。聖人教民以《詩》，要使人温柔敦厚而已。其人茍温柔敦厚，即是《詩》教。若徒學《詩》不得其義，過于温厚，則明辨不足，而失之愚。疏通知遠，謂明達往古治亂之理，《書》之教也。若徒學《書》不得其義，過于旁通，則多聞無實，而失之誣。廣博易良者，寬和不迫之意，《樂》之教也。學《樂》不得其義，過于放縱，則侈肆無度，而失之奢。絜静精微，謂神化性命，遠離糟魄，《易》之教也。學《易》不得其義，涉于隱怪，則挾術任數而失之賊。恭儉莊敬，《禮》之教也。學《禮》不得其義，過于撙節，則委瑣重複，而失之煩。連屬其辭，約言以示褒貶；比合其事，設例以較異同，是《春秋》之教也。學《春秋》不得其義，過于裁斷，則妄事譏評，居下訕上，而失之亂。學通《六經》，無此六失，于聖人立教之義，得之深矣。

按：《六經》之訓至矣，何失之有？自大道隱而六籍廢，《書》缺過半，諸禮皆後儒補綴，惟《易》《詩》《春秋》三經稱完璧焉。今《六十四卦》《三百篇》具在，何賊何愚之有？漢伏生所授《尚書》纔十九篇，而秦、漢之際，僞《書》襍行，今文、古文，千餘年來未有能辨其真贋者，誣則誠有之，要非《書》之舊也。《禮》《樂》原不分二經。《春秋》親切簡當，聖人之意藹如，遭諸傳割裂附會，賞人罰人，亂自後儒始。仲尼無比辭屬事之文，《春秋》無長亂之失，皆後儒之咎耳。《六經》自夫子裁定，夫子又自爲此評乎？謬可知也。

天子者，與天地參，故德配天地，兼利萬物，與日月并明，明照四海而不遺微小。其在朝廷則道仁聖禮義之序，燕處則聽《雅》《頌》之音，行步則有環佩之聲，升車則有鸞和之音。居處有禮，進退有度，百官得其宜，萬事得其序。《詩》云：「淑人君子，其儀不忒。其儀不忒，正是四國。」此之謂也。發號出令而民説謂之和，上下相親謂之仁，民不求其所欲而得之謂之信，除去天地之害謂之義。義與信，和與仁，霸王之器也。有治民之意而無其器，則不成。禮之於正國也，猶衡之於輕重也，繩墨之於曲直也，規矩之於方圜也。故衡誠縣，不可欺以輕重；繩墨誠陳，不可欺以曲直；規矩誠設，不可欺以方圜；君子審禮，不可誣以姦詐。是故隆禮、由禮謂之有方之士；不隆禮、不由禮謂之無方之民，敬讓之道也。故以奉宗廟則敬，以入朝廷則貴賤有位，以處室家則父子親、兄弟和，以處鄉里則長幼有序。孔子曰：「安上治民，莫善於禮。」此之謂也。

所謂天子者，德參天地，功利萬物，明并日月。朝廷臨御，則由仁聖禮義之序；燕處無事，則聽《雅》《頌》之音。心中斯須不和不樂，則鄙詐之私入之矣，故行步有環佩之聲，升車有鸞和之音。外貌斯須不莊不敬，則慢易之私入之矣，故居處有禮，進退有慶，使官皆得其宜，事皆得其序。如此，則道全德備而表儀立，可以正是四國矣。故發號施令而民説，上下相親，使民各得其所欲，盡去其所害。所謂和、仁、信、義，霸王之器也。和、仁、信、義，所謂禮也。衡、繩、規矩，所謂器也。號令上下，興利除害之類，所謂輕重、曲直、方圜之情也。器能成意，禮能正國。蓋莊敬恭儉，立直方之體，則君德脩；品節制度，爲防範之備，則治具張。雖有姦邪詐僞，焉能誣之？隆禮，猶言尚禮。惟隆尚，故能由。視聽言動，皆由禮也。有方，猶言有道。禮有體，謂之方。

故朝覲之禮，所以明君臣之義也；聘問之禮，所以使諸侯相尊敬也；喪祭之禮，所以明臣子之恩也；鄉飲酒之禮，所以明長幼之序也；昏姻之禮，所以明男女之别也。夫禮禁亂之所由生，猶坊止水之所自來也。故以舊坊爲無所用而壞之者，必有水敗；以舊禮爲無所用而去之者，必有亂患。故昏姻之禮廢，則夫婦之道苦，而淫辟之罪多矣。鄉飲酒之禮廢，則長幼之序失，而争鬭之獄繁矣。喪祭之禮廢，則臣子之恩薄，而倍死忘生者衆矣。聘覲之禮廢，則君臣之位失，諸侯之行惡，而倍畔侵陵之敗起矣。故禮之教化也微，其止邪也於未形，使人日徙善遠罪而不自知也，是以先王隆之也。《易》曰：「君子慎始，差若毫釐，繆以千里。」此之謂也。

婦黨曰昏，婿黨曰姻。苦，醜惡也。氂、釐通。引《易》辭，今《易》無之。蓋諸家論《易》之言，記者誤耳。

# 經解終

# 哀公問第二十七

此章言禮主綱常，本愛敬，天人道合，以成其身。此約禮之至教也。

哀公問於孔子曰：「大禮何如？君子之言禮，何其尊也？」孔子曰：「丘也小人，不足以知禮。」君曰：「否。吾子言之也。」孔子曰：「丘聞之，民之所由生，禮爲大。非禮無以節事天地之神也，非禮無以辨君臣、上下、長幼之位也，非禮無以别男女、父子、兄弟之親，昏姻、疏數之交也。君子以此之爲尊敬然句。然後以其所能教百姓，不廢其會節。有成事，然後治其雕鏤、文章、黼黻以嗣句。其順之，然後言其喪筭，備其鼎俎，設其豕腊，脩其宗廟，歲時以敬祭祀句，以序宗族句，即安其居，節醜其衣服，卑其宫室。車不雕幾，器不刻鏤，食不貳味，以與民同利。昔之君子之行禮者如此。」公曰：「今之君子胡莫之行也？」孔子曰：「今之君子好實無厭，淫德不倦，荒怠敖慢，固民是盡，午其衆以伐有道，求得當欲不以其所。昔之用民者由前，今之用民者由後。今之君子莫爲禮也。」

春秋世亂極矣。魯君弱臣强，匡救之術，無踰于禮，故夫子惓惓以禮告哀公。小人不足知，言知禮者之爲大人也。禮莫大于事天地，郊社之事。各有節制曰節事。婦黨曰昏，壻黨曰姻。疏數，猶言遲速，女二十有家，男三十有室。交，配合也。尊敬然者，言君子于禮尊敬如此也。以其所能教百姓，非强以不能也。會，謂行禮之際。節，謂行禮之時。有成事，謂會有定體，節有定期。以嗣，謂繼續以行也。其順之，謂教以可能而民順從也。即安其居，隨所寓而安也。節醜，節損醜惡也。雕幾，雕刻細微也。幾，細也。好實，好蓄積也。淫德，行放蕩也。固，如「固獲」之「固」，求取必得也。盡，竭民財力也。午、迕通。一縱一横曰午，交搆之意。求得當，求滿願也。不以其所，不問理所在也。蓋禮本于恭儉，極于安民，得失在幾微之間，有志于禮者必躬行節儉，恣情淫欲者必無心于禮，古今人所以不相及也。

孔子侍坐於哀公。哀公曰：「敢問人道誰爲大。」孔子愀（悄）然作色而對曰：「君之及此言也，百姓之德也，固臣敢無辭而對。人道政爲大。」公曰：「敢問何謂爲政？」孔子對曰：「政者，正也。君爲正，則百姓從政矣。君之所爲，百姓之所從也。君所不爲，百姓何從。」公曰：「敢問爲政如之何？」孔子對曰：「夫婦别，父子親，君臣嚴。三者正，則庶物從之矣。」公曰：「寡人雖無似也，願聞所以行三言之道，可得聞乎？」孔子對曰：「古之爲政，愛人爲大。所以治愛人，禮爲大。所以治禮，敬爲大。敬之至矣，大昏爲大，大昏至矣。大昏既至，冕而親迎，親之也。親之也者，親之也。是故君子興敬爲親，舍敬是遺親也。弗愛不親，弗敬不正。愛與敬，其政之本與！」

愀然猶悄然，悚惕貌。百姓之德，猶言百姓之幸。固臣，固陋之臣。夫婦、父子、君臣，人道之三綱也。人道始于夫婦，有夫婦然後有父子，有父子然後有君臣，故下文主昏姻言之。無似，猶言不肖。似，肖也。愛人不以禮，則爲私恩，故治愛莫大于禮。行禮不以敬，則爲疏節，故治禮莫切于敬。禮以敬爲主，敬以昏爲至。昏者，人道之愛也。昏既爲敬之至，故雖天子諸侯昏，必冕服親迎，示躬親也。必躬親之者，示親愛也。興敬，猶起敬。起敬所以爲親。舍敬，是遺棄不親，何也？不愛則疏而不親，不敬則褻而不正。愛敬之道始于夫婦，及于朝廷、邦國，終于四海，不敢慢一人，不忍傷一物，舉而加之，故曰政之本也。

公曰：「寡人願有言然句。冕而親迎，不已重乎？」孔子愀然作色而對曰：「合二姓之好，以繼先聖之後，以爲天地、宗廟、社稷之主，君何謂已重乎？」公曰：「寡人固句，不固，焉得聞此言也？寡人欲問，不得其辭，請少進。」孔子曰：「天地不合，萬物不生。大昏，萬世之嗣也，君何謂已重焉！」孔子遂言曰：「内以治宗廟之禮，足以配天地之神明；出以治直言之禮，足以立上下之敬。物耻足以振之，國耻足以興之。爲政先禮，禮其政之本與！」孔子遂言曰：「昔三代明王之政，必敬其妻、子也有道。妻也者，親之主也，敢不敬與？子也者，親之後也，敢不敬與？君子無不敬也，敬身爲大。身也者，親之枝也，敢不敬與？不能敬其身，是傷其親；傷其親，是傷其本；傷其本，枝從而亡。三者，百姓之象也。身以及身，子以及子，妃配以及妃，君行此三者，則愾乎天下矣，大王之道也。如此則國家順矣。」

願有言然者，疑惑之辭。先聖之後，謂魯本周公之後，尊君而言也。天地、社稷，兼天子、諸侯而言。固，陋也。不固陋，則夫子不以教，故不得聞。欲問，不得其辭，謂己欲問而不能言也。請少進，請夫子更畧進教也。治宗廟之禮，謂君供粢盛，夫人供祭服也。健順相承，故配天地之神明。天曰神，地曰明。直言，謂正名也。名正故言順。物恥，謂事物頹廢可恥，惟禮足振拔之。國恥，謂國勢微弱可恥，惟禮足興起之。冕而親迎，夫所以敬其妻。冠于阼階，父所以敬其子。妻主內政，奉宗廟，故曰親之主。妻、子、身三者，至近而易褻，能敬則無所不敬。人皆有身與妻、子，君能敬，民皆傚之，故曰百姓之象也。敬吾身以及百姓之身，敬吾妻、子以及百姓之妻、子，故曰概乎天下。妃、配同。愾，作「概」。大王，猶言「大則以王」。

公曰：「敢問何謂敬身？」孔子對曰：「君子過言則民作辭，過動則民作則。君子言不過辭，動不過則，百姓不命而敬恭。如是，則能敬其身；能敬其身，則能成其親矣。」

公曰：「敢問何謂成親？」孔子對曰：「君子也者，人之成名也。百姓歸之名，謂之君子之子，是使其親爲君子也，是爲成其親之名也已。」孔子遂言曰：「古之爲政，愛人爲大。不能愛人，不能有其身；不能有其身，不能安土；不能安土，不能樂天；不能樂天，不能成其身。」公曰：「敢問何謂成身？」孔子對曰：「不過乎物。」公曰：「敢問君子何貴乎天道也？」孔子對曰：「貴其不已。如日月東西相從而不已也，是天道也。不閉其久，是天道也。無爲而物成，是天道也。已成而明，是天道也。」公曰：「寡人惷愚冥煩，子志之心也。」孔子蹴然辟席而對曰：「仁人不過乎物，孝子不過乎物。是故仁人之事親也如事天，事天如事親，是故孝子成身。」公曰：「寡人既聞此言也，無如後罪何？」孔子對曰：「君之及此言也，是臣之福也。」

過言、過動，謂言動有過差。作辭、作則，謂民皆效尤也。言動無過，斯民不命而知敬恭，所謂「身以及身」也。能立身，則能揚名顯親，故曰能成其親。君子，成德之名，謂德足以君國子民也。子路問君子，子曰：君子脩己以敬。能敬其身，百姓歸美，謂此子爲君子。子爲君子，則親爲君子之親，是成親之名也。愛敬者，政之本。不能愛人，人亦不愛之，故不能有其身；不能有其身，則不能隨寓順適而安土；不能安土，則不能隨時順理而樂天；斯俯仰無措，不能成其身矣。不過乎物，謂有物有則，能不違則，即不過乎物，性分以内，還其本有而無餘欠。孟子謂「仲尼不爲已甚」，即不過乎物，安土樂天之道也。自此以上，皆答哀公「人道」之問；自此以下，哀公因人道而問天道。天人無二道，成身則盡人，盡人即合天。天道所以盛，惟其不已。不已故能久而成，成而明。人能自强不息，動静純乎天理，如日月相從而不已，是天道也。通則運而有常，閉則塞而不久，因時制宜，隨事化裁，使民不倦，故曰不閉其久。不言而信，不怒而威，順理無心，萬物受成，故曰無爲而成。君子能使己德成就，功業昭明，成己成人，身以及身，子以及子，妃以及妃，愛敬通乎天下，故曰已成而明。皆不已之功，是天道也。冥煩，謂氣昏冥，功煩難也。志之心，求開示使不忘也。蹴然，歛足改容之貌。仁人、孝子非有異術，惟及乎其物而止。物，即愛敬之物。仁人惟其能敬天，孝子惟其能愛親，天親雖二，愛敬則一，惟孝子爲能然。所以不過乎物，盡人道而成其爲身，天道不外此矣。此政之本也。無如後罪何，恐過物爲罪也。公言及此，蓋有意于寡過者，夫子所以慶幸之。

○按：道莫大于達天。以子貢之賢，自謂不得聞，而此篇與《中庸》于哀公詳言之。蓋臣之告君，不敢不盡。要其旨，唯不過乎物而止。語上不遺下，教所以兩端，道所以一貫，愚不肖可知可能，此也。故曰：天高地下，萬物散殊，禮行乎其中。復禮則爲仁。禮者，貫天人而爲言者也。

## 哀公問終〔一〕

---

〔一〕「哀公問終」，此行原在書葉闕損處，據《續修》本補。

# 仲尼燕居第二十八

仲尼燕居，子張、子貢、言游侍，縱言至於禮。子曰：「居！女三人者。吾語女禮，使女以禮周流無不偏也。」子貢越席而對曰：「敢問何如？」子曰：「敬而不中禮謂之野，恭而不中禮謂之給，勇而不中禮謂之逆。」子曰：「給奪慈仁。」子曰：「師！爾過而商也不及。子產猶衆人之母也，能食之，不能教也。」子貢越席而對曰：「敢問將何以爲此中者也？」子曰：「禮乎禮！夫禮所以制中也。」

縱言，謂汎言諸事。周流無不偏，即下文適中之意。敬主乎內，偏于敬，則外無文而失之野。恭見乎外，偏于恭，則內無實而失之給。給，取利外也。勇而偏于勇，則狂悖而失之逆。三者，野與逆其失易見，恭而給者似慈仁，故獨言「給奪慈仁」。蓋藥子張之病，外貌堂堂，惻怛慈愛之意少，所謂「過」也。子夏不及，所謂「敬而不中」，失之野也。子產一于慈仁，如乘輿濟人，婦人之仁，故曰衆人之母，能食而不能教，亦不及者也。子貢因問中道，夫子教以「禮乎禮」，猶云節之以禮也。慈仁不失于姑息，恭不失于給，敬不失于野，無過不及之弊，所以制中也。「給奪慈仁」以下，再云「子曰」者，少間更言，猶《書·誥》屢云「王若曰」也。

子貢退，言游進曰：「敢問禮也者，領惡而全好者與？」子曰：「然。」「然則何如？」子曰：「郊社之義，所以仁鬼神也。嘗禘之禮，所以仁昭穆也。饋奠之禮，所以仁死喪也。射鄉之禮，所以仁鄉黨也。食饗之禮，所以仁賓客也。」子曰：「明乎郊社之義，嘗禘之禮，治國其如指諸掌而已乎！是故以之居處有禮，故長幼辨也；以之閨門之内有禮，故三族和也；以之朝廷有禮，故官爵序也；以之田獵有禮，故戎事閑也；以之軍旅有禮，故武功成也。是故宫室得其度句，量鼎得其象，味得其時，樂得其節，車得其式，鬼神得其饗，喪紀得其哀，辨説得其黨，官得其體，政事得其施，加於身而錯於前，凡衆之動得其宜。」

領，提去也。惡提而去之，則純乎善矣，猶所謂「釋回增美」也。約之以禮，則己克禮復而爲仁。凡視聽言動之勿非者皆禮，而郊社、嘗禘五者爲禮之大；凡視聽言動之復於禮者皆仁也，而鬼神、昭穆五者爲仁之大。禮者仁之匡廓，仁者禮之精神，周浹于其間者也。天地百祀曰鬼神。祖考子姓曰昭穆。饋奠，喪奠也。始死以生事之，故曰饋；饋而不食，故曰奠。射，射禮。鄉，鄉飲酒禮。明于郊社之禮者，事天如事親，仁之至也。明乎嘗禘之禮者，事親如事天，孝之至也。孝敬之極，通于四海，故曰治國如指掌。「居處」以下，推言禮之用無不宜。三族，謂父、子、身。「宫室」以下，言以禮爲制，則各得其宜。宫室得度，不僭越也。量，斗斛之類。鼎，祭享之器。象者，古人成法。味得時，如春酸夏苦秋辛冬鹹之類。樂得節，謂以禮則無淫聲。車得式，謂合六等之數。鬼神得饗，謂秩百神之祀。

喪紀得哀，謂五服咸宜。辨説得黨，謂官府庫朝，敷奏詳明，各以其職。官得其體，謂不侵越，不曠廢。政事得其施，謂宜民情，合土俗。

子曰：「禮者何也？即事之治也。君子有其事必有其治。治國而無禮，譬猶瞽之無相與！倀倀昌乎其何之？譬如終夜有求於幽室之中，非燭何見？若無禮，則手足無所錯，耳目無所加，進退揖讓無所制。是故以之居處，長幼失其別，閨門、三族失其和，朝廷官爵失其序，田獵戎事失其策，軍旅武功失其制，宮室失其度，量鼎失其象，味失其時，樂失其節，車失其式，鬼神失其饗，喪紀失其哀，辨説失其黨，官失其體，政事失其施，加於身而錯於前，凡衆之動失其宜。如此，則無以祖洽於衆也。」

即事之治，言事事不遺禮。禮以治事，即事之治是禮。此語最親切。倀倀，無所適從貌。祖，始也。洽，合也。無祖，謂無統宗。無洽，謂不調和。

子曰：「慎聽之，女三人者！吾語女禮，猶有九焉，大饗有四焉。苟知此矣，雖在畎畝之中，事之句，聖人已句。兩君相見，揖讓而入門，入門而縣興，揖讓而升堂，升堂而樂闋缺，下管《象》《武》，《夏》籥序興，陳其薦俎，序其禮樂，備其百官，如此而后君子知仁焉。行中規，還中矩，和鸞中《采齊》，客出以《雍》，徹以《振羽》，是故君子無物而不在禮矣。入門而金作，示情也。升歌《清廟》，示德也。下而管《象》，示事也。是故古之君子不必親相與言也，以禮樂相示而已。」

大饗，謂諸侯相饗之禮。知此，謂知此禮之義。畎畝之中，無位者也。事之，謂事禮樂，斯須不忘和敬，聖人止此矣。兩君相見，即大饗，有九。揖讓而入門，一也。入門而縣作，二也。縣，謂筍簴之懸，即金屬。揖讓而升堂，三也。升堂而樂闋，四也。堂下以管奏《象》《武》之曲，五也。以籥奏《大夏》，次序而興，六也。陳其薦賓之俎，七也。序其禮樂之器數，八也。備其供事之百官，九也。皆所以仁賓客。故君子於此知仁，不徒識其節目而已也。行步周旋中規矩，在輿和鸞中《采薺》，客出歌《雍》，徹燕《振羽》，所謂無物不在禮也。《采薺》《雍》《振羽》，皆《詩》篇名。《采薺》，《楚茨》也。《振羽》，《振鷺》也。君子無物不在禮，而其得于大饗者四：謂入門而縣興，揖讓而升堂，升堂而樂闋，堂下管奏《象》與《武》。此四者，賓主相饗，比禮比樂之會。《郊特牲》云：「賓入大門而奏《肆夏》，示易以敬也。卒爵而樂闋，孔子屢歎之，奠酬而工升歌，發德也。歌者在上，匏竹在下，貴人聲也。」即大饗有四之義。知此義者，則無物不在禮，所謂畎畝聖人之事也。九禮之中獨舉四事，餘五非獨大饗有也。「入門而金作」三者，申釋大饗四禮，以見禮非徒文耳。金作即「縣興」，金即懸也。金聲和鳴，賓主初接，鳴金以示情也。樂工升堂，歌《清廟》之詩，文王之德，以彰賓主之美，故曰「示德」。歌工既下，以管奏《象》「維清」之詩，文王之典，以勸賓主之功，故曰「示事」。四事舉三者，升歌《清廟》，即揖讓升堂樂闋之時也。古君子不言而相示以禮樂。此禮樂所以爲仁，賓客之至，無物不在焉耳。

按：鄭註以主賓獻酬爲金再作，湊合升歌《清廟》，下管《象》爲四。夫禮有三獻，金當三作。天子諸侯獻不止三，作亦如之。疏義附會，恐未可據。

子曰：「禮也者，理也。樂也者，節也。君子無理不動，無節不作。不能《詩》，於禮繆。不能樂，於禮素。薄於德，於禮虛。」子曰：「制度在禮，文爲在禮，行之其在人乎！」子貢越席而對曰：「敢問夔其窮與？」子曰：「古之人與？古之人也。達於禮而不達於樂，謂之素；達於樂而不達於禮，謂之偏。夫夔，達於樂而不達於禮，是以傳於此名也，古之人也。」子張問政。子曰：「師乎！前！吾語女乎！君子明於禮樂，舉而錯之而已。」子張復問。子曰：「師！爾以爲必鋪几筵，升降酌獻酬酢，然後謂之禮乎？爾以爲必行綴兆，興羽籥，作鐘鼓，然後謂之樂乎？言而履之，禮也。行而樂之，樂也。君子力此二者，以南面而立，夫是以天下大平也。諸侯朝，萬物服體，而百官莫敢不承事矣。禮之所興，衆之所治也；禮之所廢，衆之所亂也。目巧之室則有奥阼，席則有上下，車則有左右，行則有隨，立則有序，古之義也。室而無奧阼，則亂於堂室也。席而無上下，則亂於席上也。車而無左右，則亂於車也。行而無隨，則亂於塗也。立而無序，則亂於位也。昔聖帝、明王、諸侯辨貴賤、長幼、遠近、男女、外內，莫敢相踰越，皆由此塗出也。」三子者既得聞此言也於夫子句，昭然若發矇矣。

無禮則無分辨，故禮所以爲理也。無樂則不和暢，故樂所以爲節也。節，和也，均也。無理不動，動必順理。無節不作，作必應節。《詩》本和平，美刺可觀，禮之理也。不興《詩》而求立禮，所執必差而爲謬。樂本充盈，美善兼盡，禮之節也。行禮不和以樂，過于嚴恪而爲素。中和，德也。德主忠信，禮之實也。用禮不厚于德，外爲浮華而失之虚。故夫子曰：禮者制度、文爲也，而行之存乎其人。夔，人名，舜典樂之官。窮，不達也。言但達樂不達禮。「古之人與?古之人也」者，審稱之辭，猶《論語》云「君子人與?君子人也」。傳於此名，謂傳此不達禮之名於後世。再言「古之人」，言不可輕議也。前「吾語女」，謂先已告汝，即上文言禮樂也。「目巧之室」五者，言事物莫不有禮。目巧，謂不用繩墨規矩，但用目力相視爲巧。室隅有奧，尊者所居。堂階有阼，主人所歷。席有上下，如東向西向以南爲上，南向北向以東爲上之類。車有左右，謂尊者居左，勇士居右。五者，猶上文即事之治爲禮之意。發矇，目不見而忽開發也。

按：舜命夔典樂，教胄子，爲人倫師表，豈不達禮而當九官之選與?蓋所謂達樂者達其聲音律呂，所謂不達禮者不達其升降度數之節。若夫天常民彝，不達何以爲夔?如必詳于聲音度數，然後爲達禮樂，則叔孫通、李延年賢于夔、伯夷遠矣。此節之義皆以明禮樂先後緩急，猶《論語》與《詩》、立禮、成樂之意。《詩》與樂皆所以調和禮者也。故記樂于禮，亦此意。

## 仲尼燕居終

# 孔子閒居第二十九

先儒云：退朝曰燕，退燕曰閒，《燕居》言禮，《閒居》言《詩》。

孔子閒居，子夏侍。子夏曰：「敢問《詩》云『凱弟君子，民之父母』，何如斯可謂民之父母矣？」孔子曰：「夫民之父母乎，必達於禮樂之原，以致五至，而行三無，以横於天下，四方有敗，必先知之。此之謂民之父母矣。」子夏曰：「民之父母既得而聞之矣，敢問何謂五至？」孔子曰：「志之所至，詩亦至焉；詩之所至，禮亦至焉；禮之所至，樂亦至焉；樂之所至，哀亦至焉。哀樂相生。是故正明目而視之，不可得而見也；

傾耳而聽之，不可得而聞也；志氣塞乎天地。此之謂五至。」子夏曰：「五至既得而聞之矣，敢問何謂三無？」孔子曰：「無聲之樂，無體之禮，無服之喪，此之謂三無。」子夏曰：「三無既得略而聞之矣，敢問何詩近之？」孔子曰：「『夙夜其基命宥密』，無聲之樂也。『威儀逮逮，不可選也』，無體之禮也。『凡民有喪，匍匐救之』，無服之喪也。」

天高地下，萬物散殊，而禮行乎其中矣。君子德參天地，則能一體民物，爲民父母。故禮至父母斯民，所謂大禮與天地同其盛者矣。此章所言，皆禮之大原，故首舉「父母」之詩，而終以天地無私、三王之德也。至者，極盛不可加。無者，微妙不可見。四方有敗，必先知之者，謂父母一體，天地無私，有開必先，禮之神也。五至，謂志也，詩也，禮也，樂也，哀也。五者皆性情之秘，舉一兼五，起于志，終于哀，禮立乎其間。舒慘相生，始終相循，愛敬所以出，禮樂所以興，皆志氣充塞，神化變通，非聲容、制度、歌咏、哭泣之粗節，故曰至也。禮由心生，心所至爲志，好惡是也。志所宣揚即詩，故曰「詩亦至焉」。詩有美刺，而善惡形，領惡全好，即爲禮，故曰「禮亦至焉」。事得其禮不亂，則心安其節而能和，故曰「樂亦至焉」。樂意舒暢，必生悲慘，《檀弓》云人喜斯陶，以至于「歎斯辟」，故曰「哀亦至焉」。哀至又生樂，此皆人心變態，氣幾默運，微妙玄通，非耳目見聞所及。目正視則察，耳傾聽則審。正視不見，傾聽不聞，微之至也。樂有聲，禮有體，喪有服，此其粗者。聲于無聲，體于無體，服于無服，此其精者。粗顯于有，精妙于無。「夙夜基命宥密」，《周頌·昊天有成命》之詩，言文王、武王早夜憂勤，肇基天命于寬宥静密之中，無聲之樂也。其，當作「基」。「威儀棣棣」，《邶風·柏舟》之詩。逮逮，當作「棣棣」，茂盛貌。言威儀無一非禮，不可選擇，不待冠裳會遇而後謂之行禮，無體之禮也。「凡民有喪」，《邶風·谷風》之詩，言鄰里有喪，皆急迫往救，哀矜之誠，不待五服衰麻而後謂之喪也。五至言道，三無言德，皆禮之本也。

子夏曰：「言則大矣，美矣，盛矣！言盡於此而已乎？」孔子曰：「何爲其然也！君子之服之也，猶有五起焉。」子夏曰：「何如？」孔子曰：「無聲之樂，氣志不違；無體之禮，威儀遲遲；無服之喪，内恕孔悲。無聲之樂，氣志既得；無體之禮，威儀翼翼；無服之喪，施及四國。無聲之樂，氣志既從；無體之禮，上下和同；無服之喪，以畜萬邦。無聲之樂，日聞四方；無體之禮，日就月將；無服之喪，純德孔明。無聲之樂，氣志既起；無體之禮，施及四海；無服之喪，施于孫子。」

承上五至言道，三無言德，而此節五起又以進于德，合乎道也。服，習也。起者，上進之意。樂言氣志，樂本心生也。禮言威儀，禮由身體也。三無以次進于五而益純，故曰五起。氣志始于不違，至于既得。既得則人從，人從則聞四方。聞四方而後氣志之萌于微者，乃既起而樂作矣。威儀之始，矜持未熟則遲遲，久則能敬而翼翼，久則敬純而上下和同，久則日就月將而愈盛，久則篤恭天下平，而施及四海矣。無服之喪，其心平恕悲憫，進而惠及四國，又進而畜及萬邦，又進而純德昭于天下，又進而恩澤流于後世。如是而三無之德，全體無虧，則五至之道，冥合罔間矣。

子夏曰：「三王之德參於天地。敢問何如斯可謂參於天地矣？」孔子曰：「奉三無私以勞天下。」子夏曰：「敢問何謂三無私？」孔子曰：「天無私覆，地無私載，日月無私照。奉斯三者以勞天下，此之謂三無私。其在《詩》曰：『帝命不違，至於湯齊。湯降不遲，聖敬日齊。昭假遲遲，上帝是祗。帝命式于九圍。』是湯之德也。天有四時，春秋冬夏，風雨霜露，無非教也。地載神氣，神氣風霆，風霆流形，庶物露生，無非教也。清明在躬，氣志〔一〕如神，耆欲將至，有開必先，天降時雨，山川出雲。其在《詩》曰：『嵩高維嶽，峻極于天。維嶽降神，生甫及申。維申及甫，爲周之翰。四國于蕃，四方于宣。』此文武之德也。三代之王也，必先其令聞。《詩》云：『明明天子，令聞不已。』三代之德也。『弛其文德，協此四國。』大王之德也。」子夏蹶然而起，負牆而立，曰：「弟子敢不承乎！」

「帝命不違」，《商頌·長發》之詩，引以證湯德之奉天無私也。天有四時，運行于上；地載神氣，動作于下，造化之理，至公無私，皆示人以效法，故曰「無非教也」。天有神氣而言地載者，天施地生，在地成形可見也。神氣莫如風霆，皆自地出，風霆作而萬物甲者拆，蟄者啓，故曰流形，庶物露

〔一〕「氣志」，原倒作「志氣」，據閩本乙正。按：注中作「氣志」不倒。

生，此言天地無私也。聖人奉天無私，聰明睿智，氣志如神，外物之感，神明先覺。開，發也；耆欲，物感也，即「四方有敗，必先知之」之〔一〕意。如天將降時雨，山川先出雲，明炳幾先，與天地同體，無私之至也。因引《大雅・嵩高》之詩，徵天地山川聖人開先之義。詩本詠宣王，言山靈降生賢佐，以開大平，即文王、武王奉天之德也。三代之王皆脩文德，令聞〔二〕洽天下，即前云「五至」「三無」「三無私」「爲民父母」也。又引《江漢》之詩，徵之大王之德，猶《哀公篇》云「大士之道」也。蹶，起貌。負牆，問畢退而負壁立，以避來者也。弛，與「施」同。

按：《記》自《哀公問》以後，至《中庸》等篇，畧其度數，直譚道德性命，多舉孔子之言，而文辭不似《論語》簡約。然其縱横揮霍，變動不羈，旨趣亦沈冥懸解，語下而上，言淺而深。子云：「文莫吾猶人。」嗟乎，其猶人而已乎！

## 孔子閒居終〔三〕

〔一〕「之之」，原止一「之」字，據文義增。

〔二〕「聞」，原訛作「問」，據經文改。

〔三〕「孔子閒居終」，此行原在書葉闕損處，據《續修》本補。

# 坊記第三十

坊，猶隄防。《經解》云：「禮禁亂之所由生，猶坊止水之所自來也。」篇中所言，不無偏曲。逐節「子云」下是聖言，其餘轉語，皆記者推廣，雜引經傳，以證坊民之義，而意往往不協。《書》多引古文，故是後人補綴。漢賈誼曰：凡人之知，能見已然，不能見將然，禮者防之于未然之前。董仲舒亦曰：民之趨利，猶水之走下，不以教化隄防之不止。二子之言，即《坊記》之意。

子言之：君子之道辟則坊與！坊民之所不足者也。大爲之坊，民猶踰之，故君子禮以坊德，刑以坊淫，命以坊欲。子云：「小人貧斯約，富斯驕。約斯盜，驕斯亂。禮者，因人之情而爲之節文，以爲民坊者也。故聖人之制富貴也，使民富不足以驕，貧不至於約，貴不慊^謙，上聲^於上，故亂益亡。」子云：「貧而好樂，富而好禮，衆而以寧者，天下其幾^上聲^矣。《詩》云：『民之貪亂，寧爲荼毒。』故制國不過千乘，都城不過百雉，家富不過百乘。以此坊民，諸侯猶有畔者。」子云：「夫禮者，所以章疑別微，以爲民坊者也。故貴賤有等，衣服有別，朝廷有位，則民有所讓。」子云：「天無二日，土無二王，家無二主，尊無二上，示民有君臣之别也。」《春秋》不稱楚、越之王喪。禮，君不稱天，大夫不稱君，恐民之惑也。《詩》云：「相彼盍旦，尚猶患之。」子云：「君不與同姓同車，與異姓同車不同服，示民不嫌也。」以此坊民，民猶得同姓以弑其君。

「子言之」者，撮其旨也。「子云」者，記其辭也。坊，與「防」同。理欲相爲消長，凡民欲有餘，則理不足。君子制禮爲防，所以衛理。禮坊德，刑坊淫，命坊欲，是「大爲之坊」也。禮由聖作，刑由君出，命由天定，故曰大坊。貴不慊於上，謂不逼上也。慊、嗛同，貪恨之狀。貴疑上，則不奪不厭，故曰嗛。亡、無同。衆而以寧，言勢衆能安寧不悖亂者，不多見也。「詩云」以下，記者引證民畔之意，後仿此。千乘，謂公侯百里之國。古者以地賦車，百里之國，開方萬里，故云千乘，甚言多也。凡牆高一丈、長三丈曰雉。或云：五堵爲雉，方丈爲堵。都城不過百雉，謂不過五百丈也。「以此坊民」，皆記者語，後仿此。《春秋》不稱楚、越之王，引夫子脩《春秋》之義，楚、越僭王，故正其爵而稱子。君不稱天，惟王稱天王，大夫不稱君，但書其名字與爵氏。皆記者引以證防民惑之意，後仿此。盍旦，鳥名，夜鳴求旦。《月令》云：「鶡旦不鳴。」猶患，謂其不當鳴而鳴。引《詩》以徵惑民之意，今《詩》無此語。君不與同姓同車，嫌大逼也。異姓則無嫌，同車則不同服。同車同服，似二君矣。

子云：「君子辭貴不辭賤，辭富不辭貧，則亂益亡。故君子與其使食浮於人也，寧使人浮於食。」子云：「觴酒豆肉，讓而受惡，民猶犯齒。衽席之上，讓而坐下，民猶犯貴。朝廷之位，讓而就賤，民猶犯君。」《詩》云：「民之無良，相怨一方。受爵不讓，至於己斯亡。」子云：「君子貴人而賤己，先人而後己，則民作讓。故稱人之君曰君，自稱其君曰寡君。」子云：「利祿先死者而後生者，則民不偝；先亡者而後存者，則民可以託。」《詩》云：「先君之思，以畜寡人。」以此坊民，民猶偝死而號平聲無告。子云：「有國家者貴人而賤祿，則民興讓；尚技而賤車，則民興藝。故君子約言，小人先言。」子云：「上酌民言，則下天上施。上不酌民言，則犯也；下不天上施，則亂也。故君子信讓以涖百姓，則民之報禮重。」《詩》云：「先民有言，詢于芻蕘。」子云：「善則稱人，過則稱己，則民不争。善則稱人，過則稱己，則怨益亡。」《詩》云：「爾卜爾筮，履無咎言。」子云：「善則稱人，過則稱己，則民讓善。」《詩》云：「考卜惟王，度是鎬京。惟龜正之，武王成之。」子云：「善則稱君，過則稱己，則民作忠。」《君陳》曰：「爾有嘉謀嘉猷，入告爾君于內，女乃順之于外，曰：『此謀此猷，惟我君之德。』於乎！是惟良顯哉！」子云：「善則稱親，過則稱己，則民作孝。」《大誓》曰：「予克紂，非予武，惟朕文考無罪。紂克予，非朕文考有罪，惟予小子無良。」

富、貴人所難辭，貧、賤人所難處。能處貧、賤，辭富、貴，則能讓而不争矣。浮，猶過也。讓美受惡，讓上坐下，讓貴就賤，皆君子以身教民之事。猶犯，民猶不率教也。臥席曰衽，坐席曰席。利禄先死，謂先賞死難之臣。亡，謂流徙者。存，謂安居者。不偝，謂從上之教。可以託，謂民信厚可付託也。偝死而號無告，謂民風薄惡，死相背棄，老弱號哭，無所控告也。貴人賤禄，貴賢才，不吝爵禄也。尚技賤車，尚百工，不重器物也。興讓興藝，上好則下興，不以言教也。約言，謂先約後言，結其心而後告令也。先言，謂不約而輕言。酌民言，謂斟酌輿論，則上施而下奉之如天。不然，民必犯上，悖亂之道也。信讓，乃所以酌民言也。民報禮重，所謂天其上也。引「芻蕘」之詩，徵「酌民言」之義。牧曰芻，薪曰蕘，皆人之愚賤者。善稱人，過稱己，信讓之道也。按：此引「爾卜」，與下引「考卜」，二詩皆不甚協。

子云：「君子弛其親之過而敬其美。」《論語》曰：「三年無改於父之道，可謂孝矣。」高宗云：「三年其惟不言，言乃讙。」子云：「從命不忿，微諫不倦，勞而不怨，可謂孝矣。」《詩》云：「孝子不匱。」子云：「睦於父母之黨，可謂孝矣。故君子因睦以合族。」《詩》云：「此令兄弟，綽綽有裕。不令兄弟，交相爲瘉。」子云：「於父之執，可以乘其車，不可以衣其衣。君子以廣孝也。」子云：「小人皆能養其親，君子不敬何以辨？」子云：「父子不同位，以厚敬也。」《書》云：「厥辟不辟，忝厥祖。」子云：「父母在，不稱老，言孝不言慈。閨門之内，戲而不歎。君子以此坊民，民猶薄於孝而厚於慈。」子云：「長民者，朝廷敬老，則民作孝。」子云：「祭祀之有尸也，宗廟之有主也，示民有事也。脩宗廟，敬祀事，教民追孝也。」以此坊民，民猶忘其親。

孝子於親，有過則弛之，勿求備；有美則加敬焉，愛之至也。引《論語》，記者之言。高宗語，出《周書·無逸篇》。「讙」作「雍」，謂言出人悦也。「從命不忿」三者，皆不得于親之事。從命，謂命之難者，從之無忿戾之色。微諫，謂父母有過幾諫。不匱，猶不竭，「永言孝思」之意。因睦合族，因燕食之禮，合聚宗族，致親睦之情也。令兄弟，善兄弟也。綽綽有裕，寬相容也。瘉，病也。父之執，謂父同執業之友。乘其車，不衣其衣，車所同，衣所獨也，即前節君與異姓同車不同服之意。乘其車，服其衣，則并尊無等矣。因父及父之友，故曰「廣孝」。父子不同位，謂坐不同席，死不同昭穆。引古文《商書·大甲》語，明子不同父位，而上附于祖也。辟，君也。言孝不言慈，事親不敢私其子也。戲而不歎，戲以娱親，不歎以傷親也。敬老，老近于親也。長民者敬老于朝，則民興孝矣。示民有事，教民事死如生，事亡如存也。

子云：「敬則用祭器，故君子不以菲廢禮，不以美没禮。故食禮，主人親饋則客祭，主人不親饋則客不祭。故君子苟無禮，雖美不食焉。」《易》曰：「東鄰殺牛，不如西鄰之禴祭寔受其福。」《詩》云：「既醉以酒，既飽以德。」以此示民，民猶争利而忘義。

子云：「七日戒，三日齊，承一人焉以爲尸，過之者趨走，以教敬也。醴酒在室，醍[體]酒在堂，澄酒在下，示民不淫也。尸飲三，衆賓飲一，示民有上下也。因其酒肉，聚其宗族，以教民睦也。故堂上觀乎室，堂下觀乎上。」《詩》云：「禮儀卒度，笑語卒獲。」子云：「賓禮每進以讓，喪禮每加以遠。浴於中霤，飯於牖下，小斂於户内，大斂於阼，殯於客位，祖於庭，葬於墓，所以示遠也。殷人弔於壙，周人弔於家，示民不偝也。」子云：「死，民之卒事也，吾從周。以此坊民，諸侯猶有薨而不葬者。」子云：「升自客階，受弔於賓位，教民追孝也。未没喪，不稱君，示民不争也。」故魯《春秋》記晉喪曰：「殺其君之子奚齊，及其君卓。」以此坊民，子猶有殺其父者。

敬則用祭器，謂敬賓客，以祭器饗之，如籩豆鉶簋之類。惟敬不論物，不以菲廢禮，少之爲貴，以其内心也；不以美没禮，多之爲貴，以其外心也。主人親饋敬客，客亦祭而食以敬主人。君子有禮則食，無禮則不食，不論物之厚薄也。禴祭，薄祭。引《易》辭，明敬不在物也。民争利忘義，惟其物耳。承一人，謂奉一人。齊戒以奉，趨走以避，敬之至也。過之者趨，即《曲禮》謂爲君尸者，大夫士見之則下也。醴、醍、澄三酒，薄者在内，厚者在外，尤厚者在下，貴淡賤醲，示民不沈湎于味也。尸飲三，謂主人、主婦、賓客獻尸後，主人乃獻賓，故賓止飲一。尊者飲多，卑者飲少，故曰示民上下。因其酒肉，謂因祭祀酒肉，聚其宗族，羣昭羣穆，祭畢旅酬，教民親睦也。堂上觀室中之禮，堂下觀堂上之禮。引《詩》徵禮儀之善也。卒度，謂盡合法度。卒獲，謂盡得其宜。賓自外入，不可不讓。每進以讓，自門，及階，升堂，皆三讓也。喪自内出，不得不遠，每加以遠，自中霤至墓漸遠也。中霤，謂室之中。殷人弔於壙，即《檀弓》云「殷既封而弔」也；周人弔于家，「反哭而弔」也。弔雖異，不偝死同也，故曰「示民不偝」。人事至死而盡。卒，盡也。宜于事盡時弔之。從周，從周人弔于家也。蓋既葬反而亡焉，失之矣，是謂卒事也。薨而不葬，謂不備禮，非不窆也。《春秋》于諸侯薨有不書葬者。孝子初喪，升由客階，不忍代父也；受弔于賓位，不忍爲主也，皆不忍亡親之意，故曰示民追孝。諸侯在喪稱子，已在君位而謙讓，故曰「示民不争」。魯僖公九年，晉獻公卒，冬，里克弒其君之子奚齊。十年，里克弒其君卓子。記者引以徵争國不孝之罪。

子云：「孝以事君，弟以事長，示民不貳也。故君子有君不謀仕，唯卜之日稱二君。喪父三年，喪君三年，示民不疑也。父母在，不敢有其身，不敢私其財，示民有上下也。故天子四海之内無客禮，莫敢爲主焉。故君適其臣，升自阼階，即位於堂，示民不敢有其室也。父母在，饋獻不及車馬，示民不敢專也。」以此坊民，民猶忘其親而貳其君。

子云：「禮之先幣帛也，欲民之先事而後禄也。先財而後禮則民利，無辭而行情則民争，故君子於有饋者弗能見，則不視其饋。」《易》曰：「不耕穫，不菑畬，凶。」以此坊民，民猶貴禄而賤行。子云：「君子不盡利，以遺民。」《詩》云：「彼有遺秉，此有不斂穧劑，伊寡婦之利。」故君子仕則不稼，田則不漁，食時不力珍。大夫不坐羊，士不坐犬。《詩》云：「采葑采菲，無以下體。德音莫違，及爾同死。」以此坊民，民猶忘義而争利，以亡其身。

以事父之禮事君，以事兄之禮事國之長上，則純心不貳之臣矣。故君子既事其君，不敢更謀他仕，唯有故而去。或當筮仕之初，卜以決疑，則稱二君，擇所事也。不然則否。鄭以二爲儲貳，鑿也。子之于父，至尊至親，爲三年喪，人所不疑。君喪與父同者，使民知君父同尊也，故曰「示民不疑」。父母在，不敢有其身，不敢私其財，即《曲禮》「不許友以死，不有私財」之義。示民有上下，言卑統于尊也。父母在，人子雖貴，出入不敢用車馬，爲陵尊也。《曲禮》三賜不及車馬，州閭稱其孝，無車馬之饋獻可知。饋謂人饋己，獻謂己獻上。不敢專，謂親在爲主，子不敢專財也。民猶忘親而遺君，總結上四段之意。禮先幣帛，謂先行禮而後以帛幣將之。《孟子》云「恭敬者，幣之未將」是也。先禮後物，使民先敬事而後利禄也。苟先財後禮，則民惟知利；不辭讓而徑情直行，則民必争。故君子於人有饋于己，不能出見其人，是不能行禮也，則于其人之饋不敢視，況敢受乎！引《易》以徵無事而食不可也。不耕穫，謂不耕種而收穫也。墾田曰菑，田熟曰畬。不耕何可穫？不菑何可畬？所以爲凶也。遺秉，不斂穧，皆謂禾之穫而未盡者。束成把曰秉，鋪在地曰穧。寡婦之利，謂使貧者取之也。「仕則不稼」以下五者，皆不盡利之事。食時，謂食四時之物。不力珍，謂不力求珍羞也。不坐犬、羊，謂食其肉則不坐其皮。葑、菲，二菜。下體，根也。采其葉，又取其根，則盡利矣。德音莫違，謂夫婦善言相順也。同死，謂偕老也。

子云：「夫禮，坊民所淫，章民之别，使民無嫌，以爲民紀者也。故男女無媒不交，無幣不相見，恐男女之無别也。」以此坊民，民猶有自獻其身。《詩》云：「伐柯如之何？匪斧不克。取妻如之何？匪媒不得。蓺麻如之何？横從宗其畝。取妻如之何？必告父母。」子云：「取妻不取同姓，以厚别也。故買妾不知其姓，則卜之。」以此坊民，魯《春秋》猶去夫人之姓，曰「吴」，其死，曰「孟子卒」。子云：「禮，非祭，男女不交爵。以此坊民，陽侯猶殺繆穆侯而竊其夫人，故大饗廢夫人之禮。」子云：「寡婦之子，不有見焉，則弗友也，君子以辟遠也。故朋友之交，主人不在，不有大故，則不入其門。以此坊民，民猶以色厚於德。」子云：「好德如好色。諸侯不下漁色，故君子遠色以爲民紀。故男女授受不親。御婦人則進左手。姑、姊、妹、女子子已嫁而反，男子不與同席而坐。

寡婦不夜哭。婦人疾，問之，不問其疾。以此坊民，民猶淫泆而亂於族。」子云：「昏禮，壻親迎，見於舅姑，舅姑承子以授壻，恐事之違也。以此坊民，婦猶有不至者。」

自獻其身，謂女之奔者。蓺麻，種麻也。横從其畝，横直耕治也。魯、吴同姓，魯昭公娶吴女爲夫人，而諱其姓曰「孟子」，事見《春秋》《論語》。男女交爵，謂男女相獻酬也。陽侯、繆侯，其國未詳。古兩君相見，則主君與夫人同饗賓。自有陽侯之禍，此禮遂廢。君子以辟遠，以辟嫌故遠之也。諸侯不下漁色，不採求女色於民間也。御婦人，御車也。婦人在車居左，御者以左手前執轡，面向右，避之也。婦人有疾，問之，不可問其所疾，避其隱也。壻親迎，見舅姑，見女父母也。妻謂夫父母曰舅姑，夫謂妻父母曰外舅姑。承子授壻，奉其女子授新壻，恐其事或有違錯也。婦猶不至，謂壻親迎，女有懷二心不肯行者，如《鄭·丰》之刺，是也。

按：此篇記者本聖言而雜引經傳成文，非盡夫子語也。至其聯絡處不可分辨。古人文章組織盡工，得其意，縱横開闔皆是。據所引《論語》《春秋》，其非聖言易曉，猶《詩》古序雜毛説，鄭謂爲子夏與毛公合作，類此。

禮記通解卷十七終

# 禮記通解卷十八

郝敬 解

## 中庸第三十一

此篇聖門約禮之教，傳心之典也。先儒取以別爲一書，師説相承久，而鄙意小有出入，故言之不覺冗瑣。今併附左方，以俟明道君子裁削焉。

### 中庸總論

《中庸》，子思贊揚祖德，繼述聖教而作也。中者，太虚自然之名。庸者，日用平常之理。中自堯舜以來相傳，而庸則仲尼始發之。聖人盡性立人極，雅言執禮，其教不越民彝物則以用其中。庸以用中，而中始著；中以妙庸，而庸益神。《易》所謂「顯諸仁，藏諸用」，「聖人以此洗心，退藏于密」，「百姓日用而不知」，程伯淳謂「體用一源，顯微無閒」，此也。記者取而列之禮，何也？非記者之意，是孔門之的旨也。子云「博文約禮」「克己復禮」，禮者，中庸而已。禮不可斯須去身，即中庸不可須臾離。執禮與執中無二。非禮勿視聽言動，所以約禮而存未發之中也。中者，禮之體；和者，禮之用。教莫大乎禮，道莫大乎中庸。故曰：「大哉聖人之道，禮儀三百，威儀三千。君子極高明而道中庸，敦厚以崇禮。」始于戒慎恐懼，終于篤恭平天下，崇禮之謂也。故中庸者，性命之奥，禮教之原，其來遠矣。至宋程正叔、朱仲晦諸子摘取此篇與《大學》别爲二書，離禮獨行，愚竊疑之。昔者孔子罕言性與天道，何爲也哉？非曰秘之，良以大道不外日用，擇言高論，必有遺脱之憂。故曰「中人以下，不可語上」，又曰：「民可使由，不可使知。」佛老之説與聖道非二也，特以其孤譚性命，遺落世故，人心壞，禮法弛，所以爲大亂之首，不可用也。予嘗語學者，凡民不知有道，不知是病，及知有道，知又是病。騎驢覓驢，愚不肖之醉易醒；頭上安頭，賢知者之病難瘳。故曰「人莫不飲食，鮮能知味」，味終不離飲食耳。今以飲食爲糟粕，專與人言味，何自而得味哉？故曰「下學而上達」，聖言至精密已。人若不饑，食亦長物；不渴，飲亦長物；能率性，道亦剩語；能由道，教亦虚器。故諺有之：「饑來喫飯倦來眠，只此脩行玄更玄。」此言雖俚，實是聖人「無行不與〔一〕」之意。子思憂禮教日衰，繁文日盛，窮思反本，而作《中庸》，與《大學》意同。蓋禮至叔季，忠信薄矣，不可無《中庸》以爲根柢，不可無《大學》以爲包絡。今欲割此二篇獨行，舍禮專譚性命，將有空言無實，

〔一〕「與」，原作「語」，今據《論語·述而》所載孔子語「吾無行而不與二三子者」改。按：下文亦有「聖人所以貴默識，無行不與也」云云，可爲旁證。

薄視名法，若老聃、瞿曇之爲者矣。是以宋室南遷，國祚奄奄，諸君子方守誠意正心爲理學，而國未治，天下未平，與清言之無救于晉亂，佛法之無補于梁亡，如「唯之與阿」。夫然後信聖教本無敝而佛老所以惑世誣民者，正惟其空譚性命，非有他也。今儒者離禮獨言《中庸》，身蹈二氏之癖，又詆二氏爲異端。及其不勝，遂舉性命宗旨一切割以予之曰此禪耳，玄耳。于諸家言語文字稍涉二氏，輒引嫌避諱，自以爲儒。夫二氏所異于聖人者，非以文字也。道果異邪，何嫌文字之同；道苟同邪，文字雖異無以別。學聖人者，在真見其是，不在文字閒避嫌疑也。佛本夷狄侏儒之語，借中國聖人文字緣飾其說，文字原非二氏有也。自堯舜繼天垂統，仲尼脩道立教，千有餘年，彼乘吾聖遠經殘，假託依附，所謂因果輪迴、長生不死，齊東野語，姑置勿論。其他近理，如明覺真空、清虛無爲等語，皆《六經》殘膏賸馥，彼叨竊吾餘，如客子寄生，居吾土，食吾粟，何得與吾抗，而吾以地主宗盟，乃望塵卻避，可謂「慎而無禮則葸」者矣。且儒非佳名也，儒者，懦也。《易》曰：「天行健，君子以自强不息。」豈文弱可名？魯哀公以儒戲孔子，孔子不居，其教子夏曰「勿爲小人儒」，論道德，言勇言强不言儒。《六經》之訓，稱帝王聖賢，而儒之與百家列也，自司馬遷、劉向、班固始耳。彼以儒命我，我沾沾自喜，援孔子爲儒師，牽帥七十子爲儒徒，名不正，言不順。至于南宋，而儒斯極已。故其失天下也，委中原以奉胡虜，不能恢張治道而偏安一隅，疲苶以亡。其諸君子學術復然，割聖道以奉佛老，而株守理窟，澳泗無用，世因道汙，諒非偶爾。由斯以譚，自漢至宋，訓詁不明，道未嘗微；自宋至今，知解漸多，道未嘗顯。始信虛見無實，道無增減。今欲統一聖真，惟守下學上達、博文約禮之訓，以默會其所謂中庸，使知行合一，費隱兼體，内外時措，顯微無閒，彼二氏語上遺下，自不能出吾範圍矣。予故挈此篇還之記者，孟氏所謂「反經」，莊生所謂千載而知其解者，旦莫遇之矣。

學不可以不講，道未可以講得。夫子終日言，而曰「予欲無言」。《論語》二十篇言學未嘗定指何事是學，言道未嘗定指何物是道，昧者謂爲隱。子云「吾無隱乎爾，吾無行而不與二三子，是丘也」，可謂披肝瀝膽，數千年來無人理會。此非可無心得，非可有心求，默而識之，即無處非是。儒者以道爲題目，犯手做作，道自道，學自學，人情世故又是人情世故，理學又是理學，則莊生所謂懸疣枝指者耳。佛氏謂無一法可得，是謂得法。此語本聖教，皆被儒者割予佛。佛行不顧言，棄父母，捐妻子，毁形體，滅人倫，以希出世。其支離愈遠，而儒者并此旨亦未領會，閒有會者，輒共訾爲異端。然則道何由明乎？大抵愚不肖以無心迷，賢知以有心隔，其失均也。有心無心之閒，孟子謂有事勿正，勿忘，勿助。千古知音，孟氏一人而已。

《論語》，孔門傳心之典，而不數言心，唯「回也其心三月不違仁」、「從心所欲不踰矩」二語。心且不數言，況性與天道，聖人之意可知。天人性命，誠明顯微，費隱有無，皆發自此篇；明德至善，定静安，心意知，皆發自《大學》，而皆寓諸禮，範諸規矩，錯諸實地，非空譚也，聖人之意又可知。釋氏五藴、六入、六根、六塵、十二因緣、十八界種種名色，搏空捉影，茫無憑藉，儒者復有天理人欲、存養省察、表裏精粗等，語多方而心境未融，顯微不貫，均之深譚素隱，質諸《論語》，無此等深刻之言。奈何後儒獨舉此二篇單行，所宜取而合之也。

此篇雜引聖言，薈蕞成文，遇罅處，以意填補，文若不續而脉絡貫通，心領神會，存乎其人。朱子《章句》大有分曉，較《大學》爲近之。若鄭註、孔疏孟浪無足觀矣。朱註分三支，其實一片文字。今畧分疏，使初學易解。自「天命之謂性」至「萬物育焉」，統論中庸源委。自「仲尼曰君子中庸」至「至死不變，强哉矯」，論實體中庸之難。自「素隱行怪」至「小人行險以徼倖」，論道不越尋常所以爲中庸。自「射有似乎君子」至「雖柔必强」，舉帝王制作、聖明經綸，不越人倫，以實中庸之用。自「自誠明謂之性」至「純亦[一]不已」，發揮孔子所云誠明天人，以究中庸之微。自「大哉聖人之道」至「苟不固聰明聖智達天德[二]者，其孰能知之」，極言道德之至，惟仲尼能全體，素位而行，所以爲至聖至誠，集中庸之成也。蓋中庸之教，發自仲尼，子思奉揚祖德，故以仲尼終。自「《詩》曰衣錦尚絅」至「無聲無臭至矣」，歷引《詩》反覆咏嘆道之微顯，歸極于天，以終首章「天命」之意。通篇從天說向人，又從人說還天，中間發揮天人之蘊。顯微兩字，爲一篇樞紐，乃其天人合一而道中庸者也。

通篇大畧謂道本諸天命人性，聖人設教，不過脩之。天下無往非道，其要只在人心。人能涵養此心于静虚獨照之中，達于日用事爲，隱見如一，顯微無閒，性體周徧圓融，則無適不與道俱矣。蓋人心已發未發，即是道之大本大用，中和極致，則人與造化同流。此從古聖神相傳，中正平常之理，仲

[一]「亦」，原訛作「一」，據《中庸》本文改。

[二]「德」字原闕，據《中庸》本文補。

尼所傳中庸之教然也。體此者爲君子，反此者爲小人，而民鮮能之，何也？道本天命人性，一片虚靈，合下清通無礙，率之即是所謂知也。真知即是真行，微顯合一，更無漸次差别。但凡民以習氣障却性天，顯微不貫，離知求知，知反成虚見，更須求行幫補，知行始分爲二矣。知不能行，所以道不明；行不能知，所以道不行。豈天下有道外之人？祇爲當面錯過，所以中庸鮮能，喫緊爲鮮知耳。然則欲道行，必如大舜中庸之知，即是行；欲道明，必如顏淵中庸之守，即是知。顯微合一，道乃不離，此際有真力量，自强不息，天行之勇也。其曰中庸，何也？蓋道探之隱微，則空虚無物；泥于形迹，則浮泛無根。此素隱者與遵道者兩失之，惟聖人與道爲體，顯微無閒，乃能依之。顯者至費也，微者至隱也，即費而隱，即隱而費。其費也人皆可知可能，其隱也聖人不知不能。其費無外，其隱無内。其神妙活潑無方，其體段充周莫禦。故人欲爲道，不必遠求，即人即道，即道即人。我之道即在我，人之道各在人。夫婦、父子、君臣、兄弟、朋友，常言常行，各自盡而道在矣。故君子素位自得，安常處順，脩己俟命，則天人交得，所謂中庸蓋如此，非離卑近求高遠也。高遠不離卑近，此顯微之義也。尋常人倫日用，和妻子，宜兄弟，孝父母，顯也，卑近也。天地、鬼神，微也，高遠也。人道非邇，天道非遠，道德倫紀，即是天命人性。鬼神變化，不過人心上精誠；帝王功業，不過人情上孝思。制禮作樂，尊祖敬天，取人立政，治天下國家，不過尋常家庭父子繼述，與三德、五倫、九經之理，不過明善誠身之事。其脩于顯者皆人也，其通于微者皆天也，而誠明者天人之秘也。天命人性，本來虚靈，惺惺兼照，至見至顯，故謂之明。此外原無有誠爲對。祇因衆人私欲昏擾，真明受障，不得透露，謂之妄。妄即不誠。磨練得安凈，則真體自現，顯微不二，萬應皆真，是謂之誠，與明非二也。人同此明，但患不誠。聖人神明，惟其誠至耳。故中庸言誠，要之與明一也。誠而明者，天下之至誠，一性全真，天地人物，總不越自性中，明之至，上也。明而誠者，致一曲之明，積累至動變化，誠之至，次也。誠而明者，其知如神，無遺照也；明而誠者，其道咸宜，無遺理也。要其機，只在無息。無息者，顯微合一，時中素位，須臾不離，「依乎中庸」之謂也。無息，便與天地相似。天地惟顯微無閒，真常不二，所以易簡而成變化。人性即天命，一點虚明，常住不昧，則參贊位育，與天地配，此誠明之至，天人之秘，中庸之精也。由茲以譚，則中庸之道，豈不大哉！天高地下，萬物散殊，何莫非道；日用倫常，周旋裼襲，何莫非道，皆所謂「微之顯」也。但脩德凝道之君子，振古有幾？必德性醇粹，學問精密，敦厚崇禮者，乃能微顯一貫，上下治亂，無入不得。自生民以來，禮教之宗，未有若仲尼者矣。躬上聖之資，道與時違，爲能素位而行，周旋中禮，非所謂「依乎中庸」者與？堯舜既遠，文武不作，天地人物之統會，往聖來學之依歸，千萬世名教之宗主，惟仲尼一人。雖無可徵、可尊、必信、必從之時勢，而全體三王、天地、鬼神、後聖之道德；雖遯世不知，唐虞三代之治不復覩，而天地古今帝王之道，已會其極。其真天下至聖，聰明聖智，功德配天者乎！其真天下至誠，盡性至命，神不可知者乎！功德配天，顯之至也；神不可知，微之至也。顯微無閒，道德之至也。性命本同出，天人非有二。《詩》可以興，知道者優游諷詠，默而識之矣。

或問：朱子以「無過不及」言中，如何？曰：未可也。中無名象，無方所。中若有名象、方所，子思更不須添一「和」字衍説矣。無過不及，正是發而中節。子思不以名中，而以名和，和切近中，然不可以盡中。如以無過不及爲中，便是子莫。每事但揀定無過不及，則中成死局。若此四字可名中，舜宜以命禹，箕子宜以告武王，伏羲、文王、周公、孔子宜據此作《易》，《易》六十四卦惟發揮一中。孔子難言，故云「執其兩端，用其中」；孟子難言，故云「執中無權，猶執一」。子思得聖祖之傳，直指喜怒哀樂未發當之，更添發而中節之和襯貼，方稍露端倪。聖賢傳中之難如此。今抛却底本，硬執無過不及，焉能做得中出。纔著摸擬，早已不中，但有式樣，都則非中。擺定無過不及格子，依樣葫蘆，失之愈遠。夫子嘗言過不及，爲檢舉衆人鹵莽滅裂之病，豈可遂反其語，以爲妙道精義？善言中，莫如《易》，曰：「無思也，無爲也，寂然不動，感而遂通天下之故，非天下之至神，其孰能與于斯」；又曰：「一闔一闢之謂變，往來不窮之謂通，陰陽不測之謂神。」即子思所謂喜怒哀樂未發。合而觀之，中其可知矣。

中者，在中之義。宛然在中，不容擬議，是乃萬事萬物元神無處不在，而無跡可尋。子思言和，是大衍法。未發不可見，借已發衍之，亦便是顯微無閒之旨。雖有辯才，説中不出，從來説中，都是發而皆中節之和。孟子云：「天下之言性也，則故而已矣。故者以利爲本。」其言性曰：「乃若其情，則可以爲善，乃所謂善。」孟子受業子思之門人，此便是傳授心法。今只已發未發兩語，數千年來學者尚在雲霧中，豈非莊生所謂千古旦暮者與？

子思增一「和」字，又不如夫子增一「庸」字。庸可兼和，和不能盡庸。言庸則顯微無閒。庸者，常也，用也。常用之謂庸。程子謂「不易之謂庸」，非也。易，變也，一闔一闢之謂變。不易不變，不可謂中，不中安可謂庸？非仲尼脩道本旨。仲尼脩道，不憂其易，憂其不常。離常求中，必至隱怪。不離人倫庶物，是名中庸。

人者，天地之中，聖人用其所爲人者而已。穹蒼以上，日月星辰之遠；泉壤以下，山嶽河海之深，聖人所知所能者，九牛之一毛。不能知，亦不必知，知人之道而已；不能行，亦不必行，行人之道而已。故曰：以人治人，能盡其性，則可以參天地。參者，三也。三者，上下之中也。三才之道莫備于《易》，《易》卦爻莫備于中。初上無位，天地之象，非人所能，故中庸者亦以名乎天地之中人之所自得者而已。

顯微二字是全篇紐子。首言顯微。中言費隱，即顯微也；鬼神即道，亦言微顯。末章反復申明不越顯微，二者離則百敝生，二者合則德可入，道可凝。夫子謂「下學而上達」，顯微之謂也。中是微，庸是顯。先儒説中庸，不透此旨，故學術亦差。

中不離庸，即中是庸；庸不離中，即庸是中。庸如茶飯，中如茶飯裏滋味。只此宇宙，只此民物，更無離此別有玄妙。尋常處玄妙，玄妙處尋常，故曰中庸。顔子當初仰鑽瞻忽，亦只爲見得太高，離顯求微。夫子誘以博約，亦只是中庸。

道不外目前。越是目前，越是實在，更著不得些子玄虚。越是目前，越近自然，玄虚總在裏。天人合一，顯微無閒，中和一體，此際難容擬議。纔擬，便隔千山萬水；纔説，便似捉影捕風，但嘿嘿體究，脉脉印證。聖人所以貴默識，無行不與也。

篇内譚鬼神，是極玄渺；譚天地，是極曠蕩；譚帝王，是極烜赫。鬼神只是人心精爽，天地與人同此虚靈。帝王功業，只是人心上經綸，料理眼前人倫庶物而已。遠處即近，微處即顯，易處即難。今人學《中庸》，休問天地如何，鬼神如何，帝王如何，但作止語嘿、應事接物處時時戒懼慎獨，以致其中和，則天地鬼神不違，而治國平天下一以貫之矣。

有形之類，天地爲統。論道，天地至矣。人生耳目所到，更無過此。耳目所不到，儘揣量無用。人生世間，了世間事，只有性命。了性命上事，更管甚六合以外？聖人説天説地，爲是性命所從出，拚棄不下，六合外縱有大千世界，儘知得見得無用。若要識取，只在眼前一念静虚，喜怒哀樂未發，清通圓融境界。非大非小，非有非無，六合内外，總在裏許，夫豈遠求，是曰中庸。

中庸只是易簡，易簡只是自然。自然之謂天，不自然便屬人。故道原于天，極于中，世間倫物，一絲也自然，由人安排不得，故曰「易簡而天下之理得」。纔著些子，便不易簡，故曰中庸。

世間道理，都從心上化現。若無人心，雖有天地萬物，無由發揮。故曰：「人能弘道」，「待其人而后行」。《中庸》言天下大本，局定在喜怒哀樂未發之中，此千聖相傳之秘。大虚渾是一片靈覺，人心渾是一箇大虚。除却人心，更無處可端倪。夫子贊《易》，亦只發揮人道。千古聖賢，只料理人事。「《易》有太極」，人心之謂耳。

此理未可全杖講解，須脉脉理會，儘説得似，都非。子思已饒舌矣。若《論語》二十篇，何曾有此等深刻語。當時列在諸禮中，要將禮來填實，將此去浸透那禮。篇中言周公制作、孔子爲政，皆禮本色。

不檢還禮，單看無巴鼻，馴成一箇佛老。

釋氏欲破人執礙，侈譚大千而狹小天地，言道不言天，言性不言命。離天命言人性，性無棲泊，將世間道理儘由恣蕩，無範圍根蒂，所以失之。《中庸》脩道必本諸天，言人必言天，言性必言命。世上一切人倫物理，都是天道自然。物與無妄增不得，減不得，由人不得，欲不如此不得。合下停當，實在證盟，包括無餘。世豈有天外之人物，何必爲天外之妄想，爲大千之詭説，爲出世之空譚？履之即禮，由之即道，此中庸之教，萬世永賴也。

仲尼言中庸，罕言性命。子思言性命，必稱仲尼。蓋性命以中庸爲實際，中庸以仲尼爲宗師，故言必稱仲尼者，亦慮學者岐而之他也。時佛教未入中國，聖賢已先覺其敝，況今佛教充塞，儒者欲舍禮孤譚性命，而詆禪寂爲害道。嗟乎！言性命而離禮樂，其誰非禪寂也與哉！

或問《中庸》之旨與二氏同異。曰：道同教異。《中庸》言未發之中，不覩不聞，不顯之德，無聲無臭，與佛言清静本來，老言致虚守静同。《中庸》言誠，佛言真；《中庸》言明，佛言覺；《中庸》言顯微，佛言圓通，皆吾聖人已言之緒。但佛老以生死事大、無常迅速起教，拋却生，偏理會死；聖人素位而行，視生死如晝夜，生則盡倫，死則盡禮。二氏以世界爲煩惱，混同不分；聖人憂患天下，綜理周密。二氏以無生爲樂，以有生爲苦；聖人喜怒哀樂，不違人情。二氏專譚性命，遺落世務；聖人罕言性命，大道爲公。二氏勤脩因果，徼求利益；聖人率性無爲，直道而行。二氏偏枯，聖人圓融。二氏褊小，聖人廓大。二氏無實，聖道有用。二氏有爲而爲，聖道自然而然。大抵二氏以無遺有，《中庸》

即有是無；二氏斷絶世緣，偏接上智，《中庸》安頓世界，賢智愚不肖各得其所；二氏出世，《中庸》經世。嗟乎！世可出乎？徒罔人耳。其最舛者，以譚鋒爲頓悟，開末學狂騁之端，至莽蕩空虛，喜躐等而薄深造，是學問之害也；以出家爲脩行，作亡命逋逃之藪，至毀形滅倫，變中國而爲夷狄，是世教之賊也。故韓愈氏欲「人其人，火其書」，是尚足與議道德乎？儒者不核其實，不討其叛，不服其心，陰畏其逼而陽避其似，宜彼之滋張也。

## 第一章

舊本不分章，今依程朱本畧加改訂如左。

天命之謂性，率性之謂道，脩道之謂教。道也者，不可須臾離也，可離非道也。是故君子戒慎乎其所不睹，恐懼乎其所不聞。莫見乎隱，莫顯乎微，故君子愼其獨也。喜怒哀樂之未發謂之中，發而皆中節謂之和。中也者，天下之大本也；和也者，天下之達道也。致中和，天地位焉，萬物育焉。

此章子思首自立言，爲一篇要領。大虛曰天，賦予曰命。命有二義：有分付義，是天之所以生人物也，《易》云「乾道變化」是也；有主宰義，是天之所以爲天也，《詩》云「於穆不已」是也。大虛非頑空，知氣生生，成繼而爲人。故人性即是天命，如冰自水出，水即是冰，太虛神靈，性即大虛。一大虛，化百千萬億大虛，各各圓滿，不相假貸，不相妨害。大德小德，敦化川流，所以出也。釋氏謂帝網交映，三千大千，河沙塵刹，巧説曲譬，無非蹈襲此旨。蓋天道貞觀，如大火聚；命而爲性，如千炬萬竈同是一火。天之無聲無臭，即人不睹不聞之中；命之於穆不已，即性顯微無閒之神。天也，人也，命也，性也，一而二，二而一也。人性無名，故即天命名。自然而然曰天，莫致而至曰命，與生俱生曰性，一也。天下萬事萬物，何者非天，何者非命，即何者非性。知人性爲天命，道之全體大用畢舉矣。朱子論性，兼人與物，又分氣與理。夫大虛絪緼惟氣，氣虛而靈，故曰知氣在上。氣即是知，知即是理，非氣外别有理也。以氣爲生，以理爲性，其説仿于孟子，然孟子實無此説。告子論「生之謂性」，孟子亦無以非之，但病其于人物無分曉，未嘗以「生之謂性」爲非也。今此天命之性，非「生之謂性」而何？儒者欲别氣與理，以避孟子之譏，本無真見，隨人短長耳。天命之性雖通人物，《中庸》本旨，責成在人。人者，天之心，萬靈之會，故曰：「人能弘道」，「待其人而後行」。如性必兼人物，則喜怒哀樂，未發已發，大本達道，兼責之物不能矣。率者，引伸直達之意。人性得于天者，萬有皆備。苟能順應直達，無遮留轉换增減等弊，則日用常行，天機長裕活潑，此往彼來，各有當然平坦可行之路，是謂之道。脩，芟治也。恒人不率性，機巧變詐，則大道荆棘。聖教多術，無非因其坦然共由者翦除邪穢，疏達正直而已，是謂之教。《學記》引《説命》曰：「教學半。」凡由學入者皆謂教，不但聖人設教乃爲教也。後章云「自明誠謂之教」，是也。須臾者，不久之意。須，待也。臾，曲也。速則直，遲則曲。離者，舍而去之，析而分之，皆是也。道不可須臾離，謂天人之合，性命之會，無間可息，非但人不可離道，道自無罅隙也。不睹不聞，人心静虚之體，即天命之性。人身中各具一大虚，不以静有，不以動無。戒慎，惺惺之意。恐懼，寂寂之意。睹屬目，目爲火，其神外朗，故戒慎有外防意。聞屬耳，耳爲水，其精内明，故恐懼有内斂意。人皆以人不見爲不睹，君子雖衆目共睹，而所不睹者自在，常戒慎爾。人皆以人不聽爲不聞，君子雖衆耳共聞，而所不聞者自在，常恐懼爾。皆所以存此心于應務酬酢，涵養虚靈，而杜妄緣之擾也。見，現也。隱，不現也。微，不顯也。見、顯，即睹、聞也。隱、微，即不睹、不聞也。獨者，不容一物之名，即隱微也，禪語云「真照獨存」是也。慎，即戒慎恐懼也。言道體無分于隱見微顯，即《易》云「顯諸仁，藏諸用」，程伯淳謂「性無内外」，「静亦定，動亦定」也。蓋無形無聲之真體即有形有聲之含藏，共見共聞之作用即獨見獨聞之精神，寂然不動者即感而遂通者也，萬象森羅者即沖漠無朕者也。天人一體，顯微不二，故曰「莫見乎隱，莫顯乎微」。言即隱即見，即微即顯，即獨睹獨聞，即共見共聞，是以君子無時無處不戒慎恐懼以慎其獨也。「喜怒哀樂」以下，申言天命率性、微顯不離之義。喜怒哀樂，情也。其未發，性也。發而皆中節，率性也。中者，天命人性之體，陰陽不測之神，道之元也。自堯舜授中，列聖相傳，未有直指其體者。子思得聖祖之傳，直以人心喜怒哀樂未發當之。蓋此未發，人人自有，人人共迷，非可以躁擾求，非可以枯寂得，但能常静虚，隨處自顯露。非有非無，非難非易，非大非小，非遠非近，非外非内，非實非虚，非人非我，非古非今，微妙玄通，不可思議，是名曰中。此大一元神，天之所以爲命，人之所以爲性。故曰：人者，天地之心，陰陽之交，鬼神之會，萬物之靈，恃有此耳。此千聖退藏之密，無名無狀，而名之狀之曰中。然又曰「發而皆中節謂之和」者，何也？蓋未發了無可得，必向未發覓中，是使形如槁木而心如死灰也。一息尚存，心未可死，未發焉可得，則中將終不可見乎？孰知夫所謂未發者，非灰其心之謂也。生生之謂性，存存之謂性，一也，故曰：「顯諸仁，藏諸用」，「静亦定，動亦定。」未發之體即在已發之内，已發不乖乎其節，即未發行乎其中。此所謂微顯隱見，通一無二之道也。因用證體，導流濬源，故孟子曰：「天下之言性也，則故而已矣」，「觀水有術，必觀其瀾」。以四端言性，正此意。學者但能涵養此心，使喜怒哀樂發皆中節，則未發之中無時無處不在。故其要惟慎獨，所以養未發之中也。戒慎恐懼云者，豈躭空守寂之謂與？中即性也，命也，即不睹不聞也，隱微也，獨也，故曰「天下大本」。和即率性也，睹聞也，見顯也，故曰「天下達道」。和所以用中，達道所以行大本。無本則道不達，無中則和不行。不存養于隱微，而徒脩飾于耳目之交，所以終身由之，不知其中者衆也。若復滅情以求中，不知達道之用，空虛無實，亦非堯、舜、仲尼所授之中也。故子思以和言中，以發証未發，見道不離平常，所以爲中庸之教也。致者，擴而充之。致中和者，無時無處而不戒慎，以全其發、未發之真，所謂隱見合一，顯微無閒也。位者，清寧之意。育者，長養之意。中和一氣，三才同體，而其發竅在人。人者天地之心，萬物之秀。人心之中和，即是天地萬物之中和。天地非待人中和而始位，萬物非待人中和而始育，然而中和之氣，本相通也。人心不中和，天地之中和自在，然而元氣不無傷也。人心中和，則裁成輔相，無所不宜，覺宇宙閒皆一氣之周流，何者非命，何者非性，何者非道之「顯諸仁，藏諸用」，而脩道之教，斯其至矣！老氏謂還丹復命，宇宙在手；佛氏謂清静法身，大千法界，皆蹈襲此旨。但吾聖人以大本行達道，順性命之自然，而二氏謂人發殺機，天地反覆，見聞逆流，法忍無生，是逆天之命，拂人之性，舍達道而求大本，遺顯見而索隱微，豈中和禮樂之教哉？至于刑名術數支離務外之説，益不足道矣。

「天命之謂性」三語，一篇要領。「道也者」以下，皆脩道之教，而性命行乎其中。通篇所言不出此。天非蒼蒼之謂。蒼蒼者，天之小體耳。天者，大虚也。大虚無象，言天，則虚實有無圓滿；言大虚，則似落空。《中庸》宗範在安頓世界，料理民物。世界民物，以天爲統，故首言天。

道不可離，可離非道，此切要之語。性道體段，學問工夫，俱不違此。道不遠人，所以不可離。遠人爲道，即可離非道。篇中反覆言費隱、誠明、天人，無非發明此旨。離者，分析之名。不但背道爲離，凡教者、學者分顯微，分隱見，分睹不睹、聞不聞，分知分行，種種破裂之見，等待湊合，皆非自然不二不測之神。蓋可析而分者，即是可離。不可離者，烏容分析乎？

不睹不聞，即後章云聖人所不知不能者，故惟有戒慎恐懼而已矣。

《中庸》一篇教學者沈潛反約于身心性情閒，所謂「闇然日章」也。不睹不聞，慎獨未發，皆合隱見顯微而言，不待耳無聞、目無見始爲不睹不聞，不離已發存未發也。共見共聞，自有不見不聞在。自家意念上事，人誰見得聞得？戒慎恐懼，只是意思乾乾，非震驚不寧之謂。不見不聞即是獨，戒慎恐懼即是慎。「莫見」「莫顯」二語，贊道無閒内外，大本、達道通一無二。君子戒懼慎獨以致中和，不可須臾離，此也。朱子以戒懼、慎獨分兩時兩事，曰「既嘗戒懼，于此尤加謹」，則是戒懼時猶未甚謹也，不成義理。又以中和分屬天地、萬物，意謂和本于中，萬物本于天地，然豈天地獨中不和，萬物獨和不中乎？破裂甚矣！

天地雖兩，其實地皆天也。陰陽雖兩，其實陰皆陽也。動静雖兩，其實静皆動也。反觀自性，生幾躍躍，何嘗有不動時？即獨居燕處，事物未感，耳目不交，思慮不起，如此者，恒人于一日之中不得一刻，必斯時而后戒懼，則君子所戒懼者亦寡矣。必至静無感乃稱戒懼，如佛子趺坐觀空乃可，是素隱之學也。故曰：「莫見乎隱，莫顯乎微。」言隱微之不離見顯，而見顯之即隱微也。曰未發謂中，發中節謂和，言發不離未發，而未發即存乎發也。此千聖學脉，動静一幾，中和一致，知行一源，誠明交進，不可偏廢。所以民物爲體，天地同流，與佛老異者，此也。朱子謂静而存養，動而省察，不知離動何處求静，離不睹不聞何處覓獨，離戒慎恐懼以何爲慎？欲不寂滅如佛老，何可得？心上工夫，大端著力不得，戒慎恐懼、慎獨，只心常惺便了〔二〕，破碎支離，愈作愈假。君子通顯微隱見，無時

---

〔一〕「常惺」，「惺」下似當重一「惺」字，作「常惺惺」爲是。然本書屢言「常惺」，似其原稿如此，今亦不敢改。按：「惺惺」爲一詞，有覺醒之意，禪宗語録常見，本篇郝注亦數言「惺惺」。「常惺惺」一語，見於謝良佐《上蔡語録》卷二「敬是常惺惺法，心齋是事事放下，其理不同」。郝氏雖止言「常惺」，而不妨認爲其用法與謝氏此語同。下同者，不悉出校。

無處不戒慎恐懼，以慎其獨。此道易簡直截，必如朱説，静時戒懼，動時謹獨，不惟戒懼〔一〕、謹獨分兩事，不睹不聞與獨又分兩時，攪擾煩難，莫適所從。今人但向不睹不聞處戒懼，自然性命周流，塵累全銷，天靈惺惺，即便是察，何必別用省察乃爲慎獨乎？若待念萌時方省察，如捫漏舟，不勝潰決矣。

人但識得不睹不聞，便自有戒懼意思；識得獨，便自有慎意思。顯微隱見，名異功同，此閒甚細，難容破裂。

○世人不知道，故馳逐于耳目見聞。《中庸》根本性命，教人常視于不睹，聽于不聞，向尋常日用處見道于隱微。故孟子云：行之不著，習矣不察，終身由之而不知其道者，衆也。行著習察，即莫見莫顯之意。故顯微兩字，爲一篇樞要。篇内再三提掇，以此。

中者，無名之名，猶恒言「其閒」「就裏」「箇中」之謂，故夫子以兩端形容。《易》曰：「一陰一陽之謂道。」一陰一陽之閒，所謂不測之神便是中，在人即是一點虛靈，與天命覿體無二。故子思指定天命言人性，指定人性言中，極明顯，極隱微，極平常，極高遠。「《易》有大極，是生兩儀，兩儀生四象。」大極即人心。兩儀、四象，皆自人心發現。人心死，天地萬物滅；人心死，亦復無中庸。可知中和是大本達道，可知致中和能位天地、育萬物。

喜怒哀樂，畧指人心情識言。並舉四者，以見含蓄非一端耳。發而中節，不定指四者，日用一切

---

〔一〕「戒懼」，原作「戒慎」，據上下文改。

應務酬酢皆是，而四者之發，失節最甚。

中和位育，只是與道合真，太虚同體，所謂「盡性以至于命」也。天地覆載，即是吾性覆載；萬物生育，即是吾性生育。天人渾同一炁，性命原無二體，不在形色象貌上比擬，不在推測占驗上附會。凡《中庸》之言，皆就大本大源頭陶鑄，《禮運》《禮器》《樂記》可參看。

斂而藏之，在不睹不聞，而幾不容揜；引而致之，偏天地萬物，而用不能藏，乃所以爲位焉育焉，見乎隱、顯乎微也。

水母以蝦爲目，蝦動，即水母行。天地以人爲心，人致中和，即天地應，其機相似。

道體自然。人心上著一毫牽絆，便不自然，便不和。今人但理會中，不知理會和，云得中不愁和，譬如赤手捉虚空，畢竟無著。子思説和，即中之實地。今學者空譚性命，澄心默坐，都被喜怒哀樂未發賺却，不思除却和，何處更有中？儘去静坐，分明是佛老，又道佛老是異端，豈不惑與？

第二章

仲尼曰：「君子中庸，小人反中庸。君子之中庸也，君子而時中；小人之中庸也，小人而無忌憚也。」

自此至「子路問强」章，歷引夫子之言，明中庸之德。諸章皆稱「子曰」，此獨稱「仲尼」，以《中庸》

發自仲尼。上章推本天命，此首揭仲尼，以聖繼天，開斯道之傳也。篇內兩稱「仲尼」，極致歸美尊崇之意。中庸，中正庸常也。反中庸，以奇怪爲中庸也。時中，即中節之和。小人反中庸，而亦謂中庸者，小人自以爲中庸也。性命無閒智愚，天理人欲同出異情。君子以欲爲理，小人以理爲欲。無忌憚者，發不中節之意。不戒懼慎獨則無節，放溢馳騁，的然外鶩，不識何者爲性，何者爲命，一竅虛靈，都無管攝，如浪花風絮，徵逐聲色貨利之塲，牽引耳目口鼻之欲，雖日在天命人性之中，日顛越于天命人性之外。本有反無，本易反難，故曰「反」也。敝起于無忌憚，故君子戒慎恐懼，烏可已邪？

君子，如虞舜、顏淵。大聖大賢惟中庸，非有加也。小人驚世駭俗，所就愈卑，故曰「反」。孔子聖之時，無可無不可，是謂時中。時者，活潑不拘而精研不爽，與無忌憚相反。惟戒懼爲能時。

中庸即道。君子即中庸。道不遠人，顯微無閒，究其極，雖湯武猶是反之，況下焉者乎？

## 第三章

**子曰：「中庸其至矣乎！民鮮能久矣。」**

承上章言中庸，而引此贊之，見小人所以反中庸者，正惟其須臾離而不能久也，啓下章不明不行之意。中正平常之理，微顯不二，有無交徹，六合不能函其大，一塵不能擬其微。毫釐不動，而天地全攝；事爲不著，而萬有兼資。不可聰明測，不可氣魄取，不可材辯說，愚不肖皆有，而聖人不能盡，故曰「至矣」，與篇末「至矣」相應。民，即上章小人，下章賢、知、愚、不肖。久，恒也。鮮能久，即首章「須臾離」，與下章行不能知，擇不能守，顯微隱見不貫，皆是也。民，冥也，昏愚之稱。道體不息，人心有閒，天地聖人所以爲至德，惟久耳。凡民能久，即是至德。苟不至德，至道不凝，故民鮮能。須至誠無息，純一不已，方是「知至至之」；不納諸陷穽，「知終終之」；不限于期月，顯微無閒，須臾不離，方是能者。後章「惟天下至誠」，「惟天下至聖」，爲能盡，爲能化，與此「至」字、「鮮能」字，正相應。

## 第四章

**子曰：「道之不行也，我知之矣：知者過之，愚者不及也。道之不明也，我知之矣：賢者過之，不肖者不及也。人莫不飲食也，鮮能知味也。」**

承上章言民所以鮮能，病在不知。知者，人性虛靈，《易》謂「乾知」，《大學》謂「明德」，《論語》謂生知，三達德之首，即天命之性，不睹不聞，隱而見，微而顯，通乎已發未發，獨覺不昧者也。此知一醒，内境自清；此知一照，羣障皆破；此知作主，萬應皆真。原不與行作對，當體即是行。人能率此虛靈，隨處坦途，有何不明？有何不行？蓋大本達德，中和自然，不可無心得，不可有心合，添一分則大過，少一分則不及，故孟子云：「中道而立，能者從之。」聖人從心不踰，顏子欲從末由，知行合一也。恒人莫不有知，而逐妄背真，日遊于天命人性之境，日昏于聲色臭味之塲，本明障蔽，當面錯過，即使偶然相應，念力不堅，轉眼成迷。于是借聞見幫補，借作爲湊泊，而知行始分爲二。故知必能行，乃爲真知；行必能知，乃爲真行。不明不可爲行，不行不可爲知。要之，知先也。今人思慮計較，何嘗不知，非行道之知。行道之知，神明默成，「不識不知，順帝之則」者也。今人之知，皆情識作主，小體用事，聰明者過于機變，昏愚者失之暗昧，本明遮蔽，如走昏衢，道何由行乎？今人日用踐履，又何嘗不行，非明道之行。明道之行，有事無忘，「不思不勉，從容中道」者也。今人之行，皆無主妄作，隨血氣牽引，好奇者當爲不爲，卑汙者不當爲而爲，靈幾充拓不開，振作不起，道何由明乎？神明不與躬行浹，則作爲無主；躬行不由神明主，則情識成妄。故天命之性，顯微無閒，知行一貫，而知爲本也。「人莫不飲食」二語，嘆知之難。飲食知味，借寓之辭，猶「誰能出不由户」云爾，非徒以飲食知味爲知道也。人雖離道，道自不離人，存乎覺與不覺。知即是覺。覺即凡夫轉聖，迷即聖墮凡夫，故借飲食至近，歎人不覺耳。《大學》先致知，意與此同。近代儒者講良知云「上智即本體是功夫，下學用工夫合本體」，本體即知，工夫即行，此知行合一之旨。

愚不肖者，知顯不知微，行不著，習不察，日用而不知，凡民也，故爲不及。賢知者，知隱不知費，見以謂知，見以謂仁，舍日用而求玄妙，素隱者也，故爲過之。道以微顯合，爲一貫；學以知行合，爲能化。

大道圓融，無知行，無過不及，無賢知愚不肖，分段名象，皆由對待生。有知則有愚，有賢則有不肖，有過則有不及，出此入彼，懸解故難。聖人從容中道，無名無象，渾然合真，乃爲中庸。

中庸知解不得，鶻突又非，故知愚同病；任放不得，執著又非，故賢不肖同病。家常茶飯，就裏煞有至味。今人茶飯不離口，但不知味，民鮮中庸以此。如舜好問察，則一切知解俱忘，又不鶻突；如顏子隨擇隨守，則神明常主，又不執著，乃無前病，乃是飲食知味人。

飲食至切要，至尋常，心在即知味，心不在即不知味，則知味亦非難事。上章民鮮久，正坐此病，所以「道不可須臾離，可離非道」。

兩言「我知之矣」，言衆人將知行作兩般，聖人自會成一事。

賢知愚不肖受病同，而道所以壞多由賢知。羣黎百姓，日用飲食，不能壞道。子思憂人之爲道而遠人者，故作《中庸》。下文因引舜、顏子所知行，不過庸言庸德。孔子論强，不過自矯。道之費者，愚不肖可與知，可與能，而不以與賢知。蓋賢知者意見多，愚不肖者情識少，情識少則近自然。故曰行遠自邇，登高自卑，是謂中庸。

始言不知不行，末歸咎不知，知爲主也。《大學》五傳首誠意，此篇言誠明，皆知行合一之理。夫子憂民不可使知，故教人下學而上達，由行造知也。《論語》專言仁，亦此意。

自古脩德凝道，無過智、仁、勇三德。智者，虛靈之體，即天命之性。仁者，躬行之實，即率性之道。勇者，奮發之功，即脩道之教。知上也，仁次也，勇又次也，其實一也。上智之人，清明在躬，尋常日用，不離不睹不聞之中，宛然天命大本，一念萬年，永無退失。如大舜自然先覺，即知是行；顏淵服膺不違，即仁是知，都著不得一毫氣魄，容不得一分勉强，乃天剛乾健，自强不息，天下之達德，聖明之極軌也。故曰：「中庸不可能」，「唯聖者能之」。自此至「問强」章，歷引聖言發揮此義。

賢知之過，即下章所謂素隱，若晉人清譚，宋人理學，中人以下語上者，皆是。夫道，及其至也，聖人亦有所不知不能。求道于聖人所不知能，是以過耳。

## 第五章

**子曰：「道其不行矣夫！」子曰：「舜其大知也與！舜好問而好察邇言，隱惡而揚善，執其兩端，用其中於民，其斯以爲舜乎！」**

承上章言知行本無二，道之不行，祇爲見不真，信不篤。苟真見篤信，尋常行處即道，故不行由不明也。大知如舜，即知即行。大知者，行所無事，自然之明覺也。以空虛爲寂照，以意見爲聰明，以記聞爲辨博，皆非中庸之知。自古稱「濬哲文明」，匹夫爲天子，功高業隆，惟舜弗可及；而要其所爲舜者，不在乎九州，誅四凶，重華協帝之蹟，而在尋常知愚無過不及之閒。蓋明主嘉謀嘉猷，不越匹夫良能良知。舜舍己從人，自耕稼陶漁至爲帝，無非取諸人。知出于獨見者常私，出于衆見者常公，得于載籍傳聞者多疑殆，切于尋常目前者平實可據。舜好問，謙虛之至也。邇言即庸言。好察邇言，平易之至也。隱人惡，揚人善，寬恕之至也。執其兩端，通融之至也。執兩端，不執一也。天下無事無物無兩端，即所謂一陰一陽之道，無可無不可之時，知愚賢不肖，過不及，善惡好惡，行藏用舍，其顯者耳。聖人神妙不測，衷無信果，如明鏡當臺，胡來現胡，漢來現漢，即夫子「空空竭焉」之意。中無定在，執兩端即是執中。用中于民者，中在民心，與聖心通也。用，舜用也。用于民，無我也，即夫子「誰毀誰譽，斯民三代所以直道而行」之意。蓋善善惡惡，可否從違，不越人心之公。聖人虛中順應，觸處洞見其至，所謂「聞一善言，沛然若決江河，莫之能禦」。耳順心從，與民共由，所以爲大知，道所以行也。

《謚法》：「聖智盛明曰舜。」史臣稱其「重華協于帝」，意其有絕德乎。好問察邇，乃其所以明目達聰也。隱惡揚善，乃其所以命九官十二牧誅四凶也。執兩端用中于民，乃其所以百揆時序，四方風動，恭己無爲，垂衣裳而治也。故曰：「道不遠人。」

兩端者，不測之謂。道一而已，一立兩分。《易》曰：「參天兩地而倚數。」張子厚曰：「一故神，兩故化。」兩者，中之所出，大虛之竅也。老子謂「常有欲，以觀其竅」，「谷神不死，是謂玄牝」，《論語》謂無適無莫而比于義，《易》謂「上下無常，不可爲典要」，皆是物也。中不二，兩端不測。中不可執，執兩端，即「允執其中」。用中不執兩端，是子莫之中，不可爲允。兩端不但善惡，善之中復有兩端，兩端之中又各有兩端。不測之謂神。執本無執，惟聖人精義入神，乃能用之。兩端即權，權非聖人不能用，用權即是用中。此理非一世一人之私，乃天下古今千萬人之公，故不用于己而用于民，即「天下之達道」也。曰執曰用，行即知也。知舉舜，行舉顏子。知爲上，行次之。知及之，仁守之。

故曰：「知譬則巧，聖譬則力。」

知舉大舜，行舉顔淵，世駭爲絶德，而究其知行，不越中庸。子思責望在賢知，故舜雖「濬哲文明」，而所行皆平常：好問，不盈滿也；好察邇言，不厭常也；隱惡揚善，不刻核也；執兩端，不偏主也；用中于民，不自是也，所以爲知之中庸，而道無不行也。顔子三月不違仁，而所知皆平常：擇乎中庸，不窮高極遠；得一善，不偏物多識；拳拳服膺，不放佚怠惰，所以爲行之中庸，而道無不明也。故曰：「行遠自邇，登高自卑。」

## 第六章

子曰：「人皆曰予知，驅而納諸罟擭陷阱之中，而莫之知〔一〕辟也。人皆曰予知，擇乎中庸而不能期月守也。」子曰：「回之爲人也，擇乎中庸，得一善，則拳拳服膺而弗失之矣。」

承上章言道之不明，由人以見解爲知，影響虚見，都非實地，引夫子言以實之。世路分明兩條，循理者吉，從欲者凶。趨吉避凶，何待知者而后知？天下容有知避禍而不免者，未有明知而甘心蹈之

〔一〕「之知」，原倒作「知之」，據閩本乙正。

者。世人機械變詐，釣名網利，豈不自謂極知？然而人已相形，名位相軋，勝負相傾，猜忌媢妒百出，何異罟擭陷阱？然竟爲利慾所迷，疾走先驅，自投危險，死而無悔。彼自謂極知，乃其極愚者也。此輩初未嘗學問，不能擇善，不知之尤者矣。其次嘗學問矣，亦頗知乎中庸，辨擇事理，非無偶中，而理不勝欲，如石火電光，一隙之明，旋開復蔽。如此，則與知陷阱而不避者，相去幾何？其不智同也。惟顏子乎，夫子言顏子生平爲人，隨事觀理，揀擇中庸，遇一念一事，心公理得，當念如是，終身亦如是，雖歷利害毀譽，顛沛造次，永無迷失，所謂「欲罷不能，既竭吾才，如有所立卓爾」者也。如此行持，乃爲真知，道所以常明也。本知率行，聖人之事，故舉大舜。由行合知，賢人之事，故舉顏子。神明莫如舜，本體即工夫；德行莫如回，工夫合本體。不無差別，而知行合則同，皆君子之中庸也。

兩曰「予知」，皆務外之見。不知避，不能守，皆就近裏折之。疾走曰驅。投入曰納。罟，網也。擭，機檻也。陷阱，掘地爲坎，竪鋒刃其中，陷猛獸者也。期月，匝一月，猶所謂「日月至」也。爲人猶言素行，亦猶大知之言用于民，皆知行合也。擇者，汰除簸揚之意。汰除沙礫以求金，簸揚穅秕以取米，克治私欲以成中庸，與前執兩端彷彿。行言「執」，知言「擇」也。不二曰一，無惡曰善，即中庸也。「一善」云者，得不在多。顏子博約，聞一知十，易簡而理得，所以爲中庸。拳拳，固執貌。服膺，佩之胸也。《論語》云「如立卓爾」，即「弗失」也。蓋自知行分，學者見解多，不難于擇得，難于保任。執虛解爲實證，雖擇未得，雖得未穩。君子貴「終日乾乾」，保任之而已矣。

善本同有，人迷而不擇，即一念偶合，旋復退失。服膺，如孟子云「知皆擴而充之」也。佛氏機鋒，但取一念相應，不顧後來，所以與聖學異。

或謂「一」即「一貫」之「一」，「得一善」即「止于至善」，善無常主，協于克一。或謂每得一善。兩義不相違。工夫、本體不離一，會得，一亦可，不一亦可。顏子心上工夫，無處非一，無知非行。

虞舜大知，知即是行。顏子爲人，行處證知。語分兩則，知爲常主，行所以造乎知，而爲下學之階梯也。

## 第七章

子曰：「天下國家可均也，爵禄可辭也，白刃去聲可蹈也，中庸不可能也。」子路問强，子曰：「南方之强與？北方之强與？抑而强與？寬柔以教，不報無道，南方之强也，君子居之。衽金革，死而不厭，北方之强也，而强者居之。故君子和而不流，强哉矯；中立而不倚，强哉矯；國有道不變塞焉，强哉矯；國無道至死不變，强哉矯。」

承上虞舜生知，顏子仁守，聖賢與道爲體，合下便是中庸，何其易也。中人以下，以人體道，有作即差，又何難也。至易而至難，舉之而能勝者，天下之至勇也。故引夫子之言曰：凡天下事，知謀操守氣魄可用，皆無難事，如四海九州之大，欲區畫調度使之均平，此才識明達者可能也。爵禄以馭富貴，人所貪戀，誰能辭之？苟操守廉潔者可能也。白刃凶器，人所畏避，誰能蹈之？苟材力勇敢者可能也。三者雖難而非難，惟有中庸之德，不越天命人性，平常易簡。然苟私欲未化，渣滓未融，未免偏倚參差，必戒懼慎獨，須臾不離，本立道行，中和兼致，不思不勉，如大舜兩端用中，方是能者。少用才識模擬，氣力擔負，思議助長，便乖自然，與天行之健，了不相涉，故曰「不可能」。不可能而能，其惟古之聰明睿智、神武而不殺者夫，故曰强也。昔子路問强，夫子教之曰：强非徒勇猛過人之謂，宇宙風氣不同，民生習尚多偏，南方卑下，天氣温煖；北方高燥，天氣栗烈，故人氣習温柔者謂南方之强，猛厲者謂北方之强，皆偏勝也。不剛不柔，厥德允脩，是爲汝當自强者，抑所問在是與？夫所謂南方之强，以寬柔爲教，如佛老之慈忍也，横逆之來，忍受不報，雖云巽懦，有長厚之風，君子不去也。若夫北方之强，猛悍暴戾，視兵甲如衽席，雖至死而不厭，此强梁之徒之所居者也。要之，暴戾君子所惡，巽懦亦君子所恥，爾所當自强安在？論理不論氣，尚義不尚勇，故君子和以與人，則混俗而易流，爲能矯其和之過而必不流，雖温良可親，耿介終不可轉也。中以立己，無所依傍，則孤危而易倚，惟君子能矯其中之偏而必不倚，雖挺然獨立，終不至傾欹也。人情窮則固塞，及得志，則露洩無餘，惟君子雖處利達而精神凝定，不改其固塞之意，富貴不能淫也。恒情無事則矜名檢，臨大節則震撼失措，喪其生平，惟君子雖危急存亡而從容就義，至死不變也。夫中和者，性情也；險夷者，遭逢也。人己各得，生死不二；不吐不茹，道義之勇，汝當自强者此也。矯，反正也。情欲易縱，矯而正之，乃所爲强也。

首三事皆賢知之過，恒情所難，以形中庸之難，見君子之强也。三事但取立辦，不求當理，當理亦即是中庸。堯舜均天下，孔子辭魯司寇，郤萊兵，則皆中庸矣，非定以三事爲偏也。白，金色也。蹈，赴也。南北不拘方，以氣習得名。南人亦有北氣習，北人亦有南氣習，東西人亦有南北氣習。論强首舉柔弱爲君子，矯而反之，然後調以中和，猶《孟子》逃墨歸楊、逃楊歸儒之意。要之，涉世至理不外是。天道北爲陰幽，死地也；南爲陽明，生地也。老子云柔弱者生之徒，强梁者死之徒，亦此意。抑，疑辭。而，汝也。而强，猶言自强。古者「扑作教刑」，寬柔以教，并扑責不用也。君子居之，似「柳下惠不恭」之類。臥席曰衽。金，兵也。革，甲也。「和而不流」四事，見大勇不外尋常。不流之和，亦便是發中節之和；不倚之中，亦便是未發之中。處世及此，亦便是顯微無閒之道。和則易流，中則易倚，富貴喪志，患難改節，古今通患。于四不見矯，于四矯見强，雖矯，非可以材技氣魄撑持。撑持爲矯，力盡還弛，可暫難久。此四者，義精仁熟，無所勉强，而浩然常伸于天地之閒。故曰：君子自强。

四事一件難于一件，中不倚難于和不流，無道難于有道。

中庸之德，平常易簡，但著有爲便是襲取助長，省力處即得力處。孟子云：「其爲氣也，配義與道。」知、仁、勇，天下之達德，本夫子告哀公語。中庸之德，不外三者，故歷引聖言融會其旨。上智〔一〕知以兼仁勇，中士仁以體知勇，下士勇以造仁智。大舜知也，顔子仁也，子路勇也，三者備而中庸可能。可能即强，强者，人心不息之機。《易》曰：「天行健，君子以自强不息。」舜之神明，乾行之健也；顔子服膺，介石之守也。下此奮發有爲，知恥之勇也。大舜以下，雖不言三德，而義理分明。朱註并「爵禄」三事與「素隱」一章，皆分配無謂耳。

## 第八章

**子曰：「素隱行怪，後世有述焉，吾弗爲之矣。君子遵道而行，半塗而廢，吾弗能已矣。君子依乎中庸，遯世不見知而不悔，唯聖者能之。」**

自「仲尼曰君子中庸」以下至「子路問强」章，皆舉不離道之君子，知仁勇之全德，大聖大賢之能事，中庸之模範也。自此以下至「君子素位」章，言道不在隱怪而在人倫日用閒，乃所以爲中庸。素，與「素位」之「素」同。隱，與「隱微」之「隱」同。素隱，以隱爲常，如二氏之「空寂」是也。素者，不參和之名。行怪，謂不由經常也。後世有述，謂惑世誣民之遠也。遵道而行，謂循塗守轍。

〔一〕「上智」，據上下文似當作「上士」。按：上文郝注有云：「知上也，仁次也，勇又次也，其實一也。上智之人……」云云，又似作「上智」亦無不可，今不敢遽改。

俗儒格式之學，煩瑣艱難，故半塗而廢，粉飾鋪張，終于無成也。依乎中庸者，顯微無間，事理通融，本立道行，須臾不離也。遯世不見知不悔，即《易·乾》之初九：「不易乎世，不成乎名；遯世無悶，不見是而無悶。」遯世無悶難，遯世不見是無悶尤難，故《易》謂之「龍德」。依者，與之爲體。依中庸，故遯世不見知不悔。不悔，始是依中庸。此仲尼一生安身立命田地，與後章不驕不倍、三重寡過、闇然日章，血脉相應。不識不知，神化之境，可默識不可迹象求，故曰：「用之則行，舍之則藏」，「吾非斯人之徒與而誰與」。又曰：「莫我知也夫！不怨天，不尤人，下學而上達。知我者其天乎！」又曰：「發憤忘食，樂以忘憂，不知老之將至。」又曰：「學而時習之，不亦説乎？有朋自遠方來，不亦樂乎？人不知而不愠，不亦君子乎？」即遯世不知不悔之謂，中庸實境，顯微無間之妙用。曾點畧窺此意，故不答「知爾」之問。其實曾點又添一頭，亦一素隱也。

素隱者，以虛無爲常，遺落世故，如接輿佯狂避世，佛老披剃出家，離顯爲微者也。遵道而行者，章句記問，依傍摹擬，離微爲顯者也。君子依乎中庸，顯微無間者也。

素隱，與「費而隱」相反。素猶儉也，與「費」反。費而隱者，莫見乎隱，合外内之道也。素隱者，躭空守静，隱而遺費也。行怪，與可知、可能相反。素隱行怪，與「素位而行」相反。子云：「吾無隱乎爾。」故庸德之行，厭淺近，求幽深，所行必怪，非獨二氏。雖清譚廢事，理學偏上，均之素隱也。近代縫掖輩株守章句，講程朱之學者，則謂之「遵道而行」者耳。

人情好異，故隱怪有述；人情厭常，故中庸不見知。君子寧爲此，不爲彼，所以依乎中庸。性命不離日用，聖人何以異于人哉！

遵道而行者，視道爲有方之物。半塗而廢，非即止也。足疲曰廢。出門未遠，早已疲乏，苦難故爾。《表記》云君子鄉道而行，中道而廢，俛焉日有孳孳，亦未言止也。學無根蒂，尋枝摘葉，虚敝精神，罔厥有成。若《中庸》易簡，時習而悦，何疲勞之有，所以謂之「吾弗能已」。「吾弗能已」，便自依中庸，不爲素隱，費即是隱；不必遵道，行即是道。大本立，達道行，中和致，與天地萬物同流。大行不加，窮居不損，然而民鮮知味。雖有中庸君子，或遯世不用，甚者或非之。君子闇然淡簡，毫無怨悔，戒懼在不睹聞之中，至德入無聲臭之表，此即不顯之德、尚絅之心。天道不已，聖人純一，《易》所謂「龍德」也。故曰：「唯聖者能之。」

此章與知、仁、勇絶無干涉，朱註分配無謂。

## 第九章

君子之道費而隱，夫婦之愚可以與知焉；及其至也，雖聖人亦有所不知焉。夫婦之不肖，可以能行焉；及其至也，雖聖人亦有所不能焉。天地之大也，人猶有所憾。故君子語大，天下莫能載焉；語小，天下莫能破焉。《詩》云：「鳶飛戾天，魚躍于淵。」言其上下察也。君子之道，造端乎夫婦，及其至也，察乎天地。

此子思承上章自立言。君子之道，即君子所依中庸之道。費，浩繁也，即首章所謂見、顯也。隱，即首章所謂隱、微也。費而隱，即「莫見乎隱，莫顯乎微」也。觀其散殊，愈出愈多，何其費！究其精微，無形無聲，又何隱！費則無往非道，費而隱則無費非隱。蓋道本天命率性，宇宙何在非命？何在非性？雖愚不肖之夫婦，人倫日用，所知所行皆性命，則皆道，況上此者乎？若是其費也，究極精微，不可見聞，不可思議，雖聖人生知安行，無所容其知能，況下此者乎？若是其隱也，天地大矣，無處非天地，今人古人，共見共聞，宜其無遺憾矣。然人皆戴天，而竟莫知天之所以高；人皆履地，而竟莫知地之所以深。人見其昭昭撮土，而不測其無窮廣厚，雖目前至近，焉能洞燭無遺憾也。于其可知可能，天地之大，而見道之費焉；于其不可知不可能，有所憾，而見道之隱焉。其費也可語大，而其大無外，更無有能出其外承載之者矣；其隱也可語小，而其小無内，更無有能入其内破析之者矣。所謂「費而隱」如此。然則斯道也，神妙不測，變動無方，宇宙無一物不體，日用無一事不在。《詩》云「鳶飛戾天，魚躍于淵」，言道之昭察于上下閒也。可知君子之道，言乎邇，夫婦配合，即化育之託始；言乎遠，乾坤廣大，即易簡之成能。蓋男女搆精，萬物化生，是君臣上下之始也；天地絪緼，萬物化醇，是中和位育之成也。近不遺，遠不禦，道所以費而隱。君子于造端之地，戒懼謹獨，以成參贊之用者，烏容已乎？所以「道不遠人」也。

隱即中，費即庸。隱在費中，即是未發在已發中。不睹不聞，無聲無臭，所以聖人亦不知不能也。子云「吾有知乎哉？無知也」，以此。夫婦可知可能即是和爲達道，聖人不知不能即是中爲大本。不知不能即是戒懼謹獨田地。朱註謂如問禮、不得位，此等知能，聖人于道中亦不過九牛之一毛，何但問禮、不得位耳？欲恃見聞以窮古今六合，如入海算沙，程正叔、朱仲晦格物之學，聖教不爾。

費隱與篇末「闇然日章」意通，務浮華者撥本根，故費必言隱；躭清虚者棄世務，故隱不離費。首言微顯，中言費隱，末反復贊嘆微顯，一篇大條貫，朱子獨以下八章分配，豈他章皆無費隱乎？然不言「隱而費」，言「費而隱」，何也？聖教以有爲經，世閒倫物，現在實有。聖人料理人倫庶物，神化虚無即在裏，先費而后隱者，下學而上達也。離物無道，離有無無，究極精微，則又不得不謂之無。惟聖人即有是無，恒人執有疑無，有無不得已而言，不言無不能妙有。故終之曰：「無聲無臭，至矣。」雖然，此子思之言，非仲尼之言。仲尼惟曰：「吾道一以貫之而已矣。」

費而隱，猶言「見乎隱」「微之顯」云爾。有二名，非兩時兩事。體即是用，用即是體。可知可能，即是道之費，非更有道之費爲可知可能者也。其不可知不可能，即是隱，非更有道之隱爲不可知不可能者也。可知可能者，即是不可知不可能者，非更有隱藏于費之裏者也。言「費而隱」本救世儒支離之敝，若又分體分用，對癡人説夢矣。

費者，用財奢侈之名。富人揮金如土曰費。大道萬有森羅，泉流不息，《易》曰「廣生」「大生」，「富有」「日新」，故亦曰費。然道易簡自然，邇静而正，何曾窺見道之費？費是中庸本色，尋常處見隱爲盲眼人發，寶山當面，自不見耳。子貢云：「不得其門而入，不見宗廟之美，百官之富。」終日見仲尼，疑隱乎爾。明眼人觸目黄金珠玉，何隱之有？會此即知顯微如一、道不可離中庸真面目。

世儒分理氣爲二：氣有形，理無形。此因告子食色爲性，生之爲性，孟子非之。其實孟子未嘗以告子言爲非也。世間道理，由人發生。人本血氣，更分別人自人、理自理不得。今謂私欲由血肉生則可，謂理義不由血肉生則不可。理義由中出，緣引由外來。告子于内外親疏，鶻突不明，故孟子駁之，非定以理氣爲二也。子思費隱微顯、知行合一之説，皆以融會道不可離、可離非道之意，即夫子一貫之旨。

夫婦知能，指男女之合，爲萬物化生之本，日用飲食作息，帶在裏，觀末語曉然。

言費隱舉夫婦，何也？宇宙萬事萬物，莫非陰陽剛柔摩盪而生變化。故曰：「一陰一陽之謂道。」道由人顯，陰陽在人，無過男女之合，是愚不肖可知可能者。至其變化發育，萬有資生，性命各正，神妙不測，雖聖人何所容其知能乎？如五穀果實，其種植栽培，可知可能也；其發榮滋長，不可知不可能也。隱即費之神處，微即顯之妙處。不可知能，即知能之無可知能處，非有二也。

夫婦知能，全體是道。所争悟與未悟，衹因愚不肖，故未悟。但悟處即道，不争多少，偶然一事一念相應，未得通透，故但曰「可與」。不悟只因不慎獨〔一〕。

○不學而能，不慮而知，夫婦之知能也。明目而視之，不可得而見；傾耳而聽之，不可得而聞，是聖人亦不知不能也。皆形容道體顯微，非以聖人與夫婦較長短也。愚不肖可知可能者此道，聖人所不知不能亦此道，故謂之「費而隱」。

〔一〕「不悟只因不慎獨」七字，《續修》本無，《存目》本出於鈔補。

物小者易隱，天地大物，焉容隱？日月星辰，山河草木，無處不是。人生百年，戴天履地，自少至老，宜其行著習察，洞然無留憾矣。然明白易簡，莫如天地；幽深玄遠，亦莫如天地。從古列聖仰觀俯察，其微妙玄通處，終非人知力所及，故曰有憾。憾者，缺恨之意。眼前境，到底推勘不破，所以缺恨，即後章「生物不測」之意。

語大，即小即大；語小，即大即小。所以爲費而隱，非判然兩段也。其布散充周無外，人心量可通處，皆道量所包括處，盡虛空界，無窮復無窮，莫非道也，更誰出其外而載之，以斯謂之費。其含藏精密無罅，思議不及處，即是道幾退藏處，極渺冥内，微塵復微塵，終不見道，更誰入其内而破之，以斯謂之隱。可知可能，等閒便露出，是謂造端。到究竟田地，神妙不測，莫知所以然而然。昭昭撮土看天地，尋常可見，到廣生大生，人知力測度不得，千古大惑，何況有憾。

○載者，以彼物承藉此物；破者，以此物鑽入彼物。道惟一耳，即大即小，即内即外，當體渾淪，誰載誰爲所載，誰破誰爲所破。釋語「芥子納須彌」，「毛端現寶王塔」，蹈襲此理。

察有精研詳核意，猶「觀察」、「監察」之「察」，言道幾無處不透徹也。上下察，猶言徹上下。天命率性，何在非是，升降飛揚浮沈，不定方所，故不曰「察上下」而曰「上下察」。「上下」二字連絡，形容道體活潑之象。

造端夫婦，本體即是工夫。創始曰造，猶「兩端」之「端」。《易》言陰陽、剛柔、仁義，三才皆兩也。在人爲夫婦，在物爲牝牡，在事爲動静，而人道爲本。男女搆精乃化生之始，閨門屋漏實政教之源，故《易》上經首天地，下經首男女。傳曰：有男女，然後有父子；有父子，然後有君臣，有上下。禮義倫常所以生，萬事萬化所以出，學問道德依此立。從古豪傑不透此關，將大道知能，作情識窠臼，貪戀執迷，一墮坑塹，萬事瓦解。苟能于此不惑不溺，如天地咸恒，無心有別，則戒懼慎獨以致中和，脩齊治平，參贊位育，次第舉矣。不曰察天地乎，故下章舉子臣弟友，不復言夫婦，承「造端」而言也。

言「道費而隱」，二氏儘有與聖人混同處；言「造端乎夫婦」，則二氏無安身立命處矣。故曰：「素隱行怪。」君子惟素其位而行，豈其棄室家無妻子然後爲脩行乎？

子思以費隱兩字發揮中庸之道，又以夫婦知能即聖人不知不能形容費隱，可謂精義入神。朱子謂「夫婦之愚」以下專言「費」，不惟道理破碎，且文義偏枯，解釋不去，乃援孔子問禮、不得位爲不知、不能，天地覆載偏、寒暑不正爲人憾，粗淺甚矣。愚不肖可知可能是費，聖人不知不能是隱。天地之大是費，人有所憾是隱。大莫載是費，小莫破是隱。飛躍上下合費隱，造端察天地亦合費隱。惟其費而隱，所以微而顯，卑而高，近而遠也。朱又云：隱具費中，別有隱可言，則不得爲隱。此意是禪家機鋒，聖賢立言明道，已説「無聲無臭」，「不睹不聞」，言隱亦復何妨？又云：以聖人不知不能爲隱，使人神識飛揚迷惑，無所底止。果若此，則篇中言隱微，言未發之中，皆迷惑人心，使之「神識飛揚」者也。儻予所謂割聖道以奉佛老者，非與？

## 第十章

子曰：「道不遠人，人之爲道而遠人，不可以爲道。《詩》云：『伐柯伐柯，其則不遠。』執柯以伐柯，睨而視之，猶以爲遠。故君子以人治人，改而止。忠恕違道不遠，施諸己而不願，亦勿施於人。君子之道四，丘未能一焉。所求乎子句，以事父未能也；所求乎臣，以事君未能也；所求乎弟，以事兄未能也；所求乎朋友，先施之未能也。庸德之行，庸言之謹，有所不足，不敢不勉，有餘，不敢盡，言顧行，行顧言，君子胡不慥慥爾。」

承上章言費而隱，即物皆道，非別有道在强人合之也。夫婦之道，夫婦即是；父子君臣即是；兄弟朋友之道，兄弟朋友即是；以至語默動静之道，語默動静即是，更無等待湊泊。隱見微顯，妙合而凝，所謂聖人不知不能，即是愚不肖可知可能者，不遠人也。苟人有心爲道，離費求隱，離顯求微，離已發求未發，厭平常，忽易簡，謂聖賢爲絶德，認性命爲秘傳，但涉强求，便乖自然，何可爲道？《詩》有云：「伐柯伐柯，其則不遠。」柯，斧柄也。則，法也。執此柯伐彼柯，雖法則不遠，然睨而視之，彼此猶爲兩物。若道當體即真，率之皆是。君子但以人道治人身，人改即止，豈容別求？所謂不遠人以爲道也，莫如忠恕。忠恕即率性也。中心存主，忠也；如心順應，恕也。赤衷直達，畧無糊飾瞞迷，即此是率性，違道何遠。違，去也。如施諸己不願，中心爲忠也，即不以此施於人，如心爲恕也，如此施行，即是性命田地。故曰：「道不遠。」丘嘗用此自反，子臣弟友之人，即孝弟忠信之道，言語躬行之閒，即平常易簡之理。求之人而己未能，言之口而行不顧，則浮靡欺詐之習勝，而主忠行恕之功疏，違道遠矣。丘責人先反諸己，己未能不敢責人。惟此庸常之德，體驗之必力，不足則加勉也；惟此庸常之言，尚口之必戒，有餘不敢盡也。言行相顧，表裏如一，欲爲君子，何可不慥慥爾矣。慥慥，固執貌。此忠恕近道，以人治人，不遠人爲道者也。

此與「素位而行」兩章，是中庸實地。遠人爲道，不獨素隱行怪。凡涉有心，即違自然。顔子未忘「卓爾」，猶是與道未化。夫婦率性自然，亦是得道一端。關竅無多，得力處不罣絲毫，費力時扛鼎徒然，中庸所以易而難也。

人即是天，氣即是道，故曰：「仁也者，人也。」除却人情，别無天理，故孟子云：「養心莫善於寡欲。」除欲無處更有心，故曰：「道不遠人。」兼人己而言，以我視人爲人，以道視我亦人。人惟父子、君臣、長幼、夫婦、朋友，上言夫婦，此言子臣弟友，盡乎人而道備矣。離人言道，便是空譚素隱。忠恕兩字，一章樞紐。人人忠恕，則分願各得，親親長長而天下平，道何遠之有？

改而止，即夫子「與進，不與退，唯何甚」之意。人有良心，猛然改悔時，即與聖同體。如爲子不孝，一念悔，與大舜、曾參不遠。惟民鮮能久，在改時一念，自難過求，舜、跖相違只幾希，教人學人，不越中庸。

忠恕兩字互根：忠以基恕，存不專，則發不直；恕以行忠，達不順，則真不顯，體用交資，通顯微、合内外之道。夫子告子貢單舉恕，是强恕之法。人不能本忠行恕，故教之强恕以合忠，向人己較量，能近取譬，爲仁之方也。忠恕不盡此，己欲立立人，己欲達達人，大公順應，方是忠恕全體，徹上徹下，聖凡共由。朱子泥作下學解，失之。餘詳《大學》齊治章。

忠是透底真心，運出一真不二即恕。恕載忠出，無忠不能恕，無恕忠不達，究而論，即忠信也。違道不遠，即「率性」之謂，曾子以當一貫，廣大精微，便是致中和。中爲未發之真性，忠爲欲發之真情。和不乖乎中，而中乎中之節；恕不異乎忠，而如乎忠之願，前後非兩也。如心之如，自如忠心，非如人心之云。能如忠心運出，更無轉换遮留，則大用顯行，内外一貫，心體光明洞達，道可近矣。中間畧有轉换遮留，即是心不如心，顯微爲二，存發爲兩，襲取機變萌，而人我天淵大道茅塞矣。近代講良知，即忠恕，非有異説。

遠人爲道，祇爲不忠恕。忠恕即是以人治人，責人反己即是忠恕。朱註分貼望人、愛人、責人三段，破裂不成章。

君子之道四，即忠恕不遠之道。責人還自責，正是不願勿施衷腸。求即願也。求乎子，求愜所願于子。以，用也。用所求乎子者自爲子也。事父未能，即不願勿施於父也。所求乎子，忠也。事父未能，恕也。求子不願，則事父勿施，即爲子忠，事父恕，而孝之道不遠于子矣。餘三倣此。平常爲父子、君臣、兄弟、朋友，即是孝弟忠信之德。心得曰德，平常曰庸。行，即强恕而行孝弟忠信之德也。父兄平常教子弟孝弟忠信，莫非善言。謹者，反躬内省，恥其不逮也。己未能，故行不足；求諸人，故言有餘。

不足、有餘，就行恕時，體勘分數如此。兩「不敢」，即忠恕真心，言行相顧實地。勉以補言之有餘，不盡以待行之不足；勉則自不敢輕言求人，不盡自不得不力行脩己。回視曰顧，惟恐失貌。慥慥，塞意。胡不者，非一言一行也。小人無忌憚，則任情不顧，行如飄風，言如流水。君子慥慥然固塞，一言加人，反顧自家行處；一行出身，反顧平日言處；三迴九轉，言吶吶不出口，行汲汲如有求，故曰「胡不慥慥」，猶言何可不爾也。慥慥，戒懼慎獨、闇然惡文之狀，與輕薄浮華士殊趣。

「君子之道四」以下，皆忠恕近道之事。「所求乎子」四段，推己及人，忠恕自訟之心也。「庸德之行」以下，敏事慎言，忠恕自盡之事也。身口心三者，精神聚會，顯微無閒，人己周流，皆忠恕之實德也。

「庸德之行」以下，見君子反求諸己，主忠行恕，一段真精神力量。脩己即以治人，人己兼成，《大學》絜矩平天下之道不越此，所以不遠人謂之中庸。

士君子日用隨身規矩，不外言行兩端，向人己較勘最易猛省。《易》曰：「言行，君子之樞機。」言出身加民，行發邇見遠。君子欲戒懼慎獨，致中和，于言行加之意而已。言不越子臣弟友，行不外孝弟忠信，即是斂華就實、淡簡温之君子，不遠人爲道之實地。

## 第十一章

君子素其位而行，不願乎其外。素富貴行乎富貴，素貧賤行乎貧賤，素夷狄行乎夷狄，素患難行乎患難，君子無入而不自得焉。在上位，不陵下；在下位，不援上。正己而不求於人，則無怨。上不怨天，下不尤人。故君子居易以俟命，小人行險以徼幸。

承上章道不遠人，隨寓即是，人在性命中，如魚在水中，何處離得？人惟不致命率性，計較扳緣，百竇紛起，天真斲喪，而去道遠。君子素其位行，即聖人時中，無意必無固我，中庸之化境也。無文曰素。五味不和，謂之素味。五色不染，謂之素絲。彈琴不歌，謂之素琴。今人齋戒曰素。此言素位，猶莊生言顏子「心齋」，即中和之意。釋氏言「本來面目」，襲用此旨。君子心體居浄，純一無雜，納之塵垢之中，皭然不滓；殺之紛華之塲，湼而不緇，位無常而心有常，境雖變而中不變，是曰「素其位」。前云素隱者，一味玄虛，遺事忘物；此云素位者，一味尋常，安分守己，故素位則行乎其所當行，素隱則行乎其所不必行也。既云素位，又云不願外，素以存主言，不願以絶累言。外緣不絶，則存主不静；不願外，則素位愈安。素言心，位言遇，行言事。素富貴，心不變于富貴也。行乎富貴，行富貴所當行之事也。餘三皆然。順境一，逆境三，諺云「事不如意常八九」，理數固然。四者循環，始乎富貴，則不能不貧賤，貧賤則親戚疏，故生夷狄，如蠻如髳，故生患難。始富貴，終患難，否泰人所時有，至患難而窮極矣。君子惟以素心應之，行所當行，則處一化齊，無入不自得。入即隱微之意。有罣礙，則不能入，入亦不能出。顯微無閒，則行乎無迹之途，出乎不扃之户，獨往獨來，斯謂之自得。非得於外而得于内，不望得于人而自得于己也。位雖多般，上下二者該之。居上有一毫過求于下，即是陵；居下有一毫過求于上，即是援。踐踏曰陵，扳緣曰援，二者皆生于求。求，貪也。正己，即是素位行。無求於人，即是不願外。無怨尤，即是自得。

凡身所寓即位，離位皆外也。但素位行則隨處安樂，但願外即未免扳援陵轢，未免于求得失，是生懊惱。情逐境遷，性被氣使，不中不和，將人我世界結成睚眦窠臼，怨天尤人，長戚戚無處可銷矣。所以君子正己，即是素位而行。不正己而言素位，必至躭空守寂，有疏放之癖，有推諉之私，怨尤病根未浄，豈真素位者？故佛氏以恩親爲寃，以眷屬爲魔，皆生于不正己而求人，願外之爲累也。正己則性情理，中和致，欲寡氣平，居易俟命，隨處皆得，而怨尤化矣。人心收斂則自安閒，放逸則生揑扤，君子小人、險易所以分。易即素也，險皆外也。君子言居，小人言行，不居而行，行即外矣。

素位而行，中庸至境。素，猶常也。常于位者，隨在無方；常于隱者，專守静虚。素位則費而隱，素隱則隱遺費。孔子上律下襲，居上不驕，爲下不倍，生今從周，遯世不見知不悔，不爲已甚，聖之時，皆即所謂「素位而行」也。

人自虚無來，還自虚無去，萬事皆然。一真常住，則素位而行；萬緣俱息，則不願乎外。如是者，與虚無同體，何境不可入？何入不自得？蓋道本自然，天自覆，地自載，日月自明，四時自行，百物自生，人目自視，耳自聽，手自持，足自行，遇親自孝，遇長自敬，饑自食，渴自飲，萬般現成，豈由安排？故曰：莫之爲而爲者天，莫之致而至者命，成之者性。三者皆自然，君子所以素其位而行也。釋氏言無生，是法住法位，蹈襲此旨。

素位而行，此理微妙玄通。釋氏譚上乘，解脱無罣礙，皆襲此理。但聖人以行爲地，以正己爲行，故雖脱然無累而無荒蕩遺漏，富貴、貧賤、夷狄、患難，隨寓安行，乃真素位者。釋氏侈言無礙，而背親滅倫，毀形出家，以生爲苦海，以世爲火坑，妄希解脱，不正己而求人，怨尤莫大焉。譬則逃雨，何解脱之有？益信中庸本自然，聖道之爲大也。

「射有似乎君子」一節，古本屬下章，朱子《章句》以繫此章之末，取反求與正己相似。然素位行之君子，豈有失正鵠之事？仍舊冠下章，義理深長，家之本在身也〔一〕。

## 第十二章

子曰：「射有似乎君子，失諸正鵠，反求諸其身。」君子之道，辟如行遠必自邇，辟如登高必自卑。《詩》云：「妻子好去聲合，如鼓瑟琴。兄弟即翕，和樂且耽。宜爾室家，

〔一〕「家之本在身也」六字，《續修》本無，《存目》本出於鈔補。

樂爾妻帑。」子曰：「父母其順矣乎！」

承上章正己無求，引夫子之言，以明行道之基，即末章闇然日章，遠近風自微顯之意。正鵠者，射侯之的。射者不中的，不外求之正鵠，而反求諸其身，百步之外，始于括度之中也。君子體道，期向高遠，始于卑近，亦猶是耳。蓋身者射之自，卑近者高遠之自，微顯之間，有幾存焉。故孟子曰「智譬則巧」，非可襲取于顯而忽于其微也。家庭日用，和妻子，宜兄弟，孝父母，皆事之可知可能、共見共聞者，道之造端自此始。好合，志意合也。如鼓瑟琴，聲相應也。翕，亦合也。耽，樂之久也。宜，相安也。帑、孥通，家屬也。夫子言家人相得，則父母之心順遂矣。夫室家和平，父母安樂，從古聖賢治國平天下，存神過化，不外此。孟子曰「堯舜之道，孝弟而已」，「人人親其親，長其長，而天下平」，此也。佛老得罪聖人，惟其失乎此；聖道中庸，惟其得乎此。君子所宜反求也。前章夫婦、子臣弟友，含此章意。下章大孝、達孝、達道、達德、九經，皆承此章。雖至誠之極功，亦惟經綸大經耳，所以爲卑近而高遠也。

求諸己與求諸人，是聖道與二氏分別處。聖人見道不離天命人性，除性命無道，人各率其所爲人，便是蕩平之路。二氏抛却自己，向世界人物摶量，所願不得，遂命曰苦海，併己身作陰塵假合，父母妻子作魔障摒棄，不勝怨尤，皆生于不反求。能反求諸身，而道不可勝用矣，世路嶮巇，一切盡平，故曰正己而無求則無怨。學問到無怨處，甚不易。孔顏樂處，惟不怨耳。

○遠近高卑，于無漸次中論漸次，雖二名，非二道。登有高卑，同此山；行有遠邇，同此路，故曰：道不可離。若遠邇不同途，高卑有兩體，即「可離非道」也。從古掀天揭地之功，只在尋常人倫庶物閒。中庸之德，致中和而已。人心中和，無踰孝弟仁讓。恒情偏狠暴戾，常恣縱于家人妻子兄弟閒，故惡逆莫大乎不孝弟。中和位育，由家庭始。下章舉舜、文、武、周公之事，故先言此，所謂必自卑近也。此一章包後五章。古今帝王興廢，聖明作述，可知可能者，皆人也，顯也，卑近也；其不知不能者，天也，微也，高遠也。舜以匹夫有天下，文武以世德致王，周公成先制禮，孔子不得位而繼統帝王，凡所以脩諸己達諸天者，皆不越人倫事物，馴至聖神功化之極，行遠自邇，登高自卑也。父母妻子卑近，即人事之顯；鬼神高遠，即天道之微。

## 第十三章

子曰：「鬼神之爲德也[一]，其盛矣乎！視之而弗見，聽之而弗聞，體物而不可遺，使天下之人齊齋明盛服以承祭祀，洋洋乎如在其上，如在其左右。《詩》曰：『神之格思，不可度思，矧可射亦思。』夫微之顯，誠之不可揜如此夫！」

〔一〕「也」，閩本無，注中複述經文亦無「也」字，蓋衍文。按：蔡清《四書蒙引》有「也」字。

承上章言高遠而引鬼神，以明道之費隱，所謂孝弟之道，通于神明者也。顯者常卑近，隱者常高遠。顯者易言，隱者難狀。隱而見，微而顯，莫如鬼神。故引夫子之言曰：「鬼神之爲德，其盛矣乎！」物有聲音象貌，則隔礙而不能相體；鬼神無形無聲，故能體乎物，物不能遺之。蓋陰陽之氣，往來變化，以妙萬有，而其與人接，莫顯于祭祀之時，精爽威靈，能使天下人内焉齋明，外焉盛服以奉承之，洋洋然彷彿無象而若有象，如在其上，如在其左右然者，所謂隱而見，微而顯，其在斯乎！《詩》云「鬼神來格，不可測度，況可厭射不敬」，正謂此耳。此豈空虛幻化，乃天命人性之實理，誠也。此誠在兩間，則昭明焄蒿，著爲百物之精。此誠在人心，則齋明純一，結爲「如在」之象，所以微而能顯，不可揜如此。故曰「道也者，莫見乎隱，莫顯乎微」，卑近而高遠也。

○德，猶言道，鬼神得之爲德。盛，即費隱微顯之意。體物，言爲物之體，體故曰不能遺。不雜曰齊，不昏曰明。承，奉也。洋洋，仿像貌。《詩》，《大雅·抑》之篇。格，至也。射、斁通，厭怠也。微之顯，猶言「微而顯」。誠，實也，即《易》所謂「無妄」。鬼神之精，在人即心也。

鬼之言屈也，神之言伸也。屈，歸也。伸，來也。歸不知其所自往，故曰鬼。來不知所自伸，故曰神。總之陰陽之靈氣，在天地爲化育，時行物生是也；在人爲精神，聰明靈爽是也；在物爲魂魄，生死聚散是也；在事則爲動静，起居作息是也。而人者鬼神之會，人心虛明即是神，血肉蠢動即是鬼；晝而開寤即是神，夜而昏寐即是鬼；生而陽明即是神，死而幽暗即是鬼。推之千變萬化，總不離此，即道之費而隱也。

鬼神甚隱微，其明顯著見，莫如祭祀。先王制祭祀，通幽明，合人神，微顯合一之教也。故古人重祭，不侮暗室，不媿衾影，心思無欺，學術無僞，戒慎隱微，皆所以質諸鬼神不疑也。帝王大孝，不過廟享；文武制作，先郊社禘嘗，以此。故下章引祭祀。

問：誠不可揜，如何？《易》曰：「精氣爲物。」精氣即誠，物即鬼物。鬼神變化，不過天地精氣。精氣妙用，不過人心。人心即鬼神也。如方士符呪厭禁，皆用自己元神。元神即是誠。誠無妄，物各得其本來，謂之「無妄」。如天子精氣通天地，則能格天地；子孫精氣通祖考，則能格祖考。又如巫史祈禱，各有符呪字號，依法召請，其神立降，巫史亦莫知其所以然。「雲從龍，風從虎」，誠也。假如季氏旅泰山，子孫祭他人，其神不享，不誠也，亦便是誠不可揜之理。

言鬼神莫如《易》。《易》曰：「往者屈也，來者伸也，屈伸相感而利生焉。尺蠖之屈以求伸也。」此鬼神正訓。一幾相乘，往以致來，來以逆往，變化不測，故爲德之盛。又曰「一陰一陽之謂道」，即「鬼神之爲德」也。萬事萬物不離陰陽，不但牝牡合之謂陰陽，不但祭祀如在之謂鬼神，陰陽變化即鬼神，鬼神精靈即人心。鬼神也，陰陽也，道也，誠也，一也。近而一呼一吸，遠而天地終始，小而一物之成毁、一事之利鈍，大而國家之興廢、古今之升降，微而一念之起滅，顯而萬事之經綸，凡不離屈伸往來、消息盈虚者，皆鬼神也。其應無方，其變無窮，不行而至，不疾而速，可通萬年于一息，可齊方寸于千里，所謂泰山非大，秋毫非小，彭松非壽，殤子非殀者，皆鬼神之謂也。是故大舜、文、武震世勲業，不過尺蠖之一屈；古今人事，世代升沈，不過寒暑之一推。盈虚消息，小大理齊，故通鬼神之説者，即知天下無物非鬼神矣。今人不知體物不遺，謂人死則爲鬼神，惟祭祀則有鬼神，其説起于《祭義》，附會《周易》而失之也。《易》曰：「精氣爲物，游魂爲變，是故知鬼神之情狀。」天地之閒孰非物？孰非魂？孰非變？而《祭義》謂人死形歸于土爲魄，其氣發揚于上爲神。夫神在天地閒，豈盡死人之氣之所化與？如謂生爲人，死爲鬼神，則是鬼神惟死有祭有，主死不主生，主幽不主明，能陰不能陽，偏缺不全，何稱盛德？何稱體物不遺？恒人作此解，故祭祀一時，粗與鬼神交，其他皆昏昧放逸，日用惟人，焉有鬼神？不思人即鬼神，萬事萬物即鬼神，起居食息即鬼神，視聽言動、應事接物即鬼神。人能常如祭祀，齊明盛服，如在其上，則至誠無息，顯微無閒，是謂「知鬼神之情狀」，則可以通幽明之故與生死之説矣。形骸非我有，鬼神之凝聚也；精神非我有，鬼神之英爽也。生死去來，鬼神之乘運變化也。是故知體物不遺之道者，盡性至命，生死齊，晝夜通矣。或曰：「言鬼神，不言生死，何也？」曰：「生實有可言，死虛無難言。善言死者言生，言鬼神便是言生死，知鬼神即是知生死。二氏言因果地獄、鍊形脱化，亂幽明之故，反有無之常，怪誕不足信也。」或曰：「人有垂死見幽冥者，何也？」曰：「病劇，魂魄恍惚，識情幻化爲夢，非真常之理，不可言誠，烏可言有？」曰：「無有，何以有祭祀？」曰：「祭祀，人道也。人死形銷，氣還虛，而子孫即形氣之餘，事死如生，猶祖考未死；事亡如存，猶祖考未亡。然而祖考實死矣，亡矣。子孫之誠敬即祖考，子孫之精神即祖考。故曰：『誠之不可揜。』雖謂之未死未亡，亦實然也。」「然則又有上帝后土郊禘，配以祖考者，何也？」曰：「亦誠之不可揜也。天者，生氣之祖。上帝者，祖炁之靈，天之主也，猶人身百骸皆靈，而心一竅爲主宰也，故謂之帝。其實帝即天也。天下人物之靈，皆帝也。靈氣洩于人最秀，故曰天心人也。天也，人也，帝也，一也，如祖考與子孫一也。人心各自有上帝、祖考也。形散而靈氣歸虚，如水在瓶，瓶破歸海，時或結聚爲鬼物，終亦必散耳。不散則不合，不滅則不生，如人身無呼不吸，無吸不呼，呼吸相循，息息不窮。此幽明之故，晝夜之道，生死之説，通一無二，皆鬼神之德也。故曰：知死者知生，善死者善生。鬼神不離日用，生死亦不離日用。夫子開示季路，不過如此。」或曰：「鬼神有爲厲者，何也？」曰：「二氣得常，往來時序，生順死安，人神不侵越，則永無妖邪之患。若二氣偏沴，淫滯不通，於是有神降鬼哭，種種怪事，亦是精氣游魂，爲妖爲孽。妖孽由人心生，人心得常，妖孽自銷。君子致中和，天地位，萬物育，自無鬼怪神異之事。有之，亦不勝德矣。」或曰：「祈禱之説，何如？」曰：「此即祭祀如在之理。天地閒草木瓦礫皆有靈氣，依人則顯，不依人則氣不能自聚。今方士致鬼物，皆由精氣聚煉而成。人學其術，用自己元神借符呪演試，其鬼立至。不假人氣，雖符呪不驗，誠之不可揜也。」或曰：「此鬼未至以前在何處？既去以後歸何處？」曰：「有無聚散，陰陽不測，無聲無臭，所謂神也。《易》曰：『無思也，無爲也，寂然不動，感而遂通天下之故。非天下之至神，其孰能與于此？』若有在處，即不謂神。無思無爲，寂然不動，聖人洗心退藏之密，所謂『視之不見，聽之不聞』者也。感而遂通天下之故，所謂『體物不遺』者也。故其要在人心。人心未發之中，亦便是鬼神歸藏之處，未可言傳，未可象求也。」或曰：「輪迴之説何如？」曰：「元氣在天地閒，往來循環不息，有之，然造化無心，性命各正。若云此物今身是彼物前身，如此，世上人物合有定數始得，偶爾亦是妖孽，非化生之正，不足據也。」或曰：「天堂地獄有諸？」曰：「此因襲百昌歸土，其氣發揚于上之説，加緣飾耳。二氏亦自謂「權乘」。人死形毁神散，即有天堂地獄，以何往受？若陰魂，無歷劫不散之理。大凡二氏之言，皆竊聖人餘緒，流爲怪誕，其言鬼神尤甚。鬼神兩字，亦自聖人發。佛語侏㒧，焉識所謂鬼神云者？俗儒舍聖言而謫求二氏，予所謂割聖道以奉佛老者耳。」

此章以後言葬祭、達道、九經、三重，皆是禮家本色。禮即是道。禮，履也。執禮能立，便是中庸。執中、執禮，一也。自此篇獨行，學者登枝捐本，道與禮幾爲二物矣。

事人、事鬼，一也。誠不足以孚鬼神，即不可以理民物。故下章論文王無憂，武王、周公達孝，皆舉葬祭、郊廟之禮，見仁孝誠敬，格于上下，幽明無二，所以爲中庸，所以爲費而隱、微而顯也〔一〕。

〔一〕「所以爲費而隱，微而顯也」十字，《存目》本爲補鈔，且「微而顯」作「徵而顯」。《續修》本所使用的底本（復旦大學圖書館藏本）此葉原脱，乃用他本代替（參考川田健《内閣文庫藏九部經解及び山草堂集について》，《中國古典研究》第四十九號，二〇〇四年十二月，第三十八頁），故亦有此十字，而原書當無也。

## 第十四章

子曰：「舜其大孝也與！德爲聖人，尊爲天子，富有四海之内，宗廟饗之，子孫保之。故大德必得其位，必得其禄，必得其名，必得其壽。故天之生物，必因其材而篤焉，故栽者培之，傾者覆去聲之。《詩》曰：『嘉樂君子，憲憲令德。宜民宜人，受禄於天。保佑命之，自天申之。』故大德者必受命。」

斯道垂統於堯舜，舉舜見帝之所以爲帝，亦中庸也。匹夫有天下，無爲而治，惟是父母底豫而天下化。其格天受命，亦不過行孝精神苞孕發越，雖安富尊崇之極，祇成就古今一大孝子而已矣。大者，無上之稱。德爲聖人，是天與人歸，諸福之本。宗廟饗，如《祭法》禘黄帝郊嚳、祖顓頊宗堯之類。子孫保，如虞思封虞、胡公封陳之類。舜年百有十歲，故曰壽。屢言「必得」者，匹夫爲天子，功高業隆，人詫爲希奇，而夫子以天道斷其必然，乃所謂中庸也。《詩》，《大雅·假樂》之篇。嘉，善也；樂，愛也，猶言「豈弟」。憲憲，《詩》作「顯顯」。宜，安也。人，羣臣。保，護也。佑，助也。申，重也。受命，曆數在躬也。與下章贊武王意畧殊。舜無爲，武王未免有爲；舜純乎天，武王未免人力。故舜爲天子，言「德爲聖人」，武有天下，言「戎衣纘緒」；舜言「必得」，武言「不失」，與論《韶》《武》、五臣十亂同。

言大孝本諸天，即夫子告哀公云「仁人事親如事天，事天如事親，孝子成身」之意。舜以父事大，天以子命舜，使尊養其親，故謂之孝。得乎大父母，而因得乎父母，故謂之大孝。有鯀在下，不得乎親，非尊爲天子，以天下養，不足盡其底豫，非大德不足以格天受命，故通篇不言事親，但言大德，乃所以事天事親而爲孝之大也。天之生物，因材而篤，據舜事論之。篤，加厚也。栽培傾覆，皆篤也。栽，種植也。培，愛養也。傾，毁壞也。覆，護芘也。栽者傾者，人也；培之覆之，天也。如岳牧之薦，四門之賓，百揆之納，是栽者，而天與人歸，穆穆時序，天培之也；父母頑嚚、象傲，浚井焚廩，是傾者，而維持安全，卒致底豫，天覆之也。唯其培，故薦之于天而即受；惟其覆，故人欲毁之而不傷，所以爲篤，因舜材也。

○《中庸》于帝獨引舜，帝道莫備于舜也；三王引文武，王道莫備于文武也；人臣獨引周公，臣道莫備于周公也；道德獨引孔子，莫備于孔子也。不遺近而舉遠，不慕古而卑今，皆所爲中庸也。

## 第十五章

子曰：「無憂者其惟文王乎！以王季爲父，以武王爲子，父作之，子述之。武王纘大王、王季、文王之緒，壹戎衣而有天下，身不失天下之顯名，尊爲天子，富有四海之内，宗廟饗之，子孫保之。武王末受命，周公成文武之德，追王大王、王季，上祀先公以天子之禮。斯禮也，達乎諸侯、大夫及士、庶人。父爲大夫，子爲士，葬以大夫，祭以士；父爲士，子爲大夫，葬以士，祭以大夫。期之喪達乎大夫，三年之喪達乎天子，父母之喪無貴賤，一也。」

王道莫備于文武。文武之業，亦惟家庭父子兄弟閒積善累行，故舊邦新命，纘緒凝圖，其制禮作樂，亦惟尊祖敬宗，慎終追遠，教天下以孝而已。無憂，言遭逢善也。惟文王無憂，則武王有憂可知。聖人不幸遭不得已之時，心本不樂爲而不得不爲，則其憂深矣。大王有翦商之志，舍太伯而立王季，是王季爲作者也。至武王代商，是武王爲述者也。使前無王季，則文王不得辭作，使後無武王，則文王不得辭述，即欲以全節終，而天與人歸，將安逃之？是則文王所憂也。文王以爲憂，王季、武王豈獨以爲樂？武王惟其不樂，故不得爲無憂，文王所以遭逢獨善也。纘，縉結也。緒，末垂也。壹、一通，不再，言易也。戎衣，甲冑也。一戎衣，猶後世言「提三尺劍」云爾。鄭讀「衣」作「殷」，鑿也。不失顯名，謂令名猶在，不以臣伐君減聲價也。以戎衣得天下，又得顯名，所以爲難。不失名，與舜必得名畧殊。尊富饗保與舜同，其所以得之者視舜異。蓋戎衣既著，顯名幾失而得，其享舜諸福亦未易矣。末受命，武王壽九十三，克商七年崩，受命時八十有六。體制未備，追王獨文考，季歷以上猶侯爵，祭猶侯禮也。至周公相成王，作禮樂，成就文武仁孝之德，始追尊亶父爲大王，季歷爲王季。蓋成王視大王以下爲高曾祖考四親，特加王號，而祭用王禮可知。先公，謂祖紺以上至后稷，世遠王號不及，而皆祭以王禮。蓋祖考雖侯，子孫爲王，分得自盡，生者之情也。然天下各言其子，故制禮使人各隨分自盡。如天子諸侯世繼、父子同爵者勿論，假如大夫之子爲士，父死以大夫禮葬，而祭以士，祭雖殺，而生者之分盡，則情亦盡矣。如士之子有爲大夫者，葬雖以士，而祭則以大夫，使生者因分加隆，正所以推上祀之心達諸下也。其制爲喪禮，如期年之喪，士庶人終限，至大夫則降爲大功，天子諸侯則絶，蓋服輕分尊，親不敵貴也。若三年之喪，自庶人至天子同，蓋三年爲父母之喪，子于父母無貴賤，一也。此又推文武孝先之意，而達之上下也，無非成文武之德也。

葬以送死，故因死者之爵，《春秋》書卒必序爵，是也。祭以報本，故用生者之禄，士無田則不祭，是也。

按《儀禮》期喪不同：有正統之期，爲祖父母是也；有旁親之期，爲伯叔父母、衆子、昆弟、昆弟之子是也。正統之期，天子諸侯不降；惟旁期，天子諸侯絶，大夫降；雖旁期，而生者與死者貴同，亦不降。又如諸侯始封之君，不臣諸父昆弟，是猶爲諸父昆弟服期也。再世之君不臣諸父，是猶爲諸父服期也。大夫之諸父昆弟與昆弟之子及衆子爲大夫死，則大夫亦爲服期。三年之喪，不但父母，古適孫爲祖父母，爲長子，妻爲夫，喪皆三年。今云「無貴賤一」，豈皆不降邪？父母之喪三年，而《儀禮》又云「父在爲母」期，惟加杖，十一月練，十二月祥，十五月禫，與凡期異，則是親喪亦有不三年者矣。《周禮·司服》云享先王袞冕，先公鷩冕，則是祀先公猶侯禮也。或云王禮而侯服，然使祫禘，先公先王同堂，安得一時爲兩服？《周禮》言恐未可據耳。

追王之禮，周以前有矣，故《商頌》于契稱「玄王」。周不王后稷，遠也。降服之禮，周以前無之，故《檀弓》縣子云：「古者不降，上下各以其親。」期喪以下有降，貴貴之義，自周始耳。文武之德，孝先之德，即生者之情也。生者稱王，故追王；生者爲天子，故祀用天子。此達文武欲盡之意于上也。臣子祭祀，皆隨生者之分。生者爲士，則祭以士；生者爲大夫，則祭以大夫。此推文武上祀之意達于下也。皆所以成文武之德，而喪禮因祭併及。喪以爵降，雖同爲成先之禮，而意較重。親喪無貴賤，使人人自盡，則孝思達之無窮矣。

不言父爲諸侯以上者，即下例上也。禮，大夫不敢祖諸侯，諸侯不敢祖天子。天子之子始爲諸侯、諸侯之子始爲大夫者，皆得祭禰，而皆用生者本爵。魯用天子禮禘文王于周公廟，僭也。孔子歎周公衰而不欲觀，以此。或因杞宋用郊，夏父弗忌云「宋祖帝乙，鄭祖厲王」，遂謂父諸侯子大夫者，祭皆以諸侯。然則父天子子諸侯者，即祭以天子乎？《魯頌》之事，叔季之失，豈禮與《春秋》之義與？

文王稱「無憂」，與舜稱「無爲」畧同。舜所遇者，千古難得之君臣；文王所遇者，千古難得之父子，此一時也。故虞舜揖讓而治，文王以完節終，時中也。武王當殷周改革，天命人心亟重必反，彼一時也。戎衣而有天下，亦時中也。周公之制作、孔子之道德亦然。舜必得名，武王不失名；舜必得壽，武王末受命。舜以匹夫坐致尊富饗保，無纘造制作之勞，而風動時雍，純乎天也。周家祖孫父子，累世積功，而后尊富饗保，制禮作樂而后太平，盡人以奉天也。故舜言「大孝」，武王、周公言「達孝」。

《中庸》本禮書。舜文武周揖讓征誅，郊社、禘嘗、葬祭之禮，三德、五道、九經、三重，居上爲下，不驕不倍，皆禮之大者，而戒懼中和爲本。此聖人雅言之意，故君子凝道莫大乎崇禮。後儒摘取此篇與《大學》獨行，博約之意荒矣。

按《史·周紀》文武合稱王，以周道盛于文，而紂亡不始于武也。故周公相武王誅紂，皆稱文考，不自以爲功。此聖人孝思，非文考本意。牧野事成，即追王文考，故《史》以文武合稱，《詩》《書》稱「二后」，猶虞史堯舜同典也。後儒附會，謂文王末年稱王，武王不改元，謬也。觀夫子稱文王「無憂」，戎衣有天下實自武王始。稱武、周達孝善繼述，與舜孝異可知。善繼述云者，繼以不繼，述以不述，故命曰達；不達則窮，亦以釋武王、周公之憂焉耳。

## 第十六章

子曰：「武王、周公其達孝矣乎！夫孝者，善繼人之志、善述人之事者也。春秋脩其祖廟，陳其宗器，設其裳衣，薦其時食。宗廟之禮，所以序昭穆也。序爵，所以辨貴賤也。序事，所以辨賢也。旅酬下爲上，所以逮賤也。燕毛，所以序齒也。踐其位，行其禮，奏其樂，敬其所尊，愛其所親，事死如事生，事亡如事存，孝之至也。郊社之禮，所以事上帝也。宗廟之禮，所以祀乎其先也。明乎郊社之禮、禘嘗之義，治國其如示諸掌乎！」

此章言武王、周公之孝，而舉其祭祀之禮，仁孝誠敬之義，對天地，格祖考，所以致治平者不外此，與前「鬼神」章相應。道不通極于鬼神，不見高遠；不託始于孝思，不見卑近。君子明乎祭祀之義，則知「微之顯」矣。達孝與上章達乎天子、諸侯、大夫之「達」，文同意異。達，通也。通天地鬼神，通人倫物理，通子孫臣庶，至古今時勢，損益變態，無所不貫通，乃能善繼述而爲達孝。故觀所制祭祀之禮，詳委周悉，非知周萬變者，能創制立法，盡善盡美，使死如生、亡如存乎？故曰「達」也。朱註云：「天下通謂之孝，猶孟子言達尊。」此與善繼述何干？善繼述正解「達孝」。存諸心爲志，有緒未伸，故須繼；見諸行爲事，有迹可據，故須述。人，即祖考。纘先緒有天下，成文武興制作，即善繼述也。「春秋」以下舉其事而贊其義之精，即微顯之意。脩，脩飾也。宗器，宗廟祭器，或曰先世所藏重器，赤刀、天球、河圖之類。裳衣，先祖衣冠藏于寢者，祭則設之以授尸也。時食，四時新物。宗廟之禮，謂宗族子孫助祭者所立班次也。昭穆，本廟次神主左右之名，左昭右穆，父昭子穆，父穆子昭。父子不共昭穆，親近別疑也；孫與祖共，分尊無嫌也，説詳《王制》與《祭統》。凡宗族子孫助祭在廟者，亦以此爲序，故曰「序昭穆」。《春秋傳》云：管、蔡、郕、霍，文之昭也；邘、晉、應、韓，武之穆也。據《史》周自后稷至文王十五世，文當居穆，至武王十六世，武當居昭。文之昭，文王子也；武之穆，武王子也。序，謂左右不相雜，父行左，則子行右，左右同行，則以長幼爲先後。

《祭統》云：「昭與昭齒，穆與穆齒。」此宗廟之禮也。爵，謂公、侯、卿、大夫、士。《文王世子》云：「宗廟之中，以爵爲位。」同姓序昭穆，異姓序爵。然昭穆中亦有貴賤，如周公文昭位冢宰，羣昭豈得不讓之？序事，謂選擇而使。賢，謂才能、辦事。旅，衆也。酬，導飲也。先酌自飲導之，後酌奉之曰酬。祭將畢，主人洗爵，獻長兄弟及衆兄弟，而賓子弟、兄弟之子弟，各洗觶酌自飲，乃洗酌奉其長，其長受而奠之不即飲；賓將以酬兄弟之黨，兄弟將以酬賓之黨，遂舉所奠爵自飲，而后酌奉之；其黨又各轉相酬，下至沃洗者無不及焉。皆先自飲導人，曰旅酬。卑幼曰下，尊長曰上。旅酬之始，卑幼各先酬其長上，及長上相酬，卑幼又各爲其長上洗酌，故曰「下爲上」也。逮賤，謂徧及卑幼者，使皆得蒙一獻之禮也。燕毛，謂祭終燕飲而毛之。毛之者，別其毛髮之黑白也。《周禮·司儀職》云：「王燕則諸侯毛。」祭畢，賓客歸，留同姓諸臣燕于寢，坐黃髮于上，列黎首于下，以序年之長幼，所以尊父兄耆老，而爵在所畧矣。踐，猶立也。位，謂主祭者所立之位。所尊、所親死亡，皆指祖考。孝子就位，行禮奏樂，致敬致愛于祖考，宛然如祖考生存，所謂善繼述也。鄭註「其」字皆指先祖，太拘。至，極也。天理人情之極，一毫有歉，則化裁不中，而會通有礙。武、周盡制盡倫，繼志述事，無毫髮遺憾，所以孝至而稱達也。郊祭天，唯天子行之。社祭后土，庶人皆行之。后土，即地也。古王者郊天配以地，陰從陽，故但言「事上帝」，而后土包舉矣。社禮雖通上下，此則王者之大社，故并郊言之。鄭註謂爲「省文」，未也。禘，祭帝也。王者祭其始祖所自出之帝曰禘。三王始祖，皆古帝子，故祭始祖之父謂之禘。禘以春，嘗以秋。嘗，食也，百物秋成可食也。郊社事上帝，所謂「唯仁人爲能享帝」也。禘嘗事先，所謂「唯孝子爲能享親」也。郊社因祭祀并及禘嘗，即上春秋祖廟之祭也。詳舉事天地祖宗之禮，明仁人孝子精意通于治國也。言通于治國者，明禮義之精，孝所以爲達也。禘嘗之義，統括上文「序昭穆」五段之義。仁孝一心，神民一理，達者能融會貫通，不達者謂鬼神爲冥漠，政事爲粗迹，裸將爲虚文，顯微未徹，愚不肖所以不及，賢知所以大過也，烏能達？《郊特牲》云：「禮所以尊，尊其義也。失其義，陳其數，祝史之事。故其數可陳也，其義難知也。知其義而敬守之，天子所以治天下也。」即此意。示、視同，言易見也，鄭作「置」。此章之祭，皆武王、周公所行天子禮，引以見達孝，與前章達乎上下之「達」異。前章言達主于推廣，同仁之至也；此章言達主于化裁，精義之至也。朱註皆以「通于上下」解，誤矣。

《明堂位》云：季夏六月禘太廟。《祭統》亦云：夏祭曰禘。《祭義》又云：「君子合諸天道，春禘秋嘗。」《郊特牲》亦云：春禘秋嘗。愚按：春禘近是。禘本大祭，春爲時首，以陰陽之義論，陽氣盛于春，陰氣盛于秋。近代祭祀，皆用春秋二仲，古今應同。《詩》云：「春秋匪解，饗祀不忒。」此章前言春秋，後言禘嘗，其義曉然。夏祭曰禴。禴，瀹也。以水瀹菜，言薄也。《易》曰：東鄰殺牛，不如西鄰瀹祭。蓋夏暑不可田獵牲殺，故未可禘。《雜記》云：七月而禘，孟獻子爲之。周七月，夏五月，則春禘寔古禮也。鄭又據緯書云三年一禘，五年一祫。考之《春秋》書禘不書祫，禘即祫也，故稱大事合食曰祫，禘則合羣主于太廟祭之。子孫合食先祖，歲首一舉，乃爲稱情。三年五年，不已疏乎。《王制》謂天子諸侯四時常祫，然則禘嘗二祭，或者皆祫，故二祭重與？《魯頌》云：「秋而載嘗，白牡騂剛。」

周公牲白，魯公牲騂，此亦嘗祫之一徵也。天地、祖宗大事同，春郊天祈穀，則宗廟有禘，秋明堂享帝，則宗廟有嘗，皆大事也，故并舉之。

舜孝言「大」，武、周孝言「達」。蓋舜以匹夫有天下，垂衣裳而治，前難爲作，後難爲述，今古無兩，故曰「大」。武、周以君公世業，易侯爲王，制禮作樂，經綸化裁，變通盡利，故曰「達」。「春秋脩祖廟」四句是行禮，「序昭穆」五段即行禮之義，通于治國，所以爲達，非尋常奉先之孝而已。序昭穆、辨賢、辨貴賤、逮下、序齒等，皆爲政大端大本，故曰「見其禮而知其政」。孝先在此，治天下亦在此。若區區禮文，何以爲孝？何以爲達？

# 禮記通解卷十八終

# 禮記通解卷十九

郝敬　解



## 中庸下

### 第十七章

哀公問政。子曰：「文武之政，布在方策，其人存則其政舉，其人亡則其政息。人道敏政，地道敏樹。夫政也者，蒲盧也。故爲政在人，取人以身，脩身以道，脩道以仁。仁者，人也，親親爲大；義者，宜也，尊賢爲大。親親之殺，尊賢之等，禮所生也。在下位不獲乎上，民不可得而治矣。故君子不可以不脩身，思脩身不可以不事親，思事親不可以不知人，思知人不可以不知天。天下之達道五，所以行之者三。曰〔一〕君臣也，父子也，夫婦也，

〔一〕「曰」字原闕，今據閩本補。

昆弟也，朋友之交也，五者天下之達道也。知、仁、勇三者，天下之達德也，所以行之者一也。或生而知之，或學而知之，或困而知之，及其知之，一也。或安而行之，或利而行之，或勉强而行之，及其成功，一也。」子曰：「好學近乎知，力行近乎仁，知恥近乎勇。知斯三者，則知所以脩身；知所以脩身，則知所以治人；知所以治人，則知所以治天下國家矣。凡爲天下國家有九經：曰脩身也，尊賢也，親親也，敬大臣也，體羣臣也，子庶民也，來百工也，柔遠人也，懷諸侯也。脩身則道立，尊賢則不惑，親親則諸父昆弟不怨，敬大臣則不眩，體羣臣則士之報禮重，子庶民則百姓勸，來百工則財用足，柔遠人則四方歸之，懷諸侯則天下畏之。齊明盛服，非禮不動，所以脩身也。去讒遠色，賤貨而貴德，所以勸賢也。尊其位，重其禄，同其好惡，所以勸親親也。官盛任使，所以勸大臣也。忠信重禄，所以勸士也。時使薄斂，所以勸百姓也。日省月試，既廩稱事，所以勸百工也。送往迎來，嘉善而矜不能，所以柔遠人也。繼絶世，舉廢國，治亂持危，朝聘以時，厚往而薄來，所以懷諸侯也。凡爲天下國家有九經，所以行之者一也。凡事豫則立，不豫則廢。言前定則不跲，事前定則不困，行前定則不疚，道前定則不窮。在下位不獲乎上，民不可得而治矣。獲乎上有道，不信乎朋友，不獲乎上矣。信乎朋友有道，不順乎親，不信乎朋友矣。順乎親有道，反諸身不誠，不順乎親矣。誠身有道，不明乎善，不誠乎身矣。誠者，天之道也。誠之者，人之道也。誠者，不勉而中，不思而得，從容中道，聖人也。誠之者，擇善而固執之者也。博學之，審問之，慎思之，明辨之，篤行之。有弗學，學之弗能弗措也；有弗問，問之弗知弗措也；有弗思，思之弗得弗措也；有弗辨，辨之弗明弗措也；有弗行，行之弗篤弗措也。人一能之，己百之；人十能之，己千之。果能此道也，雖愚必明，雖柔必强。

文武之政，文王、武王治天下之法度。布，列也。方，木版。策，竹簡。古者書記，削木編竹。人存，謂君明臣良。敏，速也。以人立政，猶以地種樹，其功速也。蒲盧，即瓠瓟，一名果蠃。長曰瓠，圜曰瓟，細腰曰蒲盧，與蜂細腰者同名。《詩》云「螟蛉有子，果蠃負之」，蜂也；又云「果蠃之實，亦施于宇」，瓠瓟也。猶鳥有雖有鷊，草亦有雖有鷊之類。蒲盧延蔓，多實易長，附物而生，如政依人而立也。或云蒲、葦二草也，亦易生。爲政在人，謂政在得賢。取人以身，謂君身脩而后賢人從。道者，範身之具。仁者，體道之心。仁者人也，謂仁即生理也。生生活潑之謂仁，生生活潑惟人也。天下莫非人，親則人所以生。親親肫切不容已者，愛之始也，故爲大。仁、義、禮、智四德相因，脩身、親親、尊賢三事相成。宜者，分別順利之意。以君之貴，折節下賢，此義之極順利，而萬事所以理也，故爲義之大。殺，降也。層級曰等。「在下位」十四字，錯簡重出。知人，即知「仁者人也」之人，而賢人在中。天，即首章「天命」

與下文「天道」。天者，道之原也。達，通也。道德原于天，故達諸天下古今同也。惟其同，故行之一。生而知，謂不慮而知也。有不知故學。學不能故困。生知則率性，而行安矣。學則會通，而行利矣。困，不通，勉强而后可行也。三者皆一，道德所以爲達。好學等三近，即困勉之功。生、學、困者，知也。安、利、勉者，仁也。好學、力行、知恥者，勇也。經，常也。一三五者，脩身之事，其數九。九經者，治人之事，數亦九。九者，乾之用數，天則也。九經首脩身、尊賢，即「爲政在人，取人以身」之意。既有大臣、羣臣，又首言尊賢，所謂「當其爲師則不臣」，「學焉而后臣之」者也。體羣臣，視臣如手足也。子庶民，視百姓猶子也。子，慈也。百工集而后事成，故曰「來」。遠人無家依人，故曰「柔」。柔，溫惠也。諸侯布散四方，故曰「懷」。懷，擁護也。道立，謂君道立，猶所謂「首出庶物」也。以刑九族，以正百官，以法萬民，以式百辟，一身脩而道皆前定，所謂「豫」也。不惑，謂不疑于理。不眩，謂不迷于事。昆，兄也。報禮重，感禮遇，圖厚報也。財、材通。金木水火土穀等曰材，以制器曰用。用皆財也。足，公私俱足也。畏生于懷，天下之心合，則朝廷之勢尊，非威脅也。齊作「齋」，不雜也；明，不昏也，所以正乎內，盛服所以飭乎外。非禮不動，所以防其邪。如此，則主敬存誠，源清本端，脩身以道，脩道以仁，皆在其中矣。害德惟讒，損德惟色，妨德惟利，三者能戒，所以貴德。尊其位，不論官而爵自崇也。重其祿，不任事而養常厚也。同其好惡，富貴同所好，貧賤同所惡也。官，謂百官，小臣也。盛，濟濟多士，寮寀齊備，官事不攝也。官盛，則大臣之體尊。百官總己以聽，任其使令責成，而上不疑，然後籌策可展也。苟寮寀缺人，則大臣親細事而體褻；任使不行，則事勢掣肘而權分。

忠信獨于士者，所謂體也。小臣疏遠，情難上達，用其身不體其心，則禄亦豢養，而士不懷德矣。省，視也。試，考課也。既，當作「餼」。牲曰餼，粟曰廩。稱事，謂省試其勤惰工拙，以爲食之厚薄也。送往迎來，謂四方賓旅，去則導送，來則迎勞，其中有賢士君子，則優崇之；無才流落者，哀其失所，矜卹之。有國土無子孫曰絶世，有子孫無國土曰廢國。續其後曰繼，復其封曰舉。政壞曰亂，勢傾曰危。治者，理其壞也；持者，扶其傾也。諸侯見于天子曰朝，使其臣于天子曰聘〔一〕。聘，問也。以時，謂有常期，不致煩費也。厚往，謂朝聘歸，錫予則厚。薄來，謂朝聘來，納貢則薄。行九經一者，因上文三五并九而約之。一者，心也。心所以一者，明而誠也。豫，猶先也。立，猶成也。天下事皆先本後末，先身脩而后天下國家可治也。前定，即豫也。定，猶知止有定之「定」。豫則自定，定則能立。跲，顛蹶也。言語不前定，則必蹇澀。事以泛應言，行以躬脩言。困，謂不如意。疚，謂行多瑕疵。言有定理則不跲，事有成謀則不困，行有常度則不疚，道有深造則不窮。在下位，謂爲臣者。獲上，謂得君。自民反約以至于身，皆所謂「前定」也，而歸本誠明。誠明者，凡事之根，古今帝王道德事功之本，天地鬼神之奥，中庸之樞紐也。不明不誠，親且不能事，焉能信友？友且不能信，焉能事上使下，治天下國家乎？雖虞舜、文、武、周公、孔子未有易此者，所以謂行之一也。人心不雜曰善，不昧曰

---

〔一〕「使其臣于天子曰聘」一句似有脱文，疑「臣」下或當有「獻」字。按：朱子《章句》釋「朝聘」曰：「朝，謂諸侯見於天子。聘，謂諸侯使大夫來獻。」

明，不妄曰誠。昧則善者雜矣，雜則明者妄矣。誠無妄，天命之性也，故曰天道。誠之去妄，脩道之教也，故曰人道。聖人生知安行，純乎天也。擇善而明，固守而誠，以人合天，即學知利行也。「博學」以下，困知勉行也。擇善者，隨事觀理，因物察則，而即據理處事，順則應物，所謂「固執」也。「博學」五者，困勉之功。博，廣徧也。審，詳悉也。慎，細密也。明，分別也。篤，用力也。所學者廣，未必皆知，故須問。問于人，未必恰于心，故須思。思露端緒，故須辨。四者皆以行爲實地，不可不力，故須篤。有弗學，悔恨之辭。前此未學，后此學則必成，不成猶弗學也。措，舍也。不得不措者，志之奮。人一己百，人十己千者，力之勤，即其所爲博學、審問、慎思、明辨、篤行者也。愚必明，則善無不擇矣；弱必强，則執無不固矣。如是，則自明而誠，天下國家事以豫立矣。意重困勉，望哀公也。

自「大孝」以下三章，歷舉帝王盛德大業，此一章仲尼之謂集大成也。章内皆言脩己治人，而脩己爲本。治人詳于九經，脩己要于存誠以脩德行道。道不外人倫，德不外知行，總之惟誠。求誠在擇執，擇執在學、問、思、辨、行五者，本立而后用行，皆所謂「豫」也。

中庸是天人合一之理。篇首即提「天命」，篇末歸結「上天之載」，中閒發揮天人之藴，此章殆盡。蓋中庸之教，闡自夫子，其道德倫常，帝王以來皆已言之；其融會貫通，以三行五，以人合天，以明求誠，則吾夫子脩道之教，故引告哀公語實之。

道之大原出于天，莫非天也。自地以上即天。天下無天外之人，無人外之事。事統于人，人統于天，天人一也。人在天中，如魚在水中。人體天措事，如魚乘水泳游。人無之非天，魚無之非水。體之爲身，生之爲親，分之爲人，性之爲仁、義、禮、智，由之爲君臣、父子、夫婦、兄弟、朋友，得之爲智、仁、勇，事之爲九經。其真爲誠，其覺爲明，其理爲善，其功爲擇執，其目爲學、問、思、辨、行。此天人之藴，君子之中庸，至遠而近，至卑而高也。

世上父子、君臣、夫婦、兄弟、朋友，與知與能，非人力湊合，皆是天道自然發見流行。其真切處莫如親，其贊相啓迪、彝率勸成莫如賢，故夫子告哀公立政首舉脩身、親親、尊賢爲本。百行始于孝，輔仁資于友，雖士君子窮居潛脩，外無師友之助，内無仁孝之思，天下之棄物，而況君天下者乎？親親是仁，尊賢是義，等殺是禮，知天知人是智，四德備矣。禮儀三百，威儀三千，要而言之，不是尊賢，便是親親，隆殺等級，只在二端上周旋，故曰「禮所生」。自然曰生，即天也。

禮所生，與後章云「敦厚崇禮」相應，此脩德凝道實地。《中庸》一篇，禮之菁華。五道皆是禮，聖人從容中道，亦是中禮。脩道立教，莫大乎執禮。

宇宙惟人。人者，天之心，萬靈之會，而具之成身。人各有身，親爲生身之本；身各爲人，天乃造命之元。故脩身、事親、知人、知天四者相因，仁、義、禮、智四者廢一不可。身不可不脩，以天人之理備于身也。親不可不事，以仁愛之根培于親也。人不可不知，以生生之理具于性也。天不可不知，以立人之道原于命也。聖言精融，解者牽强。朱註云「脩身以道，脩道以仁，故不可不事親」，是已；又云「親親之仁，必由尊賢之義，故不可不知人。親親之殺，尊賢之等，皆天理，故又當知天」，此意狹矣，欲縮上文解而拘泥。蓋事親必知人，以仁由于知也；知人必知天，以性根于命也。

天人兩字，即是顯微費隱之理。達德、達道正是天人會合實際。父子、君臣、夫婦、長幼、朋友，是天生現成底秩序；仁義序别信，是天命現成底道理。知是天生底良知，仁是天生底良能，勇是天生底力量。惟其爲天，故古今同有；惟其同有，故謂之達。宇宙民物，帝王經綸，聖明述作，總不越此。舍此無道，失此無德，離此無天。不曰義〔一〕序别信，曰君臣、父子、夫婦、昆弟、朋友者，人即是道，道不遠人。微之顯，費之隱，不可須臾離，此也。朋友獨言交，朋友分疏，無交不成也。

智、仁、勇名雖三，純是仁。達道雖五，始惟親，親親亦是仁、道德皆仁，故曰「脩道以仁」。三德行五道，舉一皆兼三，如舉知亦兼仁勇，舉勇亦兼仁知，所行雖三，行之惟一，故曰「所以行之者一」。豈有誠知不行，誠仁不知，誠知仁不勇，誠勇不知仁者乎？故曰一也。生知、學知、困知，安行、利行、勉行，又就知行中分等級不同，而其知行亦一。天人原無彼此，所以謂達，所以謂天。有二則不達，不達則非天。天故一，一故達。

三德首知。知，乾道也，在人爲明德。真知合下是行，此《中庸》要旨。前章言不明不行，舉大舜、顔子發揮此理。明即誠，擇即守，非離知求行、離行有知。聖人屢言一，以此。三知三行，學問思辨與篤行雖對舉，其實一知耳。故知居三德之先，生知居安行之先，明善居誠身之先，至于誠而知行一矣。道德人人同有，處處通行，但知不真則不能行，氣不果則不能行，以知仁勇行之則一。一者，不二也。

〔一〕「義」上似脱一「仁」字。

良知良能，人所同具。天下幾見不學而生成者，雖聖人亦用學問，雖愚人亦有良心，根器不同，大約三等。生知是天生良知，不由人謀，不從外得，如草木萌芽，枝葉扶疏，不假安排布置，即便是安行矣。不能者，須學以復不學之體，如「湯武反之」是也。不通曰困。凡人精神塞極後通，鬱極後發，學未知，須用困，困則必勉，學則必利。利，通也，益也。見世間唯此一條通途，唯此一事利益，專心趣向，故曰「利」。力量不及不敢自諉，工夫間斷不敢不繼，故曰「勉强」。等雖有三，成就時生知安行至此，學利困勉亦至此。學利困勉之功，聖人有用時；生知安行田地，衆人有合處。道德本達，故曰一。不然，聖凡路斷，雖困亦不能通，勉亦不能利矣，烏乎一？

「子曰好學近乎知」以下，本另説起，據《家語》皆告哀公語，合爲一章亦可，皆以達德行達道者也。三近皆達德，治人、治天下國家。九經，皆達道内事。所以行之者一，謂以德行道無二，與前「一也」同。豫，即前定。身脩而后人可治，德立而后道可脩，學問思辨行之功至而后道德九經可舉也。擇善固執，以人合天，即所謂以仁脩道，以道脩身，非兩也。誠亦仁也，仁亦善也，善亦天也。知天明善，存誠體仁身脩，皆所謂「豫」也，則九經可行，達道可舉，治人、治天下國家一以貫之，所謂「豫則立」也。豫立之「立」，與「脩身則道立」之「立」同，言行事皆以豫立，例道亦以豫立也。

中庸最忌支離。德言三，道言五，經言九，行出種種多般，總之一點真精神化現，一凝而三五九成，三五九分而一化，顯微無間之道也。一以同言，非即誠，而一著實處便是誠。故下文終之以誠，使人識一之歸宿處也。

豫者，循序務本之謂。九經首脩身，道立即是「豫則立」。故曰：君子不可以不脩身，知所以脩身，則知所以治人、治天下國家矣。《大學》亦以脩身爲本，「知所先后則近道」，亦是「豫則立」。《中庸》以明誠擇執爲豫，《大學》以知至意誠定靜安慮爲始，皆歸之脩身。此言脩身，曰不可不知天，猶《大學》逆推脩身至于誠意致知也；曰知所以治人、治天下國家，獲上治民，猶《大學》順推身脩至于家齊國治天下平也。皆所謂「豫則立」也。身爲顯微無閒之本，豫爲本立道行之序，聖賢道德，帝王功業，率由豫立。二氏所以得罪于聖人，惟其學無階級，以頓悟爲捷徑，不知豫也；道尚空寂，以幻形爲假合，不知脩身也，所以素隱行怪，烏能治天下國家？

「在下位」五段，由治民約之誠身，身脩然後親親、尊賢、治民、治天下國家可舉，前定之道也。治民獲上遠也，朋友近也，親又近也，約其本惟誠明，自近及遠，自本及末，所謂「豫」也。信友，即尊賢之義。順親，即親親之仁。誠身，即脩身。明善，即知天。聖言無二理。

「誠者天之道」以下至末，皆言明善誠身之事，皆所以豫脩其身，爲治天下國家之本也。擇執求誠固謂之豫，從容中道，本立道行，亦聖人之豫。責成愚弱輩，故詳舉學問思辨等功，結之以「果能」。

善最微妙。《易》曰：「元者善之長」，「繼之者善」。《大學》云：「止于至善。」天命人性本體純一無雜曰善，其真實無妄曰誠。在天時行物生，在人三德五道，以至萬事萬物，支分縷析，一一實在現成，安得不謂之誠？然行生者無行生，道德者無道德，萬事萬物本無一事一物，冲虛恬淡不可名象，安得不謂之善？善不雜，雜則妄；誠無爲，爲則鑿，其實一也。不曰善爲天道，曰誠爲天道者，人性皆善，但患不誠，中庸責成在人，欲人實體其在人之天也。

道無爲，聖人不言無；誠實有，聖人不言有。蓋道不可有無言，言有無，是一局之見。聖人雖言有無而不主有無，二氏以四大爲空，以無爲常。天地萬物，安能滅之使無，自不得不爲實有。然至費者，即藏乎至隱，亦不得不謂實無。有亦實，無亦實。實有者形而下，器也；實無者形而上，道也。器有形色，道無聲臭，道器一貫，顯微無閒。故誠者，兼有無而言也。

明即善之神，善即明之精，非二也。《大學》明德即是至善，知止即是明善。善非即明，焉知擇善？善不自明，誰爲善擇？固執只是明善著實處。

不曰「明者天之道」，而曰「誠者天之道」，何也？中人以下，天明至善者少，氣拘物蔽，雜于僞妄者多，徒語以明，則情識轉增。恒人識非不足，但苦妄多，故應病製藥命曰誠。誠則無妄，無妄即明，即善，即天。從容中道者，聖人當體是道，知盡仁至，乾乾大勇，君止仁，臣止敬，父止慈，子止孝，百行萬善，纖微曲中，純乎天者也。擇善固執者，日用隨處體認天理，主宰精明，不爲小體欺蔽，不爲聲色外物牽制，決從天理上行，更不暫得暫失，此以人希天者也。此便是天人合。擇知也，執仁也，固勇也，一也。

《大學》一明明德便了當，在衆人分上作兩事，明似知，誠似行；明工夫，誠本體。或以明爲本體，則明明爲工夫；以誠爲本體，則誠之爲工夫。皆方便善誘，名殊理一。

知離行，便似夢中。孩提知愛知敬，方是天明樣子。今人認夢作醒，故聖人不復與言明，另提誠，其實誠明非二。《大學》釋誠意，惟「毋自欺」。毋自欺即明。衆人不悟，恰似明低于誠，誠高于明。故子思又有性教合一之説。

天道非空虛，時行物生，絪緼變化，乃見天道。人性非空虛，道德九經，脩己、治人、治天下國家，乃見人性，故曰誠。若論性體，有甚學問思辨？惟論盡性功用，須擇善固執。試看道德九經，可是不擇執做得否？離却五常九經，可成道德否？所以曰誠曰豫，聖教中庸異于二氏，惟此。

佛氏言「發真歸元」，背真逐妄，「妙明」「圓覺」，皆蹈襲誠明，惟偏語上達，故流爲荒蕩。後儒避嫌，以誠明爲事物上工夫，向枝葉皮膚尋討，以爲真實異于佛老之虛無，不知真實正不在枝葉也。虛無亦是聖人語。《易》曰：「無思也，無爲也，寂然不動，感而遂通天下之故。」篇中言不睹不聞，未發之中，篤恭不顯，無聲無臭，《論語》言「屢空」，非虛無乎？今一切推與佛老，退守皮膚，自命謂儒，此予所謂割聖道以奉二氏者也。

博學、審問、慎思、明辨、篤行五者，皆是困勉用力處。弗得弗措之志，與人一己百之功，正其所爲博審慎明篤者也。天命人性不由外得，中人以下氣昏累重，徒教以存心養性，漫無依據，須耳目心思歸併義理上，鑽研體究，約束得十分緊，搜索得十分急，方有猛然覺悟之路。故五者接引中下愚弱輩，廢一不可，譬如塞漏舟不放一毫走洩始得。朱註謂「誠之之目」則可，謂爲學知利行之事則不然。學知利行者，未至煩費若此。

五事雖聖人不廢，而不倚此。中人以上，須此而用力易，學斯博，問斯審，思斯慎，辨斯明，行斯篤，此學利輩也。中人以下，博以求學，審以求問，慎以求思，明以求辨，篤以求行，故歷數其事而又矢以弗措之志，乃所以爲困勉也。

五事，亟數其功夫詳密，非拘先後次第，待完一件，後及一件也。纔學即行，學不輟即篤，學則即問思辨行，非待四事完始去行也。

全篇自此章以前，多言下學，道之顯也，而微在其中；「自誠明」章以後，多言上達，道之微也，而顯在其中。前此許多義理，結局在誠明兩字，故下章以後，即承此兩字立言。蓋道莫大乎中庸，中庸自夫子發之；中庸莫要于誠明，誠明亦自夫子發之。首章推道原于天，而「仲尼曰」以下，皆申明夫子中庸之旨，所以承天也。舜、文等章，言道盡于帝王，而「自誠明」以下，又申明夫子誠明之旨，所以承列聖也。

## 第十八章

自誠明謂之性，自明誠謂之教。誠則明矣，明則誠矣。

自此至「至誠無息」章，因夫子誠明二字發揮天人之秘。《詩》《書》惟言「明德」，至夫子言「誠」，非明外別有誠也。天人之理會于明，聖人之德本于明，衆人之性同乎明。但爲妄念昏擾，迷其本覺，如《大學》云「自欺」，依本明發現，而本明不得自主。譬如草寇稱王，假也，求明須去假，假去則真還。惟聖人無假，真性常湛，天光熾照，是謂誠明，純乎天命，故曰性也。衆人多假，須「毋自欺」」，使真宰爲主，良知自覺，祛除客賊之妄，謂之明誠。此全仗脩道之力，故曰教。二者道有天人，其實非兩。論性，明即誠，誠即明；論教，誠可明，明可誠。一而二，二而一，但天下性者少，教者多，是以君子誠之爲貴也。

此章因前章「成功一」」，明善誠身，與首章率性脩道融會而言，見天人合一，天所命即聖所脩，意不主分疏性教，而主天人一貫，所以爲顯微無閒也。

本惟一明耳。誠是治妄之藥，妄是遮明之障。篇首但言知，知即明也。誠爲脩道者言。《大學》惟明明德，以誠爲入門，誠意本致知，「毋自欺」即明也。物格而后知至者，自誠而明也；擇善而固執者，自明而誠也。《大學》言上智，《中庸》言中材。言誠則通顯微，合知行，事理一貫；言明則似主知遺行，見理遺事，故《中庸》屢言誠。聖人稱至誠，亦方便立名。聖者，明之至。子云心之精神謂之聖，聖即明，精神即誠，至誠即明德，故云惟聰明聖智達天德者能知之。曰著，曰日章，曰知微顯，知風自，知遠近，懷明德，皆明也。學者知誠之爲貴，不知明之爲體。惟不明，所以求誠，如雲霧既浄，天日自朗；惟不誠，所以求明，如陽光熾照，凝凍自消。學問之道無他，求其放心而已矣。誠明非一也。

程子論明誠云：「先明諸心知所往，然後力行以求至。」此語粗淺，朱子以爲得其訓。又論誠明云：「誠即明也。」此語真切，朱子以爲誤。二子近代師儒，于此道竟若何？張、吕、游、楊諸説渾如猜謎，及朱子自論誠，引窮理盡性至命，又引理一分殊，「致曲」章引氣質與性，厚薄異同，纏繞支離。如解「天命之謂性」云「天以陰陽五行化生萬物，氣以成形，而理亦賦焉」，皆所謂莊子註郭象也。

説者以莊周云「恬知」、佛云「寂照」「定慧」當誠明。知、慧、照可當明，寂、定不可當誠。佛寂、定主于空，聖道在人倫日用事物上著實，故曰費而隱，莫顯乎微，所以爲誠。佛驟意上達，聖人教人，下學而上達，相似而不侔。

## 第十九章

**唯天下至誠爲能盡其性，能盡其性則能盡人之性，能盡人之性則能盡物之性，能盡物之性則可以贊天地之化育，可以贊天地之化育則可以與天地參矣。**

此章言誠明之性。性者生理，即是明。至誠只是無妄，無妄則本明自徹，便是盡性。一念不真，即本明一念受蔽，即性中一念不盡；一事不真，即本明一事受蔽，即性中一事不盡。所謂至誠者，存體應用，光明洞達，盛德大業，被四表，格上下，而性體圓融無礙，事理如一，虛虛朗朗，純純常常，與天地合德，日月合明，四時合序，鬼神合吉凶，斯謂之至誠，斯能盡性，而人性物性，贊化育，參天地，一以貫之矣。所謂誠明之性如此。

○道不離人世間，故盡性必盡人物，成己即成物。言至誠功用，必兼載物、覆物、成物。言天地功用，必于生物總之。離事物無性命，故《大學》致知在格物，《論語》君子脩己以敬，安人安百姓，盡在脩己中。合天地人物爲己，全體天地人物，方是至誠，故曰「一日克己復禮，天下歸仁」。「萬物皆備于我，反身而誠，樂莫大焉」，方是至誠盡其性。盡人性者，立人達人、富之教之之類；盡物性者，取以時、用以禮之類。如是，則能裁成輔相天地之宜，故曰贊化育。贊，助也。天地自少人不得，尤少聖人不得，故曰「與天地參」。參，三也。中兩成三，説詳《易》。

○誠明有自人心言者，有合天地萬物言者。盡人物，贊化育，參天地，是合天地萬物言誠，誠之至也。明動變化，是合天地萬物言明，明之至也。《大學》謂明明德於天下，孟子謂「充實而有光輝之謂大」，人心與天地萬物通，誠明一也。

《中庸》本禮書。人所以淪爲禽獸，惟無禮也。聖人範圍天地，曲成萬物，參爲三才之主，舍禮何以哉？盡人物，贊化育，無非禮儀威儀、三千三百之發育峻極，所謂中和位育者也。論盡性而離禮，荒蕩無據，未可與下學言也。世儒解盡性，動引禪寂，違《中庸》微顯之教。朱註云「知明處當」，正是盡性實落事業。聖人純是天真用事，儘教千變萬化，絲絲是性命田地，豈懸空證印、拈花微笑伎倆？彼以出世爲見性，毁形滅倫、面壁跏趺以爲自度度人，果爾，撑持宇宙，只消沙門足了，何必二帝、三王、孔子爲？知釋氏見性之謬，則知至誠能盡性之實。此《中庸》要旨。故《中庸》與禮，非離而二也。

## 第二十章

**其次致曲。曲能有誠，誠則形，形則著，著則明，明則動，動則變，變則化，唯天**

**下至誠爲能化。**

上章至誠盡性，是自誠明者，明則誠矣。故人物天地會爲一原，誠之極也。此章致曲，是自明誠者，誠則明矣。故能形著明動以至變化，明之極也。

恒人于塵勞昏迷中，一念乍覺，如電光石火，不得引伸直達，命之曰曲。此不昧之良，即明也。曲，鉤也。如初月一鉤，如春草句萌，故曰曲。致者，推而廣之、引而伸之也。致曲能誠，自明而誠也。本明爲妄念纏裹，不得出現，一曲復蘇，正是生機。由此保護充養，使昏翳漸開，天光漸朗，妄去真來，由一念至念念，一時至時時，一事至事事，工夫牢密，水到渠成，自然篤實光輝，日新月盛，以至出身加民，成功文章，昭融宣朗，感動變化，而至聖之功，亦馴至矣。不言贊化育，參天地者，分量稍别，存乎其人耳。

明可言曲，誠不可言曲。曲亦訓小，如暗室一點白，形著明由此生。著明之明，即誠明之明。形著變動化，皆明也。形著者明在近，動變化者明及遠，而明居其閒。六「則」字，有幾存焉。知遠之近，知微之顯，所以爲明。

此章微顯之旨最徹。上章至誠盡性，渾化無微顯之迹，此曲即是微，致曲即是慎獨，「莫見乎隱，莫顯乎微」也。致曲尚微，能誠斯顯，形著以后，顯即是微。曲能有誠，立本以藏諸用也；形著明動變，致用以顯諸仁也。至于化而外内融，天人一，聖凡齊，顯微無閒矣。工夫有漸次，微顯非二理，但在内者曰積，斯在外者曰新，外可見而内不可見，故言功始于微，而推效達諸顯，實非判然二也。責成之意，歸重末一句。

## 第二十一章

**至誠之道，可以前知。國家將興，必有禎祥；國家將亡，必有妖孽。見乎蓍龜，動乎四體。禍福將至，善必先知之，不善必先知之。故至誠如神。**

此章言明。聖人之事，自誠而來也。誠極無妄，如明鏡止水，風塵不動，虚室生白，清通無翳，故與造化同神。鬼神即造化。興亡、妖祥、蓍龜、四體，皆造化自然先至之兆。禍福善惡，聖心自然先覺之理。造化以誠而運，聖心以誠而覺。其所以覺處，惟是消息虚盈，與太虚同運，不待禎祥等兆而知也。兆是鬼神分上事，知是至誠分上事，故曰「如神」，《易》所謂「與鬼神合其吉凶」也。

○本有今異曰禎，本無今有曰祥。凡先兆皆謂之祥。衣服、歌謡、草木之怪謂妖，禽獸、蟲蟻之怪謂孽。鄭謂「動乎四體」爲龜四體，謬也；朱註「動作威儀，如執玉高卑，其容俯仰之類」，是也。世俗占眼跳、耳熱、噴嚏等，亦是動乎四體。

《易大傳》曰：「知幾其神乎。」幾者，動之微也。君子見幾而作，不俟終日，知微知彰，萬夫之望，即前知也。聖人知即是行，保泰持盈，銷患未萌，非苟知之耳。與末章「君子闇然日章，知遠之近，知風之自，知微之顯」，血脉相應，所謂「誠則明」也。夫子告子張「十世可知」，《大學》知止定静安慮，皆此理。二氏蹈襲爲通慧之説，非有異術。大抵人心虚靈即是鬼神，能盡其心，即與大虚同神。《易》曰：「無思也，無爲也，寂然不動，感而遂通天下之故。非天下之至神，其孰能與於此？」苟戒懼慎獨致中和，至于無思無爲，寂然不動，自能不億不逆先覺，乃平常之理也。小人無忌憚，憧憧往來，朋從爾思，如醉如頑，焉能窺前知消息〔一〕？

《易》道莫大於往來。數往者順，知來者逆，屈伸自然，一陰一陽之道，天地聖人不能違，即微顯之義也〔二〕。

## 第二十二章

誠者自成也，而道自道也。誠者物之終始，不誠無物，是故君子誠之爲貴。誠者非自成己而已也，所以成物也。成己，仁也；成物，知也。性之德也，合外内之道也，故

---

〔一〕「焉能窺前知消息」下，《續修》本有「故挾術用數，欺世罔民，無所不至，好奇之爲累耳。前知如神，與上章『參贊變化』皆極高遠，而要其本惟至誠，所以爲中庸也」四十七字。

〔二〕《續修》本無此條，此處仍爲上條之文。

時措之宜也。

此章專言誠。賢人之事，自明而來也。由擇執脩道入，故反躬無不實之理，推行無不成之物，仁智兼舉，内外咸宜，誠之至也。

此子思自立言。誠者何也？有形色，即有天性，各各充滿完足，是人所以自成其爲人者也。率而由之之謂道，不待假借，不得推諉，自己性命職業，非自道而誰之道乎？所謂「自成」、「自道」，何也？天下之物有始有卒，必徹首尾完全，然後成物，皆誠所爲也。如孝慈誠而后成父子，仁敬誠而后成君臣，性命誠而后成人物。假若其理虚而不誠，則其物亦滅而無有，所以誠爲自成，君子安得不自道，以求誠爲貴？苟能誠，則自成其己矣，而物亦由己以兼成。蓋己非虚己，萬物皆備而爲己；成非獨成，萬物兼體而后己成，何也？成己即是公溥之仁，成物即是明通之智，仁智皆性之德，性體周徧，無内無外，率其明通公溥者運之，時人時己，時内時外，措之無往不宜，所以成己兼成物也。信乎誠爲自成，而人當自道，此誠之者也。

誠本訓實。實者，不虚也。以成訓誠者，言虚則不成也。一誠立，而内外人己無不完成，故謂之誠。終始，即成意。凡物有始無終，殘缺則不成，首尾全乃稱成。

誠爲明精，明爲誠神。一點虚靈，聚則生，散則死，故曰「物之終始」，萬事萬物皆然。不誠無物，足上句爲物終始意。言誠體物不離，即「誠者自成」也。誠之爲貴，工夫唯《大學》「毋自欺，如惡惡臭，如好好色」，於爲物終始親切。

成己成物，知仁内外，即顯微之旨。仁、知，即「達德」之仁、知。仁者人也，不成己則生理虧欠而不仁；知者明也，不成物則錮蔽隔塞而不知。合内外，即是顯微無間，戒懼慎獨，不離道于須臾也。時措之宜，即是「道自道」，所謂「君子依乎中庸」，起下章「無息」之意。

天下古今共由之謂道，而皆以爲自者，乃所以爲成己而成物也。成己即「自成」，成物即「自道」。道在自成内，成物在成己内。己非自己，無物非己。一理即萬理，一心即萬心。凡夫心頭，各具聖賢，大人事業不離孩提，方寸即宇宙，一掬含萬象，正是中庸精微廣大田地。釋氏緣飾爲清净大法身，爲無量大法界，爲帝網珠交映，爲刹塵中塵刹，爲芥子納須彌，爲毛端現寶塔，種種詭譬曲説，喜新者詫爲奇特，厭常者忽其本有。俗儒拘格套，刖足適屨，將聖教性命中和之旨，疑爲二氏旁岐，一切割棄，可怪也。此與「至誠無息」兩章，發揮精融博大，奥旨微言，最宜潛玩。

## 第二十三章

故至誠無息。不息則久，久則徵，徵則悠遠，悠遠則博厚，博厚則高明。博厚所以載物也，高明所以覆物也，悠久所以成物也。博厚配地，高明配天，悠久無疆。如此者，不見而章，不動而變，無爲而成。天地之道可一言而盡也。其爲物不貳，則其生物不測。天地之道，博也，厚也，高也，明也，悠也，久也。今夫天，斯昭昭之多，及其無窮也，日月星辰繫焉，萬物覆焉。今夫地，一撮土之多，及其廣厚，載華嶽而不重，振河海而不洩，萬物載焉。今夫山，一卷石之多，及其廣大，草木生之，禽獸居之，寶藏葬興焉。今夫〔一〕水，一勺之多，及其不測，黿鼉蛟龍魚鼈生焉，貨財殖焉。《詩》云〔二〕「維天之命，於穆不已」，蓋曰天之所以爲天也。「於乎不顯，文王之德之純」，蓋曰文王之所以爲文也，純亦不已。

此子思自立言。人心一念真實，皆與性命相應，但私欲少間，即真體不完，糊演粉飾，以圖小補，自成未能，何以成物？盡己未能，何以盡人物，贊化育，參天地乎？故惟天下至誠，爲能無息。功用如彼其盛，有以也。何以明之？人心有息則操舍無恒，天理周流則貞常可久，久則德日盛而功業徵于外。由久徵者，自舒徐綿長，有久道必世之仁而悠遠。由悠遠積者，自旁薄渾淪，有洪仁厚澤之施而博厚。由博厚起者，自俊偉烜赫，有成功文章之發而高明。博厚，故能奠安一世而載之；高明，故能怙冒一世而覆之；悠久，故能造就一世而成之。載物惟地，至誠亦能載物；覆物惟天，至誠亦能覆物。無疆

〔一〕「夫」，原訛作「天」，據閩本正。

〔二〕「云」，閩本作「曰」。按：朱子《章句》本同作「云」。

成物惟天地，至誠亦能成物，是至誠配天地也。此等功業，本性命上經綸，由隱微處浸漬，豈表暴而章，震矜而變，作爲而成者乎？蓋天下事業易簡則大，脩飾則小，順性命之情，當天人之理，如舜之憂民猶無爲也，禹之勤勞猶無事也，藏于無聲臭，運于不睹聞，微顯不二，故能存神過化，與天地同流，豈勉强襲而取哉？是故崇高莫大乎天地，約其道，唯曰「不二」。蓋一則神，二則雜。人心亦惟一片虛明，添一物，便迷失本來，而「乾以易知，坤以簡能」，一元循環，前無始，後無終，亘古今如斯其不二也。故其生物之功，變化莫測，所以能博厚，能高明，能悠久，在一處爲然，在處處皆然。自一處觀天，昭昭之多耳，及徧觀無窮，則日月星辰所附麗，萬物所覆冒，孰非天也？自一處觀地，撮土即地，及徧觀廣厚，華嶽以載，河海以收，萬物以載，孰非地也？天地生物，莫大于山水。一卷之石亦山，而究其廣大，草木所生，禽獸寶藏所興，孰非山也？一勺之潤亦水，而論其不測，黿鼉蛟龍魚鼈所生，貨財所殖，孰非水也？而莫非天地也。天地生物不測如此，其博厚、高明、悠久可不謂極盛？而要之皆「不二」爲之。不二者何？即「至誠無息」也。在天爲命，在聖人爲德。《詩》言「維天之命，於穆不已」者，是乾健之本也，運爲時行物生，天之所以爲天也。又言「於乎不顯，文王之德之純」者，是文明之本也，發爲謨勳功業，文王之所以爲文也。天曰「不已」，文曰「純」，天與聖人非異也。純者無雜，不已者無閒，無雜則亦無閒，一也。無雜即誠，無閒即不息，天與聖人豈有異道乎？

此章承上章成己成物，發揮至誠之藴，喫緊在無息，即首章「不可須臾離」，君子時中，依乎中庸之意。道非空寂，高下散殊，總屬真常。天地得此，覆載生成，而貞觀不朽；聖人得此，存神過化，而上下同流。人物兼盡，中和位育，其本在人心。心之精神即誠，但著一私，即生一隙，遂與天地不相似。無一私，自無息，便與天地同神。與天地同神，即與天地同功用矣，乃所以爲參贊之道也。其要惟無息。無息斯至誠，無息即不二，即純，即不已。主宰在此，悠久無疆積于此，高明博厚培于此。

前五章遞言誠明，意重在誠，以至盡性參贊明動變化。前知如神，人物兼成，功用大矣。博厚、高明、悠久即于此見，非由人力，皆至誠無息之功也。誠本人物各具，無息是聖人與天地合德者也。子思深知無息之難，恐學者以參贊位育爲可襲取，而嘆曰：「故至誠無息。」此一句，結上起下，下遂原起不息，不復提至誠者，至誠之理，上數章詳矣。下句云「不息」，與「無息」稍異。無息，現成贊聖之語。不息，工夫推勘之辭。首句贊歎，語氣少歇，與後章首句「大哉聖人之道」相似。下文功業，總括一「故」字內。朱子謂「不息」猶言「無息」，將首句一通讀下，失之。

人性合下實理，本無虛妄，故曰：「我欲仁，斯仁至。」放心一收，便與天地相似，但不得常住，乍起乍滅，有息便是不誠。純純常常，一念萬年，方是至誠，即是無息，非兩事兩時也。

子云「逝者如斯夫，不舍晝夜」，無息也。人心天靈亹亹，一片生意，全真沒假，自沒空隙。外累牽引，即是假。私意內萌，即是假。知解測識，即是假。棄妄投真，即是假。但假即息，無假自無息。君子戒慎恐懼，無須臾離，依乎中庸，遯世不見知不悔，方是至誠。成己成物，合外內之道，時措之宜，方是無息。

至誠無息，不善會，便墮禪寂。蓋不見不變，無爲不二，於穆不顯，即首章不睹不聞，通顯微隱見，已發未發，不可須臾離者也。費隱合，天人合，知行合，誠明合，所以不可須臾離。此中庸實地，人性真精神，文武周孔功業文章，向此中鎔治，有何表見、動作、施爲之迹？故曰：「爲政以德，譬如北辰，居其所而衆星拱之。」一事理一貫，非默坐澄心之謂也。世儒説《中庸》，處處分析，所以治外者落事障，脩内者坐理窟，事理不得融通，何名無息？一入理癖，則至誠無息成禪寂矣。

厚難，博厚尤難，博則厚無不徧矣。明難，高明尤難，高則明無不照矣。久難，悠久尤難，悠則久而無心矣。三者合内外之道，業如是，德亦如是，即前章盡人盡物，參贊動變化之景象。中和位育，篤恭天下平，皆此景象，借天地以形容聖人之功德也。無物可指，而無一物非是。兩閒動植流峙，天地之博厚高明悠久也；民安物阜，聖人之博厚高明悠久也。平實易簡，中庸田地，與人爲纖巧迫狹者頓殊，皡皡、驩虞所以分矣。

地道有形，萬有布列，故不見而章，以贊其配地。乾道變化，一氣運行，故不動而變，以贊其配天。天地易簡，故無爲而成，以贊其配天地。天地之道，博厚高明悠久，兼形體性情言。昭昭，小明也。昭昭而又無窮，一撮而又廣厚，皆形容「不測」之意。宇宙無處不是天地，山水亦天地也。此等處神奇，恒人厭常罔覺，君子知微，不可思議，故曰「不測」，與前章「人有所憾」意同。振，收也。洩，漏也。卷、拳通，小也。鄭訓作「區」，以卷爲圈，義亦相通。一勺，猶一滴。寶，金玉之類。藏，蓄聚也。殖，生也，水能滋生百物。天命，天之元神，資始羣生，《易》謂「乾知」也。於，嘆辭。穆，深遠也，即無聲臭之意。不已，天行也。兩「蓋曰」，子思推明《詩》意。

一言而盡，即言一也。不二即一，即無息，即誠，即純，即不已。天地生萬物，變化不測，惟一誠無息；聖人運萬化，動變不測，亦惟一誠無息。孔子無意必固我，故仕止久速，用舍行藏，無可無不可，與天地同不測。衆人方寸營營，機械變詐，亦自不測，而背妄逐真，牿之反覆，所謂不測者，乃其冥行用罔者耳。

何謂不二？未識造化，反觀自性，喜怒哀樂未發之中，便是乾坤之體；發而皆中節之和，便是乾坤之用。用即是體，和即是中。識得中，便識得不二。識得性，便識得命。識得人，便識得天。子思引文王「純亦不已」之詩，正是發明不二，可謂盡洩漏矣。

子云「吾道一以貫之」，一即不二；「君子多乎哉，不多」，即不二。《易》曰：「乾以易知，坤以簡能。」易簡即不二。乾坤若不易簡，四時萬物必錯亂。人事顛倒，只爲念多。

論道以天地爲極則，此中庸之教，與二氏異也。天地者，人物之總領。人物自天地生，自天地滅，除却六合以内無人物，便無道德，故道以天地爲至。釋氏希出世，何曾將天地磨滅得〔一〕併現在荒廢，譸張爲幻，欺世誣民。聖教脩道以誠，攻毒之針砭，扶羸之膏粱也。

至誠無息，不見而章，不動而變，無爲而成。此理人各完足，人自迷失。無息而息，儘趨向章、變、

〔一〕「得」，《續修》本作墨釘。

成一邊〔一〕，迷却不見、不動、無爲一邊，所以小人的然日亡。小人不知性命，聖人終不言性與天道，緣中人以下合併不得，驟語以不見、不章〔二〕、無爲、不息，轉奔向空虚，其害愈大，寧就見、動、爲補救，猶免傷手。叔季聖遠，人心大壞，根本盡撥，子思承聖祖脩道之教，盡發元始之秘，篇首立言，便道「莫見乎隱，莫顯乎微，未發謂中，已發謂和，中爲大本，和爲達道」，早與學人打併一片。故曰：不明由不行，不擇由不守。放却明，單提誠，惡學人補苴鋪張專事枝葉，又慮學人貪空守寂，冥入理障，惓惓合併，命曰中庸，可謂良工苦心。秦、漢諸儒理會不出，東晉諸子逐影捕風，至南宋諸儒看出一段風光，自謂得千載不傳之秘，畢竟又被此秘賺却。近代士講良知，詆宋儒支離，畢竟又被良知賺却。始信中人以下可以語下，不可以語上，千萬世教學，不能違也。今既知得「至誠無息，不見而章，不動而變，無爲而成」，休遂向此中默坐，休更作意尋求無息、不見、不動、無爲是如何，但依平常日用，君臣、父子、夫婦、長幼、朋友，庸言庸行，飲食衣服，作止語默，觀會通，行典禮，爲所當爲，久則便自至誠無息，自有高明、博厚、悠久田地，自然「不見而章，不動而變，無爲而成」矣。天地聖人，豈有他術？是曰中庸。

極言天地山水生物不測，以形容至誠不二之妙用，微而顯，隱而費，證中庸之非空寂也。所以爲

〔一〕「一邊」之「一」原闕，據上下文補。

〔二〕「章」似當作「動」。

天，所以爲文者，隱微也。天道貞觀，文謨丕顯者，見顯也。見顯與隱微一也。於穆不已即時行物生，時行物生即於穆不已。若謂天外别有所以爲天者，何處可覓？文德純即是文謨顯，文謨顯處即是文德純。若説文外别有所以爲文者，亦復何處可覓？皆支離之見。

此章所言，皆天人合一之妙，精微廣大，非由絲毫人力安排，中庸化境，道之極則，故引文王結之。下章以凝道君子承之，歸重于仲尼。仲尼，繼文王者也。故曰：文王既没，後死者與于斯文。孟子謂孔子於文王「聞而知之」，其以此與？

## 第二十四章

大哉聖人之道，洋洋乎發育萬物，峻極于天，優優大哉！禮儀三百，威儀三千，待其人而後行，故曰「苟不至德，至道不凝焉」。故君子尊德性而道問學，致廣大而盡精微，極高明而道中庸，温故而知新，敦厚以崇禮。是故居上不驕，爲下不倍，國有道其言足以興，國無道其默足以容。《詩》曰「既明且哲，以保其身」，其此之謂與！

承上章，子思自言聖人之道大矣哉，洋洋乎充周無外，其發生養育萬有不齊之物，莫非道也。性命各正，皆乾道變化，故其峻高上極于天。道豈不大哉！然所謂大，非躐等空虚也。優優然，舒徐饒足，著之爲禮儀，何啻三百？析之爲威儀，何啻三千？日用倫常，出入起居，率而由之，孰非發育峻極者之散見乎？蓋聖人有以見天下之動，而觀其會通，以行其典禮，是道之實地也。故君子脩道，莫要于行禮。禮待其人而後行，苟無聖人中和之至德，三千三百未有從心之矩，則道之發育峻極者，烏能收拾凝聚，一以貫之邪？君子欲崇禮，天命之性，道之原也，人所同得，是曰德性，超形氣之表，爲衆體之宗，至尊也。衆人以外物陵奪，以小體壓制，則褻矣。必尊奉之爲主宰，而性體無形，末由尊也。戒懼慎獨以至事爲擇執，皆屬問學，乃所由以尊德性之路也。德性廣大，由問學致之，而廣大者多闊略，又精微之必盡焉。德性高明，由問學極之，而高明者多窮奇，又中庸之必由焉。德性中本有，皆故也，由問學温習之，日著日察，則本然之内，自有新知焉。凡若此，皆以培養德性，使忠信誠慤之體，渾厚完固，德以基而日進，禮以謙而日光，時措咸宜，順帝之則，大禮與天同節，故曰崇也。此禮得人而行，德斯至，道斯凝矣。然豈高遠之爲崇乎？亦惟是居上爲下，不驕不倍，處治處亂，時語時默，《詩》云「明哲保身」，其即「敦厚崇禮」之謂與？凡人驕倍，語默失宜，生于浮華，敦厚崇禮者自無此失，所以明哲保身也。

上章言聖道與天地同流，其大至矣。此章言君子凝道，要于崇禮。此後所言多禮事，歸重仲尼禮教之宗，以爲末章「篤恭天下平」之本也。大哉聖人之道，猶上章「故至誠無息」，結前起後之辭。洋洋，充盛也；優優，寬饒也；發育，生養也；峻極，高至也，皆言道也。發育以布散言，峻極以上達言，即發育者之徹上也。發育峻極，即中和位育，前章聖人同天道不已之意。《樂記》曰：「天高地下，萬物散殊，而禮制行。」道之體段如是也。優優大哉，即聖人大哉之道，申贊其所爲大者，隨處充滿條達，非二氏空曠煩促之比。禮儀，禮之儀，冠昏喪祭之類。威儀，行禮威如之儀，升降裼襲之類。百、千，言多也。三百、三千，多之至也，見道體寬裕饒洽，從容縝密，日用不可離之實。鄭氏以《周官》爲三百，《儀禮》十七篇爲三千，拘也。德，得也。道得于心曰德。凝，聚也，如「凝冰」「凝脂」之「凝」。道凝爲德，德散即道。水凝爲冰，冰融即水。人心精神凝聚，乃能合漠，即篇末闇然、入德之意。中庸責成在人，而道體布散公共，有聖人之德，然後道聚，故曰凝也。尊者，奉以爲主也，即首章戒慎恐懼之意。德性，人所得于天之性。道，由也，由爲率性之路也。問學，問之人，學之己，如擇善固執之類。問學不離德性，道即所爲尊也。「致廣大」四語，皆尊道之功，彷彿仁義禮知四德而歸重崇禮，與前親親之仁、尊賢之義皆禮所生，正相應。《中庸》本禮教之宗，此章約之以禮，爲脩道之要。故「尊德性」五句，重末一句，各句又重下半句。前四句皆敦厚崇禮之功，各下半句又所以道問學，爲尊德性之功也。德性無據，惟據問學，「致廣大」以下，皆問學之道，而尊德性在其中。遞至「敦厚」兩字署住，培養根深，真積力久，動容周旋中禮，三千三百，悉歸踐履，道之發育峻極者，始可與上達，故曰崇也。崇即「峻極于天」，禮即「禮儀」、「威儀」。《易》曰：「崇效天，卑法地。」君子敦厚守禮，撙節退讓，至于中和位育，直與天載同神，至德不顯，故崇也。中庸以禮爲實地，行遠自邇，登高自卑，不驕不倍，禮所以謙而尊也。不驕，不自用也。不倍，不自專也。有道則言，無道則默，不違時取裁也。下章反此。不曰行舉，曰言興，言爲行資也。堯之試舜，亦曰言可底績，而后登庸。《六經》亦聖人之言。不言曰默。默足以容，盛德若愚也，猶舜居深山，無異野人，所謂「入獸不亂羣，入鳥不亂行」，至人無迹也。夫子處春秋，人呼爲「東家丘」，非以其默邪？明，達于理也。哲，察于事也。保身，猶《易》言利用安身以崇德，精義入神以致用。事愈近而愈遠，德愈約而愈神，所以爲脩德凝道之至也。

前章言君子之道，此章首言聖人之道，承上章德業同天，非聖人不能也。前此脩道，後此凝道，所謂「唯聖者能之」。洋洋贊其大，優優亦贊其大，朱註以大細對舉，未然。萬物化生即道，法象高明即道，禮即道，非另有道發育峻極以生禮也。峻極，即發育者之上達，亦便是高自卑之意。優優大哉，大非躐等也，日用大經小曲，莫非發育峻極之實地，中和以致位育，造端夫婦以察天地，故禮者，聖道之綱紀也。待其人，即待聖人。行即行禮，禮行即道行，行禮即致中和。苟無聖人中和至德，則發育峻極之至道不得凝聚爲己有。孟子云：動容周旋中禮，盛德之至也。周旋中禮，即是從容中道。尊德性、道問學，其功不一，歸于敦厚崇禮。蓋廣大、精微等皆虛境，惟一禮實，即三千、三百也。道峻極于天，不越崇禮，所以爲中庸。舍禮譚中庸，猶行步〔一〕而履空也。

道屬聖人者人能弘道，道唯聖人能凝也。發育峻極者天地萬物，而天地平成，萬物咸若，顯道神德行者，聖人也。苟無聖人，萬古猶洪荒，故道以人而神。人類滅則無天地，人心死則天地萬物不可

〔一〕「行步」，《續修》本作「求行」，《存目》本有讀者塗抹，未易辨識，蓋亦作「求行」歟？

見，故曰：「《易》有大極，是生兩儀。」大極者，人心也。張彝云「天地至神，必待人而存」，是也。聖人所以範圍天地，曲成萬物，莫大乎禮，故舉禮儀威儀三千三百，即所謂經綸天下之大經者聖人也，故曰聖人之道猶天子之天下云爾。

○聖教不言性與天道，惟禮下學而上達。《論語》言立禮、好禮、執禮、動之以禮、約之以禮，顏子爲仁，亦惟復禮。禮者，視聽言動之準。《論語》十二篇，聖教模本，而《中庸》一篇，教外傳心，言性與天道，語中人以上，使民知之者也，而寓諸禮。禮，中也。樂，和也。中和，禮樂也。大人舉禮樂，天地將爲昭焉。禮樂明備，天地官矣，即發育峻極、禮儀威儀之謂。故道不越倫常，倫常即禮。此篇前半言脩道，舉人倫，後半言凝道，舉禮，及三重、憲章以至篤恭、不顯，惟是敦厚崇禮耳。自此篇獨行，此旨遂晦。宋儒惟張子厚識此意，其講學必舉禮。

德性，本也。問學，尊德性之功也。德性以問學爲道，道不可離，可離非道。學問之道不離德性，顯微無閒也。德性即中，天下之大本。此性不與諸緣對，不與萬物伍，不可奔湊，不可思議，巍巍獨立，故尊也。但不點染、虧損，即是尊，即是致廣大、極高明、温故也。廣大、高明無可搏量，精微、中庸是實地，故無可端倪，知新是發現。雖如此分疏，實忌破裂。即事是理，即心是知，心爲知宅，知爲心主。離心致知，則知爲記問；離知存心，則心爲佛老。此子思所以作《中庸》也。《中庸》復破裂，真成辜負。

性與虛合，是謂廣大。惟起我見，藩籬隔塞，則狹小矣。致者，廓而大之，一私不礙也。盡精微者，即廣大中，條理區別，絲毫不爽也。德性神靈，不受形囿，是謂高明，惟物欲壓制遮蔽，則卑暗矣。極者，徹而通之，纖翳不留也。道中庸者，即高明處，當理近情，不務奇詭也。廣大則萬物一體，痛癢相關，性之仁也。明不受欺，則高不受屈，如身死呼蹴不屑，牿亡夜氣猶存，性之義也。温故以知言，良能即在中。温者，不冷落生疏之意。保合温養，勿忘勿助，則天靈常惺，善端滋長，是謂知新，性之智也。自「致廣大」至「知新」，皆以尊德性、道問學而培植其忠信之體，以崇禮也。蓋浮華落盡，天真完固，以此行禮，視聽言動，非禮不由，德性存而道之洋洋峻極者，悉歸踐履矣。日用何處非禮，則何處非道？故禮者，道之履也。崇禮獨言「以」者，總結上四句工夫所以也。大抵《中庸》一篇爲四十九篇綰轂，此章爲此一篇準繩，此句爲此一章關紐。儒者摘而離之，失其解矣。

「敦厚」兩字，爲下章不自用、不自專、免烖終譽骨子，即君子慥慥，依中庸，遯世不悔，與末章闇然惡文、爲己篤恭之實心廣大等。隱隱四德，與前「達德」應。優優大哉，即行遠自邇，登高自卑，素位不願外之境。《中庸》一篇，道理周匝，文義條貫，如人身毛竅喘息相通，所以爲廣大精微之言。

自古聖賢學問，惟有德性一事，離德性，無復問學。德性無把捉，仗問學落實；發育峻極無把捉，仗禮儀威儀落實；道無把捉，仗禮落實。禮以忠信爲本，是厚也。厚即德性。敦此厚，須由問學，君子所以尊德性而道問學也。孟子云：「學問之道無他，求其放心而已。」子夏云：「賢賢易色，事父母能竭其力，事君能致其身，與朋友交言而有信，雖曰未學，吾必謂之學。」子云：「行有餘力，則以學文。」皆言德性外無問學也。朱子分致廣大極高明、温故敦厚爲尊德性，所以存心而極乎道體之大也；盡精微道中庸、知新崇禮〔一〕爲道問學，所以致知而盡乎道體之細也。若是，則所謂德性者，但廣大而不精微，高明而不中庸，故而不新，厚而不禮；所謂問學者反是。德性不能知，必待問學；問學不能存心，專責德性。道體之細，偏屬問學，而德性不能盡；道體之大，偏屬德性，而問學不能包。豈理也哉？廣大高明故厚，是德性。廣大致，高明極，故温厚敦，非德性，是學問也。盡精微，道中庸，知新崇禮，是問學。致廣大，極高明，温故敦厚，獨非問學乎？凡人氣質用事，德性失主，祇緣不學。一日不學，則德性被氣質壓倒。試向日用體勘，問學德性，骨髓相關，德性爲主，問學所以匡救其失，將順其美者也。離德性言問學，支蔓耳；離問學言德性，風影耳。二者顯微無閒，合外内之道，問學以尊德性，即擇執以求誠，若何離之？

至德凝至道，而云「默足以容」，猶國無道，遯世不見知，行乎貧賤患難之意。事本尋常，要其至，非如《易·乾》初九龍德，《坤》六三含章、六四括囊无咎无譽不能。大抵小人無忌憚與君子中庸，所争毫釐。世多臨難苟免之小人，亦無患難足以死之至人。中庸之理，圓融周匝，變動不滯。如言性命，以喜怒哀樂未發爲大本，而終于位天地、育萬物；言强，以寛柔爲君子，而矯極于至死不變；言知能，始于愚不肖，而至于聖人天地不能盡；言道德，峻極于天，而凝聚止于不驕倍保身；言禮，惟不自用自專，免裁寡過，而至于經綸立本，達天德，遠近高卑，通融一貫，所以爲中庸至德也。凡二氏言道，

〔一〕「禮」下一字格原爲墨釘，今删。

抗之使高；《中庸》言道，約之使卑。此章自洋洋約至優優，自天地萬物約至禮儀威儀，自廣大高明約至敦厚，斂華就實，所以爲微之顯，遠之近，高之卑也。二氏將眼前平實之理，攛掇向上，遺世界民物，一切抛荒，豈成道德？

《中庸》説到至處，便歸重知明哲，與後章知天知人、聰明聖知應。篇首鮮能知味，篇末知遠近、風自、微顯，謂之明德。《大學》首明德，《中庸》終明德。

## 第二十五章

子曰：「愚而好自用，賤而好自專，生乎今之世，反古之道，如此者，烖及其身者也。」非天子不議禮，不制度，不考文。今天下車同軌，書同文，行同倫，雖有其位，苟無其德，不敢作禮樂焉。雖有其德，苟無其位，亦不敢作禮樂焉。子曰：「吾説夏禮，杞不足徵也。吾學殷禮，有宋存焉。吾學周禮，今用之，吾從周。」

此子思自立言。承上不驕不倍，相時保身，皆君子敦厚崇禮，素位而行之事，其惟孔子與？孔子以天縱至聖爲禮教宗主，不得制禮作樂，故其言曰：「無德而自用，無位而自專，生今而不從今，非保身之哲，乃招烖之道也。」觀于此言，可知爲下者雖有制作之德，必安微賤之分。非天子無三重，不敢議損益之禮，不敢制品式之度，不敢考書名之文。今天下，猶文武之天下也；今之禮、度、文，猶周之舊章也。試觀車跡同軌，則百度皆同，孰敢制度？書皆同文，孰敢考文？行禮者等殺皆同，孰敢議禮？七百年間，上非無天子，而無德，不敢作禮樂；下非無聖人，而無位，亦不敢作禮樂。所以聖如夫子，亦從周耳。自言曰：「吾説夏禮，無徵不信。我殷人，殷禮亦嘗學之，尚亦有徵，而非其時矣。惟周禮時王之制，今用之，吾所學在是，所從亦在是矣。」此所謂「爲下不倍」者非邪？

言禮、度、文不言樂，樂即是禮，故樂記于禮也。《六經》有禮無樂，禮即是樂。世儒謂《樂經》亡，非也。説詳《樂記》〔一〕。

凡民賤而愚，不倍是常事，惟聖人聰明睿智，混跡凡民，而素位時中，如《乾》九二，「天下文明」，乃足稱耳。夫子當春秋不得位，脩明六籍，開中庸之傳，以啓後人，正「爲下」之事，故曰：「莫我知也，不怨天，不尤人」，「遯世不見知不悔」。此中庸實境，闇然之實事。故此章即承「爲下不倍」，引夫子言明之。下章雖「居上」而意重「爲下」，見無三重者，不倍難耳。故下章即以「仲尼祖述堯舜，憲章文武」承之。

愚者無德，賤者無位，生今反古者無時，即下章謂無三重者也。烖、菑同，禍也。「非天子」以下，子思之言。議禮，謂議親疏、貴賤、隆殺之禮。制度，謂制車旂、服色、宮室、器用之度。考文，

〔一〕「説詳樂記」四字，《續修》本此四字出於補鈔，似原無也。

謂考正點畫、聲音、形象之文。今天下，子思自謂其時，蓋周威烈王之世也。軌，車轍跡。周人重車，冬官掌其制，廣皆六尺六寸，輪居兩旁，行地轍跡皆同。至秦數用六，軌始六尺也。古書法皆大篆，秦變小篆，今隸書也。行，履也。禮者，履也。倫，謂等級次第。有位無德，未能免愚；有德無位，未能免賤。引夫子「從周」，明生今不可反古也。杞，夏後。宋，殷後。夏禮曰說，世遠畧也；殷禮曰學，世近詳也。夏無徵，故不信；殷有徵而今不用，非其時也。愚不自用，不驕也。賤不自專，不倍也。生今不反古，識時也。裁不及，保身也。不言二代之禮，語默適宜也。皆反上章之意。

## 第二十六章

王天下有三重焉，其寡過矣乎！上焉者雖善無徵，無徵不信，不信民弗從；下焉者雖善不尊，不尊不信，不信民弗從。故君子之道，本諸身，徵諸庶民，考諸三王而不繆，建諸天地而不悖，質諸鬼神而無疑，百世以俟聖人而不惑。質諸鬼神而無疑，知天也。百世以俟聖人而不惑，知人也。是故君子動而世爲天下道，行而世爲天下法，言而世爲天下則，遠之則有望，近之則不厭。《詩》曰：「在彼無惡，在此無射。庶幾夙夜，以永終譽。」君子未有不如此而蚤有譽於天下者也。

此子思自立言也。仲尼集帝王之成，而不得王天下，至于定禮正樂，祖堯舜，師文武，以斯文自任，《春秋》之作，自謂「罪我」，然則天生聖人主張世道，欲常如三五盛時，相忘于大順，與民寡過，亦難矣。今即所云「裁及其身者」論之，唯有王天下之君子，聖神開創，作君作師，真有此議禮、制度、考文三大權，以經世立極，則不惟君子之身可免自用自專，不必生今而反古，且使斯民信從，無愚賤之裁，道德一而風俗同，豈不寡過矣乎，是何也？有位無時，若夏商之制作，雖善而無徵，則民必疑；有德無位，若仲尼之聖，雖善而不尊，則民必玩，欲寡過難矣。王天下者有三重，蓋其本諸身有聖人至德凝道，以爲制作之原；徵諸庶民，爲一代尊崇信服；大有爲之君，則所議、所制、所考，徵諸三王，因革損益，合而不謬也。立而與天地參，裁成輔相，順而不悖也；質諸鬼神，微顯變化，冥合而不疑也；俟諸百世以後之聖人，心思經綸，孚契而不惑也。夫鬼神至幽矣，後聖至遠矣，君子何以無疑不惑？蓋理莫備于天人，而德莫妙于知，君子德性問學，貫通天人，鬼神雖幽，天道之變化耳，以所知質之，夫奚疑？後聖雖遠，人道之脩凝耳，以所知俟之，夫奚惑？則天地三王明白已往者，益可知矣。王天下者有三重如此，由是以之動民，風行草偃，天下後世率以爲路，政教規畫守爲程憲，號令文章誦爲典謨，而子孫黎民世世守之矣。遠而九州要荒，聞風想慕；近而畿甸侯服，孔邇瞻依。此大同之化，順治之極已。當斯之世，上無顛覆之主，下無非議之民，抱道德者不必軫憂世之慮，有學問者相忘于大道之公，民信民從，無災無害，何必畏天憫人，悲吾道窮？以是得寡過矣。《詩》云：「在彼無惡，在此無射。庶幾夙夜，以永終譽。」繹斯詩也，凡君子抱制作之具，有世道之責者，六事不備，欲永終譽，難矣。

是詩也，爲杞、宋作也。雖善無徵，當時已不勝厭射之感，而聖如夫子，雖善不尊，不免「罪我」之憾。憂世君子，奈何易言寡過乎？信乎堯舜文武之際，萬古一時；唐虞成周之治，不再見于春秋，天所以玉成仲尼也。

王天下，謂始受命之君，如禹、湯、武是也。三重，即承上議禮、制度、考文，皆王者之重事。有，謂有德、有位、有時，可作禮樂也。寡過，即上不驕，下不倍。聖人爲天子作禮樂，則天下信從，所謂天下有道，禮樂自天子出，庶人不議，何過之有？非天子而議禮、制度、考文，過也；爲庶民而弗信弗從，亦過也。上焉者雖善無徵，謂如夏商先王之禮；下焉者雖善不尊，謂如孔子不得位。子思之意，傷春秋無王，下焉者不尊也。「故君子」以下，明有三重寡過之難。君子之道，即王天下者之三重也。本諸身，謂有德位時。徵諸庶民，謂民皆信從。「考諸三王」以下至「知天」「知人」，皆「本諸身」之事。「動而世爲道」以下至「有望」「不厭」，皆徵諸民之事。繆、謬通。考諸三王不繆，君子之德位時，即三王也。建諸天地不悖，立而與天地參，所謂贊天地之化育也。不悖，謂三極道同。質鬼神無疑，所謂體物不遺，誠之不可揜者，在君子之心也。百世俟聖人不惑，謂後之視今猶今之視三王也。知天，謂通極于命；知人，謂能盡其性。知兼行也。鬼神言天，天工也；聖人言人，人極也。動，動民，謂鼓舞振作也。道，率由也。行，施爲也。法，法度。言，號令。則，準則也。遠，謂遠方。望，謂想望。近，謂朝廷邦畿。厭，玩視也。《詩》，《周頌·振鷺》之篇。夏、商之後爲客于周，周人爲作此詩也。在彼，謂在本國。在此，謂來周庭。射、斁通，厭也。夙夜，猶言朝夕。永終譽，長保令名也。不如此，謂不如「本諸身」之事。蚤有譽天下，謂遽能「徵諸庶民」也。反言以明三重寡過之不易。如吾夫子道貫天人，生不逢辰，退而與七十子講道洙泗之濵，脩明六籍以詔萬世，亦幾乎議禮、制度、考文者，欲寡其過而未能也。然雖不得爲堯舜文武之業，而傳述堯舜文武之道，乃所以爲下不倍，依乎中庸，惟聖者能之矣。

此與上章偏承居上爲下，不及有道無道。蓋不生今反古，無烖寡過，即是識治亂語默之時者。

## 第二十七章

**仲尼祖述堯舜，憲章文武，上律天時，下襲水土。辟如天地之無不持載，無不覆幬**蹈；**辟如四時之錯行，如日月之代明。萬物並育而不相害，道並行而不相悖，小德川流，大德敦化，此天地之所以爲大也。**

此子思自言。天生仲尼，名教之宗主也。自堯舜授中，爲斯文祖，仲尼述之，是今日《中庸》所自來也。道至文武，畫爲經制，仲尼奉揚以爲憲章，即篇中所言「九經」「達孝」「從周學禮」之類是也。往古來今，時序推遷，天行無窮，仲尼上律之，仕止久速，無可無不可，法其自然也；四海九州，八方風氣，水土區别，仲尼下襲之，安土素位，流行坎止，因其定理也。夫道惟帝王大經大法與宇宙元氣元形之統，盡矣，而皆凝承于仲尼一心，想其包羅之大，如天地上覆下載，函蓋無餘也。其閒四時寒暑，交錯運行，日月晝夜，相代生明。萬有不齊之物，長養于中，而不見相妨；萬有不同之道，並行其中，而不見相悖。其散殊可謂繁矣，此誰爲理之而不亂，是謂小德，如川之流，千支萬派，連絡分明也。其含受可謂至多矣，誰爲積之而使化，是謂大德，雖敦厚重累，如大冶洪爐，銷鎔渾化也。此天地所以持載覆幬，成其爲大者也。在仲尼，聰明聖智，仁義禮智，時出爲言行，達諸中國蠻貊，是小德也；經綸立本知化，無倚之仁、天、淵，是大德也。下章詳之。

此章特稱仲尼者，承上數章之意，歸德于夫子也。祖述，以道言。道者，千聖不易。祖，始也，不可尚也；述，傳也，不可易也。稱堯舜，中自堯舜啓也。憲章，以禮言。禮者，一代因革。遵奉曰憲，表揚曰章。稱文武者，今用之，從周也。禮亦是道。文武之道，自堯舜出，亦若水土之從天時也。故曰：「不能安土，不能樂天。」天時流行，不息水土，居方有常。律，合也。襲，猶服也。持載，猶承載。覆幬，猶籠罩。天覆地載，言其閒包括無餘也。四時錯行，謂寒暑相推也。日月代明，謂晝夜相禪也。萬物，謂人物，凡有形之類，洪纖高下皆是也。並育，謂同養育，各一其生而不相妨害也。道，謂造化人事物理，一切精粗偏全醇駁之類，如天道有風雨露雷，地道有平陂易險，人道有善惡邪正，並行于天地之閒而不見其相違礙也。然則天地可謂大矣，于其分疏不亂，見德之小焉；于其包括無遺，見德之大焉。川流，如川之流，不息不亂也。敦化，厚積而融化，無梗礙也。兩閒如尾閭沃焦，物向此中盡，是敦化也。生住異滅，各從其中往來，是川流也。德無大小，就開合處見，天覆地載即是德，道行物育即是德。費隱合一，微顯無閒，非天地道物之外又別有德也。天地所以爲大，謂天地閒若有相害相悖者，即兩閒不勝偪側，不成造化，無以爲天地矣，非別有兩德能使天地大也。

此章語多分疏而實一貫：言「祖述」即貫「憲章」，言「上律」即貫「下襲」，言「天地」即貫「日月」、「四時」、「萬物」，言「大德」即貫「小德」，故末句獨以「大」結之，總見聖人之大耳。

律者，應和之意。天道圓通，故曰律。襲者，變易之意。地道殊方，故曰襲。律，如呂律之律。天時無形，以聲氣協應，所謂從律不干，盈虛消息，順氣候之自然也。襲，如以衣襲裘之「襲」。羔裘則襲緇衣，狐裘則襲錦衣，暑則襲葛，寒則襲綿，各有所宜，猶《儒行》「其服也鄉」之意。律天時，順帝之則；襲水土，素位而行。順帝無常，素位有方。上律如無適無莫，下襲如止仁止敬。

聖心萬理該備，故包括如兩儀；時措咸宜，故往來如四時日月。一自統體言，一自流行言。流行在統體中，萬物、道皆是流行邊事。統體見大德，流行見小德。

萬物儘有相害者，如衆寡相陵，强弱相吞，猛獸相搏噬，然而善惡以類分，盈虛乘除，究竟理齊。道亦儘有相悖者，如寒至違暑，夜來掩晝，然各以序推遷，竟不攙越。若物能相害，則寡弱無噍類，猛獸滿世閒矣。若道相悖，則來者長存，往者不復返矣。

兩「並」字便已不相害、不相悖矣。朱註分不害、不悖爲小德，並育、並行爲大德，未然。天地之大無不持載，無不覆幬，是大德，就全體見。並育不害，言其閒物物各正不亂也；並行不悖，言其閒時時並運不息也。二語皆「川流」之意，就統體内分疏，明天地之大，非混雜也。混雜則大不成，故末句言「所以大」結之。所以大者，喫緊在小德。惟其分疏得開，所以銷受得盡。敦而化者，本以待川之流；流而如川者，止以行化之敦。天地之閒，惟是盈虛消息相倚，所以不窮。苟無大德以銷融其積，則川流有時而竭；無小德以疏濬其流，則敦化有時而壅。如是，則些子未免隔閡，斗筲之器耳，況持載覆幬爲天地之大乎？

並行之道，所包甚廣，多指人事言。朱註解「道」即「四時日月」，于本文不重複乎？本文歷舉四時、日月、萬物、道，見天地所持載、覆幬之多，見其爲大耳。朱子謂「道」即「四時日月」，本欲避佛老百家之害道者，其實大道不分藩籬，善惡同出異途，以此爲諱，儻所謂割聖道以奉二氏者非邪？

小德大德，借天地形容聖人心源存主處爲大，日用泛應處爲小。大德渾同，猶上章峻極發育；小德分疏，猶上章三千三百。于德性見包括，于問學見精詳，天地亦然，聖心亦然。

此章逐段之意，畧重下半截。舍文武無處見堯舜，違水土無處見天時。天地之閒，廣大富有，苟紛拏淆雜，閒斷歇息，則萬有銷滅，乾坤幾毀，烏能大？故天地之大，喫緊在錯行代明，不害不悖；聖人之大，喫緊在尋常日用，不思不勉，從容中道。《易》曰：「言天下之至賾，而不可惡也；言天下之至動，而不可亂也。」聖人以此作《易》，即是「小德川流」之意。四時錯行、日月代明、並育、並行、小德五句，皆以分疏天地閒條理脉絡，周流不息，所以敦厚變化而成大德，天地所以大也。蓋大道不離平常，希聖希天，只在人倫日用閒，窮理精義，則盡性致命可幾，所以爲廣大而精微，高明而中庸也。孟子贊孔子之道，如泰山河海，「觀水有術，必觀其瀾」，亦即此意。

自「自誠明」至「不驕」「不倍」，是從微妙處説到平常；自「愚而好自用」至「小德」「大德」、「聰明聖智」，又從平常處説入微妙，反覆發揮，中庸微顯之旨曲盡。

## 第二十八章

唯天下至聖，爲能聰明睿知足以有臨也，寬裕温柔足以有容也，發强剛毅足以有執也，齊莊中正足以有敬也，文理密察足以有別也。溥博淵泉而時出之，溥博如天，淵泉如淵。見而民莫不敬，言而民莫不信，行而民莫不説。是以聲名洋溢乎中國，施及蠻貊，舟車所至，人力所通，天之所覆，地之所載，日月所照，霜露所隊，凡有血氣者莫不尊親，故曰配天。

此子思自立言也。天下至聖，所謂誠明者也。生知得于天縱，爲能聽無不聰，視無不明，睿通乎微，知周乎物，靈秀首出，足爲君臨天下之本。惟其生知，是以德備。寬裕温柔，仁足爲涵育天下之本。發强剛毅，義足爲裁決天下之本。齊莊中正，禮足爲敬脩天下之本。文理密察，智足爲辨別天下之本。即其至足者擬其量，周徧廣闊，萬理兼容，聖心何溥博也！即其至足者探其藴，深潛活潑，萬化含源，聖心何淵泉也！性融理洽，隨感順應，時措咸宜，圓神不滯，又如此。就其溥博擬之，帡幪如天，萬象無不包也；就其淵泉擬之，停蓄如淵，衆流無不資也。時見爲容，聖作物覩，民莫不敬；時見爲言，訏謨定命，民莫不信；時見爲行，淑矩芳規，民莫不悦。民心所在，即是聲名，是以洋溢乎中國，施及蠻貊，以至舟車人力所可到，天地所覆載，日月霜露所照隊，凡有血氣爲人者，莫不元后尊之，父母親之，所謂聖人與天同德，不其然與！

此承上「小德川流」言明之事，故首稱「至聖」。聖，通明也。聰明睿知，至明之體。仁義禮智四者，明而誠也。下章經綸、立本、知化，至誠之體。聰明聖知達天德，誠而明也。先聰明睿知，後四德，德始于知也。孟子云：「智譬則巧。始條理者，知之事。」故三德首知，聖人生知，即明德也，下四足由此出。朱註分質與德，質、德非二也。生知即聖德。耳目曰聰明，心思曰睿知。睿，思也。知，覺也。覺爲體，思爲用。思知來，覺藏往。臨，謂照臨。容，含受也。執，操持也。文，順美也。理，條貫也。密，詳細也。察，分明也。別，辨析也。一聖分爲聰明睿知，一聰明睿知分爲寬裕溫柔等十六，又分爲容、執、別、敬，散爲言行，達諸中國四裔，窮天極地，無所不至，所謂「小德川流」也。溥，徧也。博，廣也。淵，深也。泉，不竭也。時，即臨、容、執、敬、別等時。聖德時措，又居高臨下，順風而呼，其應自遠。凡有血氣，莫不尊親，復何疑焉！惟吾夫子足以當之，雖不在君臨之位，而神明天縱，窮荒異域，千秋萬禩，靡不瞻仰，儻所謂「配天」者非邪？前章多以天道配聖人，「故曰」，答前章而言。

知有體用偏全。聰明睿知，知之元神。文理密察，知之旁通。聰明睿知是明德，文理密察是格物。

乾道資始，萬物唯知，聖人照臨萬民亦唯知。仁義禮之用有方，知之妙用無窮。人心之靈，萬事之宰，四海之遠，億兆之繁，壅蔽微曖，非知何以首庶物，爲照臨之主？是以五德首知也。

按：此章之言極其表揚，所謂「微之顯」也。

## 第二十九章

**唯天下至誠，爲能經綸天下之大經，立天下之大本，知天地之化育。夫焉有所倚？肫肫其仁，淵淵其淵，浩浩其天。苟不固聰明聖知達天德者，其孰能知之？**

此子思自立言。聖人五德時出，窮天極地，莫不尊親，可謂神功駿烈。然其敦化之本，亦惟真實無妄之心、盡倫盡性知命而已。蓋聖人聰明睿智，自然先覺，仁義禮智，渾然全具，是大下之至誠也。道不越三綱五常，如大孝達孝、庸言庸行、達德達道，雖至聖功業配天，究竟惟尊親，可知天下之理，不越人倫，是謂大經。雖亘古流行，而當其辨分明微，大綱小紀，皆由心思經綸。五教未敷，三綱未陳，三千三百未備，而親、義、序、別、信裁自聖心者，大經之源也。天命之性，喜怒哀樂未發，隱微獨覺，萬理所從出也。惟至誠，纖僞不留，爲能洗心退藏，時時見未發之中，以植萬事之根，所謂立本也。維天之命，性所從出，故曰「思知人不可不知天」，而天不可見，造化生育，即是命之流行。至誠盡性，于天命本體皭然無毫髮之障，存主應用，脉脉與時行物生並運，脗合乾始之知。蓋知之一點，人物之精，一毫不容減，減即斷滅；一毫不容添，添即意見。寂寂惺惺，不二不息，是謂知天。凡此皆誠神妙用，不仗氣魄，不著意想，一至誠而道德性命會其元矣，所以爲大德也。于經綸處觀人倫之至，可不謂仁？惟誠無倚而淪浹于天綱人紀者，皆惻怛之真，何肫肫乎其仁也！于立本處觀，可不謂淵？惟誠無倚而真性常湛，萬理停蓄，莫測其底，何淵淵乎其淵也！于知天處觀，渾然一天，惟誠無倚，性靈之中，全體大虛，何浩浩乎其爲天也！向使倚一毫人爲，即是一毫虛假，安得功用之盛如此？此際微妙玄通，唯聖人能之，亦唯聖人知之，實能聰明聖智，與天同德，乃于肫肫之仁，淵淵之淵，浩浩之天，親詣實證，自然默識。若祇憑摸擬講説，此理不容口耳，此知不落見聞，安可襲而取乎？

此章承「大德敦化」而言，即孟子所謂「大而化之之謂聖，聖而不可知之之〔一〕謂神」者也，皆反本還元之論，而歸結于至誠者。蓋《中庸》立教主誠，誠則通天人安勉，明則惟生知能之。《中庸》終誠，《大學》始誠，皆下學上達之教。又明主分疏，故以「小德川流」言；誠主統會，故以「大德敦化」言也。大經，猶言達道。經綸，猶言料理。皆聖人心源上事，故屬敦化。經，條理也。綸，合繩也。父子、君臣、夫婦，經之分也。父子相親，君臣相敬，夫婦相配，綸之合也。三千三百，秩序等級不容紊，如織布帛，絲縷入扣，無一絲一縷紕繆，方謂經綸。大經者，道也。大本者，性也。天地化育，命也。立本之「立」，猶居也。本則立，非强立也。知，主也，猶《易》「乾知大始」之「知」。

---

〔一〕「之之」，原不重，今據《孟子》補。

性與虛合，天地聖人知一也。時行物生，天地之化育也；鳶飛魚躍，聖心之化育也。知化育，即贊化育，位天地也。惟至誠能主之，所以爲天地立心，爲萬民立命也。夫焉有所倚，誠之至也。倚，依傍也。有所依傍，即涉思勉。至誠不識不知，順帝之則也。不曰「無倚」，曰「焉有所倚」，言此際無所容于倚也，即「中庸不可能」之意。要之，三者皆所謂「至誠能盡其性」也。經綸者，性之作用；立本者，性之藴藉；知化者，性之玄通也。生意曰仁，以經綸言也。肫肫，懇至也。含藏曰淵，以立本言也。淵淵，静深也。自然曰天，以知化言也。浩浩，廣大也。上言「如天」「如淵」，聖心與天淵猶二，此言「其淵」「其天」，聖心即天淵，更無容擬矣。仁、天、淵與上章五德非異，此就敦化處難名難狀而贊歎之，猶所謂「無聲無臭，至矣」云爾。固，真實也。真聰明聖知，即前章「至聖」也。達天德，即聰明聖知。焉有倚，即是「達天德」。達，通也。通爲一，無天人之别也。知與「知化」之「知」同。知即能，非但心悟耳。前曰唯天下至聖、至誠爲能，此曰苟不固聰明聖知其孰能，語勢相承，以見誠明合也。此德非倚才識可辨，豈倚才識可窺？惟聖默成，惟聖神明，與前「及其至，雖聖人亦有所不知」相應。上章以「川流」言，故有血氣者，見聞信而知尊親。此章以「敦化」言，故無聲無臭，惟聖爲能知聖也。前章費而顯，此章隱而微也。

《中庸》一書教人于顯處識微，于事物上見性命，故篇内提挈顯微之旨，此章終以性命之微，所謂「大德敦化」也。「經綸」三事櫽括一篇頭緒，猶《易》謂窮理盡性至命也。大經，即達道庸德、三千三百之類。立本，即戒懼謹獨、明善誠身、盡性之類。化育，即覆載、生成、發育、峻極之類。

化育言知者，三才合契惟知也。三事，即首章命、性、道，不及教，以「敦化」言也，經綸大經，教亦在其中矣。三德獨言仁者，善之長也。此章總括道德而會于誠。至誠者，聖人之心。仁淵天者，贊聖心也。非聰明聖知不知者，隱微之至，所謂不睹聞，無聲臭，大德之化也。

德至人所不知，可謂隱微之極，要之，不離盡倫，故首章自天下大經約之性以立其本，通極于天以會其原。苟非經綸，則言天下之動而不勝其亂，言天下之賾而不勝其惡，寧免于荒宕寂滅之獘乎？聖人所以觀會道，行典禮，《中庸》所以爲禮教而作也。故學禮者達其源，論道者準諸禮，舍禮言《中庸》，豈作者之意？篇内惓惓「微之顯」，以此。下章乃申明之。

## 第三十章

《詩》曰「衣錦尚絅」，惡其文之著也。故君子之道闇然而日章，小人之道的然而日亡。君子之道，淡而不厭，簡而文，温而理，知遠之近，知風之自，知微之顯，可與入德矣。《詩》云：「潛雖伏矣，亦孔之昭。」故君子内省不疚，無惡於志。君子之所不可及者，其唯人之所不見乎！《詩》云：「相在爾室，尚不愧于屋漏。」故君子不動而敬，不言而信。《詩》曰：「奏假無言，時靡有争。」是故君子不賞而民勸，不怒而民威於鈇父鉞月。

《詩》曰：「不顯惟德，百辟其刑之。」是故君子篤恭而天下平。《詩》云：「予懷明德，不大聲以色。」子曰：「聲色之於以化民，末也。」《詩》曰「德輶如毛」，毛猶有倫；「上天之載，無聲無臭」，至矣。

此子思自立言也。中庸之道，顯微無間，雖至聖至誠，功德配天，微妙不測，總之切近平實之理，非務外忘內，亦非執内遺外也。《詩》云「衣錦尚絅」，古者錦衣必加素紗于外，爲其華彩大著，惡而欲掩之也。道有著者，有不著者，不著者顯諸仁，渾然無迹，而著者藏諸用，包羅其中，有若絅之襲錦者然。蓋天命人性不越平常，無驚世駭俗之奇，豈不闇然，而天地萬物，經緯變化，日新月盛，即在其中，非若小道私知的然炫耀，根本撥而枝葉隨之者比也。是以君子之道，庸言庸行，不爲不淡，而性命之旨，有天下之至味焉；可知可能，不爲不簡，而易簡之中，有天然之經緯焉；致中致和，不爲不温，而圓融之内，有井然之條理焉。其藏蓄闇然如此，而其聰明内運，旁燭無疆，如天地萬物，遠也。造端乎夫婦，知遠之近也。如明動變化，風也。始于致曲，知風之自也。近與自，皆微也；遠與風，皆顯也。一靈中主，存神過化，不見而章，蓋道貫微顯，非離近與自而脩飾于顯，亦非遺遠與風而枯守其微，大本立，達道行，中和並致，費隱兼融，無賢知愚不肖之偏蔽，而至聖至誠，天淵不可知之妙，深入其微矣。所謂「闇然而日章」者如此。于何徵之？《詩》云「潛雖伏矣，亦孔之昭」，非所謂「微而顯」乎！君子，非圖于顯也，生平内省無病，不愧于心，所以大過人者，其惟微而不可見之處耳。

人不可見，莫如屋漏。《詩》云：「相在爾室，尚不愧于屋漏。」人不見君子之動，而君子敬心常存；人不聞君子之言，而君子信心常存，所以「内省不疚，無惡于志，爲人所不可及」耳。謹其微以圖于近，而不待見于遠，是謂「知遠之近」也。如是，而風不行于遠乎？《詩》曰：「奏假無言，時靡有争。」上無言而下靡争，君子之德風也。蓋本敬信以達化，欲民爲善而自勸，何待于賞？欲民去惡而自畏，何待于刑？非無賞刑也，有微于刑賞者，德也。故《詩》曰：「不顯惟德，百辟其刑之。」德者，自也。百辟刑者，風也。君子風天下以德，刑賞不事，而篤恭于上，民勸民威，而天下自平，謂非「微之顯」乎？乃爲闇然日章，而入德至此，微斯至矣。《詩》云「予懷明德，不大聲以色」，言知微也。苟無是德，徒恃刑賞，孔子謂之化民末務，不足語微也。《詩》又云「德輶如毛」，毛雖微，猶有形迹可比，亦不足語微也。惟《詩》云「上天之載，無聲無臭」，斯其至矣。蓋時行物生者，天載之顯；「於穆不已」者，天載之微。無聲無臭而時行物生者，天道知微之顯也；篤恭不顯而民勸民威者，君子知微之顯也。性命也，天人也，一也，所以爲中庸也。

此章發揮微顯之旨，引《詩》詠歎，《詩》可以興也。絅、檾通。絅衣，檾麻布單衣。一作「褧」，明也，《士昏禮》作「景」，后夫人五服有素紗，是也。闇、暗同，韜光也。的然，光芒射人貌。日亡，中無所有也。淡，無染也。厭，惡也。淡、簡、温是闇然處，不厭、文、理，所以異于日亡者也。三知是闇然内真明。日章之主有戒懼意。心之神明曰知，即上章「聰明睿知」，下引《詩》之言「明德」也。風者，鼓舞之名，出乎身，加乎民。出乎身者，君子之德風；加乎民者，四方風動也。自，由起也。三

「之」循環，風外接乎遠，自内接乎微。遠之近，由顯入微也；微之顯，由微達顯也；風之自，顯微之閒也。自即不睹不聞，天下大本，獨也，即微也。遠、風即達道，即顯也。三之，即《易》所謂介也，幾也：「憂悔吝者存乎介」，「介于石，不終日」，「幾者，動之微。君子見幾而作，不俟終日」。虞舜大知，顔子擇守，至誠如神，方是知幾。介于石，非苟知之耳。入德，入微也。《易》云：「退藏于密。」入與虚合也。德，即上章「天德」，下文不顯之「明德」也。「潛伏」「屋漏」二段，遠之近也。「奏假」「不顯」二段，風之自也。「予懷明德」以下，贊微之顯也。人所不見，即微也。屋漏，室西北隅。古人室東南隅爲户，西南隅當壁幽深爲奥，西北隅向户受明爲屋漏，暗中見明，故曰「不愧」。奏假，進而假神也。人鬼交曰假。無言，猶無聲。靡有争，人化于敬也。鈇，扎刀也。鉞，斧也。百辟，諸侯也。刑，法也。篤恭，端恪也。予懷，上帝思文王也。聲色，謂號令文章，即刑賞之類。大，猶麤也。輶，輕也。倫，比也。凡有形迹者，皆有比擬。德輕如毛，《詩》辭也。毛猶有倫，子思反《詩》辭。屢引《詩》詠歎，使人感動深思也。載，事也。聲，響也；臭，氣也。二者離形，又無之，微斯至也。不言無形色，言無聲臭者，天有形色，但形形色色者不可見，微之顯也。

此章總挈全篇要領，申明顯微之旨，而歸本于知，使人見道于微也。蓋《中庸》一書，懲道術支離，教人于微處證顯，于顯處識微，故顯微兩字，一篇樞紐。前二章贊至聖至誠，功業配天，顯之至也；道德精藴，極于不可知，微之至也。然疑于過高，非平常之理，而分言，似違一貫之意，故此章復就近裏融會。蓋德有根柢，道非浮華，達之天下國家者，即根諸天命人性者也；藏諸天命人性者，即顯之天下國家者也。顯微合，故曰闇然日章，此道之大全也。人莫不有性有命，而日用事爲，執顯遺微，故此章始攝顯歸微，欲人以事合理也；終達微出顯，欲人以理合事也。蓋可見可聞者，道之顯；不見不聞者，道之微。顯者民可使由，微者不可使知。苟能于事物見性命，即是行著習察；由仁義行，即是君子時中。能擇能守，闇然日章，而道德舉矣。此一篇肯綮，篇内未詳，故末申明之。朱註以闇然日章爲下學立心，以知遠之近等爲知幾，以入德爲下學之始。按下學如擇執、學問、思辨等事，篇内詳矣。淡、簡、温、不厭、文、理，是闇然境地；知遠近、風自、微顯，是日章精神。以論治，則霸者之驩虞，即小人的然日亡；而闇然淡簡不厭，正王道之皞皞。以論學，則君子依中庸，遯世不知不悔，素位而行，不驕不倍，惟聖者能之，豈下學舍擇執而驟語此乎？知幾惟至誠。《易》曰：「知幾其神。」顔氏之子尚未盡許。知即是行。若以知爲下學，猶虚見耳，豈可入德？德言「入」，猶道言「凝」也。道散故凝，德微故入，《易》云「洗心退藏」，入與虚合，故末贊其至，豈初學可企？朱又謂引《詩》有淺深疏密，以「潛伏」爲下學謹獨。按戒懼慎獨，篇首已及，不須複説。屋漏，即潛伏。不動、不言，即人所不見。篤恭，即不用刑賞，天下平，即民勸威。復言敬信者，申明人所不見之功也；復言篤恭者，申明不用刑賞之本也。何淺深疏密之有？大抵此章論道之要，非專爲造道之功。「衣錦」至「温而理」，合顯于微，道之體也，意重誠而明在中；「知遠之近」以下，通微于顯，道之用也，意重明而誠在中。此自誠明，合外内之道也。夫子罕言性命，學者不可得而聞，以至百家泛濫，不識天人性命本同一體，賢知者執内遺外，愚不肖者逐末忘本。子思諄諄發明一貫之旨，中不離庸，庸即是中。人苟于顯處見微，于已發處見未發，于日用見性命，于事物見道德，于天下國家見心意知，則雖堯舜之憂勤，湯武之征誅，猶是篤恭無爲，中庸之要領也。今之解者，處處分析，既乖中庸之旨，又以此章顯微專爲下學謹獨，則其弊必至貪静守空，默坐理窟，併中庸爲畫餅者矣。豈究竟之旨與？

日章即在闇然内，如味在飲食内，火在木内，生意在穀子内。篇中大舜、文、武、周公、孔子即是闇然日章之君子；楊、墨、申、韓，九流百家，三代以後雜霸之治，章句記誦之學，皆是的然之小人；佛老與偏守理窟之儒，又是闇然不能日章，素隱行怪者也。聖教顯微一貫，達道即是大本，平天下即是篤恭，非枯寂默坐以爲闇然也。故曰：「衣錦尚絅」，「闇然而日章」。

淡是中庸本色，大道正味，故曰「不厭」。朱子謂下學不欲艷世味，如此解淡，須厭方可。淡不厭，簡文温理，是舜、文、周、孔風範，非下學可到。

三知入德，徹上下，而意指上知，與前章「聰明聖知」、「知化育」之「知」同。凡《中庸》言知即行，言明即誠，虛見非真知。朱子解《易》「乾知大始」云：如知府、知州之「知」，主也。此「知」頗似。遠由近主，風由自主，微爲顯主。一靈常主，遠近風自微顯，通融無礙，故可攝六合爲秋毫，可通一息爲千古，可運四海于掌上，可流明眸于萬里。所謂尸居龍見，淵默雷聲，不見而章，不動而變，不疾而速，不行而至，如是乃爲入德。德至微也，入德即入微。無聲臭，無睹聞，天命之性，天下之本，由此出機，由此入機，自大虛來，還大虛去，方是真知。

「淡而不厭」三句是闇然，「知遠」三句是日章，即入德境地。入德即是上達天載。引「潛伏」「屋漏」

二詩，徵「闇然」即不睹不聞，微也。引「無言」「其刑」二詩，徵「日章」即中和位育，顯也。引「予懷明德」，徵入德之妙，顯微無閒也。不動亦敬，不言亦信，不住于顯；民勸民威，百辟其刑，不住于微；遠近風自，渾化無迹，歸于無聲無臭之天載而已。天者，道之統。時行物生，風雨露雷，無日不振作，故至顯莫如天；而大虛無礙，惟玄惟默，貞觀貞明，亘古如一，故至微亦莫如天。聖人之于天道，一也。諸弟子疑聖人有隱，夫子援天以示「無行不與」。天人合，顯微一，乃爲至德，故《中庸》終始于天也。佛氏竊取此義爲最上乘，而學聖道者不講于微顯之義，則是天以頑空爲無聲臭，聖人以默坐爲不睹聞，豈不誤乎？

闇然是的然對治藥。君子之道，不但的然非住處，即闇然亦非住處，故曰「闇然而日章」。但道有發真歸元處，聖人有安身立命處，爲學有起根築基處，不得舍近圖遠，舍卑務高，舍微求顯，所以惡文而闇然耳。及至篤恭田地，儘教枯木寒灰，黜聰明，遺形骸，而不謂之微；儘教成功文章，光四表，被上下，而不謂之顯。乃爲淡不厭，簡文溫理，唯一知真，遠近風自之迹化，無聲無臭，與天同神，故曰「至矣」。

潛伏即闇然。人所不見即潛伏，人所見惟言動。敬信不待言動，即不睹不聞；顯微合一之功，即潛伏內省。人所不見之處，敬在不動，信在不言，即知遠之近，知風之自，而顯入于微；民威勸，百辟刑，即近者遠，自者風，而微出于顯。所謂「闇然日章」如此。「不顯惟德」、「予懷明德」，即所入之德。聲色不大，毛有倫，無聲臭，即入微之景象。

不賞不怒，非廢刑賞，但勸威不本此，篤恭非端默無爲。端默無爲是闇然不能日章也。天道運而不息，惟自然。聖人率性，終日乾乾，惟曰篤恭。堯舜憂勤，文武制作，夫子九經，弗得弗措，人一己百，亦惟篤恭。不曰「篤敬」者，心曰敬，容曰恭。天下不見君子之心而見君子之容，本其在外，名其在内，所謂微顯也。微處難名，外視闇然，故曰「篤恭」。天象周旋不住，惟北辰一點，見其不動，所謂不顯明德，不大聲色，無聲無臭，皆不離顯上見，故曰「天下平」。引《詩》言「明德」，應上文三知入德，誠而明也。

道以通微爲極，故歸于無聲臭。二氏以無爲常，從無説向有；《中庸》以有爲常，從有説向無。從無向有，懸空無著；從有向無，根基可據，故曰「下學而上達」。二氏偏著上達，所以失之。或曰：《中庸》言無，與佛言空，何别？佛氏言空，無色無像；《中庸》言誠，有色像而無聲臭。色像本有也，佛謂之無，是以有爲無也；聲臭本無也，聖人謂之無，是以無爲無也。故曰：「形色，天性也。」有形色無聲臭，則有者實有，無者實無，故曰誠。法象莫大乎天地，佛氏併天地爲空。夫實者焉能使空？聖道有無虚實同體，形上曰道，形下曰器。色象者，器也；「無聲臭者」，道也。道器有無一貫，色象隱乎聲臭，無聲臭不離乎色象，故但可謂之「無聲無臭」，終不得謂之無色無象。佛併色象無之，誕矣。然則佛氏與聖人異乎？曰：佛氏焉可〔一〕與聖人言同異？粤自孔子、子思時，佛未興也，學

〔一〕「可」，《續修》本作墨釘，蓋欲删下行第二字「但」，而誤删此行第二字「可」也。

者〔一〕多言語文字，未聞性與天道，故子思述性道，而佛晚出，拾聖人唾洟自文，聖人言性亦言性，言心亦言心，言中亦言中，言真妄亦言真妄。如《大學》言明，佛亦言明，言知亦知，言止亦止，言定亦定，言靜亦靜；《論語》言空亦空，言覺亦覺，百家蹈襲，未有如斯之公然雷同無忌憚者矣。聖人開基垂統，中業式微，佛氏陰謀篡竊，吕嬴牛馬，真贋不分，朱元晦謂「彌近理而大亂真」，誠然矣。爲今之計，有討其亂，辨其真，而儒者不能討除其亂，但〔二〕諄諄辯我非佛，至于逃形畏影，舉千年堂構、累代衣冠重器，一切委以讓之，如周棄豐鎬，越棲會稽，環堵自守，以爲已有，遂使佛氏久假，坐成强大，是誰之咎？不思孔子言性道，子思作《中庸》，是時佛安在？千年後忽被攘奪，而儒者顧謂明心見性、圓覺真空，皆佛氏語。予謂之割聖道以佞佛，豈誣與？嗟乎！若佛氏者，正吾夫子所謂「不可使知之」者也。其譸張亂正至此，而世儒昏懦，盜疾主人，主人畏盜，令與吾聖人分曹論同異，儒所以爲儒耳。誰知烏之雌雄？

此章之旨，實不專爲下學，而解者疑「可與入德」不似上達語，未知《中庸》一書皆賢人謀道之

---

〔一〕「學者」下一字格原爲墨釘，今删。《續修》本作「但」，《存目》本有讀者塗抹，原似與《續修》本同。

〔二〕「但」字上一字格、「佛」字下一字格原分别爲墨釘，今並删之。《續修》本「但」上爲「而」字，「佛」下爲「氏」字，《存目》本有讀者塗抹，原似與《續修》本同。

言。言有證道者，聖人言聖人事也，如天子言天下，自證也；有謀道者，賢人言聖人事也，如士大夫説朝廷宗廟，非盡己有也。《論語》聖言，惟聞默識，無隱無知，一貫不多，與道合真，故不言而信，無峻〔一〕刻隱秘之語。此篇子思爲頌述聖祖，言性命，言中和，言誠明，言微顯，語故玄超，潛天潛地，卒未易曉。又如《大學》言明德，言至善，言誠，言正，《孟子》言性言氣，奥義微旨，皆賢人君子憂世衛道，闡繹名理，不直則不見。要之，不離文字，去道猶垣一方也。昔堯授舜曰「允執厥中」，至矣盡矣，淺學好事，僞增「危」「微」等語，皆《中庸》糟魄、思孟牙後慧，古文孔《書》，所以爲魚目耳。世儒不解此，奈何言《中庸》？磔裂禮書，孤遠離宗，朱元晦謂「使人神識飛揚」者，茲則有之矣。採真詘妄，一部《中庸》，孰非下學，而獨此一語邪？

# 禮記通解卷十九終

〔一〕「峻」，原作「浚」，據文義改。

# 禮記通解卷二十

郝敬　解

## 表記第三十二

《表記》，取篇中「仁者，天下之表」命篇，所言多仁者之事。

子言之：「歸乎！君子隱而顯，不矜而莊，不厲而威，不言而信。」子曰：「君子不失足於人，不失色於人，不失口於人。是故君子貌足畏也，色足憚也，言足信也。《甫刑》曰：『敬忌而罔有擇言在躬。』」

歸乎，嘆辭，蓋夫子周流不遇而思歸也。隱而顯，所謂「闇然日章」也。不失足，不輕進也。莊故不失足，威故不失色，信故不失口。《甫刑》，《周書》篇名。引以明君子能敬戒則身無可擇去之言，謂所言皆善，猶《詩》云「不可選也」。忌，戒也。引以明言足信之意，而貌與色可知矣。

子曰：「裼襲之不相因也，欲民之毋相瀆也。」子曰：「祭極敬，不繼之以樂。朝極辨，不繼之以倦。」

裼，袒裼。露體曰袒，單衣曰裼，重揜曰襲。裼裘、襲裘，詳見《玉藻》。《詩》云「袒裼暴虎」，又云「載衣之裼」。《郊特牲》云：「鄉人裼。」皆言衣也。執玉帛亦有裼襲：單藉曰裼，重裏曰襲。不相因，如子游裼裘而弔，主人小斂畢，襲裘入。凡袒踊畢襲衣，袒割牲，袒免拜賓畢，袒執弓射畢，皆襲衣；執玉帛，如《聘禮》上介不襲執圭，屈繅授賓，賓襲執圭，又公側授宰玉裼降，擯者出請，賓裼奉帛加璧享之類，皆所謂裼襲不相因也。又喪禮袒與襲不同位，亦不相因之義。鄭註未達。祭與鬼神交，不極敬，不能合漠，少繼以樂，則懈散矣。朝廷之上，禮法政事所出，秋毫必辨，然後名分正而幾務清，少繼以倦，則廢墜矣。

子曰：「君子慎以辟禍，篤以不揜，恭以遠恥。」子曰：「君子莊敬日强，安肆日偷。君子不以一日使其躬儳暫焉如不終日。」子曰：「齊戒以事鬼神，擇日月以見君，恐民之不敬也。」子曰：「狎侮死焉而不畏也。」子曰：「無辭不相接也，無禮不相見也，欲民之毋相褻也。《易》曰：『初筮告，再三瀆，瀆則不告。』」

篤，誠也。揜，如《大學》云「揜其不善而著其善」之「揜」。能篤，則誠中形外，本無虛僞，何揜之有？孟子所謂篤實有光輝，是也。侈肆則招侮，不矜不伐，恭以持己，《易》所謂「謙尊而光」也，故遠恥。身心收斂，則精神自奮發，故曰「莊敬日强」。安肆反是。傀焉，頗側之狀，不莊敬之容。如不終日，即不以一日使其躬之意，所謂「不俟終日」也。擇日月，卜吉也。《玉藻》云：將適公所齋戒。《周禮》云：祭祀前十日，帥執事卜日，遂戒。則是見君亦齊戒，祭祀亦擇日月，互言以明事君事神敬同也。狎侮則招禍，有至于死者，而人不知畏也。古者交際必有辭，無辭則無名；相見必有禮，無禮則無交。將命之類謂之辭，執贄之類謂之禮。有辭而後接，則接不苟；成禮而後見，則見不瀆。引《易·蒙卦》彖辭，義不甚協，解見《周易》。

子言之：「仁者，天下之表也。義者，天下之制也。報者，天下之利也。」子曰：「以德報德，則民有所勸。以怨報怨，則民有所懲。《詩》曰：『無言不讎，無德不報。』《大甲》曰：『民非后，無能胥以寧；后非民，無以辟四方。』」子曰：「以德報怨，則寬身之仁也。以怨報德，則刑戮之民也。」

仁以長人，故爲天下之表。義主裁割，故爲天下之制。仁者愛人，則人皆愛之；義者敬人，則人皆敬之。故曰：「報者，天下之利。」以德報德，仁之事也。以怨報怨，義之事也。無言不讎，義也。

無德不報，仁也。民非后無以相安，仁也；后非民無以君四方，義也。以德報怨，則怨釋而身安，故曰「寬身之仁」。以怨報德，則拂情逆理，故曰「刑戮之民」。

按：「以怨報怨」，非聖人之言。《論語》云：「以直報怨。」

子曰：「無欲而好仁者，無畏而惡不仁者，天下一人而已矣。是故君子議道自己，而置法以民。」子曰：「仁有三，與仁同功而異情。與仁同功，其仁未可知也。與仁同過，然後其仁可知也。仁者安仁，知者利仁，畏罪者强仁。」

無欲而好仁，非有意于爲善，自止于至善也。無畏而惡不仁，非有意于去惡，自無惡可去也。故曰：「天下一人。」中心安仁者常少，故無欲無畏者，上智以之自待。勉强行仁者常多，故賞勸罰懲，置法所以爲民。仁有三，謂安仁、利仁、强仁，同功異情，如五霸之假與三王之仁，其功相似，其情則異也。同過知仁，如周公使管叔與不智同，孔子稱昭公與黨惡同，然其仁可知也。仁者安仁，不論功過，惟率吾仁耳。知者利仁，以有功行仁也。畏罪者强仁，以免過求仁也。

仁者右也，道者左也。仁者人也，道者義也。厚於仁者薄於義，親而不尊；厚於義者薄於仁，尊而不親。道有至、有義〔一〕，有考。至道以王，義道以霸，考道以爲無失。

凡人舉動行持，右先左後，右任而左助之。仁爲立人之本，萬善長於仁，故曰右。道爲義所當由之路，仁窮佐以義，故曰左。偏于仁而廢義，則以親而遺尊；偏于義而廢仁，則以尊而忘親。尊親不兩全，故以仁義相爲左右也。道有至，謂仁也；有義，以輔仁也；有考，以稽義也。得仁者王，所謂無欲無畏也。得義者霸，所謂利而有功也。得考者無失，所謂强仁免過也。

按：道者，仁義自然之名，非仁外别有道也。厚仁而薄義，非真仁也。厚義而薄仁，非真義也。至仁無不尊，至義無不親。霸者焉知義？焉知道？非夫子之言也。

子言之：「仁有數，義有長短小大。中心憯怛，愛人之仁也。率法而强之，資仁者也。《詩》云：『豐水有芑，武王豈不仕？詒厥孫謀，以燕翼子。武王烝哉！』數世之仁也。《國風》曰：『我今不閲，皇恤我後。』終身之仁也。」

〔一〕「至有義」三字擠刻佔二字格；《續修》本作「道有至義有考」，「義」上無「有」字；《存目》本「道有」與「義」之間一字有讀者塗抹。按：阮元《禮記註疏校勘記》云：「『道有至義有考』，各本並如此。陳澔《集説》『義』上有『有』字。《考文》引古本、足利本同。蓋依注讀增。」此或據陳澔《集説》補字。

仁有數，以義有長短大小，隨宜用愛也。如「可以速則速，可以久則久」，禮「以大爲貴」「以小爲貴」之類。中心憯怛，安仁者也。率循法度而勉强行之，資利乎仁者也。引《詩》言武王用賢遺孫，以安輔其子，澤流數世，中心憯怛之仁也。《國風》言我今已不見容，何暇憂我後日，此僅終其身，率法强資之仁也。芑，穀名。仕，官人也。閱，容也。

子曰：「仁之爲器重，其爲道遠，舉者莫能勝也，行者莫能致也。取數多者，仁也。夫勉於仁者不亦難乎！是故君子以義度人，則難爲人；以人望人，則賢者可知已矣。」子曰：「中心安仁者，天下一人而已矣。《大雅》曰：『德輶如毛，民鮮克舉之。我儀圖之，惟仲山甫舉之，愛莫助之。』」《小雅》曰：「高山仰止，景行行止。」子曰：「詩之好仁如此。鄉道而行，中道而廢，忘身之老也，不知年數之不足也，俛焉日有孳孳，斃而後已。」子曰：「仁之難成久矣！人人失其所好，故仁者之過易辭也。」子曰：「恭近禮，儉近仁，信近情，敬讓以行，此雖有過，其不甚矣。夫恭寡過，情可信，儉易容也。以此失之者，不亦鮮乎！《詩》云：『温温恭人，維德之基。』」子曰：「仁之難成久矣，唯君子能之。是故君子不以其所能者病人，不以人之所不能者愧人。是故聖人之制行也，不制以己，使民有所勸勉愧恥，以行其言。禮以節之，信以結之，容貌以文之，衣服以移之，朋友以極之，欲民之有壹也。《小雅》曰：『不愧于人，不畏于天。』是故君子服其服則文以君子之容，有其容則文以君子之辭，遂其辭則實以君子之德。是故君子恥服其服而無其容，恥有其容而無其辭，恥有其辭而無其德，恥有其德而無其行。是故君子衰經則有哀色，端冕則有敬色，甲胄則有不可辱之色。《詩》云：『維鵜梯在梁，不濡其翼。彼記之子，不稱其服。』」

仁者，天地人物生生之理，所謂元善也。堯舜猶病，故曰重莫勝，遠莫致。取數多，所以難也。以義度人，謂盡義以求合，則天下無全人。以人望人，謂不遠人以爲道，則賢者可見矣。德輶如毛，言仁爲人所本有，輕如毫毛，易舉也。輶，輕也。儀圖，猶比擬。仲山甫，周賢臣。高山仰，言山高則可仰。景行，大路也，言路大則可行。皆喻仁也。止者，仰求及，行求至，即夫子云「斃而後已」也。中道而廢，謂行至中路，力疲而志勇，忘老忘年，死而後已。俛，俛首不顧貌。仁道雖大，皆人可欲之理，人自失之。苟欲仁斯至，未見好仁力不足者，故仁者欲無過，不失所好而已，故曰「易辭」。辭，猶免也。恭、儉、信三者，本敬讓以行，所以辭過之道也。謙恭則無妄舉，用情則人信之，節儉則不犯禮而人容之，乃所以辭過也，故曰失之者鮮。聖人制行，謂聖人立教以制民行，不以己之能事責人，惟因民爲制，所謂「天下之達道也」。民皆勸勉于行，而以不顧言爲恥。又節之以禮，固之以信，教之脩容貌，飾衣服，交朋友，無非欲民行歸一而已。衣服以移，謂服法服，則言法言，行法行，故曰移。然必朋友樂羣，德立行成，乃稱其服，故曰極。移始之，極終之也。遂，猶發也。有其德而無其行，謂心得是理，行或違之，非真德也。「衰絰則有哀色」三者，皆容稱服之事，然必内有哀敬不辱之真心，而后有是色以稱其服。鵜，鵜鶘，一名淘河，食魚，貪汙之鳥。彼記，猶言彼其。之子，指小人在位者。

子言之：「君子之所謂義者，貴賤皆有事於天下。天子親耕，粢盛秬鬯以事上帝，故諸侯勤以輔事於天子。」子曰：「下之事上也，雖有庇民之大德，不敢有君民之心，仁之厚也。是故君子恭儉以求役仁，信讓以求役禮，不自尚其事，不自尊其身，儉於位而寡於欲，讓於賢，卑己而尊人，小心而畏義，求以事君，得之自是，不得自是，以聽天命。《詩》云：『莫莫葛藟，施于條枚。凱弟君子，求福不回。』其舜、禹、文王、周公之謂與？有君民之大德，有事君之小心。《詩》云：『惟此文王，小心翼翼。昭事上帝，聿懷多福。厥德不回，以受方國。』」子曰：「先王謚以尊名，節以壹惠，恥名之浮於行也。是故君子不自大其事，不自尚其功，以求處情；過行弗率，以求處厚；彰人之善而美人之功，以求下賢。是故君子雖自卑而民敬尊之。」子曰：「后稷，天下之爲烈也，豈一手一足哉！唯欲行之浮於名也，故自謂便人。」

此一節皆言爲臣之道。賤而任事謂之義。君子所謂義，貴賤皆有事也。躬耕以事上帝，是天子之事。服勤以輔天子，是諸侯之事。自諸侯以下可知已。是以人臣事上，雖有庇民之德，不敢有君民之心，惟自盡其事而安于爲臣，無所爲而爲，厚于仁者也。故恭儉以求自盡于仁，信讓以求自盡于禮。役者，安分自盡之意，即所謂「有事」也。尚、上同。不敢自尊上也。得之自是，不得自是，謂得君與不得君，臣所由惟是而已。自，由也。莫莫，茂密貌。藟，葛屬。施，及也。條枚，樹枝也。凱，樂也。弟，易也。回，邪也。葛藟生于地，上附于木，以比君子謙恭樂易，獲福于天也。人臣有爵者死，尊敬其名，據生平美行爲諡。美不備舉，惟節取其一惠，不欲名之過于行也。惠，順也。一惠，猶言一善。過行弗率，謂生平過甚之行，弗循求之，以處于醇厚之道也。功之美者，莫如后稷。后稷之功，兆民永賴，豈一種植之利，而欲其行之過于名？但自謂爲便利于人而已。便猶利也，謂稼穡之利。所謂「節以一惠」，故但名其爲稷。引以徵「不尚其事」之義。

子言之：「君子之所謂仁者，其難乎！《詩》云：『凱弟君子，民之父母。』凱以强教之，弟以説安之。樂而毋荒，有禮而親，威莊而安，孝慈而敬。使民有父之尊，有母之親。如此而后可以爲民父母矣，非至德其孰能如此乎？今父之親子也，親賢而下無能；

母之親子也，賢則親之，無能則憐之。母親而不尊，父尊而不親。水之於民也，親而不尊；火尊而不親。土之於民也，親而不尊；天尊而不親。命之於民也，親而不尊，鬼尊而不親。」子曰：「夏道尊命，事鬼敬〔一〕神而遠之，近人而忠焉，先禄而後威，先賞而後罰，親而不尊；其民之敝，惷而愚，喬而野，朴而不文。殷人尊神，率民以事神，先鬼而後禮，先罰而後賞，尊而不親；其民之敝，蕩而不静，勝而無恥。周人尊禮尚施，事鬼敬神而遠之，近人而忠焉，其賞罰用爵列，親而不尊；其民之敝，利而巧，文而不慙，賊而蔽。」子曰：「夏道未瀆辭，不求備，不大望於民，民未厭其親；殷人未瀆禮，而求備於民；周人强民，未瀆神，而賞爵刑罰窮矣。」子曰：「虞夏之道，寡怨於民；殷周之道，不勝其敝。」子曰：「虞夏之質，殷周之文，至矣。虞夏之文不勝其質，殷周之質不勝其文。」子言之曰：「後世雖有作者，虞帝弗可及也已矣。君天下，生無私，死不厚其子，子民如父母，有憯怛之愛，有忠利之教，親而尊，安而敬，威而愛，富而有禮，惠而能散。其君子尊仁畏義，恥費輕實，忠而不犯，義而順，文而静，寬而有辨。《甫刑》曰：『德威惟威，德明惟明。』

〔一〕「敬」字原脱，據閩本補。

非虞帝其孰能如此乎？」

此一節論爲君之道。强教，愛而勞也。説，安得其心也。强教所以致其尊，説安所以致其親。説安而能强教，使民樂而無荒，孝慈而敬，親不忘尊，是爲父之尊也。强教而又悦安，使民有禮而親，威莊而安，尊不忘親，是爲母之親也。非至德孰能與于此？人道父主于嚴，尊而不親；母主于愛，親而不尊。下無能，謂子無能，父卑賤之。水懦人玩，親而不尊。火烈人畏，尊而不親。土利人踐，親而不尊。天高難近，尊而不親。命自然無心而人忘之，親而不尊。鬼神變化不測，人畏而敬之，尊而不親。三代之治，夏道近古，所尊在命，以天命渾然爲一定，以鬼神禍福爲適然，切近人情，崇尚忠實，先禄賞，後威罰，親愛有餘，尊嚴不足；比其敝也，民多蠢愚，驕野而質朴，此尊命近人，尚親之末流也。殷人承之，尊鬼神以救愿愨之偏，以鬼神禍福爲先，以人道禮教爲後，先罰後賞，尊嚴有餘，親愛不足；比其敝也，民多摇蕩不定，飾詐求勝而無恥，此尊神後禮，尚尊之末流也。周人承之，尊禮教，好敷施，敬神而遠，近人而忠，反夏之舊，其賞罰無先後，惟論爵列，如爵有五等、刑有八議之類，亦親愛有餘，尊嚴不足；比其敝也，民多便利機巧，外文飾而中不慙，内賊仁而外欺蔽，此好禮之過，文勝没質之所致也。夏道尊命，天道無言，故不煩辭令，事不求備，不大責望于民，民不忘親，夏治所以最近古也。殷人尊神而禮文未煩，然先罰好尊，于民求備矣。周人以禮强教民，于事鬼神之禮未褻，其于治人之事，賞爵刑罰，極其周悉，無以復加，故曰「窮」。二代之治，所以不及夏也。君天下，生無私，謂有天下而不與也。死不厚其子，謂以天下傳賢也。有憯怛之愛，弟以悦安之也。有忠利之教，凱以强教之也。「親而尊」五者，小人尊親之化。「其君子」六者，君子尊親之化也。恥費，謂不奢。輕實，謂不貪。

按：此節論尊親之偏，三代之敝，旨近迂僻，非夫子之言。

子言之：「事君先資其言，拜自獻其身，以成其信。是故君有責於其臣，臣有死於其言。故其受禄不誣，其受罪益寡。」子曰：「事君，大言入則望大利，小言入則望小利。故君子不以小言受大禄，不以大言受小禄。《易》曰：『不家食，吉。』」子曰：「事君不下達，不尚辭，非其人弗自。《小雅》曰：『靖共爾位，正直是與。神之聽之，式穀以女。』」子曰：「事君遠而諫則讇也，近而不諫則尸利也。」子曰：「邇臣守和，宰正百官，大臣慮四方。」子曰：「事君欲諫不欲陳。《詩》云：『心乎愛矣，瑕不謂矣？中心藏之，何日忘之。』」子曰：「事君難進而易退，則位有序；易進而難退，則亂也。故君子三揖而進，一辭而退，以遠亂也。」子曰：「事君三違而不出竟，則利禄也。人雖曰不要，吾弗信也。」子曰：「事君慎始而敬終。」子曰：「事君可貴可賤，可富可貧，可生可殺，而不可使爲亂。」子曰：「事君，軍旅不辟難，朝廷不辭賤。處其位而不履其事，則亂也。故君使其臣，得志則慎慮而從之，否則孰慮而從之，終事而退，臣之厚也。《易》曰：『不事王侯，高尚其事。』」子曰：「唯天子受命于天，士受命于君。故君命順則臣有順命，君命逆則臣有逆命。《詩》云：『鵲之姜姜，鶉之賁賁。人之無良，我以爲君。』」

此節言臣事君之道。先資其言，先以言爲資也。拜自獻其身，將以試其言也。蓋言可底績〔一〕，故獻身以行其言，言行則信成矣。大言，謂論道經邦。小言，謂因事納誨。大利，謂功在天下。小利，謂惠及一物。所言小，則其任小而不可妄覬，如爲貧而仕之類。所言大，則其道大而不肯輕試，如學焉後臣之類。不家食，謂食禄也。下達，求通于下也。事上而求通于下，是朋比也。不尚辭，不以便佞取容也。非其人弗自，不由匪人進也。自，由也。靖共，安靖恪恭也。正直，正直之人。式穀以女，用福禄與汝也。遠而諫，謂疏遠之臣，越職進諫，是以諫爲諛也。尸利，主利禄也。邇臣，近君之臣，職在調和輔養，不以亢厲爲忠。宰，百官之長，正己以帥屬也。大臣，謂公卿。慮四方，謂安定天下。邇臣、宰，皆大臣也。守、正、慮，自君身以及朝廷天下也。欲諫，謂可諫君之失。不欲陳，謂不可陳己之直。瑕，《詩》作「遐」，遠也。遠不得相告語也。難進易退，謂進以禮，退以義，則在位者

〔一〕「底績」，原訛作「厎績」，據文義改。

皆師師揖讓，故曰「有序」。易進難退，反是，故曰「亂」。禮，主賓相見，三揖後進，賓出，一辭即退，以遠亂也。三違不出竟，屢去不離境也。要，希求也。得志則慎慮，以敬事也；不得志則熟慮，以善終也。終事而退，以全其厚，所謂熟慮也。退，謂去位。士受命于君，猶天子受命于天。天無不順之命，君命或不順，臣不得阿諛順從也。姜姜，猶疆疆，剛也。賁賁，猶奔奔，鬭也。《詩》謂鳥不亂羣，刺衛宣姜與公子頑亂匹也。按：此節大利小利、大祿小祿、守和逆命等說，皆有疵纇，非盡聖人之言。

子曰：「君子不以辭盡人。故天下有道，則行有枝葉；天下無道，則辭有枝葉。是故君子於有喪者之側，不能賻焉，則不問其所費；於有病者之側，不能饋焉，則不問其所欲；有客不能館，則不問其所舍。故君子之接如水，小人之接如醴。君子淡以成，小人甘以壞。《小雅》曰：『盜言孔甘，亂是用餤談。』」子曰：「君子不以口譽人，則民作忠。故君子問人之寒則衣之，問人之飢則食之，稱人之美則爵之。《國風》曰：『心之憂矣，於我歸說稅。』」子曰：「口惠而實不至，怨菑及其身。是故君子與其有諸責也，寧有已以怨。《國風》曰：『言笑晏晏，信誓旦旦。不思其反。反是不思，亦已焉哉！』」子曰：「君子不以色親人。情疏而貌親，在小人則穿窬之盜也與？」子曰：「情欲信，辭欲巧。」

不以辭盡人，謂辭不可以概人也。有道、無道，謂治世、亂世也。世治，人皆脩行，而好名者多鋪張，則行有枝葉。世亂，人争立言，而尚口者多浮華，則辭有枝葉。枝葉皆非根本，而辭爲甚，故辭不可盡人。不能賻而問人費之類，亦枝葉也。接，猶交也。水淡而可久，醴甘而易壞。餤，進食也。諾責，謂許諾將來，使人責望。已怨，謂已往未許，人怨恨也。晏晏，悦也。旦旦，明也。反，反覆也。

○按：不能則不問，此深于涉世者耳，非至德之要。「辭欲巧」，尤謬，定非夫子之言。

子言之：「昔三代明王，皆事天地之神明，無非卜筮之用，不敢以其私褻事上帝。是以〔一〕不犯日月，不違卜筮。卜、筮不相襲也。大事有時日，小事無時日，有筮。外事用剛日，内事用柔日。不違龜筮。」子曰：「牲牷、禮樂、齊盛，是以無害乎鬼神，無怨乎百姓。」子曰：「后稷之祀易富也。其辭恭，其欲儉，其禄及子孫。《詩》曰：『后稷兆祀，庶無罪悔，以迄于今。』」子曰：「大人之器威敬。天子無筮，諸侯有守筮。天子道以筮。諸侯非其國不以筮，卜宅寢室。天子不卜處太廟。」子曰：「君子敬則用

〔一〕「以」，閩本作「故」，陳澔《禮記集説》、胡廣等《禮記大全》作「以」。

祭器。是以不廢日月，不違龜筮，以敬事其君長；是以上不瀆於民，下不褻於上。」

事謂祭祀。卜筮之用，謂如擇日、擇尸、擇牲之類。不犯日月，謂不以他事妨祭之日月也。不違卜筮，謂卜筮既定，則不敢違。不相襲，謂卜則不筮，筮則不卜。大事，謂祭大神〔一〕，四時有定日，如冬至祀圜丘、夏至祀方澤之類，則不復筮。小事，謂祭小神，無常期，則筮也。外事，祭百神。內事，祭祖考。剛日、柔日，説見《曲禮》。惟不違龜筮，是以牲牷、禮樂、粢盛三者，幽無鬼責，明無人怨。「子曰」二字衍文。后稷有稼穡之功。堯封于邰，始祀宗廟，子孫遂有天下。尊稷配天，詳見《詩・大雅・生民》篇。富、福通。《詩》云「何神不富」，言后稷本恭儉啓後，子孫能率先猷，則獲福易，明祭貴志，不貴物也。或云：易富，不多品也。惟躬耕以供粢盛，故易。辭恭，即《詩》云「庶無罪悔」之辭。欲儉，即《詩》云舂、揄、播、揉等事。祿及子孫，謂有天下。兆祀，《詩》作「肇祀」，始祀也。大人之器，龜筴也。威敬，猶畏敬，不敢褻也。天子無筮，有守龜，龜重也，諸侯守國以筴。天子在道路則用筮。諸侯在他國不筮，不敢問吉凶于人國也；雖不筮，猶必卜其所居之寢室，防意外也。宅，居也。天子在外不卜宅，惟處于諸侯之大廟。敬用祭器，謂大賓客燕饗用祭祀之器，敬之也。不廢日月，請謁必擇期也。不違龜筮，卜筮後見也。上不瀆於民，謂君神其道，不示民褻也。下不褻於上，謂民敬其事，不敢慢上也。

〔一〕「大事，謂祭大神」之「謂」字原無，據下注云「小事，謂祭小神」，則此亦當有「謂」字可知，今補。

按：卜筮，先王所以一人心，決猶豫，事有典常，則不卜筮。魯郊卜，非禮也。記云「大事有時日」，又云「事天地神明，無非卜筮之用」，《曲禮》大饗不卜，而《周官·大宰》又云祀五帝卜日，祀大神示亦如之。《曲禮》爲正。筮法詳《周易》。卜不見于經，而世以草木無知，龜有靈，故《春秋傳》謂蓍短龜長。記言重卜，附會耳。《周禮》亦先筮後卜。要之，聖人所爲自信者，不在龜，亦不在筮；其所以爲衆人信者，于龜近，于筮遠。筮非知《易》者不能占也。

## 表記終〔一〕

# 緇衣第三十三

《緇衣》，取「好賢如緇衣」語名篇，相傳爲公孫尼子作。依仿聖言而味淺，旨不醇，引《詩》《書》無自得之趣，信非聖人語。

〔一〕「表記終」，此行原在書葉闕損處，據《續修》本、《存目》本補。

子言之曰：「爲上易事也，爲下易知也，則刑不煩矣。」子曰：「好賢如《緇衣》，惡惡如《巷伯》，則爵不瀆而民作愿，刑不試而民咸服。《大雅》曰：『儀刑文王，萬國作孚。』」子曰：「夫民教之以德，齊之以禮，則民有格心。教之以政，齊之以刑，則民有遯心。故君民者子以愛之，則民親之；信以結之，則民不倍；恭以涖之，則民有孫心。《甫刑》曰：『苗民匪用命，制以刑，惟作五虐之刑，曰法。』是以民有惡德，而遂絶其世也。」子曰：「下之事上也，不從其所令，從其所行。上好是物，下必有甚者矣。故上之所好惡不可不慎也，是民之表也。」子曰：「禹立三年，百姓以仁遂焉，豈必盡仁？《詩》云：『赫赫師尹，民具爾瞻。』《甫刑》云：『一人有慶，兆民賴之。』《大雅》曰：『成王之孚，下土之式。』」子曰：「上好仁，則下之爲仁争先人。故長民者章志、貞教、尊仁以子愛百姓，民致行己以説其上矣。《詩》云：『有梏德行，四國順之。』」

上易事，則民不欺。下易知，則君不疑。如是，則刑可不用矣。《緇衣》，《詩·鄭風》之首篇，國人愛鄭武公而作。《巷伯》，《小雅》之詩，寺人刺幽王而作。《甫刑》，即《吕刑》，《周書》篇名，周穆王恤刑而作。苗民，三苗國民。匪用命，《書》作「匪用靈」，靈猶善也。以仁遂，猶言興仁。豈必盡仁，言禹非家喻以仁也。引《詩》《書》見上之化下，在表正而已。成王之孚，言成其爲天子之信，非但一人一家信之。章志、貞教，謂明示其好善惡惡之志，躬行守正以教之。尊仁以子愛百姓，即體仁以長人也。故民亦致力躬行，以順悦其上。梏，《詩》作「覺」，德行可覺悟人也。

子曰：「王言如絲，其出如綸；王言如綸，其出如綍弗。故大人不倡游言。可言也，不可行，君子弗言也；可行也，不可言，君子弗行也。則民言不危行，而行不危言矣。《詩》云：『淑慎爾止，不僭于儀。』」子曰：「君子道人以言，而禁人以行，故言必慮其所終，而行必稽其所敝，則民謹於言而慎於行。《詩》云：『慎爾出話，敬爾威儀。』《大雅》曰：『穆穆文王，於緝熙敬止。』」子曰：「長民者衣服不貳，從容有常，以齊其民，則民德壹。《詩》云：『彼都人士，狐裘黄黄。其容不改，出言有章。行歸于周，萬民所望。』」子曰：「爲上可望而知也，爲下可述而志也，則君不疑於其臣，而臣不惑於其君矣。《尹吉告》曰：『惟尹躬及湯，咸有壹德。』《詩》云：『淑人君子，其儀不忒。』」子曰：「有國家者章善癉坦惡，以示民厚，則民情不貳。《詩》云：『靖共爾位，好是正直。』」子曰：「上人疑則百姓惑，下難知則君長勞。故君民者章好以示民俗，慎惡以御民之淫，則民不惑矣。臣儀行，不重辭，不援其所不及，不煩其所不知，則君不勞矣。《詩》云：『上帝板板，下民卒癉。』《小雅》曰：『匪其止共，維王之卭。』」子曰：「政之不行也，教之不成也，爵禄不足勸也，刑罰不足恥也，故上不可以褻刑而輕爵。《康誥》曰：『敬明乃罰。』《甫刑》曰：『播刑之不迪。』」

王言始出甚細，布之于下，風行漸遠，其末漸大。綸大于絲，綍大于綸。游言，浮浪不根之言。危，猶越也。道人以言，謂以言教民。禁人以行，謂防民之行。言雖是而終不可踐，則當慮；行雖善而久必有敝，則當稽，乃可以道民禁民也。穆穆，深遠意。於，歎辭。緝熙，繼明也。敬止，敬其容止。衣服不貳，有定式也。從容有常，舉動無躁妄也。民德壹，順治不擾也。行歸于周，歸于忠厚也。上可望而知，故臣易事。下可述而志，故君不疑。尹吉，當作「尹告」，伊尹告太甲之辭。章善癉惡，謂善者揚之，不善者病之。厚，不偷也。儀，度也。臣度其君之所能行者，而不重煩以辭説，不扳引君之所不及，不煩瀆君之所不知，納牖善道，則君不勞矣。引《詩》言天反常則民盡病，所謂上疑則下惑也。引《小雅》言小人不能恭敬，惟爲王卭病，所謂下煩則君勞也。褻刑，猶煩刑。播刑之不迪，本作「播刑之迪」，言施刑必順理也。

子曰：「大臣不親，百姓不寧，則忠敬不足而富貴已過也。大臣不治，而邇臣比矣。故大臣不可不敬也，是民之表也；邇臣不可不慎也，是民之道也。君毋以小謀大，毋以遠言近，毋以内圖外，則大臣不怨，邇臣不疾，而遠臣不蔽矣。葉公之顧命曰：『毋以小謀敗大作，毋以嬖御人疾莊后，毋以嬖御士疾莊士、大夫、卿士。』」子曰：「大人不親其所賢，而信其所賤，民是以親失，而教是以煩。《詩》云：『彼求我則，如不我得。執我仇仇，亦不我力。』《君陳》曰：『未見聖，若己弗克見；既見聖，亦不克由聖。』」

大臣不親愛其君，百姓不得安寧，以君于大臣忠敬不足，寵利太過也。君不敬其臣，臣不忠其君，惟富貴是圖，則君失御臣之道，而大臣不治，恃權怙勢，而近臣阿比。故人君于大臣不可不敬。敬，選擇欽崇也。表，標也。道，由也。邇臣爲君好惡所係，民必由之。毋以小臣謀大臣，毋以遠臣間近臣，毋以内臣圖外臣，則君相同心，内無猜忌，外無壅蔽，百姓安寧矣。葉公，楚葉縣尹沈諸梁，字子高。顧命，臨死顧其臣子命之之辭。莊，正也。莊后，嫡夫人之賢者。莊士、大夫、卿士，正人之爲大夫、卿、士者。不親賢而信羣小，是以嬖人疾莊士也。親失教煩，謂民不親上，而號令多也。

子曰：「小人溺於水，君子溺於口，大人溺於民，皆在其所褻也。夫水近於人而溺人，德易狎而難親也。易以溺人。口費而煩，易出難悔，易以溺人；夫民閉於人而有鄙心，可敬不可慢，易以溺人。故君子不可以不慎也。《太甲》曰：『毋越厥命以自覆也。』『若虞機張，往省括于厥度則釋。』《兑[說]命》曰：『惟口起羞，惟甲胄起兵，惟衣裳在笥，惟干戈省厥躬。』《太甲》曰：『天作孽，可違也；自作孽，不可以逭。』《尹吉告》曰：『惟尹躬天見于西邑夏，自周有終，相亦惟終。』」

德易狎而難親，謂水也。民蔽于人情，鄙陋不通，易于爲亂，不可慢也。「《太甲》」以下四引《書》，明「不可不慎」之義。虞，虞人。機，弩牙。括，矢本也。度，法也。釋，舍矢也。口起羞，甲冑起兵，言口能招侮興戎。衣裳在笥，干戈省躬，言不以冠裳從容，遂忘備也。「尹吉」當作「尹告」。「天」當作「先」。伊尹言己先見湯于夏之西邑。夏都安邑，亳在其西，故曰「西邑夏」。忠信曰周。湯自以忠信有終，故尹爲相，亦能有終也。

子曰：「民以君爲心，君以民爲體。心莊則體舒，心肅則容敬。心好之，身必安之；君好之，民必欲之。心以體全，亦以體傷；君以民存，亦以民亡。《詩》云：『昔吾有先正，其言明且清，國家以寧，都色以成，庶民以生。誰能秉國成？不自爲正，卒勞百姓。』《君雅》曰：『夏日暑雨，小民惟曰怨資；冬祈寒，小民亦惟曰怨。』」

「昔吾」五句，今《詩》無之。「誰能」三句，見《小雅·節南山》之篇。「君雅」當作「君牙」。「怨資」，《書》作「怨咨」，「祈」作「祁」，大也。末句脱「咨」字。

按：此篇與前《表記》所引《詩》《書》語，皆無深味，而引《書》多世所傳古文《書》中語。

子曰：「下之事上也，身不正，言不信，則義不壹，行無類也。」子曰：「言有物而行有格也，是以生則不可奪志，死則不可奪名。故君子多聞，質而守之；多志，質而親之；精知，畧而行之。《君陳》曰：『出入自爾師虞，庶言同。』《詩》云：『淑人君子，其儀一也。』」

義不一，從違不定也。行無類，臧否乖方也。質，猶擇也。多聞，則擇取其善者守之。志，記也。親，篤信也。多志，則擇取其善者篤信之。知欲其精，行欲其慎。畧，猶約也，慎行之意。《君陳》，古文《周書》篇名。師，衆也。虞，度也。庶言同，謂衆論合也。

子曰：「唯君子能好其正，小人毒其正。故君子之朋友有鄉，其惡有方。是故邇者不惑而遠者不疑也。《詩》云：『君子好仇。』」子曰：「輕絶貧賤而重絶富貴，則好賢不堅而惡惡不著也。人雖曰不利，吾不信也。《詩》云：『朋友攸攝，攝以威儀。』」子曰：「私惠不歸德，君子不自留焉。《詩》云：『人之好我，示我周行。』」

正，謂正人。惟君子能好之，小人則毒害之。君子朋友有鄉，謂所好必善類也。其惡有方，謂所惡必不善也。好惡得正，故爲善者安，而遠近不疑。好仇，猶言良朋。攝，猶助也。引《詩》言朋友相助，在賢不在富貴也。私惠不歸德，言小惠不合于德義，君子不留于己。周行，猶言至道。

子曰：「苟有車，必見其軾；苟有衣，必見其敝；人苟或言之，必聞其聲；苟或行之，必見其成。《葛覃》曰：『服之無射。』」子曰：「言從而行之，則言不可飾也；行從而言之，則行不可飾也。故君子寡言而行，以成其信，則民不得大其美而小其惡。《詩》云：『白圭之玷，尚可磨也；斯言之玷，不可爲也。』《小雅》曰：『允也君子，展也大成。』《君奭》曰：『在昔上帝，周田觀文王之德，其集大命于厥躬。』」子曰：「南人有言曰：『人而無恒，不可以爲卜筮。』古之遺言與！龜筮猶不能知也，而况於人乎！《詩》云：『我龜既厭，不我告猶。』《兑命》曰：『爵無及惡德，民立而正事，純而祭祀，是爲不敬。事煩則亂，事神則難。』《易》曰：『不恒其德，或承之羞。』『恒其德偵，婦人吉，夫子凶。』」

有車必見其軾，有衣必見其敝，喻誠之不可揜也。引《葛覃》之詩，言實有是衣，乃可久服而不厭也，意不甚協。大其美，謂誇張其美；小其惡，謂微隱其惡。《君奭》，《周書》篇名。周田，猶言徧蒐，簡擇之意，今《書》作「上帝割，申勸寧王之德」，言天割絶殷紂，重奬文王之德，集大命于其身也。引以徵實德之義，亦不甚協。恒即實德，德實則可久。不可爲卜筮，言人多機變，鬼神不能測也。引《説命》與今文異。惡德，即「不恒」之類，如爵之，則民將起而效尤，以惡德爲正事，純用此以祭祀，是欺罔鬼神也。惡德之人事煩擾亂，故難以事鬼神。不恒承羞，解見《周易·恒卦》爻辭。「偵」作「貞」。

## 緇衣終[一]

# 奔喪第三十四

此居他國聞喪奔赴之禮。五服之喪皆有奔。此篇多後人即事義起，不必盡古也。

奔喪之禮。始聞親喪，以哭答使者，盡哀；問故，又哭盡哀。遂行。日行百里，不以夜行。唯父母之喪見星而行，見星而舍。若未得行，則成服而后行。過國至竟，哭，盡哀而止。哭辟市朝。望其國竟哭。至於家，入門左，升自西階，殯東西面坐，哭盡哀，括髮，袒，

[一]「緇衣終」，此行原在書葉闕損處，據《續修》本、《存目》本補。

降堂，東即位；西鄉哭，成踊，襲、絰于序東，絞帶，反位；拜賓，成踊，送賓，反位。有賓後至者，則拜之、成踊、送賓皆如初。衆主人、兄弟皆出門，出門哭止，闔門，相者告就次。於又哭，括髮，袒，成踊。於三哭，猶括髮，袒，成踊。三日成服，拜賓送賓皆如初。

古者吉行日五十里，奔喪倍之。不夜行，孝子爲親喪自重也。見星，謂晨昏星出。早行晏息，但不宵奔。若輕喪奔，不必見星矣。過國至竟，謂所經過國之界上。昔去親存，今返親亡，感觸盡哀也。市朝，邑居也，辟不哭，恐驚衆也。望其國竟哭〔一〕，將至本國界也。入家門，自外入，以西爲左，將趨西階，如親存也。禮，親在升降不由阼。言「括髮」不言「免」者，父喪脱髦括麻，徒首不加布也。降堂，東即位，孝子位在阼階下也。襲、絰，掩襲所袒之衣，著麻絰也。序東，堂東牆端。絞帶，絞其要絰，麻之下垂者不散也。喪禮，既小斂，帶絰散麻，三日乃絞。奔喪歸不散者，後期不見柩，殺也。反位，自東序反東階下之位。凡拜賓，皆就賓位，拜畢乃反位哭踊。成踊，九踊成三也。皆如初，謂賓後至者，拜之，成踊，送，反位，皆如前賓也。皆出，事畢退也。闔門，闔殯宫門。相，贊禮者。告就次，告奔者使就門外倚廬之次。此初至一哭也。又哭，謂明日。三哭，謂又明日。三日成服，謂

〔一〕「哭」字原無，據經文及上下文補。

三哭之明日也。成服則不括髮矣。

奔喪者非主人，則主人爲之拜賓、送賓。奔喪者自齊衰以下入門左，中庭北面哭盡哀，免麻于序東，即位袒，與主人哭，成踊。於又哭、三哭皆免、袒。有賓，則主人拜賓、送賓。丈夫、婦人之待之也，皆如朝夕哭位，無變也。

非主人，謂非父母之喪，如期功以下之親，自有嫡子爲主人。賓客弔，皆主人拜送，奔者不爲主也。齊衰以下，謂如出母、繼父之類。門左，見前。入門不升階，但于堂下中庭北面向殯哭。免麻，謂首免以布，而加麻絰也。丈夫、婦人，謂主人内外男女之在喪次者。待之，謂待此奔喪者。男女皆如朝夕哭之位，不改易也。蓋待賓則以變爲敬，奔者親屬，不以賓禮也。

奔母之喪，西面哭盡哀，括髮，袒，降堂，東即位，西鄉哭，成踊，襲、免、絰于序東，拜賓、送賓皆如奔父之禮。於又哭，不括髮。

西面哭，謂升堂坐殯東西面，及他禮皆與父喪同，但父括麻襲絰不加絻，母則襲絰而加絻，父三哭猶括髮，母明日又哭即不括髮，所以殺也。

按：《喪服小記》奔母喪不括髮，與此異。

婦人奔喪，升自東階，殯東西面坐，哭盡哀，東髽，即位，與主人拾踊。

婦人，謂姑、姊、妹、女子子之類。升自東階，别于男子也。鄭註謂「東面之階」，鑿也。東髽，謂于堂上之東脱其笄而髽也。即位，位在堂上也。拾踊，更迭踊也，所以賓客之。

奔喪者不及殯，先之墓，北面坐，哭盡哀。主人之待之也，即位於墓左，婦人墓右。成踊，盡哀，括髮，東即主人位，絰，絞帶，哭，成踊。拜賓，反位，成踊。相者告事畢。遂冠歸。入門左，北面哭盡哀，括髮，袒，成踊，東即位，拜賓，成踊。賓出，主人拜送。有賓後至者，則拜之、成踊、送賓如初。衆主人、兄弟皆出門，出門哭止，相者告就次。於又哭，括髮，成踊。於三哭，猶括髮、成踊。三日成服。於五哭，相者告事畢。爲母所以異於父者，壹括髮，其餘免以終事。他如奔父之禮。齊衰以下不及殯，先之墓，西面哭盡哀。免麻于東方，即位，與主人哭，成踊，襲。有賓，則主人拜賓、送賓。賓有後至者，拜之如初。相者告事畢。遂冠，歸。入門左，北面哭盡哀，免，袒，成踊，東即位，拜賓，成踊。賓出，主人拜送。於又哭，免，袒，成踊。於三哭，猶免、袒，成踊。三日成服。於五哭，相者告事畢。

不及殯，謂衆主人既葬而後歸者。家無尸柩，故先之墓。婦人，主婦以下也。既云主人「即位于墓左」，奔者又「東即主人位」，蓋主人與奔者皆子也。事畢，謂哭墓事畢。遂冠歸，謂道路不可徒首，必加冠而行。五哭，謂成服之明日哭。告事畢，告奔喪事畢。壹括髮，謂奔母喪但入門一哭括髮，上節云「又哭，不括髮」，是也。西面哭，哀殺于北面也。免麻，免以布而加麻絰也。與主人哭，成踊，襲，則是免麻時袒也。又哭、三哭，皆言免、袒、成踊。上節奔父喪又哭、三哭但云「括髮，成踊」，不言袒，袒可知。鄭謂此二「袒」字衍文，非也。

聞喪不得奔喪，哭盡哀；問故，又哭盡哀。乃爲位，括髮，袒，成踊；襲，絰，絞帶，即位；拜賓，反位，成踊。賓出，主人拜送于門外，反位。若有賓後至者，拜之、成踊、送賓如初。於又哭，括髮，袒，成踊。於三哭，猶括髮、袒、成踊。三日成服。於五哭，拜賓、送賓如初。若除喪而后歸，則之墓，哭，成踊；東括髮，袒，絰；拜賓，成踊，送賓；反位，又哭盡哀，遂除句。於家不哭。主人之待之也，無變於服，與之哭，不踊。自齊衰以下，所以異者免麻。

除喪而后歸，已終喪于外也。遂除，即墓所除之。主人無變於服，謂在家者仍吉服不變也。此言父母之喪。自齊衰以下，奔喪在除服後者，禮與此同，惟著免、絰、麻而已。非父母之喪不括髮，所以異也。

凡爲位，非親喪，齊衰以下皆即位，哭盡哀，而東免、絰，即位，袒，成踊；襲，拜賓，反位，哭，成踊；送賓，反位。相者告就次。三日五哭，卒，主人出送賓。衆主人、兄弟皆出門，哭止。相者告事畢。成服，拜賓。若所爲位家遠，則成服而往。齊衰望鄉而哭，大功望門而哭，小功至門而哭，緦麻即位而哭。哭父之黨於廟，母、妻之黨於寢，師於廟門外，朋友於寢門外，所識於野張帷。凡爲位不奠。哭天子九，諸侯七，卿大夫五，士三。大夫哭諸侯，不敢拜賓。諸臣在他國，爲位而哭，不敢拜賓。與諸侯爲兄弟，亦爲位而哭。凡爲位者壹袒。

此節記聞喪者爲位哭之禮。旅次無尸柩，設魂座，無倚廬，設孝子哀次，與哭泣行禮之次，皆所謂位也。聞父母之喪，不待爲位哭。齊衰以下之喪，行禮即位時哭，哭畢，至東序加免、絰，復位，袒踊畢，襲衣，就賓位拜，又復位，哭踊，送賓出，又復位，皆爲位之禮也。三日五哭，謂初聞喪哭，明日朝夕哭，又明日朝夕哭，共五。不俟成服五哭終者，哀殺于親喪。此在外聞喪哭之禮也。「主人出送賓」以下，奔喪至家之禮。成服，拜賓，三日後成服于家也。若在外未得歸，所爲位去家遠，則即所爲之位成服而後歸。「齊衰望鄉」以下四者，皆奔喪哭之禮。「哭父之黨」以下，在家聞喪爲位之禮，説見《檀弓》「伯高死于衛」章。凡聞喪，爲死者魂位，不設饋奠，以虚位魂不附也。哭天子諸侯，亦爲位哭也。九哭，九日哭，每日一哭，餘仿此。大夫哭諸侯，哭舊君也。不敢拜賓，避爲主也。在他國〔一〕，奉使也。與諸侯爲兄弟，謂同姓卿大夫仕異國者。壹袒，始聞喪一哭袒，明日以往則不袒，與父母之喪異。

按：此節文義，鄭解破裂欠通，或疑有闕文，未也。

所識者弔，先哭于家而後之墓，皆爲之成踊，從主人北面而踊。凡喪，父在，父爲主；父没，兄弟同居，各主其喪；親同，長者主之；不同，親者主之。聞遠兄弟之喪，既除喪而後聞喪，免，袒，成踊，拜賓則尚左手。無服而爲位者，唯嫂、叔及婦人降而無服者麻。凡奔喪，有大夫至，袒，拜之，成踊而后襲；於士，襲而后拜之。

所相識之人死，既葬而往弔，則先哭于其家而後之墓，先成禮而哀稍綏也。主人墓左西面倡踊，客從之，北面向墓踊。「凡喪」以下四者，皆言喪主人不在之禮。如妻子之喪，父在，則父爲主；兄弟同居，居者各爲其出者主；親同，長者主之，如親喪，則衆子之長者代爲主；親不同，親者代主之。遠兄弟小功緦麻之喪，雖過期，聞之必變，但拜賓從吉，以左手叉右手上，猶吉事尚左也。凡爲位哭

〔一〕「他」，原訛作「地」，據經文改。

者，皆有服之親，唯叔于嫂無服，及族姑姊妹既嫁者緦麻，降而無服，哭則爲弔服。麻，謂緦麻環絰，凡弔者皆得服之。凡奔喪者初至，袒降將哭踊，遇大夫來弔，先拜大夫而後成踊，乃襲衣，敬尊者迫也。如遇士弔，先成踊，襲其袒衣，然後拜之，尊卑殊也。

## 奔喪終

# 問喪第三十五

前半敘禮，後半問禮。

親始死，雞斯，徒跣，扱上衽，交手哭。惻怛之心，痛疾之意，傷腎乾肝焦肺，水漿不入口，三日不舉火，故鄰里爲之糜粥以飲食之。夫悲哀在中，故形變於外也；痛疾在心，故口不甘味、身不安美也。三日而斂，在牀曰尸，在棺曰柩。動尸舉柩，哭踊無數。惻怛之心，痛疾之意，悲哀志懣氣盛，故袒而踊之，所以動體安心下氣也。婦人不宜袒，故發胷擊心爵踊，殷殷田田如壞牆然，悲哀痛疾之至也。故曰：「辟踊哭泣，哀以送之。」送形而往，迎精而反也。其往送也，望望然、汲汲然如有追而弗及也。其反哭也，皇皇然若有求而弗得也。故其往送也如慕，其反也如疑。求而無所得之也，入門而弗見也，上堂又弗見也，入室又弗見也，亡矣喪矣，不可復見已矣，故哭泣辟踊，盡哀而止矣。心悵焉、愴焉，惚焉、愾焉，心絶志悲而已矣。祭之宗廟，以鬼享之，徼幸復反也。成壙而歸，不敢入處室，居於倚廬，哀親之在外也。寢苫枕塊，哀親之在土也。故哭泣無時，服勤三年，思慕之心，孝子之志也，人情之實也。

雞斯，作「笄纚」，古字通用。笄，簪也，以管髮。纚，薄繒，以韜髮。親始死，孝子投冠，止存笄纚。既小斂，盡脱之，而括髮以麻。不冠曰徒，不屨曰跣。扱上衽，謂以衣前襟插帶間，便于號踊，匆劇之狀。交手哭，以兩臂相交而哭。傷腎乾肝焦肺者，乾甚于傷，焦甚于乾。形變于外，即笄纚、扱衽、交手也。口不甘味，即「水漿不入口」「不舉火」也。懣、悶同。悲哀之極，志懣不舒，氣鬱充盛，踊跳以下氣也。婦人開其胷衣，手擊其心，足跳踊如爵之躍。殷殷田田，擊之聲也。哀以送，送葬也。迎精反，既葬迎神歸也。祭之宗廟，謂既虞而附祭，納主于廟也。成壙而歸，既葬而歸也。哀親在外，故不敢處于內。哀親在土，故不忍寢于床。服勤三年，謂三年困苦也。

按：《檀弓》子游曰「歎斯辟，辟斯踊」，皆情之自然。今謂爲「動體安心下氣」而踊，迂也。

或問曰：「死三日而后斂者何也？」曰：「孝子親死，悲哀志懣，故匍匐而哭之，若將復生然，安可得〔一〕奪而斂之也！故曰，三日而后斂者，以俟其生也。三日而不生，亦不生矣，孝子之心亦益衰矣；家室之計，衣服之具，亦可以成矣；親戚之遠者，亦可以至矣。是故聖人爲之斷決，以三日爲之禮制也。」或問曰：「冠者不肉袒，何也？」曰：「冠，至尊也，不居肉袒之體也，故爲之免以代之也。然則秃者不免，傴於，上聲者不袒，跛者不踊，非不悲也，身有錮疾，不可以備禮也。故曰，喪禮唯哀爲主矣。女子哭泣悲哀，擊胷傷心，男子哭泣悲哀，稽顙觸地，無容，哀之至也。」或問曰：「免者以何爲也？」曰：「不冠者之所服也。《禮》曰：『童子不緦，唯當室緦。』緦者其免也，當室則免而杖矣。」或問曰：「杖者何也？」曰：「竹、桐一也。故爲父苴杖，苴杖，竹也；爲母削杖，削杖，桐也。」或問曰：「杖者以何爲也？」曰：「孝子喪親，哭泣無數，服勤三年，身病體羸雷，以杖扶病也。則父在不敢杖矣，尊者在故也。堂上不杖，辟尊者之處也。堂上不趨，示不遽也。此孝子之志也，人情之實也，禮義之經也。非從天降也，非從地出也，

〔一〕「得」字原脱，據閩本補。

人情而已矣。」

此皆記者設爲問答。不忍斂者，孝子之情。必斂者，聖人之禮。聖人爲之斷決，則是聖人猶未忍焉，甚言至情之難奪也。孝子心衰，望不遂也。家室之計，營費也。衣服，斂衣服。冠者不肉袒，謂哭踊肉袒則不冠，以布爲絻代冠也。吉禮袒衣不見肉，如袒割牲之類，則冠如故。「禿者」以下，明袒、免、踊皆生于情之哀，苟情至，則因時損益可也。故禿者無髪則不免，傴者形屈則不袒，跛者足病則不踊，故曰以哀爲主。女子有疾不能踊，則哭泣悲哀，擊胷傷心；男子不能踊，則稽顙觸地，無爲容儀，斯亦哀之至矣。「免」作「絻」，謂以麻布一幅纒頭，免冠而後加此，故曰「不冠者之所服」。如童子未冠，不免可也。惟童子早孤，當家爲喪主，有成人之禮則加免。緦，緦麻服。童子幼不備禮，輕喪則不服也。當室則緦，緦則亦免，免則亦杖矣。苴者，圓而麤惡之狀。削者，方而棱瘦之狀。父在不敢杖，謂爲母杖者，見父則輯之，不敢當父前扶杖也。堂上不趨，亦謂父在也。「孝子之志」以下六句，甚言禮之貴義不以文，可謂達禮之論矣。

按：孝子親始死，投冠笄縰，容之變也，非爲肉袒不冠也。初喪必免，免有常而袒無常，豈因袒而免，不袒則不免邪？免而肉袒，示凶變也。今謂「至尊，不居肉袒之體」，非通論也。

# 問喪終

# 服問第三十六

篇内無問而曰「服問」者，所記皆答問之辭也。

《傳》曰「有從輕而重」，公子之妻爲其皇姑。「有從重而輕」，爲妻之父母。「有從無服而有服」，公子之妻爲公子之外兄弟。「有從有服而無服」，公子爲其妻之父母。

《傳》，古禮書。今《大傳》「服術」有「從服」，説見本篇，但未舉其人，故于此明之。公子，謂諸侯妾之子。妾子壓于適，父在爲其母練冠，父没爲其母大功，而其妻則不論父在否，皆得爲其夫之母期，故曰「從輕而重」，謂本從其夫服而反重于夫也。皇，尊稱，猶《祭法》之云「皇考」也。妻爲其父母齊衰，重也，夫從服則緦麻，是「從重而輕」也。公子之外兄弟，即公子妻之兄弟也。妻不言兄弟，而言公子者，從夫也。禮，爲外父母緦，則外兄弟無服，而其妻則女子子之適人者，爲其昆弟之爲父後者期，是從夫之無服而有服也。公子厭于君，降其私親，不得爲其妻父母服，而公子之妻仍服之，是從妻之有服而已無服也。

按：鄭謂外兄弟「爲公子之外祖父母、從母」，非也。既稱兄弟，何謂爲祖父母、從母乎？

《傳》曰：「母出則爲繼母之黨服，母死則爲其母之黨服。」爲其母之黨服，則不

## 爲繼母之黨服。

母出，謂己母被父出，父再娶繼母，出母之服雖不絶，而母黨之義已絶，則繼母之黨即母黨矣，故爲之服。母死，謂己母死，則母子之恩猶生，故爲己母之黨服。既爲己母之黨服，則繼母之黨無服矣。《大傳》無此語，豈古别有是傳與？

三年之喪既練矣，有期之喪既葬矣，則帶其故葛帶，絰期之絰，服其功衰。有大功之喪亦如之。小功無變也。麻之有本者，變三年之葛。既練，遇麻斷本者，於免絰之，既免，去絰；每可以絰必絰，既絰則去之。小功不易喪之練冠，如免，則絰其緦、小功之絰，因其初葛帶。緦之麻不變小功之葛，小功之麻不變大功之葛，以有本爲税退。殤長、中，變三年之葛，終殤之月筭，而反三年之葛。是非重麻，爲其無卒哭之税。下殤則否。

三年之喪既練祭後，又當期喪既葬之後，則要帶三年練之葛帶，首戴期新易之葛絰，身被練後之功衰。蓋三年與期既葬，男子皆以葛易麻，而期喪既葬之葛，輕于三年既練之葛，故仍帶三年練之故葛帶也。云「故」者，期初喪用麻變葛，既葬還舊曰故也。首絰則三年練後已除，而期喪方新，須戴期之絰也。功衰，謂以大功布七升或八九升爲衰。蓋三年練後與大功九月之衰布升數畧同，故曰功衰。而三年練之功衰，比期既葬之功衰畧重，故仍服其三年練之功衰也。「有大功之喪亦如之」者，謂三年喪練後，遇大功之喪，始死亦麻，既葬帶其故葛帶，而絰大功之葛絰，服其功衰同也。小功無變，謂先有大喪，今遭小功，雖初喪亦不用麻變葛帶，不以輕服損重服也。麻之有本者，連根之麻，合絞爲帶，服之重者，大功以上皆用之。三年之練葛，復遇此喪，則以此麻易之，其餘若小功以下之絰。麻去本者，情輕，不得以變三年之葛也。《喪服小記》云「斬衰之葛與齊衰之麻同，齊衰之葛與大功之麻同，麻同皆兼服之」，即此也。如三年之喪既練，復遇小功，去本之麻雖不可以變三年之葛帶，然于初喪當免時，以小功麻絰加首，卒事而後去之。蓋三年喪既練無首絰，所以可絰每於斂殯啓葬，有事當絰之時必絰，卒事則去，仍服三年之練服也。三年喪之練冠，遇小功以下之喪則不易，必人功乃可易。《雜記》云「三年之練冠，以大功之麻易之」，是也。如小功初喪免絰，則戴小功之麻首絰，至要帶，雖初喪亦不變練之葛帶也。「緦之麻不變小功之葛，小功之麻不變大功之葛」者，緦小功麻皆斷本而輕，不以輕麻易重葛也。稅，變易也。以此易彼曰稅。麻之有本者乃可變舊葛，言緦小功麻雖不得變葛，而緦小功降服之麻情重者可變也。本服大功，死于長殤，則降服小功；死于中殤，則降服緦麻。如此者，服輕情重，乃變三年之葛，而著殤服之麻絰帶也。小功終五月，緦麻終三月，筭足，乃還反三年之葛帶。「是非重麻」者，謂小功、緦服〔一〕麻皆絶本，輕不當易三年葛，所以易終筭者，非故重之以降服小功、

〔一〕「緦」與「服」之間原有墨釘占一字格，今刪。《存目》本似有讀者改墨釘爲「服」字，又將其下原「服」字塗抹。

緦，無卒哭即葛之禮，但以本麻終筭，情重，故易三年葛，以麻終也。若夫大功下殤，亦當降服緦麻，雖亦無卒哭之稅，然情輕，則不復易麻終筭，與成人之緦麻、小功等，皆不以易三年之葛，即上文所謂「小功無變」者也。

**君爲天子三年，夫人如外宗之爲君也。世子不爲天子服。君所主，夫人妻、大子、適婦。大夫之適子爲君、夫人、大子如士服。君之母非夫人，則羣臣無服，唯近臣及僕、驂乘從服，唯君所服服也。公爲卿大夫錫衰以居，出亦如之，當事則弁絰。大夫相爲亦然。爲其妻，往則服之，出則否。凡見人無免絰，雖朝於君無免絰，唯公門有稅脱齊衰。《傳》曰：「君子不奪人之喪，亦不可奪喪也。」《傳》曰：「罪多而刑五，喪多而服五。上附下附，列也。」**

諸侯爲天子喪，斬衰三年。諸侯夫人于天子喪，如諸侯之同宗女嫁外姓者于諸侯喪，皆服期也。世子，諸侯大子，不爲天子喪，爲有繼世之嫌也。君所主，謂諸侯所主之喪，惟夫人與大子，及大子之妻，是君之適婦也。言「夫人妻」者，明嫡妻乃爲夫人。三者皆正，雖君之貴，必爲之主其喪，則大夫以下于適妻、子、婦亦可知也。大夫之適子爲君，爲君夫人及大子三喪，皆如士服。士于君服斬，于夫人、大子服期也。君母爲嫡夫人，則君爲服三年，臣從君服期；如非嫡夫人，則君服緦，羣臣無服，唯近臣與御車之僕及車右之驂乘，此輩君服亦服，君緦亦緦耳。公於大臣之喪，既成服後，平居著錫衰。

錫衰者，以緦布洗治光澤爲衰也。出，謂有事他出，亦衣之。不言冠，猶吉也。當事謂弔或視斂殯葬，則弁上加絰。大夫於大夫之喪，亦出入錫衰，當事弁絰也。爲其妻，謂君於卿大夫妻，及卿大夫自相爲其妻，亦弁絰錫衰弔，但出則除之。凡見人無免絰，謂男子重首絰，雖見人不脱，雖朝君亦不脱也。唯入公門，有齊衰則暫脱之。齊衰以上，亦不脱也。不奪人喪，故君不責臣變服。不可奪喪，故孝子不可變服從人。刑有五，謂墨、劓、剕、宫、大辟。服有五，謂斬、齊、大小功、緦麻。罪重者附上刑，罪輕者附下刑。大功以上附于親，小功以下附于疏。列，謂罪與喪。等雖多，皆不越上下二等之列也。

按：諸侯世子不爲天子服，此禮近迂。大夫適子爲君服如士，安得諸侯世子於天子獨無服乎？

## 服問終

# 閒傳第三十七

《閒傳》，記居喪閒儀節也。

斬衰何以服苴？苴，惡貌也，所以首其内而見諸外也。斬衰貌若苴，齊衰貌若枲，大功貌若止，小功、緦麻容貌可也。此哀之發於容體者也。斬衰之哭若往而不反，齊衰之哭若往而反，大功之哭三曲而偯（倚），小功、緦麻哀容可也。此哀之發於聲音者也。斬衰唯而不對，齊衰對而不言，大功言而不議，小功、緦麻議而不及樂。此哀之發於言語者也。斬衰三日不食，齊衰二日不食，大功三不食，小功、緦麻再不食，士與斂焉則壹不食。故父母之喪既殯食粥，朝一溢米，莫一溢米；齊衰之喪疏食水飲，不食菜果；大功之喪不食醯醬；小功、緦麻不飲醴酒。此哀之發於飲食者也。父母之喪，既虞、卒哭，疏食水飲，不食菜果；期而小祥，食菜果；又期而大祥，有醯醬；中月而禫，禫而飲醴酒。始飲酒者先飲醴酒，始食肉者先食乾肉。父母之喪，居倚廬，寢苫（占）枕塊，不説（脱）絰帶；齊衰之喪，居堊室，芐（下）翦不納；大功之喪，寢有席；小功、緦麻，牀可也。此哀之發於居處者也。父母之喪，既虞、卒哭，柱（主）楣翦屏，芐翦不納；期而小祥，居堊室，寢有席；又期而大祥，居復寢；中月而禫，禫而牀。斬衰三升，齊衰四升、五升、六升，大功七升、八升、九升，小功十升、十一升、十二升，緦麻十五升去其半。有事其縷，無事其布，曰緦。此哀之發於衣服者也。斬衰三升，既虞、卒哭，受以成布六升，冠七升。爲母疏衰四升，受以成布七升，冠八升。去麻服葛，葛帶三重。期而小祥，練冠縓緣，要絰不除。

服苴，謂斬衰苴麻絰。苴，竹杖也。麻有子者曰苴。苴者，麤惡臃腫之狀，故曰「惡貌」。首，猶本也。首其内，哀痛本乎内，末見乎外也。枲，牡麻。麻無子曰牡。麻色皆枯黯，而牡麻狀瘦削，禽鳥牡者亦然。竹杖苴，桐杖削，義亦以此。止者，惆悵停止之意。容貌，謂如平常容貌也。往而不反，一哭聲斷不續也。往而反，聲絶復回也。三曲而偯，聲曲折偏倚也。哀容，哀聲從容。唯而不對，應而不答也。不言，不先發言。不議，不泛論。不及樂，不譚音樂。三不食、再不食，三餐、二餐不食也。《喪大記》云「期之喪，三不食」，「五月、三月之喪，壹不食、再不食」，與此小異。大功不食醯醬，小功、緦不飲醴酒，皆謂初喪也。不食醯醬，則不食肉可知。不飲醴酒，則不飲醇酒可知。中月而禫，謂大祥後閒一月而禫，蓋二十五月大祥，二十七月禫也。始飲酒者先飲醴酒，由淡而醇也；始食肉者先食乾肉，由薄而厚也，皆不急欲之義。不説絰帶，行住坐臥不脱也。苄，蒲席。翦，翦使齊。不納，不編藏其翦頭于内也。柱楣，竪倚廬之木于楣閒也。翦屏，翦齊屏蔽倚廬之亂草也。升，把也。《詩》云：「蕃衍盈升。」盈一手曰升，兩手曰掬。牽布者，以八十縷爲一升，正服斬衰布三升，凡二百四十縷，義服斬衰三升半。齊衰降服四升，正服五升，義服六升。大功降服七升，正服八升，義服九升。小功降服十升，正服十一升，義服十二升。緦麻降、正、義皆十五升而去其半，則六百縷也。所以少于大小功者，大小功之八升至十二升，縷皆不治；緦麻六百縷與朝服十五升之縷細同，皆煮治而後織，故曰「有事其縷」，所以減半也。事其布，謂織成布加洗治則爲錫，緦不洗治，所以差重于錫也。受，承也。以多承少，以大承小。斬衰布初喪二百四十縷，古布幅廣二尺二寸，則是布一寸有奇，止得十二縷，如網罟然，故不成布。既葬而虞、卒哭後，哀少殺，乃受以六升布四百八十縷，則一寸有奇，得二十四縷，粗成布，故曰「成布六升」也。凡喪服冠布，細于衰布，葬後衰布之升數用初喪冠布之升數，如斬衰初喪三升，冠六升，葬後衰六升，冠七升。齊衰初喪四升，冠七升，葬後衰七升，冠八升也。去麻服葛，謂葬後男子要去麻帶而易葛帶，婦人首去麻絰而戴葛絰也。葛帶，男子之服。《檀弓》云：「婦人不葛帶。」三重，謂三股重絞，比前麻帶稍細。婦人葛絰同可知。及期年，以葬後之冠布爲衰，斬衰七升，齊衰八升，以練熟麻布爲冠，又以爲深衣，用淺紅色緣領袖。《檀弓》曰：「練衣黄裏，縓緣。」要絰，即葛要絰。不除要絰，則首絰除可知矣。

按：練冠有吉凶。大古白冠用布，吉凶皆布也。後世吉冠用帛，凶冠用布。《曾子問》云古天子練冠燕居，帛也。此小祥練冠，布也。大祥縞冠，帛之白而稀薄者也。練衣縓緣黄裏，近于列采。小祥葛絰未除，用此，無乃大驟與？

男子除乎首，婦人除乎帶。男子何爲除乎首也？婦人何爲除乎帶也？男子重首，婦人重帶。除服者先重者，易服者易輕者。又期而大祥，素縞麻衣。中月而禫，禫而纖，無所不佩。易服者何爲易輕者也？斬衰之喪既虞、卒哭，遭齊衰之喪，輕者包，重者特；既練，遭大功之喪，麻葛重蟲。齊衰之喪既虞、卒哭，遭大功之喪，麻、葛兼服之。斬衰之葛與齊衰之麻同，齊衰之葛與大功之麻同，大功之葛與小功之麻同，小功之葛與緦之麻同。麻同則兼服之。兼服之服重者，則易輕者也。

除，除喪服也。首，首絰。帶，要絰。陽在上，故男子重首；陰在下，故女子重要。男子小祥先除首絰，女子小祥先除要帶。易服，謂卒哭後以葛易麻。男子要輕，易其要絰；女子首輕，易其首絰。素縞，即《玉藻》云「縞冠素紕，既祥之冠」，解見本篇。麻衣，以細麻布爲深衣，大祥之服。中月而禫，謂大祥後間一月禫祭服除也。纖，布帛之細者。無所不佩，吉服之飾。《論語》云：「去喪，無所不佩。」易服者易輕者，謂卒哭後男要女首輕皆易葛，而男首女要仍麻不改。所以者何？喪重則服重者不易，復遭輕喪，輕者因時變易也。故斬衰既虞、卒哭，男要女首皆易葛，更遭齊衰之喪，則男易齊衰之麻帶，女易齊衰之麻絰，而斬衰卒哭之葛包乎其中矣。蓋其麻、葛大小正同，則麻可以包葛。至男首女要之麻特仍舊，雖遭齊衰之喪無容易也。特，獨也，專也，不易之稱。如斬衰及期既練，男絰女帶重者已除，獨存男帶女絰之葛輕者，而又遭大功不斷本之麻，則首以麻易練冠，要以麻易葛帶，終箅，還服故葛，故曰「麻葛重」也。如齊期之喪虞、卒哭後，復遭大功之麻，其日月不及足箅，則首與要，葛與麻，兩者隨時兼服。所以者何？五服麻葛遞降，齊衰之麻與斬衰之葛同，故斬衰之葛遇齊衰之麻，麻可包葛也。大功之麻與齊衰之葛同，故齊衰之葛遇大功之麻，麻葛可兼服也。所謂兼服之者，男絰女帶重，仍麻不必易，惟男帶女絰輕，既葛則易麻兼服之也。舊註未了然。前篇云小功、緦「無卒哭之税」，此又云「小功之葛」者，《儀禮》降小功情重，以麻終筭無葛，正小功則有葛。

## 閒傳終

# 三年問第三十八

問三年内喪服久近之義，本荀卿《禮論》之文。

三年之喪何也？曰：稱情而立文，因以飾羣，別親疏、貴賤之節，而弗可損益也，故曰「無易之道」也。創鉅者其日久，痛甚者其愈遲。三年者，稱情而立文，所以爲至痛極也。斬衰苴杖，居倚廬，食粥，寢苫枕塊，所以爲至痛飾也。三年之喪，二十五月而畢，哀痛未盡，思慕未忘，然而服以是斷之者，豈不送死有已、復生有節也哉！凡生天地之間者，有血氣之屬必有知，有知之屬莫不知愛其類。今是大鳥獸則失喪其羣匹，越月踰時焉，則必反巡，過其故鄉，翔回焉，鳴號焉，蹢（擲）躅（逐）焉，踟蹰焉，然後乃能去之。

小者至於燕雀，猶有啁噍之頃焉，然後乃能去之。故有血氣之屬者莫知於人，故人於其親也，至死不窮。將由夫患邪淫之人與？則彼朝死而夕忘之，然而從之，則是曾鳥獸之不若也，夫焉能相與羣居而不亂乎？將由夫脩飾之君子與？則三年之喪，二十五月而畢，若駟之過隙，然而遂之，則是無窮也。故先王焉爲之立中制節，壹使足以成文理，則釋之矣。

三年之喪，包五服于中。羣，謂五服衆人。貴賤，謂降絶之等。弗可損益，言禮不可易也。一期十二月，再期二十四月，生與來日，故除初喪之月不筭，實二十五月也。間一月而禫，是二十七月也。于此不斷，則孝子送死之情無已，還生之期無節，所以必斷也。大鳥獸，如鴻鴈、麋鹿之類。啁噍，鳥聲。然後去之，謂喪其羣匹，哀久而後去也。不肖者用情薄，親朝死夕忘，所謂「患邪淫之人」，不及于禮者，亂之道也。賢者用情厚，哀雖久而若暫，二十五月以爲未足，過于禮者也，亦非文理之中。故先王立中制節，使過者就，不肖者勉，歸于一以成文順理，于天命人心，可以解釋而無凝滯矣。

然則何以至期也？曰：至親以期斷。是何也？曰：天地則已易矣，四時則已變矣，其在天地之中者，莫不更始焉，以是象之也。然則何以三年也？曰：加隆焉爾也。焉使倍之，故再期也。由九月以下何也？曰：焉使弗及也。故三年以爲隆，緦、小功以爲殺，期、九月以爲間。上取象於天，下取法於地，中取則於人，人之所以羣居和壹之理盡矣。故三年之喪，人道之至文者也。夫是之謂至隆。是百王之所同，古今之所壹也，未有知其所由來者也。孔子曰：「子生三年，然後免於父母之懷。夫三年之喪，天下之達喪也。」

三年之喪，至期則小祥，男子除絰，婦人除帶，始食菜果，居堊室。父在爲母，爲人後者爲本生父母之類，皆以期斷也。天地、四時，即《論語》宰我問「期已久」之意。加隆者，服雖親以期除，倍而再期，加隆于父母也。焉，語辭，猶將也。使弗及，使弗及期也。以爲間，期與九月居隆殺之間也。三五九，天地人相乘之數，説詳《易》。故三年爲一閏，三月爲一時，五爲五行，九爲九宫，陽數之極也。羣居，謂兆民。和者不拂于情，壹者不違于禮，先王所以統人羣，使之和順齊一者，仁孝之教行，而于喪服盡制矣。順情通理，故曰「人道之至文」。

# 三年問終

# 深衣第三十九

《王制》云：有虞氏「深衣而養老」。《玉藻》云：「朝玄端，夕深衣。」自天子至庶人通用之服，衣與裳連，故曰深衣，又謂之長衣。《玉藻》謂深衣「以帛裹布，非禮」，鄭遂謂深衣專用布，純采爲深衣，純布爲麻衣，有表爲中衣，純素爲長衣，鑿説也。其實一深衣耳，布帛皆可爲，有禮服則著于中，無禮服則著于外，純采、純素，吉凶隨時而已。

古者深衣蓋有制度，以應規、矩、繩、權、衡。短毋見膚，長毋被土。續衽鉤邊。要縫去聲半下。袼各之高下，可以運肘；袂之長短，反詘之及肘。帶，下毋厭髀，上毋厭脅，當無骨者。制：十有二幅以應十有〔一〕二月，袂圜以應規，曲袷如矩以應方，負繩及踝以應直，下齊如權衡以應平。故規者，行舉手以爲容；負繩抱方者，以直其政、方其義也。故《易》曰：「坤六二之動，直以方也。」下齊如權衡者，以安志而平心也。五法已施，故聖人服之。故規矩取其無私，繩取其直，權衡取其平，故先王貴之。故可以爲文，可

〔一〕「十有」，原倒作「有十」，據閩本乙正。

以爲武，可以擯相，可以治軍旅，完且弗費，善衣之次也。具父母、大父母，衣純以繢；具父母，衣純以青。如孤子，衣純以素。純袂緣，純邊，廣各寸半。

規、矩、繩、權、衡，下文所謂「五法」也。毋見膚，謂長及踝。毋被土，謂不曳地。衽，裳幅，即衣襟也。禮服衣裳不相連，幅不接續，深衣連裳，周迴十二幅合縫，掩過前襟，故曰「續衽」。鉤邊，謂幅之連合邊際處，皆鉤曲覆縫使密也。要縫半下，謂要以下全布六幅，幅廣二尺二寸，斜裁爲二，寬頭向下，狹頭向上，上居三之一，下居三之二，合之則腰間廣七尺二寸，下邊廣一丈七尺七寸〔一〕，故曰「半下」。袼、胳通，腋也。肘出入處，寬可回轉其肘。袂，袖也，長短比肘過一尺，反詘之可以掩肘。《玉藻》云繼掩尺，是也。古者衣皆有帶，束帶處卑不壓髀，高不壓脅。腋以下爲脅，腰以下向後兩旁大骨爲髀。當無骨，謂當腰間肉處也。餘制詳《玉藻》。天行大數終于十二，故冕十二旒，深衣衽亦十二幅。袖用圓，領用方。袷，交領也。矩，曲尺。領下曲交合，有如矩之象。負繩，謂背後脊縫直下如繩也。踝，足跟也。下齊如權衡，謂衣下邊前後左右平齊，無參差也。袂所以圓者，欲其行動舉手爲容也。圓主動，手拱成圓。抱方，謂領方交于前如抱。所以負繩者，繩直，取其正。政、正同。所以抱方者，領方，取其義。《易》坤卦六二，地德正中，「直以方」，引以贊直方之義。五法，即規、矩、繩、權、衡。凡貴賤男女吉凶通用，禮服内皆可著，如親迎，女在途，

〔一〕「一丈七尺七寸」，《續修》本有讀者塗抹，兩「七」字改作「四」，即「一丈四尺四寸」，宜從之。

壻父母死，亦深衣縞總趨喪，是婦女亦用也。文、武、擯相、軍旅無不可服。五法備，故曰「完」。制簡用儉，布帛隨宜，故不費。此衣之最良者，亞于正服，故曰「次」。父母、王父母具存，最吉，緣以綵繢。父母具存，吉，緣以青，東方生氣之色也。三十以下無父母曰孤子，衣色隨宜，緣必以素，不忘哀也。純，即緣也。袂緣，謂袖口。邊，謂衣下及側邊緣，各寬寸半。

## 深衣終

# 投壺第四十

投壺與射畧相似，皆燕飲樂賓之禮。壺本酒器。堂室之近，不可張侯，賓主又不足備官，故借酒器以寓射云爾。

投壺之禮。主人奉矢，司射奉中，使人執壺。主人請曰：「某有枉矢、哨(峭)壺，請以樂賓。」賓曰：「子有旨酒嘉肴，某既賜矣，又重以樂，敢辭。」主人曰：「枉矢、哨壺不足辭也，敢固以請。」賓曰：「某既賜矣，又重以樂，敢固辭。」主人曰：「枉矢、哨壺不足辭也，敢固以請。」賓曰：「某固辭不得命，敢不敬從。」賓再拜受，主人般盤還旋，曰辟避；主人阼階上拜送，賓般還，曰辟。已拜，受矢，進即兩楹間，退反位，揖賓就筵。

矢，籌也，以投壺。投壺仿於射，故以矢名。司射掌其禮，推賓黨與燕者一人爲之。中，盛筭器。投中者，則取筭計之，故謂中，解見《鄉射禮》。枉，不直也。哨，口不正也。矢貴直而曰枉，壺貴正而曰哨，謙辭也。既賜，猶卒賜。般還，猶盤旋不進之貌。曰辟，告不敢當也。受，受矢。送，送矢。已拜，主人拜卑也。受矢，主人自受矢，與賓爲耦也。進即兩楹間，主人進兩楹間，視投壺之處，乃退，復阼階之位，揖賓就楹間之筵，筵即投壺之席，賓主各就席也。

司射進度入聲壺，間以二矢半，反位，設中，東面，執八筭興。請賓曰：「順投爲入，比去聲投不釋，勝飲不勝者。正爵既行，請爲勝者立馬，一馬從二馬。三馬既立，請慶多馬。」請主人亦如之。命弦者曰：「請奏《貍首》，間若一。」大師曰：「諾。」左右告矢具，請拾投。有入者，則司射坐而釋一筭焉。賓黨於右，主黨於左。卒投，司射執筭曰：「左右卒投，請數。」二筭爲純，一純以取，一筭爲奇。遂以奇筭告，曰：「某賢於某若干純。」奇則曰「奇」，鈞則曰「左右鈞」。

司射以壺置兩楹閒，當賓主筵席中，席去壺各二矢半。司射反西階，設中，以盛筭也。籌計中曰筭。東面立，中西也。執八筭立，耦四矢則八筭。「順投」以下八語，司射先以投壺始終之節戒之。順投爲入，矢本先入也；末入爲逆，雖入不爲入也。比，連也。以鼓爲節，賓主遞投，若一人連投，雖中不釋筭。釋猶放也，謂置筭于地。正爵，謂投壺三翻當飲之爵，投畢則無筭爵也。立馬，謂三翻投畢乃立馬。馬，即筭也。勝負未定，記入曰筭。既勝之筭曰馬，以争先得名也。謂三翻投畢，立勝者所勝之馬。一翻勝則另植一馬。禮成于三，三馬專勝，則爲一成。如賓勝二馬，主人一馬，則取主人一馬，以足賓之二馬，主人勝亦然。請慶多馬，謂酌酒賀多馬之人。以上皆司射預告之辭。命弦者，戒弦歌者。射以樂爲節，投壺則鼓瑟弦歌，爲發矢之節。《貍首》，逸《詩》篇名。閒若一，謂緩急作止之閒均停如一。大師，歌工，主人黨爲之。左右，衆耦也，衆賓居西爲右，衆主居東爲左。拾投，每耦兩人更迭投。坐，跪也。每一矢入，司射跪釋一筭于前。賓黨勝釋于右，主黨勝釋于左，三翻皆然。卒投，每一翻投畢也。「左右卒投，請數」者，司射之告辭。「二筭」以下，數筭之法。純，雙也。奇，隻也。每二爲純，零爲奇。筭以雙取，有零則以奇筭之。數畢告，左勝，曰左賢于右；右勝，曰右賢于左。賢，勝也。多一雙，曰賢若干純，如多十曰五雙，多八曰四雙之類。有零數曰若干奇，如多九曰九隻，多七曰七隻之類。均曰「左右鈞」，不復言多寡也。

按：卒投筭獲，左右不分耦，通賓主之黨。左勝則賓黨飲，右勝則主黨飲，與射禮筭法同。餘詳《鄉射禮》。

命酌，曰：「請行觴。」酌者曰：「諾。」當飲者皆跪奉觴，曰：「賜灌。」勝者跪曰：「敬養。」正爵既行，請立馬，馬各直其筭。一馬從二馬，以慶。慶禮曰：「三馬既備，請慶多馬。」賓主皆曰「諾」。正爵既行，請徹馬。

命酌，司射命酌酒，飲不勝者也。酌者，勝黨之子弟，奠觴豐上。不勝者跪自奉之，曰「賜灌」，言己不賢而蒙灌罰，順受之辭。勝者曰「尊敬安養」，勸侑之辭。正爵，謂不勝者當飲之爵。請立馬，司射請也。前卒投請數，謂每投一翻畢，通左右黨筭勝負，此立馬謂分計各耦三翻勝之多寡也。馬各直其筭，謂三翻每一筭勝者當以一馬。「一馬從二馬」者，謂一人二馬，一人一馬，則取其一以從其二成三，而慶賀三馬者以酒也。正爵，謂多馬者所當慶之爵。請徹馬，投壺禮畢也。此節之義，鄭註未達。

筭多少視其坐。籌，室中五扶，堂上七扶，庭中九扶。筭，長尺二寸。壺，頸脩七寸，腹脩五寸，口徑二寸半，容斗五升。壺中實小豆焉，爲其矢之躍而出也。壺去席二矢半。矢以柘若棘，毋去其皮。魯令弟子辭曰：「毋幠呼，毋敖，毋偝立，毋踰言。偝立、踰言有常爵。」薛令弟子辭曰：「毋幠，毋敖，毋偝立，毋踰言。若是者浮。」

筭之多少，視坐上人數。每人四矢，即四筭。籌，即矢也。室中、堂上、庭中，皆謂投壺之處。

燕有大小，則地有廣狹。置壺有遠近，則矢有長短。扶，作「膚」。四指爲膚，膚廣四寸。五扶，二尺。七扶，二尺八寸。九扶，三尺六寸。矢有長短，壺去席二矢半，各因其矢，則是室中壺去席五尺，堂上壺去席七尺，庭中壺去席九尺也。庭中，堂下之中。柘、棘二木堅重，毋去皮，全質也。令，司射令也。弟子〔一〕，賓、主黨之少者，立于堂下，戒勿相狎也。魯、薛二辭，所傳各異。魯爲周禮，薛國任姓，黄帝裔孫奚仲事禹受封于薛，傳世最遠，有古之遺禮，近魯而小，事魯，故録其令鼓，與魯并傳也。幠作「呼」，戒號呼也。敖，傲惰也。偝立，不正所向也。踰言，遠譚外事也。常爵，當罰之爵。浮，滿酌也。

**鼓：**○□○○□□○□○○□半；○□○□○○○○□□○□○——魯鼓。○□○○○□□○□○○□□○□○○□□○半；○□○○○○□□○——薛鼓。取半以下爲**投壺禮，盡用之爲射禮。**

此射與投壺擊鼓之節。圜者擊鼙，方者擊鼓。

按：有圖無辭，即所謂聲也。和之以《貍首》《騶虞》等歌，即所謂辭也。亦可以證聲與辭之異矣。

〔一〕「弟子」，原倒作「子弟」，今據經文乙正。

**司射、庭長及冠士立者，皆屬賓黨；樂人及使者、童子，皆屬主黨。**

庭長，即司正。《鄉飲酒禮》將旅，使相爲司正，在庭中，立于觶南，北面，察飲不如儀者。冠士，成人來觀禮者。樂人，擊鼓與弦歌者也。使者，薦羞之使。皆得與于投壺者也。

**魯鼓：○□○○□□○○半；○□○○□○○○○□○□○。薛鼓：○□○○○○□○□○□○○○□○□○○□○半；○□○□○○○○□○。**

此與前圖異，亦一家之説，附録于此。

## 投壺終

## 儒行第四十一

此篇之言大抵誇誕，託稱孔子，而孔子之大寔不以儒。儒，懦也。史列「九流」而儒居一，得一失八，所收其幾？即若所云孔子辭其服，甘處其名乎？哀公儒孔子，戲之耳。孔子張大其行，若爲解嘲然，不屑之意在言表。數千年無人領畧，反以儒尸祝仲尼，仲尼其享之邪？

魯哀公問於孔子曰：「夫子之服其儒服與？」孔子對曰：「丘少居魯，衣逢掖之衣；長居宋，冠章甫之冠。丘聞之也，君子之學也博，其服也鄉。丘不知儒服。」

逢，猶大也。掖，肘間，謂衣掖下寬大，所謂「侈袂」也。章甫，冠名。《郊特牲》曰：「章甫，殷道也。」宋，殷後。博，廣也。鄉者，不拘一方，儒服則有方矣，故曰「不知」，不屑之辭也。

按：大道裂而後百家分，如王者無外，强藩割據，偏安一隅以爲王室，不知九州之本皆吾土也。百家與儒分曹，儒者自錮而小之。孔子恥儒服，不居其名而亟數其物，無可無不可，聖人所以大也。

哀公曰：「敢問儒行。」孔子對曰：「遽數之不能終其物，悉數之乃留，更僕未可終也。」

哀公命席，孔子侍，曰：「儒有席上之珍以待聘，夙夜强學以待問，懷忠信以待舉，力行以待取。其自立有如此者。儒有衣冠中，動作慎；其大讓如慢，小讓如僞；大則如威，小則如愧；其難進而易退也，粥粥若無能也。其容貌有如此者。儒有居處齊（債，平聲）難，其坐起恭敬；言必先信，行必中正；道塗不爭險易之利，冬夏不爭陰陽之和；愛其死以有待也，養其身以有爲也。其備豫有如此者。儒有不寶金玉，而忠信以爲寶；不祈土地，立義以爲土地；不祈多積，多文以爲富；難得而易禄也，易禄而難畜也。非時不見，不亦難得乎？非義不合，不亦難畜乎？先勞而後禄，不亦易禄乎？其近人有如此者。儒有委之以貨財，淹之以樂去聲好，見利不虧其義；劫之以衆，沮之以兵，見死不更其守；鷙蟲攫誑，入聲搏，不程勇者；引重鼎，不程其力；往者不悔，來者不豫；過言不再，流言不極；不斷其威，不習其謀。其特立有如此者。

遽，急也。物，猶事也。非久留，不能盡言其事。僕，謂侍御。賓主相接，則有侍御，久須更代也。席，所以藉珍寶。陳之席上待價，猶儒者陳善道以待召也。衣冠中，謂中禮。大讓，如讓國、讓天下，其迹似倨，故曰慢。小讓，如交際飲食不受，其迹似迂，故曰僞。大如威，俯仰無礙也。小如愧，舉動收斂也。粥粥，和柔也。齊難，齋莊畏難也。道塗之間不争平而避險。冬夏之間，不避熱而就陰，不畏寒而就陽。淹之以樂好〔一〕，謂以嗜欲漸染之也。鷙蟲攫搏，喻凶禍也。不程勇，不程量其勇，言必往也。引重鼎，喻大任也。不程力，言直任也。往者不悔，不追既往。來者不豫，不逆將來。過言不再，失言則必改也。流言不極，流謗終不爲傷也。不斷其威，威不可挫也。不習其謀，不學習而謀也。皆特立之意。

〔一〕「樂好」，原倒作「好樂」，據經文乙正。

按：此節語多疵。君子自立，非有所待，有待即非自立。「居處齊難」「坐起恭敬」「道途不爭險易」「冬夏不爭陰陽」，數者無與于豫備。不程勇力，不悔既往，非儒者之高行也。

儒有可親而不可劫也，可近而不可迫也，可殺而不可辱也。其居處不淫，其飲食不溽辱，其過失可微辨而不可面數也。其剛毅有如此者。儒有忠信以爲甲胄，禮義以爲干櫓；戴仁而行，抱義而處；雖有暴政，不更其所。其自立有如此者。儒有一畝之宮，環堵之室，篳門圭窬豆，蓬户甕牖；易衣而出，并日而食；上答之不敢以疑，上不答不敢以諂。其仕有如此者。儒有今人與居，古人與稽；今世行之，後世以爲楷；適弗逢世，上弗援，下弗推，讒諂之民有比黨而危之者；身可危也，而志不可奪也；雖危起居，竟信申其志，猶將不忘百姓之病也。其憂思有如此者。儒有博學而不窮，篤行而不倦，幽居而不淫，上通而不困；禮之以，和爲貴，忠信之美，優游之法；慕賢而容衆，毁方而瓦合。其寬裕有如此者。

居處不淫，謂不可以燕安溺之。飲食不溽，謂不可以嗜味染之。溽，濕也。忠信則利有攸往，如甲胄可以自衛也。禮義則患難不生，如干櫓可以禦侮也。甲在身，胄在首。干小盾，櫓大盾。暴政不更其所，謂世亂不易其守也。徑一步，長百步，爲一畝，折而方之，東西南北各十步也。宮，謂居宅。五版爲堵，堵方一丈。環堵，四面各一堵也。篳門，猶言柴門，編荆竹爲門也。圭形方而上剡。窬、竇通。

穿墻爲竇，如圭形，通出入也。易衣而出，與家人共衣，出則相更易也。并日而食，兩日得一日之食。上答之不敢疑，道合則從，無疑畏也；不合則去，無卑屈也。幽居不淫，窮不失義也。上通不困，達不離道也。禮之以，猶言「禮之用」。毁方瓦合，如陶者爲瓦，初則共圓，剖則各方，以覆屋，則相合也。

按：過失不可面數，非士人之虚懷。自立，與前「自立」語複。毁方瓦合，似鄉原，非夫子之言。

儒有内稱不辟親，外舉不辟怨；程功積事，推賢而進達之，不望其報，君得其志；苟利國家，不求富貴。其舉賢授能有如此者。儒有聞善以相告也，見善以相示也；爵位相先也，患難相死也；久相待也，遠相致也。其任舉有如此者。儒有澡早身而浴德，陳言而伏，静而正之，上弗知也。麤而翹之，又不急爲也；不臨深而爲高，不加少而爲多；世治不輕，世亂不沮；同弗與，異弗非也。其特立獨行有如此者。儒有上不臣天子，下不事諸侯；慎静而尚寬，强毅以與人，博學以知；服近文章，砥厲廉隅；雖分國，如錙銖，不臣不仕。其規爲有如此者。儒有合志同方，營道同術；并立則樂，相下不厭；久不相見，聞流言不信句；其行本方立義句；同而進，不同而退。其交友有如此者。温良者，仁之本也。敬慎者，仁之地也。寬裕者，仁之作也。孫接者，仁之能也。禮節者，仁之貌也。言談者，仁之文也。歌樂者，仁之和也。分散者，仁之施也。儒皆兼此而有之，猶且不敢言仁也。其尊讓有如此者。儒有不隕穫於貧賤，不充詘於富貴，不慁魂，去聲君王，不累長上，不閔有司，故曰儒。今衆人之命儒也妄句，常以儒相詬病。孔子至舍，哀公館之，聞此言也，言加信，行加義，「終没吾世，不敢以儒爲戲」。

君得其志，謂使君得遂欲爲之志。任舉，謂任賢舉善。澡、浴，自新之意。陳言而伏，以善言告君，不求自表也。静而正之，潛銷君心之非也。麤而翹之，顯諫也。翹、招同，舉也。不急爲，從容不迫也。臨深爲高，加少爲多，皆露才揚己之事。博學以知，多學而識也。服近文章，威儀可觀也。砥厲廉隅，操行方潔也。分國如錙銖，所謂「棄千乘如敝屣」也。規爲，猶言謀爲。并立則樂，謂名位相等，不相忌也。流言，謂風聞之言。不信，謂相知之深。本方立義，謂制行端正，立身合義也。同而進，達則同升。不同而退，窮則不相累也。地，猶踐履。作，謂作用。寬裕者有作用，迫狹者一往竭矣。隕，失墜也。穫，拾取也。充，盈滿也。詘，屈辱也。處貧賤，失意而思苟取；處富貴，驕蹇而志不立。慁，猶辱也。累，猶汙也。閔，病也。不慁君王，爲臣不辱君也。不累長上，爲子弟不累父兄也。不閔有司，爲民不病官府也。命儒，猶名儒。妄，謂無實。以儒相詬病，謂儒本巽懦之稱，當時以夫子爲「東家丘」，故以儒目之。詬，駡也。病，賤惡也。

按：「任舉」與「舉賢援能」語複，「特立獨行」與上節「獨行」語複〔一〕。「不臣天子」「不事諸侯」，非聖人對君之辭。强毅，非君子與人之道。仁不本于温良，孫接亦不必仁，此二語未確。大抵此篇之辭多後儒緣飾，非盡聖人語也。

# 禮記通解卷二十終

〔一〕「獨行」二字，當作「特立」，作者記誤也。

# 禮記通解卷二十一

郝敬　解

## 大學第四十二

此篇亦先聖傳心要典，禮學之統宗。世以與《中庸》各爲一書獨行。今依古本合解，而鄙見畧殊，故言覺煩瑣，姑併存以俟明道君子正焉。

### 大學總論

大學，天子學宫。學宫有大小，道無大小。篇内言「大學之道」，自天子達于庶人，故即大學命篇。後儒因之，别作《小學》補之，迂也。古人教赤子即便教爲大人，苟學矣，又何小之有？《大學》所言，皆古天子教庶子脩己治人之法，皆謂之禮，故與四十九篇并列。先儒摘取别傳，今仍合之，説詳《中庸》。朱子謂此篇作于曾子，無據。祇因「誠意」章引曾子語，疑曾子門人記，遂分「大學之道」以下至「此謂知之至也」爲經，云夫子作；「所謂誠其意者」以下爲傳，曾子作。皆無據。《大學》與《中庸》二篇，真聖人約禮之教。所言性命大旨，不越「誠」「明」兩字。《中庸》先誠后明，《大學》先明后誠；《中庸》言顯微，《大學》言格致，一也。《大學》始定、静、安、慮，以忠信終之，先明后誠也。《中庸》始戒懼慎獨，以明德終之，先誠后明也。自「大學之道」至「此謂知之至也」多言明，「所謂誠其意者」以下多言誠。誠明是復禮之學。聖人脩道之教，莫要于禮。

大道經世，以天下國家事物爲實地，故德以明爲體，學以誠爲功。明，虚體也；誠，實功也。明主知，誠主行。誠使由之，明使知之，誠近下學，明近上達也。故《大學》首明德，至善、知止、定、静、安、慮，皆明之事，畧言而不詳者，恐學者徑約遺事物也。「誠意」以後，娓娓重釋。其釋脩身、正心、誠意皆主明，身、心、意本也，主明以致知而明德也；釋齊家、治國、平天下皆主誠，家、國、天下末也，主誠以格物而親民也。誠不本明，無以燭妄而存真，故明爲誠體，誠意先致知也；明不資誠，無以繼照而普物，故誠爲明用，致知在格物也。

道始于明，以虚無爲體；德歸于誠，以實有爲用。實有是身心，實有是天下國家。天生聖賢爲世道民物主，巨細精粗，幹理完固，猶謂不能盡人盡物，況敢滅以爲無，委以爲虚，則大亂之道也。昔子路問鬼，子云「事人」；問死，子云「知生」。大道以實徵虚，以有會無。誠者，合有無虚實爲言也。佛老偏執虚無，以天地爲空，以身心爲幻，以生爲懸疣，以死爲凈樂，毁形棄家，忘君背親。世道所以淪爲夷狄，人類所以近于禽獸，皆虚無爲害也。故君子誠之爲貴。

自「大學之道」至「慮而后能得」九句，言學本于明而得于止，已括盡大學之道。自「物有本末」至「天下平」，又詳數大學規模次第，而終始于致知格物。蓋致知以明德也，格物以親民也，正其所以明明德于天下也。自「自天子」至「此謂知之至也」申言「物有本末」「致知在格物」之義。夫道不外經世，學不越事物，宇宙閒惟我與物，無物非我，一點靈知，天與之明，爲制事宰物之樞。德雖明諸己，知則通乎物。知者，終始乎脩齊治平之事，格被乎家國天下之物者也。致知而格物，則明明德於天下矣。此《大學》之大綱也。知不格物則德不能明於天下，知不知所本，又安能致之以格物乎？誠意正心以脩身，止定静安以慮得，無非爲致知格物以明明德於天下而已矣。故自「大學之道」以下至「此謂知之至也」所言無非致知格物、明明德於天下之事。朱子截以爲經，然焉知「所謂誠其意者」以下之非經乎？又謂「有闕文」，未見其爲闕文也。

自「所謂誠其意者」以下，因上文八目，詳釋相因之理，主誠而言。大學工夫，推到意是極處。知即明德。致知是推還明德本體，見源頭究竟處，所謂「本末」「終始」者也。致知格物，徹首尾無閒，明德所以能格家國天下者，造端自誠意始，故八事中首舉釋之。

聖教博文約禮，四十九篇見文之博，《中庸》《大學》見禮之約。脩齊治平，禮之用也；格致誠正，禮之本也。故《大學》爲禮統會，列四十九篇中，其來遠矣。朱子拈出别爲一書，教人以窮理爲格物，是舍本逐末也；爲學以誠正爲宗，是執理遺事也。其流獘與告子「不得」「勿求」，釋氏「得本，莫愁末」，偏枯同，詳見《中庸》。《中庸章句》猶可觀，此篇被其割裂攙補，牽强解説，不成義理。

今按舊本尋繹，古人意思躍然，未見錯簡也。《大學》傳自曾子，儻或有之。曾子日省之勤，弘毅之守，臨淵履冰之戒，容貌辭氣顏色之脩，皆兢兢奉八條，守「壹是脩身爲本」之説，而博求諸事物，故用功若彼其勤耳。夫子謂之曰「參也魯」，於是醒以一貫后唯，然脱于艱難之途，而歸併于易簡，主誠意慎獨，發「嚴乎」之嘆。其論脩齊治平，一以誠意綰轂，治國曰恕，平天下曰忠信，與所唯一貫，出告門人初旨，宛然相似。然予未敢信以此篇爲曾子作者，焉知七十子無一人聞大學之道者乎？今祇憑篇中引曾子語，遂謂出曾子門人手，據《孟子》書中文字合者，遂謂子思以授孟子，皆影響猜度，而其補「致知格物」一傳，正坐曾子未唯以前之病。疑其爲曾子之書，不證曾子守約之學，亦不倫矣。

## 第一章

古本不分章。朱子分經、傳共爲十〔一〕章，内以意割裂添補。今悉遵古本，而章目畧加改訂，爲便初學爾。

**大學之道，在明明德，在親民，在止於至善。知止而后有定，定而后能静，静而后能安，**

〔一〕「十」下當脱「一」字，朱子分《大學》爲經一章，傳十章，經傳合十一章。

## 安而后能慮，慮而后能得。

大學者，學其爲大者也。其道安在？人所以首庶物，惟是一點靈知，爲宇宙事物之宰，是曰明德，乃知之真體也。但爲血肉蒙蔽，外累牽纏，不得透露。學者須剔垢磨光，使靈覺之體，精明洞達，顯微無間，而明此明德焉，是大學之元本也。民皆有德，德皆同明。明明德者，須擴而大之，光被四表，使匹夫皆獲，聯兆爲一體，而親民焉。此明德之分量也。道有精微，學有根源，乃纖塵不到之地，謂之至善。明明德者，于世味紛華，一切澡除，聚精會神，合内外，徹始終，退藏宥密，止于至善焉。此明德之根宗也。恒人之心祇爲靈知失主，故客塵紛擾，馳逐不定。苟神明常惺，則奔騰放逸之氣一齊都歇，是謂知止。常此提撕，則昏迷漸開，散亂漸少，而后能有定。定則不如向之揑扤矣。然祇是氣機乍息，必休歇久，而后清静之體漸漸呈現，而静生焉。静則塵累輕矣。然性體初還，根基未固，静之久而后泰宇寧帖，一真坦蕩，事理圓融，可以脱然去來而不借于操持，可以從容隨寓而不擇乎喧寂，而后能安焉。未至于安，則意念不敢輕動，絶累而養其明也。既至于安，則無思無不通，虚極而應自妙也。從大虚中起念，天地應而鬼神服；從圓覺裏應事，經綸運而變化神。如明鏡當照，萬形妍媸，各得其情，天下國家之事無不理，知至而物格，德明而民親，大學之道畢矣。故道有底裏，外非騖諸物；學有要領，内非局諸己。以至善爲止，止非寂而無用；以親民爲量，親非泛而無本；以明明德爲統，明非自新而不新民。故止至善其基也，親民其用也，以此明明德于天下，大學之道也。

〇大學，説見前。道者，學之方也。明者，撤其蔽也。明德者，人心之靈，知之體也。德，得也。得心曰德。親民者，同人之謂。明德人所同得，萬物皆備于我，故君子以宇宙爲分内，聯家國天下爲身，即所謂明明德于天下，物格而知至也。朱子改「親」作「新」，非也。止者，收其放心之謂。至善，即明德精粹無雜之本體。「知止而后有定」六事，申明止至善之功。一覺即化曰知止，初念不移曰有定，寂感如一曰静，心境圓融曰安，沈幾照物曰慮，與道合真曰得。六者淺深次第，徹始終，合内外，所謂止于至善以明德親民者也。

人生自大虛來。大虛渾是一片靈明，化化生生，所謂知氣也。凝而成人，如一聚火，分出一星，此一星與彼一聚，何别?故人心與大虛覿體映徹無二，是曰明德。世間萬事萬物，經綸變化，悉由此出，即所謂知也。天下古今道理更無有大此者。故大學之道，在致知格物、明明德於天下而已矣。

大虛之明，不同日月所生明與耳目見聞之明。耳目見聞，日月生明，明須有暗；大虛不分明暗，常明，開眼合眼，無非大虛之明。

德謂之明，愚不肖可與知，然皆是大虛分上事，人心分上自昏，故百姓日用不知，如此便與天地不相似。聖人要人分上自明，方無媿大虛，方不同于禽獸，能與天地參，方成人道。

明者，知之體；知者，明之用。以其能覺謂之知，以其不昧謂之明，以其精一無雜謂之至善，以其極深研幾謂之慮。自其尋思起念謂之意，自其主宰一身謂之心，其妙用無方總謂之知。知止，與下文「知所先后」「致知」「知本」『知之至」，皆此知也，天地人物之元神也。

民猶人也。《大學》主天子言，故稱民。親民，即治國章「如保赤子」，平天下章爲民父母之意。大虛分量，統天地人物。明德與大虛同神，故八荒以爲度，立達必俱，成己必成物，脩己必安百姓，仁者必愛人，禮者必敬人，先知先覺必自任以天下之重。此自明德分上事。若視耳目肝膽爲親，億兆生靈爲疏，則形骸隔而棘籬成，自私自利，世道交喪矣。

大道體用一原，顯微無閒。纔明德，便離不得民。纔致知，便離不得物。德非內，民非外，知非精，物非粗，故曰「明明德於天下」。天下與吾明德渾淪是一個，故曰「親民」。先儒改「親」作「新」，迂疏無味。

至善即至誠。人之良心，孝弟慈之真意，恒人以昏迷失之。知止至于能得，即是止于仁敬孝慈，忠信絜矩，德可明而民可親矣。

《易》曰：「艮，止也。時止則止，時行則行，動静不失其時，其道光明。」即止于至善。終始事物，須臾不離，而知爲主。素位而行，不願乎外，是止。一靈常照，不昏不放，是知止。知止，亦便是知至。止、定、静、安非枯寂也，但思不出位，在家國行乎家國，在天下行乎天下，無畔援歆羡、躐等襲取之私，無往來朋從、浮游躁擾之氣，即是誠意境界。初學以此爲收攝放心之法，存神過化之極，亦非有加于此，故曰盛德至善。

不知即不止，不止即不定。纔知即止，纔止即定。然不曰「定」而曰「有定」者，爲初心不定者言也。中下輩亦有覺時，但旋覺旋迷，旋止旋放，必真知常覺，以止其不止，念力堅固，狂心乃歇，故曰「有定」。定后漸生静，静久乃能安，此際工夫〔一〕，須深造自得，難可摸擬。到安時，便是何思何慮，不識不知，聰明聖知所由出也。《易》曰聖人所以極深研幾，能通天下之志，成天下之務，不疾而速，不行而至，此也，故曰「能慮」。慮，即下文所謂致知格物，物格而知至也。得，謂得大學之道。朱子謂此四者無階級，非也。恒人習氣紛擾，如狂風飛絮，求一止如登天涉海之難，到安慮時節，事理一貫，心境雙寂，神化妙境，豈一蹴可到？四字工夫，足了一生，豈得謂無階級？愚謂止、定、静、安、慮〔二〕六事，極有次第；格、致、誠、正、脩、齊、治、平八事，未可拘次第。朱説反之。

妄依明起，妄起明昏，雖昏而知未嘗泯也。知一醒，則羣妄冰消，故曰「知止」。知止，即是誠意毋自欺。知止時節，即致知格物誠意正心時節，更無二。世儒講格物致知，不講知止，茫無栖泊。至善，即明德真體。然不知止定静安，則不可得而止，故言「知止」等六事。能定静安慮，則制事宰物自有次第，故言本末、始終、知先后，正是知止定静安慮之妙用。定静安，皆以恬養知也。總之知爲主。

言「止于至善」，又言「知止」以下六事者，以申明止至善爲《大學》始終之要也。言知止定静安慮得，又言格物致知等八事者，八事即知止定静安慮之課程也。恒人鹵莽滅裂，麤氣浮習，迷失本真，

〔一〕「夫」，原訛作「天」，據文義改。

〔二〕「慮」下似脱一「得」字。

故以知止一法收攝其心，降服其氣，立本循序而進，即便是致知以誠意，非致知誠意外別有一種知止定之工夫也。到静安時，已心正身脩；到慮得時，家齊國治天下平矣。慮得，便是物格知至而明明德於天下。六事約其微，八事詳其顯。大道顯微無閒，非有體無用，執理而遺事，執內而遺外也。

聖學定静與二氏異。聖人無欲而動以天，順理忘私，勿意必固我，無入不自得，非强持其心、默坐存神之謂也。默坐存神，空諸所有，以求定静，二氏所以害道。此際最是大分段，毫釐之差，千里之謬。《易》曰「言天下之至賾而不可惡，言天下之至動而不可亂」，方是聖人之定静。理會得一部《周易》，則定静安慮可見。

古今道術無過定静，精神凝聚，盛德大業由此出。《大學》「知止」，《中庸》「不二」，《論語》「一貫」，《孟子》收放心、有事勿忘勿助，《易》「何思何慮」，《書》「惟幾惟康」，《詩》「不識不知」，佛慧僊丹，夫豈異術？皆蹈襲聖教餘緒而偏用之者也。世儒褊狹，惡二氏似己，併定静諱之不講，偏主格物，以窮盡天下物理爲入門，謬哉！

知止定静安慮，古今大學脉，千聖所以洗心退藏之密在此。《易》曰「無思也，無爲也，寂然不動，感而遂通天下之故。非天下之至神，其孰能與于此」，又曰「惟深也故能通天下之志，惟幾也故能成天下之務」，所以物格知至，明明德於天下也。《中庸》云：君子戒慎不睹，恐懼不聞，立天下大本，行天下達道。皆不外此。脩齊治平，其功蹟也。

能慮，即是知至意誠。慮，即意也。意爲心知之關，故能慮爲能得之本，八事所以首誠意。一意誠而明親至善兼舉，乃所以爲慮而能得也。

知是主，止是基，静安是田地，慮是運用。論心體到知，添一毫不得，但添便不得止，便不得定，故曰「知止」。定則尚費操持，静則入機矣，安則常住矣，慮即莊周所謂「宇泰定者發乎天光」。佛氏謂汝動念，塵勞先起，我按指，海印發光，皆蹈襲安慮之説。《大學》千餘年前授自聖門，千餘年後佛入中國，拾吾殘唾，而儒者乃避諱，不敢講定静安慮，本欲避佛氏定慧止觀之嫌，託言無工夫漸次，但推明止至善之故耳。豈非割吾聖道以奉佛氏乎？

此一節已足盡大學之道，下文八事總一個心意知作用。心總一個意，意總一個知，所以逐次推勘，見學不可往外馳求，漸漸約還根本來，爲知止斷緣法耳。約到致知，更無處可約，依舊是知止定静安慮原本，依舊是一個明明德。會得時，只此一節，大學之道無餘。

「明德」兩字，聖學宗領。《易》曰：「大明終始。」又曰：「乾知大始。」乃天命人性指南，學問淵源。二氏竊取，變换爲清浄、圓覺、妙明、智慧、定光種種名色，其實本聖教也。亡失既久，儒者怯懦，不求光復，反引嫌卻避，遂爲二氏奄有。如王室播遷，委地强藩，此明德兩字猶九鼎在洛，能如王孫滿抗節執言，猶可彰大義以尊王。失〔一〕今囁嚅，并此兩字不能守，若赧王入秦，稽首獻地，國乃滅亡，嗚呼哀哉！

〔一〕「失」，或當作「夫」。

物有本末，事有終始，知所先後，則近道矣。古之欲明明德於天下者先治其國，欲治其國者先齊其家，欲齊其家者先脩其身，欲脩其身者先正其心，欲正其心者先誠其意，欲誠其意者先致其知，致知在格物。物格而后知至，知至而后意誠，意誠而后心正，心正而后身脩，身脩而后家齊，家齊而后國治，國治而后天下平。

明德、親民在止於至善，則學未有不由知止、定、靜、安而能慮天下事物者。蓋道不離物，物有本乃有末；格物爲事，事有終必有始。本始當先，末終當後，所以極深研幾，知之至之者，必以吾明德之知，主宰於本末始終之閒，定止以立本，安靜以研慮，則深造自得，施爲有序，事得其宜，物得其理，大學之道近矣。是以古人視宇宙事皆吾分内，視萬物皆備于我，其明明德也，直欲合天下以爲明。然豈苟且襲而取哉？必先于畿甸之内政教休明而治其國，欲治其國，必先于九族之中恩義明白而齊其家；欲齊其家，必先德立表正而脩其身；欲脩其身，必先主宰静虚而正其心；欲正其心，必於念慮起處戒欺求慊而誠其意。意覺爲知，必澡雪神明，使天靈常惺而致其知。夫自天下約之於意微矣，約之于知愈微矣，不幾于玄虚乎？非也。知即明德本體，洞虚無物，而無一物不包羅于内。物在天下國家，紛挐萬變，而此知皆一一運量其中。故致知惟在格物，知不能格物則知爲虚而德孤，何以親民而明明德於天下乎？蓋知譬則火，物譬則薪，火麗薪而燃，知燭物而至，離薪則火熄，離物則知隱，知豈空虚乎哉？乃所以樞紐乎天下國家身心意之神也。古人知所先，故得所後，其格物也，必真不爲利害私欲所阻，不爲情形時勢所蔽，自本及末，自始至終，料量區處，皆吾神明所貫察，則物格矣，而后吾本明之體表裏洞達而稱至焉。此明德親民成始成終之要也。知既至矣，則神明卓立，纖僞難欺，而后不真之念不得萌，而意可誠。意誠，則無邪思妄想累冲虚之體，而心可正。心正，則百體管攝，表儀端而身亦脩。身範端，然後家人内外大小整肅而家齊。家齊，然後身教下行而國治。國治，然後風聲四訖而天下平。此孰非物之格，而知之所以至哉！惟知本始當先，故末終從之，所謂知止定静安慮而能得也。

物以形體言，身、家、國、天下、民是也；事以作爲言，明、親、格、致、誠、正、脩、齊、治、平是也。宇宙間無非物，職分内無非事，皆明明德於天下之實蹟也。本末，猶言首尾。物有形體，故云「本末」。事有造詣，故云「終始」。本末、終始、先後，即至善、止、定、静、安循循從容而不亂者也。知猶主也。知者，明德之神。知所先後，謂事事物物明德爲主，以貫徹乎本末始終之閒，無苟且狥外、見小欲速之獘，即至善之知止有定者也。近道即慮能得，物格知至而明明德於天下也。古，謂先聖王。明明德於天下，即平天下也。不言平，言明明德者，見平天下不外吾明德也。天下不外吾明德，所以謂親民也。明於天下，猶《書》言「光被四表，格于上下」也。明明德者，致知之全體；明于天下者，物格之成功也。國，畿内也。天下遠，故言平，平義寬展。邦畿近，故言治，治義綜密。家近易狎，故言齊，齊義整肅。身多垢累，故言脩，脩義清絜。心爲身主，主邪則衆亂，故言正。意爲心萌，意妄則迷真，故言「誠」。知爲心靈事物之主，即明德推而極之，故言「致」。知所徧照莫非事，家國天下皆是，絜而量之，故言「格」。「誠意」以上皆言「先」，「致知格物」獨言「在」者，「誠意」以上推原本末始終之序，「致知格物」總結本末始終之要也。序有先後，歸于致吾之明以格物而已矣。致，推極也。格，量度也，變革也。知不至則明德之體不全，物不格則明德之用不廣，内外一貫，顯微無閒，故曰「致知在格物」，即所謂明德親民、明明德於天下者也。八者遠自天下國家，約至于知，知即推而致之，及家國天下。自誠意至脩身，皆所以致知而格乎家國天下之物者也。總之大學之道，明德親民，以明明德於天下而已。「物格而后知至」以下，申言所以當先之義。「物格而后知至」者，言知不格物不可爲至。「知至而后意誠」以下，言能極致其知，則意誠心正，脩齊治平可次第舉也。明明德于天下必先八者，逆探其本；物格知至后八者，順推其末。逆以致知格物爲終，順以物格知至爲始，天下國家皆歸宿于一知，一知至而家國天下總貫矣。故欲明明德於天下者，在致知以格物，大學所以成始成終也。故曰「知所先後」，先後之閒，知止定静安慮則物得其理，事順其則。苟以昏迷之心，憧憧往來，顛倒錯亂，其能「近道」乎？此《大學》所以先知，知所以先知止爲明明德於天下之本也。

致知在格物，即所謂「物有本末」。物格而后知至，即所謂「事有終始」。本乎知而達于物，終乎物而始于知，體用一源，周流無閒，乃所以明明德於天下也。知所先，則務本反始，無粉飾務外之弊，而不失之支離。知所後，則深造自得，有安民及物之功，而不失之空虛。

總之明、親、至善耳。知止六者言體之存諸内者也，治平八者言用之行于外者也。無六者則内昏擾而外襲取。本末終始，由内外體用生，非他也。

《大學》言先後，即《中庸》言豫也。止定静安慮，知至意誠，即《中庸》明誠境地。凡學有先有本，有豫有序，道德事功未有不立本而能卒辦者。不然者，苟且襲取，塗塞耳目，小人的然日亡者耳。

一明明德而事物家國天下包舉矣。明德精神即是知，發動即是意，含藏即是心。心、意、知皆是身，應用酬酢皆是事，家國天下皆物，總之一明明德於天下而已。親民，即明天下邊事。至善、知、止、定、静、安、慮，明德邊事。止定静安，總爲恬以養知也。能定静安慮，自然事物有本末始終，知先知後。

朱註三綱領八條目泥文生解，實惟一明明德，而親民、止至善即在其中。明明德於天下，即致知格物，其關鍵惟誠意，始終本末惟成就一脩身，即是明明德。

○「物有本末」之「物」，即「格物」之「物」。「知所先後」之「知」，即「致知」之「知」，即德之明也。物有本末，謂身爲天下之本。事有終始，謂齊治平始乎明德。知所先後，謂致知爲明德之始，貫乎親民之終，所以明明德于天下也。知先後，即是知止。道惟素位，學忌襲取，挾術用數，鹵莽欲速，浮薄之習。聖賢學問事業，循循然立本漸進，遠自邇，高自卑，未有無本成末，無始成終者，故在止至善也。

治平八事，不出知止六事内。大較六事管至善，八事管明親；六事貫八事中，至善貫明親中；六事根柢，八事課目。止定静安慮，已括盡大學之道。物有本末，事有終始，舉其條件，而綰結于致知格物。道不離經世，學不越事物，明明德實地也。

八事次第，古人非拘定欲如此。苟一蹴可至，豈不欲之？顧大學無鹵莽之功，未有不知止定静，能慮天下事、格天下物者。事事物物，根本至善，能定静安慮，自然從容有成。若徒膠柱鼓瑟，則八事不勝牽掣矣。假如格物完方致知，則是格物時全無知，何時物格盡，知始至。餘可例見。必次第衍説者，爲推求明明德於天下發源處耳。論發源，身爲本，推到心，以心宰身也。又推到意，以心動于意也。意至矣，又推到知，以知爲明德源頭也。知則意已無容著，況更著物？然絶意離物，則知爲虚影耳。人心神靈普含萬象，顯微一體，故即承之曰「在格物」。不曰「先格其物」，曰「在格物」者，言知與物相麗之甚也。故又承之曰「物格而后知至」，言知能燭物，始爲實知也。物在天下國家，知在吾明德内，物格而后知至，是明德與天下國家内外顯微，通透無閒也。八事自天下國家内約至知，知又格物，外通家國天下，故不曰「平天下」，曰「明明德于天下」，見天下不外吾心意知也。近歸之心意知，而又曰「在格物」，以心意知兼統乎天下也。由博反約，守約施博，終始本末一貫，此大學之道異于二氏偏枯無用也。故八事圓轉如環，不可偏據。下云「以脩身爲本」者，亦以心意知難離析，合而言之也。

六事之序細密，浸漸不可越。八事大畧規模如此，其實先後一貫，格致誠正時已是脩身矣，脩身齊家時已是治國平天下矣。本文復説「所謂誠其意者」以下五段，正恐學者偏執，通融開釋。朱子于八事欲一件完一件，于六事反謂無漸次，兩失之。後章但釋誠意，不復提定静安慮者，定静安慮亦本誠意也。慮又非意而何？

欲平天下，曰「欲明明德於天下者」，將陳八事之序，總挈其全也。言平天下，止於天下耳。言明明德於天下，則格致誠正脩皆明，而齊治平皆明于天下也。一以見八序會通，一以見民親非疏，一以見親民在我不在民。天下大矣，民夥矣，若之何能親之？博施濟衆，堯舜猶病，惟欲立立人，欲達達人，仁者之心，人皆能之，天子至庶人學同，以此。如曰「欲平天下」，天子可而庶人不盡可矣。

天地以生人物爲大，聖賢以盡人物爲大，故欲明明德必於天下，欲致知即在格物。若但理會自家，拋却民物，二氏所以偏也。《大學》規模極闊大，條理極精實，世道民生與吾明德直綰做一個，所以此道一日不可離，此學一人不可廢。世儒專主誠意正心，坐守理窟，又誤認格物致知，泛濫枝葉，偏枯無用，與二氏等。

○心無體，以意知爲體，意知無用，以物爲用，合之總是一心。然言心則包舉而不親切，細推則到意，又推到知，實之以物，乃所以完知之分量，而明諸天下者也。

○心者，神之宅，本自虛明，儻無意，如鑑空衡平，有何不正？諸妄從意起，故正心先誠意。意動，知自知，知覺，妄即破。此知常照，妄自不生，故誠意又先致知也。然到知至處，則已無意，無意又何容加？故誠意已入微，誠意之先惟有一片虛明，更難言所先，惟在事理通融，推之以格乎物而已。物格則知至，此閒途長。朱子訓「格，至也」，如「神之格思」之「格」，未盡。又格，方也，有比方絜度之義；又革也，感也，如「格君」「格民」之「格」，有感動變革之義。大則齊家治國平天下，小則日用起居，行著習察，條理區別，轉移化裁，各盡其變，無不是格物也。

○知所以能及物者，不離意。知由意運，亦由意昏。意由知起，亦由知化。雖蔽錮之後，靈知一覺，萬慮俱清。但倏開倏閉，如石火電光，一曲之明作不得主，透不過事，轉不動物。或爲小體遮蔽，或爲利害阻隔，或爲事勢眩惑，表裏不洞達，心境不圓通，施爲不恰當，即是知不能格物，亦便是念頭虛假而意不誠。須神明炯照，應事接物，無遠邇大小，料量處置，使物無遁情，事無遺理，一片靈知，貫徹微顯，方爲格物，方是知至。如此，則自無不誠之意，而心亦正矣。

天下國家總一物，心意總一知，知境無意，即明德真面目。誠意先致知者，遡流窮源云爾。本明不昏，妄念何由生？既昏不惺，輾轉沈迷，妄念何由止？所以云先致知，其實明明德工夫全靠意，意誠，知方能格物，故曰「慮而后能得」。八事單釋誠意以此。其釋正心、脩身，皆云在正心、在脩身，惟誠意單舉，不言在致知者，知境難著，即意見知。

《中庸》亦以明先誠，明善有學問思辨行，弗得弗措工夫，自困勉者言耳。《大學》聖功但論明德全體規模，各有所主。如必以《中庸》「擇善」爲《大學》「致知」，則學問思辨行即宜在致知内，不得另以格物當之。若以格物當學問思辨行，則致知一段爲無事矣，豈成義理？致知畧似知，格物畧似行，行方是真知。

目雖有八，心意知只一件，提意而心與知俱綰在内。物雖不是心意知，然離物則心意知無所用，離心意知亦復無物。正心先誠意，次第可尋。若意外别尋知，知外别尋物，實難分析。意外尋知，知體爲虛；知外尋物，物形爲泛。意萌即知，知動即意，意知著即物，一誠意而心知物俱管攝矣。故誠意爲關鍵。後釋誠意不及格物致知，以格致爲《大學》始終，此章已盡，後不復贅也。

心是宅，意是宅裏運動，知是宅主人，明德之神也。物即身與家國天下。自天下尋究向裏來，只是一個明德。明明德直要格家國天下之物，中間誠正脩齊治平許多節目條件，本末始終先後，轆轤運轉，惟一個致知格物明明德於天下而已矣。致知若不在格物，則明德與天下國家頭尾兩没交涉，直待意誠心正身脩挨次完後方去平天下，無此理。次第雖多，只「致知在格物」一句串紐八事，一齊超入。若非「致知在格物」，則八事皆成破裂矣。

誠正脩齊治平，無不是致知格物。後章釋正心脩身，視不見，聽不聞，食不知味；釋齊家，父不知子，農不知苗；釋治國，不仁不讓，不從不喻，皆是不能致知格物之大者。釋平天下，好惡絜矩，内外本末，賢否義利分明，是致知格物之大者。如以爲入門，何處可著足？

今人臨事昏亂，覓不見心；待覓心，又遺却事物。此便是知不能格物。心境一，事理融，方爲物格知至。

「物格而后知至」，大段括盡，知到至處，工夫十九，正是能慮能得時節，意誠心正脩齊治平，皆馴至矣。「而后意誠」以下，逐項雖有本等功夫，非截然一節做一節，本末始終盡頭處分得，本末始終相因處分不得。「所謂誠其意」以下五段通融開釋，正爲此。知所先後唯古人，世儒知先後，片片劈作兩段，去道遠矣。

「格物」兩字管到平天下住，即是「絜矩」。格，方也，比方絜度。此知不昧，此意不欺，即是知至意誠。故致知格物爲明親全體工夫，誠意爲引子。義理曉然在簡策，苦無人討究耳。

八事先後之閒，《易》所謂「知幾其神」者也。唯定静安慮者，不疾而速，不行而至，能通天下之志，能成天下之務，故曰「知所先後」。格致誠正時，慮止于身，而家國天下事已豫。齊家時，慮止于家，而國與天下事已豫。及知至意誠後，心正身脩，而齊家治國平天下事已無不潛孚默成矣。此中有存神過化、知微知彰之幾，故本文用五「欲」字，五「必先」字〔一〕、「而后」字，皆古人知幾妙用。浮躁淺陋，非致遠之器，定静安慮乃達化之本。《大學》惓惓于知先後，有旨哉！古今學術所以分也。

大道顯微無閒，事理圓融，無頭上安頭之病。聖人謂民「不可使知之」，其旨精深，《中庸》一篇發揮此旨。此篇「致知在格物」便是一貫之道。人心物理，原不分内外體用，故《中庸》云「莫見乎隱，莫顯乎微」，二氏與聖教途分自此，民生世道倚賴聖教亦在此。此大學通衢，身心意知與天下國家往來交涉處。若無格物工夫，但按定八事次第，致知以後，直待誠意正心脩身完備，方幹家國天下事，永無交涉，到底成就一老禪静坐槁木死灰而已。故格物工夫甚浩蕩，非可爲入門也。若以格物爲入門，直待何時方誠意正心？舍本原之心意知，泛求之物，如著衣舍要領，提邊齊，顛倒甚矣。

○明德從大虛來，含受大虛。凡大虛中往來屈伸，千變萬化，脉脉與吾靈知同體，有叩即應，有觸即覺，物至知，知而意即萌，是非好醜，自不可欺。中閒稍有轉换遮藏、謾迷種種妄情，使真意不得直達于物，即是知不能格物。或阻于利害，或牽于小體，或昡于機宜，被物梗塞不能轉動，被物瞞

〔一〕兩「五」字似當作「六」。

隱不能量度。如君不能格民、德不能格姦之「格」，非無知也，祇是浮光虚影，不得事理通透，所謂「習不察，行不著」，「日用而不知」。如後章不知子惡、不知苗碩、視不見、聽不聞、食不知味之類，即是自欺，不誠意，不知止。如君親是物，知忠君孝親是知，苟能誠吾意于忠孝，勿自欺其知以格君父，則忠孝之知致，而忠孝之意亦誠矣。止忠止孝，亦即是知止至善，凡事皆然。脩齊治平，一以貫之，所以下文單舉誠意，其旨甚確。朱子更補格致一傳，云格者窮至事物之理，猶可；又云用力之始，即凡天下之物莫不窮究其理以至乎其極，久之，一旦豁然貫通，然後知至，果若此，則是人心不具此理，專待外來湊集，如貯錢穀般，夫子謂賜不受命而貨殖，不如回之屢空者也，聖門無此等貪多支離之學；又云「今日格一物，明日格一物」，如此則窮年皓首，物無盡期，老死做不成一個致知，君子何時方去誠正脩齊治國平天下乎？迂闊甚矣！古聖賢教人博物學文爲明心之助，非謂心本不明，待外物始明也。若心果不明，豈外物能使之明乎？禽獸土木，與之言則不解，爲其中原不具此理也。人心若不具此理，雖博盡天下物何益？若具此理，又何待外物然後知？不窮物理即不知，則凡未嘗學文者，皆成土木矣。

或云：格物非窮理，則學問可廢乎？非也。格物、致知、誠意内自有學問，《詩》《書》六藝亦物也，誦《詩》讀《書》亦格也，聞見記憶亦知也，旁通博覽亦致也，好古向慕亦意也，篤志潛脩亦誠也。士君子心意知自然安頓在《詩》《書》六藝上，但斷然以《詩》《書》六藝爲物，以學問爲格物，爲入門一步，則不可耳。博物洽聞，學士韋布之業，奈何以概帝王聖賢之道乎？

程朱格物之説，凡事須從外面記定式樣，然後去做出知，聖賢無此等螟蛉之學。所謂「學養子而嫁」，意且不誠，何況致知？自覺難通，乃云不必盡窮天下物，但一事上窮盡，他可類推；又云一理通，萬理皆通。如此，則知又分明不在格物矣。又謂：「或考之事爲之著，或察之念慮之微，或求之文字之中，或索之講論之際。」夫考之事爲是脩身，察之念慮是誠意，都解不得格物。文字講論，于學爲切，只合説致知在博文、在問學，可也。「格物」之「物」與「物有本末」之「物」，分明相承，朱子解「物有本末」之「物」爲明德親民，「格物」之「物」另爲文字講論，是兩物也；又引《易》「學以聚之，問以辨之」，《中庸》明善擇善爲徵。夫彼所言者學問擇善，此所言者明德規模分量，物我兼體，以見學之大，各有所指也。若論學問擇善，亦只在致知項下。蓋誠意即誠，致知即明，明即擇善。若以格物當明善，則致知一段所幹何事？致知格物云者，擴吾明德以格家國天下之物，所謂明明德于天下，始終本末實地，異于佛氏之空虚絶物者也。朱子詆不學問爲佛氏，因以格物當學問，支離泛濫，與佛氏空寂，皆偏枯無用，五十步笑百步耳。

首言「明明德於天下」，挈其統；再言「致知在格物」，閉其鍵；申之以五傳，通其脉，周匝細密，義理躍然。後儒不解，窮經所以難耳。

自天子以至於庶人，壹是皆以脩身爲本。其本亂而末治者，否矣。其所厚者薄，而其所薄者厚，未之有也。此謂知本，此謂知之至也。

所謂「物有本末，知所先後」者，以致知在格物，物非可泛格也。知不知本，則不能格物。身與天下國家皆物也，而身爲本，天下國家爲末。上自天子，下至庶人，其閒或有家有國有天下不同，同此脩身爲物之本。此格物者所當知也。苟不知所先後，身不脩則本亂矣，欲格天下國家之物末治者，否也。民雖當親，身既爲本，較民尤厚。苟不脩其身明德，則其所厚者薄矣，欲明明德于天下親民，使所薄者厚，末之有也。豈有物無本可格者？故能脩身之謂知本，知本則物格而知亦至。此又致知格物者所當知也。

此申言上文「物有本末，知所先後」，物格知至之義。稱天子者，大學天子之學也。道無閒于貴賤，故至于庶人。壹是，猶言同此也。本，即「物有本末」之「本」。獨舉脩身者，心意知皆統于身也。身爲本，則家國天下爲末，所謂「物有本末」也。本亂，謂身不脩。末治，謂家齊國治天下平。否，不然也。厚薄，因上文親民而言。厚猶親也，薄猶疏也。所厚，謂身。厚者薄，謂身不脩德不明也。所薄，謂民。薄者厚，謂國治天下平也。知本，知物之本，所謂知終始也。知之至，所謂物格而知至也。

心意知無形，惟身有形。德與民接，知與物接，皆由身。君子不能以心意知示天下，而身爲表。天下不見君子心意知而見其身，故脩身爲本也。身未及與國天下遇，而先與家遇，天下國人不及見吾身，而家人先見，故民雖親，家爲厚也。

《大學》由誠入，故格物以爲知，脩身以爲本。知不格物，則蕩而無歸；本不脩身，則虛而無實。言明德必言親民，言定靜必言齊治，皆以此。二氏言「明心見性」，身爲假合，故流爲空虛。豈不致知？

其所以格物者非也。言普度衆生，利益有情，豈不格物？其所以爲本者非也。遺身故不知有家，捐父母，棄妻子，毁形體，滅人倫，所厚者薄，烏能治國平天下，使其所薄者厚乎？所以聖學必本諸身也。

此上三節反覆發明明德親民之義。明德親民，總謂之「明明德于天下」。微言之，則爲知止定静安慮得，而統于止至善；顯言之，則爲脩齊治平，而統于致知格物。致知格物，所以普吾明德于天下也；止于至善，合天下以歸于吾明德也。此本末先後，始終一原，大學之道也。

## 第二章

《大學》是一片文字。朱子分首一章爲經，謂孔子作，此後爲傳，謂曾子作。古人文字亦有自作自釋者，何據知爲經爲傳乎？此章被其割裂攙補，舍所學而從我，殊非作者之志。今悉依古本解釋如左。

所謂誠其意者，毋自欺也，如惡惡臭，如好好色。此之謂自謙慊。故君子必慎其獨也。小人閒居爲不善，無所不至，見君子而后厭然揜其不善而著其善，人之視己如見其肺肝然，則何益矣。此謂誠於中，形於外，故君子必慎其獨也。曾子曰：「十目所視，十手所指，其嚴乎！」富潤屋，德潤身，心廣體胖，故君子必誠其意。《詩》云：「瞻彼淇澳，菉竹猗猗。有斐君子，如切如磋，如琢如磨。瑟兮僩兮，赫兮喧兮。有斐君子，終不可諠兮〔一〕。」如切如磋者，道學也。如琢如磨者，自脩也。瑟兮僩兮者，恂慄也。赫兮喧兮者，威儀也。有斐君子終不可諠兮者，道盛德至善，民之不能忘也。《詩》云：「於烏戲呼前王不忘。」君子賢其賢而親其親，小人樂其樂而利其利，此以没世不忘也。《康誥》曰「克明德」，《太甲》曰「顧諟天之明命」，《帝典》曰「克明峻德」，皆自明也。湯之《盤銘》曰：「苟日新，日日新，又日新。」《康誥》曰：「作新民。」《詩》曰：「周雖舊邦，其命維新。」是故君子無所不用其極。《詩》云：「邦畿千里，維民所止。」《詩》云：「緡蠻黄鳥，止于丘隅。」子曰：「於止，知其所止，可以人而不如鳥乎？」《詩》云：「穆穆文王，於烏緝熙敬止。」爲人君止於仁，爲人臣止於敬，爲人子止於孝，爲人父止於慈，與國人交止於信。子曰：「聽訟，吾猶人也，必也使無訟乎！」無情者不得盡其辭，大畏民志。此謂知本。

大學以脩身爲本。正心、誠意、致知皆所以脩身也，而誠意爲要。蓋心雖身主，無意則心本虚；知雖先意，無意則知自明。先乎心而累心、後乎知而昏知者惟意。意誠，則正心致知格物挈其統矣，

〔一〕「不可諠兮」四字擠刻占三字格，《續修》本爲墨釘。

何也？心動即意，意覺即知，意知所著即物，一也。心無妄，妄從意起，妄起知自知。所謂誠其意者，惟于物來知覺意萌，是非洞然直達，勿轉換遮藏、自謾迷其知而已矣。意惟好惡不可欺，惟好好色、惡惡臭自無欺。意如此者，天動神應，靈機透徹。致知以格于物者，皆真意淪浹、存體應用、鬯遂條達、隱微獨覺之衷，無有絲毫欠缺留憾者矣。不謂之自慊乎！《樂記》云：「物至知知，然後好惡形焉。」美惡物也，好惡意也；毋自欺，則知亦致矣。惡惡臭，好好色，則物亦格矣。總惟誠其意耳。意萌于自己所獨知，而著爲事物，達諸家國天下，所謂「風之自」「微之顯」也，可不慎與？慎獨者，致吾之知，神明常惺，無昏迷放逸。萌于方寸，達于家國天下者，無非真意流形。所謂脩己以安人、安百姓，盡性以盡人盡物，乃爲慎獨。無欺自慊，而意無不誠矣。苟念慮不誠，徒鋪張于事爲，是的然日亡之小人，放肆于平居而揜蓋于衆見，何益之有？此大學之道内外合，顯微一，有諸中，形諸外，闇然而日章，君子所以知微知彰，必慎其獨也。故曾子有云：「念慮隱微，勿謂無視。十目所視，勿謂無指。十手所指，我有此意。身心應之，我行此意，家國天下共承之。何敢以爲獨而忽諸？」雖曰脩身爲本，正心爲要，苟能誠意，則心廣體胖，心正而身亦脩，故君子必誠其意也。意誠，則明德親民止至善，一以貫之矣。《詩》美衞武公云：「瞻彼淇水之隈，有菉竹之草，可爲磋磨之用，猗猗然美盛也。有斐然文章之君子，如治器者，既切復磋，既琢復磨，故其德瑟然嚴密，僴然强毅，其容赫焉充盛，其聲喧焉宣暢。有斐君子，使人終不可忘也。」夫《詩》詠切磋，言君子誠意之學，辨別幾微，如此其精也；琢磨，言君子誠意自脩，刮垢磨光，如此其密也；瑟僴，言君子慎獨，恂恂慄慄，如見賓臨敵，莊嚴而强毅也；赫喧，言君子意誠，心廣體胖，潤身之威儀，充盛而宣暢也。有斐，潤身之文章也。意誠則明德盛而止于至善，足以親民，民不能忘也。《詩》詠前王是已。蓋治道不本于誠意，則私恩小補，今日驩虞，明日憔悴，其澤易斬。君子本誠意以經綸無疆之業，非必教人以善、分人以財，而天下後世君子小人，誦詩讀書者賢其賢，入孝出弟者親其親，引養引恬者樂其樂，以耕以鑿者利其利，至誠無息，博厚悠久，使人没世不忘，是誠意之功業也。若《康誥》言文王克明德，《太甲》言成湯諦念天之明命，《帝典》言堯克明峻大之德，三者皆于獨知之地光明浄潔，毋自欺蔽，所以自明其德，而爲明明德于天下之本也。故湯之銘盤，自新己德也，康叔作新斯民，新民之德也；文王舊邦新命，明明德於天下也。故君子由身達于家國天下，事事有理，物物有則，無所不用其極，以止于至善，皆誠意之用也。《詩》云：「王畿千里，天下朝宗，爲民所止，豈人心獨無所止乎？」《詩》云：「緡蠻然好音之黄鳥，止于丘隅，矰弋所不加。」夫子嘆鳥欲止尚知所止，可以人心不知所止乎？止也，知也，即獨也。《詩》詠文王穆穆，穆穆，幽深，即獨也；緝熙常明，即毋欺也；敬止，即慎也。無所不慎獨，則無所不知止。爲君仁即止，爲臣敬即止，爲子孝即止，爲父慈即止，交國人信即止。君、臣、父、子、國人，物也；知仁、敬、孝、慈、信，知也。實其意以仁之，敬之，孝之，慈之，信之，誠意也。毋自欺其知，以運量乎君、臣、父、子、國人，致知格物也；推之天下國家，萬事萬物，皆所謂止于至善也。何莫非誠意之用其極乎？夫子謂聽訟猶人，必使無訟，夫訟小人厭然之事，欺詐無情之甚者，能使之不得盡辭，可謂物格矣。由君子意誠知至，大能畏服乎民之心，故民改心易慮，此誠能格物之效也。德明而后民新，物格而后知至，可不謂之知本者與？苟不知本則不誠，未有能格者矣。

此下五章覆解上文八事，會通其旨，見所謂先後者非逐事斷截也。此一章專釋誠意，不及致知格物者，明德親民之始終，前章已詳，不復及也。首誠意，功始誠意也。毋，戒辭。自欺，自謾其知也。知者，明德之體，心之神也。意者，心之萌，明之發也。意動知致，則爲真意。意妄掩知，則是自欺。惡惡臭，好好色，意之至誠者也。意如此者，爲不自欺。不自欺，則知亦致矣。謙，當作「慊」，與「愜」通，快足也，猶《孟子》「行有不慊于心」之「慊」。自欺則歉恨，不自欺則快足，所謂「內省不疚，無惡於志」也。獨，己所獨知，即意也。閒居，猶燕處。小人恣意於燕居，掩藏于共見，由自欺而不自慊也。厭作「黶」，蓋也。誠中形外，因小人惡形，而知微之顯，誠之不可揜如此，非以小人積惡爲誠也，即《中庸》「莫見乎隱，莫顯乎微」之意。嚴，畏也。潤，色澤也。言實于財者，屋宇生色，猶實于德者，四體生色，即下文「有斐君子」之威儀也。意誠，故心廣；潤身，故體胖。胖，暢遂貌。心無愧怍，則體常舒泰，暢于四肢也。淇，衛水名。澳，水涯。菉竹，草似竹，俗名木賊，可用磋磨。猗猗，柔貌。斐，文貌。治骨角者，既切又磋。治玉石者，既琢又磨。骨角脆而工細，故言學。玉石堅而工猛，故言脩。瑟，嚴密也。僩，强毅也。赫，色充盛也。喧，聲著聞也。諠，《詩》作「諼」，忘也。道，言也，釋《詩》言也。學，學習也。自脩，克己也。恂，信也；慄，堅也，皆心常惺之貌。可畏曰威，可象曰儀，德之符也。盛德，即明德也。至善，即止于至善也。民不能忘，即親民也。百世之下聞者興起，没世不能忘也。君子、小人，皆民也。賢以教言，親以養言；樂樂、利利，泰平豐足之象，皆誠意之功業，即明明德于天下者也。因引《詩》《書》言古帝王以徵之。《康誥》《太甲》《帝典》，皆《書》篇名。《康誥》言文王，《太甲》言湯，《帝典》言堯。克，能也。顧，念也。諟作「諦」，審也。顧念審諦，存存不忘也。在人爲明德，在天爲明命，一也。峻，高大也。皆自明，言皆自明其明德。戒自欺，求自慊，非如小人詐善爲人也。自明，即慎獨也。《盤銘》，沐浴之盤，刻銘其上，自儆也。苟，猶誠也。日，猶一旦也。新，猶明也。言新者，革故之意。明德爲明，明明德爲新。借沐浴寓洗心，即誠意也。誠意外無所爲自新也。日日，繼一日也。又日，繼日日也。作新，振作使新也。舊邦，舊爲諸侯也。命，天命也。維新，新命爲天子也。即所謂國治天下平，亦本誠意也。《盤銘》「日新」，即明明德也。《康誥》「作新」，即親民也。《詩》「新命」，即明明德于天下也。無所不用其極，即止至善也。無所不用者，承上起下之辭。極，即至善。下文三引《詩》，言止至善亦本誠意也。又引夫子使民無訟，言物格知至，亦本誠意也。邦畿，王都，民所歸也。緡蠻，黄鳥聲。丘隅，山頂。穆穆，幽深也。緝熙，常明也。敬止，猶慎獨也。君、臣、父、子、朋友，止于仁、敬、孝、慈、信，即知止至善，無所不用其極也。訟者，欺詐之事，物之難格者。無情，不實也。唯誠意致知之君子，足以大畏之。大畏，深服也，所謂「物格而后知至」也。物有本末，故曰「知本」。

此章自首至「君子必誠其意」釋意之所以當誠；自「瞻彼淇澳」至「民之不能忘」，承「德潤身」言意誠則德脩而可以爲君子，即所謂「明明德」也；自「於乎前王不忘」至「其命維新」，又承「民之不能忘」言意誠則業廣而可無媿于帝王，即所謂「親民」也；自「是故君子無所不用其極」至「與國人交止於信」，言意誠則于事物知止，盡人之道而可以立人極，即所謂知止于至善也；自「聽訟」至末言誠意爲格物之本，即所謂「物格而后知至」也。皆以見誠意之爲要，申前言「君子必慎其獨」「必誠其意」之故。文義周匝，原無錯簡。

人心含知，感于物生意。意者，事物之隱，天下國家之微也。存之于我爲獨，達之天下國家爲共視共指，與獨非兩時兩事也。故君子凡措之事物者，謹之念慮，兢兢業業，上帝臨汝，共指共視，無非慎獨之地。或謂獨在事物之先，静之終，動之始，于此審其幾，然則事物既交，遂無獨之當慎者與？言意遺事，與言知遺物，皆空寂無用，佛老之學也。故篇中既以心意知爲先，尤以脩身爲本。此章釋誠意舉帝王功業、聖賢道德，隱括無餘，顯微無間，學所以爲大也。

誠之爲道，包括甚大；意之爲用，干涉至遠。首言安能慮，慮即意也。能慮即能得，故意誠爲要。《中庸》惟誠能明，惟誠能前知，惟誠能盡性盡人物，惟誠能經綸，故誠爲盛德至善，八事無復有大于誠意者矣。意誠即是忠恕一貫之道，故釋心身家國天下，曰欲惡，曰忠信，曰恕，皆本誠意也。慎獨，即《中庸》戒慎恐懼，貫動静不離，集義與襲義由此分。自欺是襲義，自慊是集義。集義即慎獨之君子，襲義即詐善之小人。故如惡惡臭，如好好色，合外内之道，即孟子云「有四端于我者，知皆擴而充之，如火始燃，泉始達，苟能充之，足以保四海」；「有不忍人之心，斯有不忍人之政，天下運掌」，皆在此。乃脩齊治平實地，非兀坐澄心體認天理之謂也。「小人閒居」一段，描寫襲義狥外影像，見此學此道非偏枯補綴、有邊無中，所以大也。

「誠意」一章即《中庸》微顯之旨，大本立而達道行，知致格物而明明德于天下，一也。君子，即《中庸》闇然日章之君子。小人，即《中庸》的然日亡之小人。不慎獨，徒襲取于見聞，遺内務外，失于微而圖于顯，是謂物無本求末，事有終無始，何以「近道」？歷引《詩》《書》古聖帝明王盛德大業，皆屬誠意，皆以發明始終本末一貫之義。

○人心之知與物相通惟意，意所以能格物唯誠，故《中庸》云「誠者物之終始，不誠無物」，「誠者非自成己而已，所以成物」。孟子云：「至誠而不動，未之有也；不誠，未有能動者。」故誠爲致知格物之本，意爲存誠動物之樞。《中庸》言誠不言意，《大學》指意以言誠，亦猶《中庸》指喜怒哀樂未發以言中，皆傳心之要也。

毋自欺，釋誠意。如惡惡臭，如好好色，釋毋自欺如之而已，非定以好善惡惡盡意也。臭可惡，又惡臭；色可好，又好色。恒人之意，專直易簡，毫釐不差，更無過此。如惡惡臭，言志氣常奮也；如好好色，言精神常新也。苟應事接物，起心動念，一切明白痛快如此，則存神應妙，知幾順事，全體呈露，大用顯行，善止而慮得，格致而明親，家國天下一以貫矣。

意之欺知，每由愛憎。惡而不知其美，好而不知其惡，心官不思，乃爲自欺。苟真知常惺，則順應不差。「如惡惡臭，如好好色」云者，心地純固，靈知亹亹，自然有此氣象，不待好惡始然也。是非可否，感而遂通，無委曲遮蓋，則天動神行，知明處當。《易》云「乾知大始，坤作成物。乾以易知，坤以簡能」，無過此理，方是如惡惡臭，如好好色，毋自欺，能誠其意者。泥作愛憎解，狹矣。

大抵意與天下通，惟好惡最遠，即是絜矩之道。故首揭好惡爲明親大綱，愛憎用舍，常能如惡惡臭、好好色，則明通公溥，物格知至，家國天下可坐而理矣。聖賢帝王何以加此？故下文脩齊治平皆引好惡釋之，皆統于誠意也。

心、意、知、物四者一聯。離意求知，則墮枯槁；離知求物，則成支離。緊關惟一誠意，而致知格物俱舉，故此章歷引《詩》《書》言明德親民止至善兼統矣。至釋脩齊言好惡，好惡本意也，釋治國言誠言恕，釋平天下言好惡言忠信，皆誠意徹首尾，而致知格物即在内。故《大學》一篇自「知之至也」以上多言明而兼誠，自「所謂誠其意」以後多言誠而兼明，文字縝密，義理完備，初無錯漏。朱子析此章爲四傳，索然無味，更補格致一傳，教學者泛求諸物，尤爲支離。既以五傳不備，所補獨格致，則定静安慮始終，又不當補乎？補則煩複，不補則偏闕，不成義理。

脩齊治平各項下，工夫作用不同，總之誠意爲轂。意不誠，雖道義名節、經綸康濟，皆是假之。忿懥四者使身不脩，意也。親愛四者使家不齊，亦意也。藏身不恕，學養子而嫁，使國不治，亦意也。好惡不絜矩，不忠信，以利爲義，使天下不平，亦意也。故誠意工夫，一以貫之。舍緊關之意，泛窮諸物理，以爲入門，誤矣。

閒居當不得意。意不誠，則自閒居始。暗室屋漏不著緊，及大庭廣衆便[一]幫補不來，撑持不起。

---

〔一〕「便」，《續修》本作墨釘，《存目》本似作墨釘，亦似讀者塗抹，未易辨識。

聖學須徹底澄清，所以必慎其獨。

「小人閒居」一段，即孟子謂舜、蹠之分，利與善之閒，所争毫髮，初但苟且延哄自己，坐致惡積如山，狼狽不可收拾。自欺流弊至此。厭然，即是不自慊。言君子毋自欺處甚細密，言小人欺人處甚粗淺，闇然、的然之分。

詐善之小人與篇末「爲善之小人」，「以義爲利」者，正是一種人。十目、十手，即行事見意，如漢武帝内多慾，外施仁義，桑弘羊、孔瑾〔一〕云「不加賦而國用足」，詭譎用罔，而四海萬民之唾罵叢集，可見意與天下國家喫緊相關，明主致知格物，莫先于此，故末章諄諄以小人義利申言意不誠之害。

朱子因《盤銘》《康誥》《詩》連引「新」字，遂改「親民」作「新民」，非也。新即是明，自新爲明。舉世昭明，改變爲新。引《盤銘》以下見明明德于天下，皆本之誠意也。《盤銘》，明德也；《康誥》與《詩》，明明德于國與天下也。康叔新衛，文王新周，國治也。舊邦新命，天下平也。一誠意而身家國天下無所不統，皆以融會八事，合本末始終而言也。《盤銘》《詩》辭與「親民」何涉？祇據「作新民」三字割爲一章，以釋親民，牽强尤甚。如古本，文字義理饒洽。如朱註分割，何但義

〔一〕「瑾」當作「僅」，但郝敬《周禮完解》卷四亦有云「桑弘羊、孔瑾謂不加賦而國用足」，則似原稿即作「瑾」，非手民之誤，今亦不敢改。

理偏枯，文字亦索然。讀者自識。

## 第三章

所謂脩身在正其心者，身有所忿懥帝則不得其正，有所恐懼則不得其正，有所好樂則不得其正，有所憂患則不得其正。心不在焉，視而不見，聽而不聞，食而不知其味。此謂脩身在正其心。

脩身在正心，何也？心本虛靈，原無方所之礙。惟虛靈局于形質，形質與外物交而意妄動，以自欺其知，則彊陽奔騰，結滯爲忿懥、恐懼、好樂、憂患四者之所于身内，而氣一動志，虛靈之體不得其正矣。如賊入人家，主翁逃亡，安得復有心在形骸内？若是，則耳目口鼻，都無管攝，恣縱不檢，聾瞽痿痺之病成矣。安望齋明慎動，以脩其身乎？故欲脩身在致知誠意，以正其心而已。

「有所」者，偏主不化之意。執吝曰有，定在曰所。忿，怒也。懥，怒貌。有所不言心，言身者，心體本無，凡有屬形。忿懥四者，意之病。不得其正，心不得其正也。恐懼在憂患既至之後，憂患在恐懼未至之先。言忿又言懥，言恐又言懼，言好又言樂，言憂又言患，皆過甚之意。本惟喜怒哀樂，重累其辭，以見情勝也。

「身有所忿懥」，朱註作「心有所」，非也。不正非心之本體，惟身與物接，私意偏主，怒焉而忿懥，暴厲過度；畏焉而恐懼，驚怖不寧；喜焉而好樂，放浪忘反；憂焉而慮患，怯懦失措。如此，則魂魄不守，氣一動志，心焉得有静正之體？所謂「物交物，引之而已」，故曰「心不在焉」。由是視、聽、飲食無所管攝。始以身有所而喪其心，既以心不在而并喪其身，身與心交喪可知。心與身相關也，故脩身在正其心。

「忿懥」四者皆意，脩齊治平皆根于意。心不在焉，即是自欺。視不見，聽不聞，食不知味，與「如惡惡臭，如好好色」，意相違遠矣。所以心不正，身不脩，爲意不誠。故上章誠意單釋，亟頌其功德，此章以下身心等并釋，多舉其病痛。蓋意誠則盛德大業由此出，意不誠則心不正，身不脩，家國天下皆不可行矣。

心非土木，豈得無情？能大公順應，則有情若無情耳。非枯槁然後謂無，非應感遂謂之有。人有喜怒哀樂，心虚則靈，不虚則不靈。虚者有而非有，無而非無。有所者，以有爲有也。不在者，以無爲無也。有無無有，虚靈之妙用也。禪語云「恰恰用心時，恰恰無心用」，蹈襲此理。近代講良知，亦此意。此與下脩齊章皆兼知而言。知即存意中，意誠即知至。身以内，心意知一也。

「忿懥」四者，意之動于己也，故以釋脩身。親愛五者，意之加于人也，故以釋齊家。

先儒云八目功效以次漸進，然據五傳，其説難通。意既誠矣，德潤身，心廣體胖矣，比及正心，復有四不正，至目不見，耳不聞，口不知味，頑冥不仁之病。心既正矣，比及脩身，復有五僻，至父不知子，農不知苗，錮蔽之極，何也？蓋學雖有始終本末，道惟一貫，致知格物，串紐八事，誠意一關，提挈綱領，一事不盡，則七事并累。正心時即已脩身，脩身時即已齊家，齊家時即已治國平天下矣。義本圓融，解者破裂。

## 第四章

**所謂齊其家在脩其身者，人之其所親愛而辟焉，之其所賤惡而辟焉，之其所畏敬而辟焉，之其所哀矜而辟焉，之其所敖惰而辟焉，故好而知其惡、惡而知其美者，天下鮮矣。故諺有之曰：「人莫知其子之惡，莫知其苗之碩。」此謂身不脩不可以齊其家。**

齊家在脩身，何也？身者，家之主。好惡當理，則身脩而家齊。蓋好惡根于意，通諸國與天下，而家則身與天下接之初，意發于此最切。若不能致知格物，任意所向往而不知止，則流爲偏僻：向于親愛不止，則偏于姑息；向于賤惡不止，則偏于憤嫉；向于畏敬不止，則偏于側媚；向于哀矜不止，則偏于悲傷；向于敖惰不止，則偏于陵侮。蓋家人至近，其情易縱，意所好，雖惡見爲可喜；意所惡，雖美併棄不録。物以形隔，而不能格其理；知以意昏，而不能致其明。恒情之偏，滔滔皆是。至有父不知子惡，農不知苗美者，況家人恩怨叢集，以偏蔽行之，安望能脩身以齊家乎？故欲脩身齊家者，亦在誠其意以致知格物而已。

人，恒人也。之，向也，言往而不返，即不知止也。辟、僻同，偏也，已甚之意。鄭作「譬」，非也。

敖惰，不禮貌也。如孔子于孺悲不與見，而鼓瑟使聞，望其悟也；孟子于留行者，隱几不應，而其人引咎，翻然教誨，皆敖惰不僻者也。餘仿此。五者之僻，皆意之累。諺，俗語。碩，繁盛也。

前四「有所」者，物來不能順應，卒發不能自主，志爲氣動，故不得其正而害在身。此五「之其所」者，執而不化，一往而不返，情逐物遷，遂以成僻，故害及家人。五者總一好惡也，歷數之，見褊小苛細，知其一，不知其二，偏曲之甚也。明者好惡如鑒，因物自來，此則以意往就，故曰「之其所」。然則焉能致知以格物乎？物之易格，孰如父于子、農于苗者，意一偏則習而不察。愛子天性，豈曰不好，至于惡亦不知，則昏矣。稂莠害苗，豈曰不惡，至苗美亦不知，則瞽矣。惟意不誠，故格致兼失。然獨于齊家及此，何也？家不齊有二：倫序混亂，以不知其惡而不齊也；恩誼乖離，以不知其美而不齊也。故曰：「唯女子與小人難養也，近之則不孫，遠之則怨。」故愛憎于家尤貴變通。《易》卦內明而外順爲《家人》，反《家人》則《睽》。《睽》之象曰「君子同而異」，其彖曰「男女睽而其志通，萬物睽而其事類」，六爻始睽終合，上明而下悦也。今任意所遷而不知止，偏執錮蔽，異而不能同，則睽而不能合，豈宜家之主？聖人所以裁成萬化，惟圓神不滯，故家不齊生于僻也。

「忿懥」四者由氣質生，身以血氣勝，故怒爲首。親愛五者由交接成，家以恩情勝，故愛爲首。喜怒任意，必無身範，而舉動乖方，則身不脩。愛憎任意，必無家法，而情誼乖離，則家不齊。病皆生于意，故誠意爲本。

恒情服官莅政在國與天下，或多公平，家人意偏，賢者不免，故引諺語爲徵。「莫知子」之人與「之其所」之人，正是一種。意僻，即知亦不致，物亦不格。莫知子，是謂好不知惡。莫知苗，是謂惡不知美。此等人安能齊家？非以莫知子惡爲家不齊也。

此章言不能致知格物之病最明，于脩齊發之者，所以融會八序而補其偏也。朱子泥八序，云四不正、五僻「皆人合有之事，如官街上差了路」，謂次序既定，造詣漸深，病痛漸減，故周旋其説，不思心不在，好惡僻，視聽飲食不知，父不知子，農不知苗，此等猶謂合有，如何方是合無？既云病痛漸減，何爲家齊後又貪戾作亂，國治後又爲天下僇，驕泰拂人，病反增。何也？此是「官街上差了路」，彼即是房奥裏差了路，其拘泥可笑。

## 第五章

所謂治國必先齊其家者，其家不可教而能教人者，無之。故君子不出家而成教於國。孝者所以事君也，弟者所以事長也，慈者所以使衆也。《康誥》曰：「如保赤子。」心誠求之，雖不中不遠矣。未有學養子而后嫁者也。一家仁，一國興仁；一家讓，一國興讓；一人貪戾，一國作亂。其機如此。此謂一言僨事，一人定國。堯舜率天下以仁而民從之，桀紂率天下以暴而民從之，其所令反其所好而民不從。是故君子有諸己而后求諸人，無諸己而后非諸人，所藏乎身不恕而能喻諸人者，未之有也。故治國在齊其家。《詩》云：「桃之夭夭，其葉蓁蓁。之子于歸，宜其家人。」宜其家人而后可以教國人。《詩》云：「宜兄宜弟。」宜兄宜弟而后可以教國人。《詩》云：「其儀不忒，正是四國。」其爲父子兄弟足法，而后民法之也。此謂治國在齊其家。

治國在齊家，何也？家國同此人，同此心，同此理，齊家、治國同此身也。其治在教，其機在誠。父子兄弟，是生人之根本，即〔一〕良心至善不約而同者也。身苟不孝不弟不慈，則家人不可教，況國人乎？苟能孝弟慈以教家，則教國不外此矣。何也？以孝親之心事君則仁無不格，以敬兄之心事長則讓無不孚，以保赤子之心使民則慈無不浹，意誠故也。《康誥》曰：「如保赤子。」人君保民，信能如保赤子。心誠求之，則民之所好好之，民之所惡惡之，君民一體，疾痛相關，淪肌浹髓，無有不得民心者矣。不如是，而妄言保民，是以虛文浮格相籠絡，何異學養子后嫁者？所以慈使衆而衆可使，孝弟教國而國人有不仁讓者哉！故仁讓篤于家則仁讓興于國，蓋理本同然而君身先率，其應自神。苟君不仁讓而貪戾，則國人效貪戾而作亂。治亂之機迅速如此。古語云事敗于一言，國定于一君，不可以知機乎。機者何？誠意是也。誠意者何？君身所好是也。賢君好仁，與暴君好不仁，誠同也。故堯舜好仁

〔一〕「即」，《續修》本作墨釘。

與桀紂好暴，同也。堯舜好仁，令民以仁；桀紂好暴，其令民亦以仁。堯舜之民從，桀紂之民不從者，從其所好，不從其所不好也。此好一念，即慈母保赤子之意，運于孝弟仁讓之内，而浹于家人國人之心者也。從好則從惡矣。是故喻民以好善之意，而善本君身所有；喻民以惡惡之意，而惡本君身所無。此意藏之君身，名曰恕。恕者，如其心而不自欺也。知仁讓可好，如好好色，是自如其好也。知貪戾可惡，如惡惡臭，是自如其惡也。恕也，即誠也。苟所藏乎身不恕，自欺也；以令民仁讓，欺人也；條教號令皆學養子也，其能喻諸人也乎哉？故曰：「家不可教而能教人者，無之。」《詩》云：「桃少則葉盛，女賢則家和。」夫家人近而國人遠也。未有近者不能宜，而能宜于遠者矣。《詩》云：「宜兄宜弟。」兄弟親也，國人疏也。未有親者不能宜，而能宜其疏者矣。《詩》云：「其儀不差忒，可以正是四國。」未有不孝不弟不慈之身，而國人肯以之爲法者矣。故治國在齊其家。

其家不可教，謂身不脩則家人不率教也。教人，謂教國人。無之，謂無是事。不出家成教于國，言教國即在齊家内，融會之説也。孝于親，弟于兄，慈于幼，家之事也。事君、事長、使衆，國之事也。長，謂官長。保赤子，言誠也。學養子爲母，譬不誠也。孝弟慈所以能格物，惟意誠也。貪者不讓，戾者不仁。機，弩牙，發動所由也。僨，敗也。率、帥同。將軍曰帥。率師將爲主，率民君身爲主。如心曰恕，即所謂「毋自欺」也。爲善如好好色，去惡如惡惡臭，不自欺其心，所謂如心也。喻，曉也，以令曉人也。夭夭，少好貌。蓁蓁，盛也。之子，指女子。于，往也。婦人内夫家，往嫁曰「于歸」。宜，和也。儀，法也。忒，差也。四國，猶四方。爲父子兄弟足法，謂君能脩身盡倫，足爲家人之法，國人乃取法也。

治國亦本于誠意。孝弟慈，人之真意也。家國相通，所以爲親民也。引《康誥》獨徵慈者，慈切民也。孝弟或喪其良心，惟慈母愛子，愚婦與知，即意之「如惡惡臭，如好好色」者。故曰：「心誠求之。」此齊治之機，獨之當慎者也。

仁讓必待行于一家，然後行於國。貪戾纔有于身，即已見于國。定國由于一人，僨事止由一言，成難而敗易如此。故曰：「從善如登，從惡如崩。」治亂之機，故可畏也。

人主率民，猶帥率三軍。帥居帷幄，三軍惟所指揮，如北辰居所，衆星自拱，即所謂機也，矢發于百步之外，弩不離掌握之中。善治國者，化行域外，而意運于胸中，誠存念慮，而風動乎四境，即此是致知格物。自我理物是格物，物咸就理是物格。

大學成己成物，故終始格物。天下國家身心意知，總一物也。言孝弟慈，見理之一。言誠，見心之同。言機，見感應之速。舉堯舜作式樣，見身爲本。堯舜身好仁，家國天下莫不仁。惟其理一心同機神，如陽氣熏烝盈宇宙，萬物發生，一氣相感，莫知其然而然，物所以格也。桀紂好暴如陰氣閉塞，焉能强萬物出機？物所以不格也。堯舜率民民從，意誠能動物也。桀紂令民民不從，不誠未有能動者也。故《大學》終始格物而主誠意。

家國相因之理于治道最緊關。「親民」兩字，實由家生而身爲本。故此章本所好藏身而言，非謂齊家專齊家，治國專治國，如世儒逐節用功之説也。八目若無五段解釋，先後未免破碎。朱子拘泥爲官銜差路之譬，于作者意左矣。

恕以如心解，有兩義。合忠恕言，則恕如其忠，我自如我心，所謂誠意毋自欺，致知以格物，即信也。夫子一貫之忠恕是也。單言恕，則以如人心爲義。我心忖度人心，所謂不願勿施，即絜矩也；能近取譬，强恕而行是也。此章以藏身言恕，誠意毋自欺也。今人言忠恕但以如人心解，夫且不如己心，安能如得人心？但使赤忠直達，更無遮留轉换，方是如心，方謂之恕，自然大公無我，知至物格，不待取譬，而人己通透，所謂一貫也。詳《中庸》「道不遠人」及《論語》「一貫」章。

有諸己求諸人，無諸己非諸人，此人君有教民之責者，帝王之事，所謂大學也。若士庶韋布，有諸己而遂求人，無諸己而遂非人，亦是大患。

引《詩》首《桃夭》者，家道睽離，多始于婦人；次《蓼蕭》者，門祚衰薄，由兄弟相尤；三《鳲鳩》者，刑寡妻，宜兄弟，皆本諸身也。

## 第六章

所謂平天下在治其國者，上老老而民興孝，上長長而民興弟，上恤孤而民不倍，是以君子有絜矩之道也。所惡於上毋以使下，所惡於下毋以事上，所惡於前毋以先後，所惡於後毋以從前，所惡於右毋以交於左，所惡於左毋以交於右，此之謂絜矩之道。《詩》云：「樂只君子，民之父母。」民之所好好之，民之所惡惡之，此之謂民之父母。《詩》云：「節彼南山，維石巖巖。赫赫師尹，民具爾瞻。」有國者不可以不慎，辟則爲天下僇矣。《詩》云：「殷之未喪師，克配上帝。儀鑒于殷，峻命不易。」道得衆則得國，失衆則失國。是故君子先慎乎德。有德此有人，有人此有土，有土此有財，有財此有用。德者本也，財者末也。外本内末，争民施奪。是故財聚則民散，財散則民聚。是故言悖而出者亦悖而入，貨悖而入者亦悖而出。《康誥》曰：「惟命不于常。」道善則得之，不善則失之矣。《楚書》曰：「楚國無以爲寶，惟善以爲寶。」舅犯曰：「亡人無以爲寶，仁親以爲寶。」《秦誓》曰：「若有一个臣，斷斷（音短）兮，無他技；其心休休焉，其如有容焉。人之有技，若己有之；人之彦聖，其心好之，不啻若自其口出，寔能容之。以能保我子孫黎民（句），尚亦有利哉！人之有技，媢嫉以惡之；人之彦聖，而違之，俾不通，寔不能容。以不能保我子孫黎民（句），亦曰殆哉！」唯仁人放流之，迸諸四夷，不與同中國。此謂唯仁人爲能愛人，能惡人。見賢而不能舉，舉而不能先，命也。見不善而不能退，退而不能遠，過也。好人之所惡，惡人之所好，是謂拂人之性，菑必逮夫身。是故君子有大道，必忠信以得之，驕泰以失之。生財有大道。生之者衆，食之者寡，爲之者疾，用之者舒，則財恒足矣。仁者以財發身，不仁者以身發財。未有上好仁而下不好義者也，未有好義其事不終者也，未有府庫財非其財者也。孟獻子曰：「畜馬乘不察於雞豚，伐冰之家不畜牛羊，百乘之家不畜聚斂之臣，與其有聚斂之臣，寧有盜臣。」此謂國不以利爲利，以義爲利也。長國家而務財用者，必自小人矣。彼爲善之小人句，之使爲國家，菑害並至，雖有善者亦無如之何矣。此謂國不以利爲利，以義爲利也。

所謂平天下在治國者，何也？以天下、國同此人，同此心也。孝弟慈，真心也。行于上即興于下，則心同可知。君子知心同，而得絜矩〔一〕之方焉。何謂矩？好惡是也。何謂絜？同其好惡是也。君子以身立上下四旁之中，以心爲上下四旁之矩，而絜度上下四旁之人情。如視上我爲下，我不欲上虐我，人爲下我虐之，則不平在下，即勿以虐使下，凡爲下者平矣。如視下我爲上，我不欲下慢我，人在上我慢之，則不平在上，即勿以慢事上，凡爲上者平矣。前後左右皆然。此之謂絜矩。是皆本吾毋自欺之意，以格天下之物，而同其好惡，即是忠信之道也。得此則爲民父母，失此則爲世大僇。民之得失、國之存亡攸係，可不慎哉！故王天下，君子能誠意慎獨有德，則好惡同民，衆心樂附而有人，人歸則王臣王土而有土，有土則九職九賦而有財，有財則君足民足而有用，二帝三王全盛之天下，何以加此？此之謂王道本于明德，而明德本于誠意也。世主不能誠意，内懷貪利之心，外襲慎德之迹，以德爲聲

〔一〕「絜矩」原倒作「矩絜」，今據經文乙正。

音笑貌，欺世罔民，而以利爲精神命脉，貪黷自恣，於是聚斂政行，掊尅之小人進，争奪起而大命去矣。此所謂假之也，是謂霸術。如楚、晉、秦君臣不可以治國，其可以平天下乎哉？或謂善爲寶，或謂仁爲寶，或謂進賢退不肖爲利，聽其説皆道德之公，而察其意皆功利之私，此所謂「外本内末，争民施奪」，國不治，天下所以不平也。唯仁者能誠意，見賢必舉，舉則必先，好民所好，如好好色，非外好而内不好也；見不賢必退，退則必遠，惡民所惡如惡惡臭，非外惡而内不惡也。是能親民爲父母，忠信之大道也。不然者，既未能進賢以利民，而重用小人以殘民，拂民之性，驕泰自恣，不能絜矩，則菑害立至。信乎平天下之道，無復有大于忠信者矣！苟能忠信，雖生財亦大道也。生衆而食寡，急爲而緩用，國計有裨，君道亦光，何必外本内末爲穿窬之行？要在一念義利之閒，誠其好惡而已矣。苟有忠信絜矩之心，生之爲之，食之用之，亦自不可廢，而惟正之供，府庫之入，皆其所宜有。不然，併日而食，數米而炊，烏能治天下？故曰：「亦有仁義而已，何必曰利？」如孟獻子謂大夫之家不問畜産，不臣聚斂，其言良似。要之，好義者人之公心，而好利者亦人之同情。若徒拘爵之崇卑，以論利之大小，是天子與庶人不同學，而家與國、天下不同道。苟且遷就，寧畜盜臣，此謂不以利爲利，而以義爲利者也。蓋以利爲利者，明背乎義，所謂「聚斂之臣」也；而以義爲利者，未誠于好義，所謂「盜臣」也。以利爲利者，此無忌憚之小人。以義爲利者，彼爲善之小人也。凡世主專利，固由無忌憚之小人道之矣，而彼爲善之小人挾術尤巧，欺君尤甚，忠佞之相似，非意誠知至之主，鮮有不墮其術中深受其害者。此之謂不以利爲利，以義爲利者，烏能平天下？故夫内外本末之分，賢否得失之辨，用舍進退之權，在明主誠其好惡，致知以格物而已，《大學》所以首誠意也。蓋天下大器執詳則煩，執要則簡，故莫要于同好惡。平天下難事，興利則難，除害則易，故莫平于惡勿施。未爲天下興利，民之利且勿奪之；未能爲天下得人，小人且先去之；未能望三五太平，强大僭亂之諸侯與攘君剥民之大夫，且先遠之，則國治而后天下可平。此作《大學》者之深意也。

上老老，君自行孝也，則國人感而起孝。恤孤，即慈幼。倍、背同。不倍，謂相收恤，不相背棄也。孝弟慈三者，承上家國，推見天下人心皆同也。絜、挈通，圍而量之，即所謂格物也。矩所以爲方，今曲尺，譬君心也。天下人不同而心同，如制器長短不同而矩同。以矩量物，萬形皆齊。以心量人，萬情皆均。絜矩之道，即誠意致知格物之方也。好惡，意也，人皆同，而不得同者，以所惡妨其所好也。故即所惡，明絜矩之道。君以心爲矩，居上下前後左右之中，環度上下前後左右之心，彼己如一，我所惡者勿以偏加人，則羣情普愜，而天下平，即下文忠信之大道也。所惡，即聚斂用小人之類。三引《詩》言好惡同，則親民爲父母，是絜矩之得也；好惡偏，則爲世刑戮，不絜矩之失也。僇、戮通。殷之未喪師，謂殷先王之世。喪，失也。師，衆也。克配上帝，當天心也。儀，度也。監，視也。峻，大也。命，天命也。不易，難保也。道，言也。得衆心則得國，殷先王所以爲民父母。失衆心則失國，殷後王所以爲天下僇。先慎，承上「有國者不可不慎」，而最慎莫如德。慎即慎獨，德即明德。本末，因首章「本末」而言。外本内末，則好德非誠也。後義而先利，民必争，是上先争也；下必奪，是上先施也。財聚，謂横斂以歸于上。財散，謂薄斂以藏于民。言悖出，謂以惡聲加人，人亦反之，況聚財斂怨，民其不反乎？聚散出入，天運循環，民心即天道，因引《康誥》徵之。道，言也。善，謂慎德，則民聚而天命得。不善，謂外本，則民散而天命失。自此以上，皆言財貨之當絜矩也。《楚書》，楚史。楚王孫圉適晉，趙簡子問楚白珩之玉，圉以觀射父、左史倚相對，言玉非寶，善人爲寶也。舅犯，晉公子重耳舅狐偃，字子犯。重耳以驪姬之難，出亡在狄。其父獻公薨，秦穆公使人弔，勸之反國，舅犯教以此對也。亡人，逃亡之人，重耳自謂。仁親，思親也。《秦誓》，秦穆公悔不用蹇叔，自誓之辭。斷斷，材短貌。休休，和粹也。如有容者，休休之量，空洞無物，如器之有容，不可窺探之意。技，材能也。彥，美士也。聖，通明也。不啻若自其口出，中心之好，不但如口所言也。寔能容之，應上「如有容」，而決其真能容，即意誠之君子也。保，亦容也。保子孫黎民，言其推賢讓能，維持宗社，子孫黎民并受其芘，是乃爲真有容者。尚，加也。有利，有益于國也。媢嫉，妒忌也。違，阻也。寔不能容，言不能容之甚也。亦曰，猶言可謂也。殆，危也。小人危人國也。《秦誓》言善人可好，以深病不善人可惡，唯仁人意誠爲能好惡之也。放流，即放流媢嫉之人。迸、屏通。不與同中國，言遠絶之，即如惡惡臭者也。惡並言好者，惡惡人以愛善人也。絜矩惟勿施所惡而已。見賢不能舉，力不能也，如樂克薦孟子之類。先，謂加諸上位。不能先，如禹薦益之類。命，謂時數遭逢，非人所能也。此雖子孫黎民未得其利，而未至于殆，猶可言也。若見不善而優柔不能退，退又姑息不能遠，此謂之過。過，差也。不能絜矩，故至差謬。好惡反常，驕泰自恣，菑必及身矣。故君子能忠以存心，信以行忠，則誠意絜矩而好惡當可，自無用人之僻，平天下之大道得矣。自此以上皆言用人之當絜矩，自此以下申言理財有道而小人不可用也。財本國計，不可聚，而未嘗不可生。大道，即忠信。生之者衆，力本多也。食之者寡，冗食少也。爲之者疾，不妨農也。用之者舒，濫費省也。四者勤儉之事。民足則君足，不聚亦不乏，故曰「恒足」也。發，興也。賤貨貴德，則安富尊榮，故以財發身；争奪悖出，則憂辱死亡，故以身發財。事，謂惟正之供，下以事上。終事，無逋負也。辨之于民曰事，貯之于國曰府庫。未有府庫非其財，言府庫即財，不以好仁而乏也。四馬曰乘。畜馬乘，謂士始爲大夫，出入乘四馬車，士車惟兩馬也。察，細問也。鷄豚，小利。大夫禄厚，不宜問小利。伐冰，開冰。《周禮》凌人掌冰，冬藏春伐。大夫以上喪祭用之，士不得用也。百乘之家有采地，可出車百乘者，上大夫之家也。盜臣攘主，聚斂剥民，與其害民，寧害君也。此謂，指獻子之言。不以利爲利者，直其辭。以義爲利者，不誠其意也。以義爲利，是爲利而行義，假也。爲善之小人，即誠意章「揜其不善而著其善」之小人，指以明不誠意之害。長國家，謂君也。必自小人，言由聚斂之臣以利爲利也。彼爲善之小人，即盜臣，以義爲利者也。假義欺君，非誠意致知格物之主，未有不誤信之。之使爲國家，謂使爲大臣主國計也。《周禮》《王制》皆冢宰制國用，豈有小人而真能爲善者？莊周謂以《詩》《書》發塚，以仁義竊國，如後世莽、操、懿、温之徒。彼者，外之之辭，包舉前晉、楚、秦、魯三桓諸臣輩也。天殃曰菑，人禍曰害。善者，謂真爲善者，孝弟慈誠意之君子也。雖有忠君愛國之心，而天命人心已去，無容展措，故無如之何。以義爲利之害至此，故再言以深儆之，見意不可以不誠也。蓋賢否之分，惟在義利之閒。義利不明，則賢否不分。賢否不分，則用舍倒置。理亂之幾，閒不容髪，惟誠意致知格物之君子能辨決之，故重言以丁寧也。大學之功終始誠意，明明德于天下在格物，以此。明主實心親賢遠佞，天下豈不平乎？

此章言平天下在絜矩，絜矩即忠信，忠信即誠意，絜矩即格物。道莫大于忠信，菑莫大于驕泰。驕泰反忠信，即不誠也。二者皆意，治亂之窾係也。首舉孝弟慈，因齊治之機，驗天下人心之同爲絜矩之本也。于家國言孝弟慈，于天下言理財用人，非國無財與人、天下無老與幼也。孝弟慈始于家，理財用人，天下大于國也。好惡誠意，則一而已。仁讓之俗，即好義之風。貪戾之君，即施奪之主。好惡絜矩，即恕藏諸身。外本内末，即令反所好。與民同利，則各遂孝弟慈之願。小人在位，則自有率暴之君。治平非二理，誠意無二道。然好惡皆意，章内不言所好而言惡，不言興利而言奪民，不急親賢而但遠小人，何也？大德不惠，至仁無恩，王道平平，不在施濟。利莫美于不害，而功莫大于不庸。天道所以並育萬物者，任物之自生也；聖人所以並育萬民者，因民之自養也。不必益之，惟勿損之；不必摩之，惟勿傷之：故曰平也。有害則除，不獨貨殖小人，而二端其大者。二害遠則大患息，過此以往，經綸教化，在世主相時勢古今爲之矣。外本内末，所謂口堯舜而心桀紂。引晉、楚、秦霸國事，不以人廢言，亦王霸誠僞之分也。欲平天下者先治國，五霸假仁，諸大夫以義爲利，人心壞，争奪起，國不治，天下何由平？以仲尼之聖，而舉世莫宗，所謂「善者，無如之何」矣。故舉叔季之事，寓《春秋》之義。不然，豈無《詩》《書》帝王顯謨足稱，而屑屑引五霸、三桓，附誠正之後，爲治平之軌乎？秦穆公死而殺三良，何子孫黎民之能保也？

「生財有大道」以下，言能絜矩，于財用有自然正大之道，非無財之謂義也。但意不誠，假義爲利，則不可耳。因引孟獻子語推言之。「仁者以財發身」二句較重發身，仁義風行，何損于財？豈謂平天下者并府庫不用，而后爲不殖貨乎？故曰「未有府庫財非其財者」，語意寬舒近情。朱註以「無悖出」解，大苦。

引孟獻子語，本以戒專利，末因聚斂、盜臣，遂發義利之辨，見大道本乎忠信，誠意爲治平之本也。前言「此爲〔一〕國不以利爲利，以義爲利」，釋獻子之言；再言「此爲〔二〕國不以利爲利，以義爲利」，推假義爲利之害。爲利行義，則意皆自欺，何以格物？故夫桀紂之令民，非不與堯舜同，而賢否治亂相天壤者，堯舜以義爲義，誠，而桀紂以義爲利，假也。晉、楚、秦之爲君，魯三家之爲臣，皆是也。爲惡之小人與爲善之小人，其閒不能以寸，君子所以必誠其意。學至誠意精矣。内聖外王之道，充類至義之盡，烏可以義爲利也？春秋王迹熄，王霸張，國不治，天下不平，皆由利之爲害，好義之念假也。故于治平之終，極致義利誠僞之辨，引晉、楚、秦、魯三家詳述其辭者，所以微按其意也。孟子云「生于其心，害于其事；作于其事，害于其政」，「堯舜性之，湯武身之，五霸假之」，「五霸者，三王之罪人。今之諸侯，五霸之罪人。今之大夫，今之諸侯之罪人」，此也。

〔一〕「此爲」之「爲」，據經文當作「謂」，然古「爲」「謂」常通用，今亦不敢改。

〔二〕「此爲」之「爲」，據經文當作「謂」，然古「爲」「謂」常通用，今亦不敢改。

《易》曰：「何以守位曰人，何以聚人曰財。」無財則廢禮，正德、利用、厚生相須也。豈謂天下之大，可以貉道行之乎？顧惟人主一念獨知之地，謹所好惡而已。好誠在義，雖四海之富，九府之供，皆謂之義。好在利，雖并耕而食，饔飧而治，亦謂之利耳。意有誠僞，道有大小，所以分。孟獻子區區執家之貧富，以論畜産，其旨迫狹，而迹其言，亦敝而不可通行。大夫以上不言利，是也，然則士庶人獨可專利乎？大夫不問畜産可也，然則天子諸侯犧牲之賦，寢廟之芻豢，皆可以不問乎？大夫不臣聚斂，是也，而天子之大宰制國用，玉府、内府、職内、職幣之官，九職、九賦之政，不亦斂乎，焉可全廢也。至謂「寧有盜臣」，然則民不可虐矣，君獨可欺乎？據其辭，不以利爲利，而寃其意，未免以義爲利。以利爲利者，貪黷無厭，不顧廉恥，而害政事。以義爲利者，矯情干譽，不近人情，而壞心術，小則爲陳仲子之廉潔，許行之躬耕，大則爲田氏之竊齊，莽、操之移漢。故王道本乎人情，不廢生財，不辭府庫，惟忠信絜矩，與民同其好惡而已矣。善乎孟子云「王如好貨，與百姓同之，於王何有」。不畜不察，鄙哉硜硜，小補之見也。

聚斂、盜臣二者，魯三桓之家所並畜也。冉求爲季氏宰，賦粟倍他日，夫子斥其「聚斂」。楊虎以陪臣執國命，囚其主，而竊寶玉、大弓以叛，《春秋》書曰「盜」。之二臣者，害孰大？爲孟獻子計，畜冉求乎？寧畜楊虎乎？冉求非不悦子之道，是謂不誠意之君子。楊虎爲仁不富，正乃爲善之小人。故冉有非聖人之徒，而楊虎寔亂臣賊子。此不誠意之禍，大小淺深彰明較著矣。解者以獻子語爲定論，豈其然乎？

舊解「彼爲善之」絶句，「小人」二字屬下文，然則「彼」指君，「爲」當作「謂」，「善」當訓嘉，其文義不類。篇中言善者九，皆本至善。意誠即是止至善，明親在止于至善，脩齊治平在誠意，一也。故于治平終，極言意不誠、以義爲利之禍，教平天下者正本清源，以爲明親之基也。理欲同出，而君子小人異途，其岐分毫釐，而究竟天壤者，皆始于意。意即欲也。上智不能無欲，而可欲之謂善；聖人不能無意，而毋自欺之謂誠。至善，即純一無僞之意也。意誠，即不學不慮之善也。故于治平言孝弟慈，亦誠也；于誠意言仁敬孝慈，亦至善也。人能不自欺其意，止于至善，則德可明而民可親。子云：「欲善而民善矣。」故善可欲也，可止也，而不可僞爲也。彼小人之善，爲之而已。爲之者，揜其不善而著之者也。爲利而行義，以義而爲利，所謂盜臣也。不孝不弟不慈，假仁讓以遂其貪戾，包藏禍心，盜主竊國。《詩》云：「君子信盜，亂是用暴。」烏能治國平天下？此大學之道本于誠意，在止于至善也。

平天下，即是明明德于天下。大學所以必明明德于天下者，何也？道一而已。天地與人物一體，人與天地萬物一體。天地生物人爲貴。人爲天心，本覺妙明，即是大虛真宰。其喘息呼吸，悉與天地萬物通，而況于好善惡惡、孝弟慈讓達之天下者乎？故家國天下〔一〕言乎其分之殊，而合之皆爲明

〔一〕「下」下一字格原爲墨釘，今删。

明德〔一〕，言乎其性之同也。是故語其異，雖身心意知亦異〔二〕，德未明也；要其同，雖家國天下亦同〔三〕，皆自明也。惟恒人局于形骸而意生乎其間，隔閡而不能相通，甚者知有身不知有家，其次知有家不知有國，又次知有國不知有天下。性分未盡，皆偏材小器，忝厥初生，大學所以必明明德于天下者，求無媿于天地萬物，參三才而盡爲人之道也。要之，趣舍從違，智愚聖狂，悉由意作。故夫子絶四，毋意爲首。有意即生固我，固我生則藩籬成，而一膜之外爲胡越，故不能滅意，而存誠爲本。能誠則無自欺，而明德之體，見天地萬物在靈知普照之中矣。是曰物格知至，明明德於天下也。

一篇之義，盡於首三言：格物致知以明明德於天下，皆明德也；齊家治國平天下，皆親民也；意誠心正，止至善也。

# 禮記通解卷二十一終〔四〕

〔一〕「德」下一字格原爲墨釘，今删。

〔二〕「異」下一字格原爲墨釘，今删。

〔三〕「同」下一字格原爲墨釘，今删。

〔四〕「禮記通解卷二十一終」，此行原在書葉闕損處，據《續修》本補。

# 禮記通解卷二十二

郝敬　解

## 冠義第四十三

古者成人加冠，必有禮。《儀禮》載《士冠》，未必盡先聖之舊，而其義可知。義者，禮之質；禮者，義之履也。故曰：「君子義以爲質，禮以行之。」記所以于冠昏射鄉燕聘不舉其儀，通其義而儀可知也。世儒欲推《儀禮》爲經，詘《記》爲傳，采華忘實，未見其可。

凡人之所以爲人者，禮義也。禮義之始，在於正容體，齊顔色，順辭令。容體正，顔色齊，辭令順，而后禮義備，以正君臣，親父子，和長幼。君臣正，父子親，長幼和，而后禮義立。故冠而后服備，服備而后容體正，顔色齊，辭令順。故曰：「冠者，禮之始也。」是故古者聖王重冠。古者冠禮筮日、筮賓，所以敬冠事，敬冠事所以重禮，重禮所以爲國本也。故冠於阼，以著代也。醮於客位，三加彌尊，加有成也。已冠而字之，成人之道也。見於母，母拜之，見於兄弟，兄弟拜之，成人而與爲禮也。玄冠玄端奠摯於君，遂以摯見於鄉大夫、鄉先生，以成人見也。成人之者，將責〔一〕成人禮焉也。責成人禮焉者，將責爲人子、爲人弟、爲人臣、爲人少者之禮行焉。將責四者之行於人，其禮可不重與！故孝弟忠順之行立而后可以爲人，可以爲人而后可以治人也，故聖王重禮。故曰：「冠者，禮之始也，嘉事之重者也。」是故古者重冠。重冠故行之於廟，行之於廟者，所以尊重事。尊重事而不敢擅重事，不敢擅重事，所以自卑而尊先祖也。

古者男子二十而冠，女子十五而笄。冠而後婚，笄而後嫁，成人之道也。冠必有禮，所以重成人而謹始也。日，謂行冠之日。賓，謂加冠之賓。國本，謂君臣、父子、長幼之禮，立國之本也。冠于阼，設筵東階，進冠者而冠之。阼階，父位也。冠子於阼，明代父之義，故曰「著代也」。醮之言釂，盡飲之名。賓酌酒，醮冠者于户西南面，賓客之位也。三加彌尊，初加緇布冠服，再加皮弁服，三加爵弁服，以漸而尊。祝辭亦以漸隆，示增益于有成也。既冠而賓爲之字，成人與童子異，避其名也。三加醮畢，冠者取脯，降自西階，入見母，母拜受。奠摯於君者，卿大夫適子冠也。玄冠玄端服，即士朝服。鄉大夫，掌一鄉者。鄉先生，鄉老致仕者。嘉事，猶言嘉禮。古者大事行於祖廟，示不敢專，

〔一〕「責」，原訛作「貴」，下三「責」字同，今皆據閩本改正。

不獨冠禮耳。

按：《曲禮》「二十曰弱，冠」，《春秋傳》魯襄公年十二，晉悼公曰：「是謂一終，一星終也。國君十五而生子，冠而後生子，禮也。君可以冠矣。」據此，則是諸侯冠不待二十也。文王十五生武王，尚有兄伯益考，則是文王冠而生子信也。《金縢》云：「王與大夫盡弁。」是時成王年已十三而弁，則是十二歲冠亦信也。然則天子至庶人自十二至二十皆可冠。《儀禮》子冠執脯見母，母拜受。子雖成人，母無拜禮。母雖重適，無拜子之義。此禮似過，而記附會之，故禮未必盡先聖之舊也。

## 冠義終

# 昏義第四十四

娶妻成禮，以昏爲期，取陽往陰來之義，故曰昏。《儀禮》有《士昏》，此其義也。

**昏禮者，將合二姓之好，上以事宗廟，而下以繼後世也，故君子重之。是以昏禮納采、**

問名、納吉、納徵、請期，皆主人筵几於廟，而拜迎於門外，入，揖讓而升，聽命於廟，所以敬愼重正昏禮也。父親醮子而命之迎，男先於女也。子承命以迎，主人筵几於廟，而拜迎于門外。壻執鴈入，揖讓升堂，再拜奠鴈，蓋親受之於父母也。降出，御婦車，而壻授綏，御輪三周，先俟于門外。婦至，壻揖婦以入，共牢而食，合巹謹而酳，所以合體同尊卑，以親之也。敬愼重正而后親之，禮之大體，而所以成男女之別而立夫婦之義也。男女有別而后夫婦有義，夫婦有義而后父子有親，父子有親而后君臣有正。故曰：「昏禮者，禮之本也」。夫禮始於冠，本於昏，重於喪、祭，尊於朝、聘，和於射、鄉，此禮之大體也。

納采，既通媒妁之言，納禮物爲擇采也。問名，采未知名，將加諸卜，以禮問女之名氏也。得名卜吉，乃納禮告吉也。徵，聘也。以禮物爲證，聘召之也。請期，請昏禮之期。昏期主自男氏，必先請于女氏也。主人，謂女氏之主人。廟，謂兩家宗廟。納采以下五禮，皆女氏主人設筵几于祖廟。拜迎于門外，入廟受命于祖考也。醮言釂也，盡飲之名。子親迎，父飲以酒，一酌曰醮。迎，壻迎婦也。鴈鳥從陽，飛鳴倡隨，故親迎以爲贄。奠鴈，置鴈于地。親受，受女也。父母，女父母。御輪三周，壻親御婦車，輪行地三匝，然後御者代之。壻先歸，俟于家門外也。共牢，同一牲也。合巹，破一匏爲兩器，同飲也。食畢飲酒曰酳。敬愼重正，謂納采以下五禮。親之，謂有親迎、御輪、同牢、合巹也。父子親而後君臣正，謂有父子然後有生人，名分立也。射、鄉，謂射禮、鄉飲酒禮。

夙興，婦沐浴以俟見。質明，贊見婦於舅姑，婦執笲卞棗栗段脩以見，贊醴婦，婦祭脯醢，祭醴，成婦禮也。舅姑入室，婦以特豚饋，明婦順也。厥明，舅姑共饗婦以一獻之禮，奠酬，舅姑先降自西階，婦降自阼階，以著代也。成婦禮，明婦順，又申之以著代，所以重責婦順焉也。婦順者，順於舅姑，和於室人，而后當於夫，以成絲麻布帛之事，以審守委積恣蓋藏去聲。是故婦順備而后內和理，內和理而後家可長久也。故聖王重之。是以古者婦人先嫁三月，祖廟未毁，教于公宮，祖廟既毁，教于宗室。教以婦德、婦言、婦容、婦功，教成，祭之，牲用魚，芼冒之以蘋藻，所以成婦順也。

夙興，即昏禮之來朝早起也。俟見，見舅姑也。質明，天正明也。贊，相禮者。笲，竹器，以盛棗栗段脩爲贄也。段，片也。脩，乾肉。加薑桂治之曰脩。贊醴婦，舅姑使贊者醴之。婦取脯醢、醴酒祭而後啐之，敬舅姑之賜，成爲婦之禮也。醴畢，舅姑入室，婦以特豚盥饋，供養自此始，故曰「明婦順也」。厥明，昏之又明日。饗婦以一獻之禮，舅與姑共一獻也。奠酬，舅姑一獻，婦酢舅姑，舅姑受而奠之席前，不舉也。阼，主階。子代父、婦代姑同，故冠、昏皆曰「著代也」。祖廟未毁，謂此將嫁之女，親在五世內，于祖有服，則于君爲親屬，先教于公宮。公宮，公家也。祖廟既毁無服，于君爲疏，則教于宗子之室。德，貞順也。言，辭令也。容，婉娩也。功，蠶績也。祭，祭所出之祖。魚與蘋藻皆水族，陰物柔潔也。芼，和羹也。德、言、容、功四者備，乃當于夫，故曰「成婦順」。

古者天子后立六宮、三夫人、九嬪、二十七世婦、八十一御妻，以聽天下之内治，以明章婦順，故天下内和而家理。天子立六官、三公、九卿、二十七大夫、八十一元士，以聽天下之外治，以明章天下之男教，故外和而國治。故曰：天子聽男教，后聽女順；天子理陽道，后治陰德；天子聽外治，后聽内治。教順成俗，外内和順，國家理治，此之謂盛德。是故男教不脩，陽事不得，適（責）見於天，日爲之食；婦順不脩，陰事不得，適見於天，月爲之食。是故日食則天子素服而脩六官之職，蕩天下之陽事；月食則后素服而脩六宮之職，蕩天下之陰事。故天子之與后，猶日之與月，陰之與陽，相須而后成者也。天子脩男教，父道也；后脩女順，母道也。故曰，天子之與后，猶父之與母也。故爲天王服斬衰，服父之義也；爲后服齊衰，服母之義也。

天子后，天子之后妃也。六宮，謂大寢一、小寢五。六官，謂天地四時之官，詳《周禮》。内外之官，皆自上而下，以三爲倍，尊者事簡官少，卑者事煩官多也。日月食有常度，而不得不謂菑，不可盡委之數者，天子與天同體也，説詳《洪範》及《詩·小雅·十月之交》篇。適，猶責也。蕩，洗滌更新也。

按：官制三倍，于義無取，本三公附會之耳。詳見《曲禮》《王制》。如謂官取數于陽，則夫人以下取數于陰可也。有天子，又以天爲官，如《周禮》所云，亦未敢信其爲周公之制作也。婦無公事，設官比外庭，則濫矣。王者統理民物，官僅與后宮等，無乃不備乎？陰非陽敵，地非天偶，可相須而不可相比也。

## 昏義終

# 鄉飲酒義第四十五

鄉飲酒者，鄉人飲酒之禮，詳見《儀禮》，而此言其義。鄭謂鄉飲有四：一爲三年大比，賓興賢能；二爲鄉大夫飲國中賢者，皆鄉大夫主之；三州長習射，州長主之；四黨正蜡祭，黨正主之。據《記》云「鄉人士、君子」，遂以君子爲鄉大夫，士爲州長、黨正。又據《周禮·州長職》云春秋射于州序，《黨正職》云屬民飲酒于序，因以篇首「庠門」爲鄉學，篇中「六十者坐、五十者侍立」爲黨正飲酒，「合諸鄉射」爲州長習射，皆附會也。解見各節。《周官·大司徒》「五家爲比，五比爲閭，四閭爲族，五族爲黨，五黨爲州，五州爲鄉」，鄉萬二千五百家，州二千五百家，黨五百家。大比賓興與國中賢者不多，禮易行。若一州二千五百家習射，一黨五百家衆人蜡飲，而州長、黨正欲以一人爲主，按《儀禮》節文演行，日亦不足。故篇内云「主人親速賓及介，而衆賓從之」，「及介，省矣」。古人用禮，非責人人演習儀文，在上者本真誠示觀而民自興，故鄉飲酒之禮，賓不過三人，取象天地日月，百拜成禮，以示民敬讓。故曰：「非家至而日見之也。」其行此禮也在上，故曰非家至；其舉此禮也以時，故曰非日見。後儒議禮欲按儀文度數人習之，日行之，以爲斯須不可去。嗟乎！禮云禮云，豈是之謂與？實意不存，虚文相襲，至如後世鄉飲酒苟且冒濫，志士不屑就。嗚呼！其初豈非先王之禮與？非先王之義矣。

**鄉飲酒之義。主人拜迎賓于庠門之外，入，三揖而后至階，三讓而后升，所以致尊讓也。盥洗揚觶**志**，所以致絜也。拜至、拜洗、拜受、拜送、拜既，所以致敬也。尊讓絜敬也者，君子之所以相接也。君子尊讓則不争，絜敬則不慢。不慢不争則遠於鬭辨矣，不鬭辨則無暴亂之禍矣，斯君子所以免於人禍也。故聖人制之**句**，以道鄉人士、君子。**

庠，學宫也。盥，盥手。洗，洗爵。觶，亦爵也。揚，舉也。既洗，揚之，而後酌酒，飲畢，復揚之，更洗也。拜至，賓主初入，升堂再拜也。洗爵拜，受爵拜，送爵拜，卒爵拜。既，猶卒也。五拜，賓主獻酬皆然。尊讓絜敬之禮行，則鬭狠争辨之禍息，聖人制禮之義也。禍由人作，故曰「人禍」。制之，謂制此禮。道，教也，猶《論語》「道千乘之國」「道之以政」之「道」。鄉人士、君子，鄉人之賢者，即賓、介、僎之類。

按：鄭欲附會鄉大夫、州長、黨正飲酒之説，以庠爲鄉學，序爲州黨之學。孟子云：「庠者養也」，「序者射也」。養賢習射，名異學同。如鄭説，豈鄉獨養不射，州黨獨射而不養與？《學記》云「黨有庠」，則是庠又不在鄉矣。聖人制之，以道鄉人、士、君子，文義甚明。鄭絶「以道」爲句，割「鄉人、士、君子」屬下讀，謂鄉人即鄉大夫，士即州長、黨正，君子即鄉大夫、士，以附合鄉州黨之説，其牽强跋戾如此。

尊於房户之間，賓主共之也。尊有玄酒，貴其質也。羞出自東房，主人共恭之也。洗當東榮，主人之所以自絜而以事賓也。賓、主，象天地也。介、僎遵，象陰陽也。三賓，象三光也。讓之三也，象月之三日而成魄也。四面之坐，象四時也。天地嚴凝之氣始於西南而盛於西北，此天地之尊嚴氣也，此天地之義氣也。天地温厚之氣始於東北而盛於東南，此天地之盛德氣也，此天地之仁氣也。主人者尊賓，故坐賓於西北，而坐介於西南以輔賓。賓者，接人以義者也，故坐於西北；主人者，接人以仁以德厚者也，故坐於東南，而坐僎於東北以輔主人也。仁義接，賓主有事，俎豆有數，曰聖；聖立而將之以敬，曰禮；禮以體長幼，曰德。德也者，得於身也。故曰，古之學術道者，將以得身也，是故聖人務焉。

尊，酒尊。房，東房。户，室户。古者堂後爲室，室東爲房，室南堂北爲牖，牖東爲室户。賓席于堂中户牖間，主席于堂東階上，近房。尊設于房户間，房之西、室户之東也〔一〕。賓主夾之，故曰「共」。行禮主酒，置酒曰尊。主人置酒而不敢專，故賓主共也。玄酒，水也。羞，進饌也。共、供同，供賓也。主席近東房，故曰主人供之。洗，以器盛水洗爵也。東榮，東檐下。主人席近東榮，故曰主人自絜。賓尊，故象天。主養，故象地。介，副也，賓之副也。僎作「遵」，遵從主人也。陰陽者，天地之用也。三賓，謂衆賓之長三人，詳見《鄉飲酒禮》。讓之三，謂主人初接賓三揖，至階三讓，升堂也。月暗處爲魄。三日謂每月初三日，月始生明成魄，光未滿讓魄，故魄現，而明與魄相待成月，猶主賓相讓成禮也。獨舉月者，月主陰，魄爲陰，故象賓。光爲陽，故象主人，即《易》云「謙尊而光」之意。賓體尊嚴，禮法自持，故曰義。主情温厚，飲食愛養，故曰仁。本仁義以相接，賓有事于義，主有事于仁，升降陳設，各有其數，此盛德之至，謂之聖。故禮本乎聖而將之以敬也，非聖人不能制禮。禮，體也。禮體于長幼之間爲德。德不在遠也，德得於身，即體也。居鄉以長幼爲禮，故鄉飲禮所以體長幼也。術，亦道也。

按：賓主四隅之象，義近迂。意者鄉大夫尊貴，禮不齒于鄉，鄉人賤而在賓位，不得不隅，主人

---

〔一〕「房之西，室户之東也」，原作「房之東，室户之西也」，由上注云「室東爲房」可知其誤也，今改正。

亦隅坐向之，故四座皆隅。名有介，有僎，賓皆賓也。聖人以義起禮，而記因名思義，非必按象制此禮也。解者執賓主介僎，深求天地陰陽之故，則鑿矣。必若以象八卦之位，乾居西北，賓象天，是也。坤不居東南，莫若以主居西南坤地，以介居東北艮方，艮，介也；以僎居東南巽方，僎，巽也。斯不猶愈乎？

祭薦、祭酒，敬禮也。嚌（剤）肺，嘗禮也。啐（翠）酒，成禮也。於席末，言是席之正非專爲飲食也，爲行禮也，此所以貴禮而賤財也。卒觶，致實於西階上，言是席之上非專爲飲食也，此先禮而後財之義也。先禮而後財，則民作敬讓而不争矣。鄉飲酒之禮，六十者坐，五十者立侍，以聽政役，所以明尊長也。六十者三豆，七十者四豆，八十者五豆，九十者六豆，所以明養老也。民知尊長養老，而后乃〔一〕能入孝弟；民入孝弟，出尊長養老，而后成教；成教而后國可安也。君子之所謂孝者，非家至而日見之也，合諸鄉射，教之鄉飲酒之禮，而孝弟之行立矣。

祭薦、祭酒，謂賓于主人薦獻，皆即席祭，所以敬主人之禮也。祭後取俎上肺，齒嚌之，嘗主人之禮也。酒微入口曰「啐」。賓啐酒，以成主人之禮也。禮主酒，故曰「成」。祭薦、祭酒、嚌肺，

〔一〕「乃」字原脱，據閩本補。

皆于席中，重行禮也。啐酒則於席末，賤財也。財即飲食。卒觶，謂工歌告備。賓退西階，旅酬而卒觶也。致實，以酒實觶進也。啐酒微飲，猶在席末；致實盡飲，則去席愈遠，皆「後財」之意。坐者于堂上，立者于堂下。六十以上者坐，五十以下皆立。政役，謂使令也。

孔子曰：「吾觀於鄉而知王道之易易也。」主人親速賓及介，而衆賓自從之，至于門外，主人拜賓及介，而衆賓自入，貴賤之義別矣。三揖至于階，三讓，以賓升，拜至，獻酬辭讓之節繁；及介，省矣；至于衆賓，升受，坐祭，立飲，不酢而降。隆殺之義辨矣。工入，升歌三終，主人獻之；笙入三終，主人獻之；間歌三終，合樂三終。工告樂備，遂出句。一人揚觶，乃立司正焉〔一〕。知其能和樂而不流也。賓酬主人，主人酬介，介酬衆賓，少長以齒，終於沃洗者焉，知其能弟長而無遺矣。降說脱屨，升坐〔二〕，脩爵無數。飲酒之節，朝不廢朝潮，莫不廢夕。賓出，主人拜送，節文終遂焉。知其能安燕而不亂也。

〔一〕「焉」字原脱，據閩本補。

〔二〕「坐」，原訛作「堂」，據閩本改正。按：註内云「複升堂即席坐餘也」，知其所據經文底本當作「坐」。

貴賤明，隆殺辨，和樂而不流，弟長而無遺，安燕而不亂，此五行者足以正身安國矣。彼國安而天下安，故曰：「吾觀於鄉而知王道之易易也。」

此節引夫子之言明先王制禮非徒演習其文也，爲上躬行此禮，以敬賢事長，和樂恭敬，教民不争不亂，則王道可興，禮之義也。速猶迎也，意與宿、肅皆通。《詩》云：「以速諸父。」衆賓自從，謂不親速也。貴謂賓，賤謂介。拜至，賓初至，主拜也。主酌賓爲獻，賓答主爲酢，主又導賓飲爲酬。辭，辭主；讓，讓賓，亦有賓讓主辭者。省，減也。介省，則僎可知。衆賓，謂僎、介外有三賓，《儀禮》云「衆賓之長升受者三人」，是也。主人之禮獨隆于賓，自介以下從省。升受，升堂受爵。祭，祭薦、祭酒也。飲，啐酒也。卒爵不酢，謂衆賓受獻不報也。工入〔一〕，工人入門。升，升堂。歌三終，《鹿鳴》《四牡》《皇皇者華》三篇歌終，主人酌酒獻工也。笙，吹笙者。入，入堂下。三終，謂笙奏《南陔》《白華》《華黍》三篇終，則主人酌獻吹笙者。間，代也。堂上與堂下歌吹代作，堂上歌《魚麗》，則堂下笙《由庚》；次堂上歌《南有嘉魚》，則堂下笙《崇丘》；又次堂上歌《南山有臺》，則堂下笙《由儀》，是謂「間歌三終」也。合樂，謂堂上堂下琴瑟笙歌并作，《儀禮》謂《關雎》《葛覃》《卷耳》，合以《鵲巢》《采蘩》《采蘋》也。樂備，樂畢也。遂出，樂工出也。一人，司正也。揚觶，舉爵以告衆也。樂畢賓降，主人留賓，將旅酬，恐飲者懈，使一人爲司正監之而舉爵令衆也。「賓酬

〔一〕「工入」，原誤作「工歌」，據經文改。

主人」以下，旅酬之禮也。凡酬先自飲，后酌以飲賓，有酬而無酢，長幼以次徧及。沃洗，謂滌濯之人。酬及沃洗，則無人不及矣。旅酬畢，衆賓徹俎降，脱屨堂下，復升堂即席坐飲也。脩爵，猶行酒。無數，不限量也。朝、夕，「夙夜在公」之稱。朝不廢朝，夕不廢夕，猶《詩》云「迨我暇矣」之意。飲有時，不廢事也。遂，成也，即「安燕不亂」之意。

鄉飲酒之義，立賓以象天，立主以象地，設介、僎以象日月，立三賓以象三光。古之制禮也，經之以天地，紀之以日月，參之以三光，政教之本也。亨狗於東方，祖陽氣之發於東方也。洗之在阼，其水在洗東，祖天地之左海也。尊有玄酒，教民不忘本也。賓必南鄉。東方者春，春之爲言蠢也，産萬物者聖也。南方者夏，夏之爲言假也，養之、長之、假之，仁也。西方者秋，秋之爲言愁也，愁之以時察，守義者也。北方者冬，冬之爲言中也，中者藏也。是以天子之立也，左聖鄉仁，右義偝藏也。介必東鄉，介賓主也。主人必居東方。東方者春，春之爲言蠢也，産萬物者也。主人者造之，産萬物者也。月者三日則成魄，三月則成時。是以禮有三讓，建國必立三卿。三賓者，政教之本，禮之大參也。

此節亦一家之説，并記之。三光，日月星。古聖人制禮效法于天地，而鄉爲國與天下之始，風俗之醇薄始于鄉。鄉人難與言，故經之以天地，紀之日月，參之以三光，左海以爲洗，四方以爲位，而後鄉人知禮之重也。烹狗，《鄉飲酒禮》云：「其牲狗也，烹于堂東北。」祖，猶法也。東北爲艮方，坎、震之交，水土止而木氣生。狗陽畜，陽之辰窮于戌，戌爲至陽，其獸狗。《易》象艮爲狗也，鄭謂狗取擇人，迂也。洗在阼，即東榮也。左海，東海。海在天地東，爲左。水爲祖炁，牛于北，歸于東南主方，法左海，象主德也。賓南鄉，與上節賓坐西北小異。「東方」以下，明賓所以向南之義。蠢，初生微動貌。聖者，至德之稱，猶所謂元善也。東方生物，帝出之鄉，故曰聖。夏，大也。假，亦大也。萬物長養，夏所以爲仁。愁，秋意。時察愁意，秋時萬物收斂，精核嚴肅，物所愁也。守義者，介之德。愁察所以守義。中在内，故曰「藏」。天子南面而立，故左聖右義，向仁背藏也。偝與「背」同。介東向，正位乎西也。西方爲義，賓主交而介居其間，正之以義也。主人東方，與介對也。與前坐異，不及僎。僎，《儀禮》作「遵」，有至不至也。主人造之，言禮造于主人，客受成耳，如萬物皆造于春也。月三日則成魄者，謂月之晦朔後三日明生，魄乃見也；明不生，則魄隱。前月小則朔二日生，前月大則朔三日生也。

# 鄉飲酒義終

# 射義第四十六

射者，男子之業。弧矢所以爲備，弋獵所以爲生，故貴賤咸用之。先王因燕飲聚會，使人以射相觀，而文之以禮樂，勝負相形，揖讓雍容行乎其間，所以因事化導之方也。天下無物無事無禮樂，飲酒無禮則害生，善射無禮則争起。先王因射以制禮，實非爲禮行射也。鄭氏謂射有大射、鄉射、賓射、燕射。總之，天子諸侯之射謂大射，民間之射謂鄉射。射必有燕，燕必有賓，未有無賓無燕而成禮者也。

古者諸侯之射也，必先行燕禮；卿、大夫、士之射也，必先行鄉飲酒之禮。故燕禮者，所以明君臣之義也；鄉飲酒之禮者，所以明長幼之序也。故射者進退周還必中禮。内志正，外體直，然後持弓矢審固，持弓矢審固，然後可以言中。此可以觀德行矣。

射者武事，以勝爲功。先王之爲射也，燕飲以和之，明君臣長幼以節之。進退周還必有其度。心正身脩，然後體舒泰而心手相得，可以與于射。故君子于射觀德行焉，非純任材力也。

其節，天子以《騶虞》爲節，諸侯以《貍^黎^首》爲節，卿大夫以《采蘋》爲節，士以《采蘩》爲節。《騶虞》者，樂^洛^官備也。《貍首》者，樂會時也。《采蘋》者，樂循法也。《采虆》者，樂不失職也。是故天子以備官爲節，諸侯以時會天子爲節，卿大夫以循法爲節，士以不失職爲節。故明乎其節之志，以不失其事，則功成而德行立。德行立則無暴亂之禍矣，功成則國安。故曰，射者所以觀盛德也。是故古者天子以射選諸侯、卿、大夫、士。射者，男子之事也，因而飾之以禮樂也。故事之盡禮樂而可數朔爲以立德行者，莫若射，故聖王務焉。是故古者天子之制，諸侯歲獻，貢士於天子，天子試之於射宮。其容體比於禮，其節比於樂，而中多者，得與於祭；其容體不比於禮，其節不比於樂，而中少者，不得與於祭。數與於祭而君有慶，數不與於祭而君有讓；數有慶而益地，數有讓而削地。故曰，射者，射爲諸侯也。是以諸侯君臣盡志於射以習禮樂。夫君臣習禮樂而以流亡者，未之有也。故《詩》曰：「曾孫侯氏，四正具舉。大夫君子，凡以庶士。小大莫處，御于君所。以燕以射，則燕則譽。」言〔一〕君臣相與盡志於射以習禮樂，則安則譽也。是以天子制之，而諸侯務焉。此天子之〔二〕所以養諸侯而兵不用，諸侯自爲正之具也。

〔一〕「言」字原脱，據閩本補。

〔二〕「之」字原脱，據閩本補。

節，謂作樂爲發矢之節。《騶虞》《貍首》《采蘋》《采蘩》，皆《詩》篇名，所謂樂歌也。《周禮·射人》：《騶虞》九節，《貍首》七節，《采蘋》《采蘩》皆五節。每歌一終，發一矢，謂之節。四矢則四節，而《騶虞》九節者，先五節以聽，《貍首》七節者，先三節以聽：餘四，一節一發也。騶，厩官。虞，山澤之官。《騶虞》詩美王者仁及萬物。田獵多禽，呼騶虞而歸功王者，故曰「樂官備〔一〕也」。《貍首》，今《詩》不載。下文「曾孫侯氏」，疑即《貍首》之辭，豈《逸詩》記者特録之與？貍，獸名。貍之言不來也，取射諸侯首不來朝者。云「小大〔二〕莫處，御于君所」，即以時會見天子之謂，故曰「樂會時也」。《采蘋》詩，大夫妻能循法度也，取卿大夫奉法之義。《采蘩》詩，諸侯夫人不失職也，取士不失職之義。天子以射選諸侯、卿、大夫、士，謂燕羣臣行大射也。或曰：將祭而射，以選士助祭也。《虞書》云：「侯以明之。」蓋射本武事，比禮比樂而多中，則材德可知也。好勝而無禮樂，如有窮后之類，未有不流亡者。故射以禮化争，以德成材之道也。曾孫，繼祖之通稱。侯氏，即諸侯。四正，謂將行射，舉爵獻賓，獻君，獻卿，獻大夫凡四，所謂正爵也。《投壺禮》云「正爵既行」，是也。四獻畢，然後射。「大夫君子」以下，勸諸臣射也。凡以，猶皆以也。「以燕」之「燕」，飲也。「則燕」之「燕」，安也。譽、豫通，悦也。《詩》曰「有譽處兮」，是也。諸侯自爲正，謂不俟天子正也。

〔一〕「官備」，原倒作「備官」，據經文乙正。

〔二〕「小大」，原倒作「大小」，據經文乙正。

具，指射。

按：以射選臣，古雖行之，非不易之道。《騶虞》《貍首》《采蘋》《采蘩》四節之歌，獨《貍首》不傳，必若「曾孫侯氏」云云者，夫子删《詩》不録，有以也。豈諸侯不會，而可以射致其來者乎？

孔子射於矍誑，入聲相去聲之圃，蓋觀者如堵牆。射至於司馬，使子路執弓矢出延射，曰：「賁奮軍之將，亡國之大夫，與爲人後者，不入，其餘皆入。」蓋去者半，入者半。又使公罔之裘、序點揚觶而語。公罔之裘揚觶而語曰：「幼壯孝弟，耆耋好禮，不從流俗，脩身以俟死，者不句？在此位也。」蓋去者半，處者半。序點又揚觶而語曰：「好學不倦，好禮不變，旄期稱道不亂，者不句？在此位也。」蓋廑僅有存者。射之爲言者繹也，或曰舍也。繹者，各繹己之志也。故心平體正，持弓矢審固，持弓矢審固則射中矣。故曰：「爲人父者以爲父鵠，爲人子者以爲子鵠，爲人君者以爲君鵠，爲人臣者以爲臣鵠。」故射者各射己之鵠。

此節引聖賢觀德之事，以明内正外直、弓矢審固之義。矍相，圃名。如堵牆，謂人衆填塞也。射至于司馬，謂鄉飲酒初燕，正爵畢，主人留賓，立一人爲司正，將射，則司正轉爲司馬。時子路爲司馬。命射，司馬之事也。延，進也。賁作「僨」，敗也。僨人軍師者不勇，亡人國家者不義，爲人後者棄親貪利不仁，故以此詰衆人，使自省也，即下文「各釋己志」之義〔一〕。公罔之裘、序點，二人名。禮，射畢，賓主脱屨升坐，使二人舉觶，故裘、點各揚觶語也。不、否同，詰使自省也。此位，賓位也。旄、耄通。八十九十曰耄，百年曰期。稱道不亂，謂與道合，即夫子七十從心所欲不踰矩也。廑作「僅」，少也。子路直斥惡人，故無惡者入。裘、點但留善人，故無善者退。裘言勉强勵行，賢人之事，故入者尚半。點言純一不已，聖人之事，故留者愈少。云僅存，非夫子一人與？蓋士君子涵養素定，心無愧怍，則持弓挾矢，自能比禮比樂，而審固命中。内省多疚，見君子厭然，以試于禮樂，則手足無措，況臨如堵之衆，聞揚觶之語，而氣沮喪矣。雖小人多材善射，内省身心，所以爲人鵠者，未能釋然，則〔二〕視君子心平體正之氣象，相去自不侔，射所以貴德也。繹，與「釋」同〔三〕。舍，止也。心思不亂而後能審，志氣安止而後能固，此能中之道也。鵠，大鳥，侯中央方處，射之的也。爲人父子君臣，各止其至。足爲人父子君臣之的，此古語，以射喻人道之皆有鵠也。君子生平無不中道，然後可以自試于射。不然，雖巧力俱亦曲藝而已。故曰「射者各射己鵠」，非射棲皮之鵠，申明上文「各繹己志」

---

〔一〕「使自省也，即下文各釋己志之義」，《續修》本作「使自繹思也，即下文射言繹之義」。

〔二〕「内省身心，所以爲人鵠者，未能釋然，則」，《續修》本作「内觀身心，繹己志以爲人鵠者，其若何」。

〔三〕「繹，與釋同」，《續修》本作「繹尋思也」。

之意，言素行皆中，則其志可釋也〔一〕。

故天子之大射謂之射侯。射侯者，射爲諸侯也。射中則得爲諸侯，射不中則不得爲諸侯。天子將祭，必先習射於澤。澤者，所以擇士也。已射於澤而后射於射宫。射中者得與於祭，不中者不得與於祭。不得與於祭者有讓，削以地，得與於祭者有慶，益以地，進爵絀地是也。故男子生，桑弧蓬矢六以射天地四方。天地四方者，男子之所有事也。故必先有志於其所有事，然後敢用穀也，飯食之謂也。射者，仁之道也。射求正諸己，己正而后發；發而不中則不怨勝己者，反求諸己而已矣。孔子曰：「君子無所争，必也射乎！揖讓而升下而飲，其争也君子。」孔子曰：「射者何以射？何以聽？循聲而發，發而不失正鵠者，其唯賢者乎！若夫不肖之人，則彼將安能以中。」《詩》云：「發彼有的，以祈爾爵。」祈，求也，求中以辭爵也。酒者，所以養老也，所以養病也。求中以辭爵者，辭養也。

大射，擇士之射。侯，所以待射。射侯，即《虞書》「侯以明之」之意。得爲諸侯，言比禮比樂，發無不中，則成其爲諸侯，不能者反是，非即以射行黜陟也。禮莫大于祭，助祭諸臣，必擇内正外直、

〔一〕「言素行皆中，則其志可釋也」十一字，《續修》本無。

閑習禮樂者，故先之以射也。澤，平野。射宮，序也。讓削地，慶益地，如後世紀功紀過之類，亦非即削之即益之也。以桑弧爲弓，以蓬蒿爲矢，示將有事，未可用也。六矢，上下四方各一也。穀，禄也。禄所以養，故以飯食釋之，即敬事後食之意。爲仁由己，射者反求諸己，故曰「仁之道」。將射，則同耦相揖讓升堂，射畢下堂，俟衆皆射畢，然後勝者揖負者升堂飲罰爵。其争也君子，異于小人之争也。何以射，何以聽，解見《郊特牲》。耳聽樂而不失節，手發矢而不失正，此爲難也。唯賢者比禮比樂，内正外直者能之，不肖之人勉强摸擬，得此失彼。蓋射之爲道取其正，正則未有不中，不正未有能中者。《詩》，《小雅·賓之初筵》。求中以辭爵，則其所争者乃其所爲廉也。

按：射本殺人之事，然而弧矢之利，自洪荒世始矣。聖人知其不可廢，教以正己繹志，自射其鵠，因明通蔽，因藝進之以德也。豈必謂周公、孔子之射巧于羿、奡乎？解者以拘泥附會失之。

## 射義終〔一〕

〔一〕「射義終」，此行原在書葉闕損處，據《續修》本、《存目》本改。

# 燕義第四十七

燕詳載《儀禮》，此言其義。

古者周天子之官有庶子官。庶子官職諸侯、卿、大夫、士之庶子之卒，掌其戒令與其教治，别其等，正其位。國有大事，則率國子而致於大子，唯所用之。若有甲兵之事，則授之以車甲，合其卒伍，置其有司，以軍法治之，司馬弗正征。凡國之政事，國子存游卒，使之脩德學道，春合諸學，秋合諸射，以考其藝而進退之。

庶子，見《文王世子》篇。官，謂庶子之有司，即《周禮·夏官·諸子》之職。此節本《周禮·諸子》之文，引以明庶子，非謂官即庶子也。古諸侯衆子及卿大夫元士之適子，皆稱庶子。《周禮》諸子爵下大夫，而《燕禮》獻庶子在獻士後，席堂下，則庶子無爵，與庶子官異也。古者兵農爲一，居則爲族，行則爲卒。卿大夫以下之子不征于司徒、司馬者，謂國子之游卒。《周禮》「卒」作「倅」。其戒令、教治，皆庶子官掌之。等，貴賤之級。位，朝列之位。大事，喪、祭、聘、享等事。國子，即庶子，以其養于國學謂國子。致，猶進也。唯所用，唯大子所使也。司馬弗正，弗得征役之，以其統于大子也。國之政事，征役之類。存，留也。游卒，空閒之士，即國子之卒也。合，聚也。

按：此節本錯簡，當在篇末「明貴賤也」之下。以有獻卿、大夫、士、庶子之文，不知庶子何官，《鄉飲》《射》《聘》皆無庶子，故于此引《周官》徵之，猶《聘義》之言玉。鄭註未達。

諸侯燕禮之義：君立阼階之東南，南鄉，爾卿句，大夫皆少進，定位也。君席阼階之上，居主位也。君獨升立席上，西面特立，莫敢適之義也。設賓主，飲酒之禮也。使宰夫爲獻主，臣莫敢與君亢禮也。不以公卿爲賓而以大夫爲賓，爲疑也，明嫌之義也。賓入中庭，君降一等而揖之，禮之也。君舉旅於賓及君所賜爵，皆降，再拜稽首，升成拜，明臣禮也。君答拜之，禮無不答，明君上之禮也。臣下竭力盡能以立功於國，君必報之以爵禄，故臣下皆務竭力盡能以立功，是以國安而君寧。禮無不答，言上之不虚取於下也。上必明正道以道民，民道之而有功，然後取其什一，故上用足而下不匱也，是以上下和親而不相怨也。和寧，禮之用也。此君臣上下之大義也。故曰，燕禮者，所以明君臣之義也。席，小卿次上卿，大夫次小卿，士、庶子以次就位於下。獻君，君舉旅行酬；而后獻卿，卿舉旅行酬；而后獻大夫，大夫舉旅行酬；而后獻士，士舉旅行酬；而后獻庶子。俎、豆、牲體、薦、羞皆有等差，所以明貴賤也。

諸侯燕禮之義，據《儀禮》言其義也。如《昏》《鄉飲酒》《射》《聘》首皆舉其目，此正發端語，故上節爲錯簡。爾、邇通，近也。少進，稍前也。卿與大夫皆北面。定位，定諸臣之位也。此諸臣初入，公降席立之時。君席阼階上，小臣所設公席西向者也。君獨升立席西面者，賓主皆升自西階之時也。適、敵同。設賓主，君燕本國臣，君不自主，使宰夫爲主、大夫爲賓。疑，謂卿爵近君，又使爲賓，則疑于君。大夫稍遠君，使爲賓，無嫌也。君舉旅于賓，謂宰夫獻賓終，君乃舉爵行旅酬于賓也。君所賜爵，謂酬卿、大夫之爵。賓與受賜者皆降西階下，再拜稽首，君使小臣辭，乃升堂，復再拜稽首，君答拜，成禮也。「臣下竭力盡能」以下，釋君答臣之義。因燕以及爵禄取民，猶《射義》及脩身好學，皆推廣禮義，非區區一事之儀節而已。上明正道以道民，謂制田里、教樹畜之類。席，謂設席之位。小卿次上卿，大夫次小卿，皆在堂上。次士，次庶子，皆在堂下。庶子未受爵，故后士。庶子侍衛居君側，故立阼階上，席則設于堂下也。獻君，宰夫爲主獻也。君舉旅行酬，君舉旅酬之爵行酒也。獻卿，亦宰夫獻也。卿舉旅行酬，亦君舉也。大夫、士亦然。唯庶子有主人之獻，而君不舉酬，詳《儀禮》。

# 燕義終〔一〕

〔一〕尾題「燕義終」三字原以雙行小字的形式，與正文同刻在所在書葉末行，位於行底，是爲節省工料的便宜做法，今依本書體例改移於此。

# 聘義第四十八

聘，省問也。古者天子、諸侯皆有聘，今《儀禮》所載，則諸侯友邦相聘之禮，此其義也。

聘禮，上公七介，侯伯五介，子男三介，所以明貴賤也。介紹而傳命，君子於其所尊弗敢質，敬之至也。三讓而后傳命，三讓而后入廟門，三揖而后至階，三讓而后升，所以致尊讓也。君使士迎于竟，大夫郊勞，君親拜迎于大門之内而廟受，北面拜貺，拜君命之辱，所以致敬也。敬讓也者，君子之所以相接也。故諸侯相接以敬讓，則不相侵陵。卿爲上擯，大夫爲承擯，士爲紹擯。君親禮賓，賓私面私覿敵，致饔餼戲，還圭璋，賄贈，饗、食嗣、燕，所以明賓客君臣之義也。故天子制諸侯，比年小聘，三年大聘，相厲以禮。使者聘而誤，主君弗親饗食也，所以愧厲之也。諸侯相厲以禮，則外不相侵，内不相陵。此天子之所以養諸侯，兵不用而諸侯自爲正之具也。以圭璋聘，重禮也。已聘而還圭璋，此輕財而重禮之義也。諸侯相厲以輕財重禮，則民作讓矣。主國待客，出入三積，餼客於舍，五牢之具陳於内，米三十車，禾三十車，芻薪倍禾，皆陳於外，乘禽日五雙，羣介皆有餼牢，壹食再饗，燕與時賜無數，所以厚重禮也。古之用財者不能均如此，然而用財如此其厚者，言盡之於禮也。盡之於禮，則內君臣不相陵而外不相侵，故天子制之而諸侯務焉爾。

上公，爵在三公上。天子之三公八命，至九命作伯，則上公也。《周禮·大行人》上公介九人，侯伯七人，子男五人，皆國君親行之數也。此君遣卿行，故其禮各下其君二等。介，副也，以輔行也。紹，繼也。命，使臣奉君命。列介相繼傳達，上介傳次介，次介傳末介，乃達于擯，以達于主君，故曰紹也。所尊，謂使臣尊主君。質，對也。無介直達，則輕突而瀆尊矣。三讓而后傳命，謂賓至大門外，主人請事之時，主君陳擯以待，賓不敢當，三讓而后傳其使聘之命也。既傳命，主君延賓入廟受聘，賓不敢當，三讓而后入。入門、當碑、當階三揖，及階三讓，主君升，賓乃升。主君北面拜受聘君禮物。拜君命之辱者，釋所以北面拜之意也。擯，主君所使接賓者。用三人，答介之數。賓不敢徑質，主亦不敢徑接也。卿、大夫、士，皆主國之臣也。君親禮賓，謂賓行聘事畢，主君親執醴禮賓也。私面，謂公事畢，使臣面主君，自伸其敬也。不用介相見曰面，以禮物見曰覿。牲殺曰饔，生曰餼。賓、介就館，主君使卿致饔餼也。析玉爲圭，半圭曰璋。聘諸侯以圭，聘夫人以璋。禮惟圭璋特達，事畢還之。賄贈，以財幣贈使臣也。饗、食之禮行于朝，燕禮行于寢。明賓客者，主君之義；明君臣者，使臣之義也。天子制諸侯，謂天子制此禮，使諸侯守之也。比年，連年也。厲，猶勉也。使者聘而誤，謂使臣奉使失禮也。聘與射，皆云天子養諸侯，不用兵而自正之具，故下文云聘、射至大禮，此先王制禮之義也。圭璋，重寶，畀使臣執以通信，故曰「重禮」。國君命圭不可輕假，享禮之圭璋，蓋璧琮之類，詳見《周禮・宗伯・典瑞》之職。良玉可象德，璋判圭合可示信，故以行禮，非以餽送也。皮幣則受，圭璋則反。皮幣爲財，圭璋爲禮。輕者不敢辭，重者必讓之，故曰「輕財重禮」也。出入三積，謂自始至及去日，凡三饋以委積也。米、薪、牲、醴皆爲積。餼客于舍，謂饋賓于館也。牛、羊、豕具爲一牢。穀連秸曰禾。食馬曰芻，炊爨曰薪。乘禽，成羣之禽，鵝、鴨之類。饗以示恭儉，止于再。燕與時賜，示慈惠，故無數。厚謂不敢薄，重謂不敢輕。不能均如此，猶言不能皆如此也。盡之於禮，謂財本以行禮，故于禮盡財也。

按：五牢，猶侯伯之使耳。若上公使則七牢。五牢，則牛羊豕十五，出入三積則四十五。《聘禮》云：「米三十車，車秉有五藪。」十六石爲秉，十六斗爲藪，是一車爲米二十四石，三十車爲米七百二十石也。又云：「禾三十車，車三秅杜。」四十秉爲秅，是一車禾千二百束，三十車爲禾三萬六千束。薪芻又倍之，是十四萬四千束。乘禽醯醢酒漿之數不與焉。此猶正賓一人一次之積耳。若九介、七介三積備，無論品物狼藉，即客舍何地可容？故禮家言難盡拘也。

聘、射之禮，至大禮也。質明而始行事，日幾中而后禮成，非强有力者弗能行也。故强有力者將以行禮也。酒清，人渴而不敢飲也；肉乾，人飢而不敢食也；日莫人倦，齊莊正齊而不敢解惰：以成禮節，以正君臣，以親父子，以和長幼。此衆人之所難而君子行之，故謂之有行。有行之謂有義，有義之謂勇敢。故所貴於勇敢者，貴其能以立義也；所貴於立義者，貴其有行也；所貴於有行者，貴其行禮也。故所貴於勇敢者，貴其敢行禮義也。故勇敢、强有力者，天下無事則用之於禮義，天下有事則用之於戰勝。用之於戰勝則無敵，用之於禮義則順治。外無敵，内順治，此之謂盛德。故聖王之貴勇敢、强有力如此也。勇敢、强有力而不用之於禮義、戰勝，而用之於争鬬，則謂之亂人。刑罰行於國，所誅者亂人也。如此則民順治而國安也。

先王制禮，使人莊敬日强而已。君子自强不息，而後可以行禮。子云：「不學禮，無以立。」凡禮皆然，不獨聘射耳。

按：質明行事，日中而後成禮；日莫人倦，飢渴而不敢飲食。如是，則矜持勞頓，非先王諧人情，和爲貴，小大由之之義。必勇敢、有力、戰勝者，然後行禮，天下之能行禮者寡矣。且勇敢强力用之禮義，是也。勇敢强力用之戰勝，而謂之盛德，此商鞅秦法使民「勇于公戰，怯于私鬬」者，豈所以論禮乎？

子貢問於孔子曰：「敢問君子貴玉而賤碈民者何也？爲玉之寡而碈之多與？」孔子曰：「非爲碈之多故賤之也、玉之寡故貴之也。夫昔者君子比德於玉焉：温潤而澤，仁也。縝密以栗，知也。廉而不劌貴，義也。垂之如隊，禮也。叩之，其聲清越以長，其終詘然，樂也。瑕不揜瑜，瑜不揜瑕，忠也。孚尹旁達，信也。氣如白虹，天也。精神見于山川，地也。圭璋特達，德也。天下莫不貴者，道也。《詩》云：『言念君子，温其如玉。』故君子貴之也。」

此節因上言聘用圭璋，引此以明玉之可貴。碈，石似玉也。縝，密也。栗，堅也。劌，傷也。越，揚也。詘然，止貌。清揚長遠而能止，和而有節，故謂之樂。瑕，玉病。瑜，玉美也。美惡不相揜，故謂之忠。孚，合也。尹，割正也。割玉爲圭璋。《周禮·典瑞》云「四圭有邸以祀天」，「兩圭有邸以祀地」，《考工記·玉人》云「天子之圭中必四圭」，謂以一玉割爲四，爲兩。其瑕瑜不揜，旁分皆合，故曰「孚尹旁達」，謂之信，聘享以通信也。氣如白虹，謂玉色光華如虹。天氣白，故曰天。産于山川，故曰地。以爲圭璋，朝聘用之。輯瑞合信，惟玉先通，故曰特達。非美德全備而能然乎？故曰德。天下惟道共由，人莫不貴，惟玉亦然，故曰道。《詩》，《國風·小戎》之辭。

按：鄭註「孚尹」作「浮筠」，采色。然則何以爲信？下文又云「氣如白虹」，不重複乎？《曲禮》「脯曰尹祭」，《士虞禮記》云「二尹縮，祭半尹」，世謂宰官爲尹，皆取割正意。孚其所割，瑕瑜不欺，故爲信。

## 聘義終〔一〕

〔一〕自「美惡不相揜」至尾題「聘義終」，原在書葉脱落處，據《續修》本補。

# 喪服四制第四十九

四制，謂恩、理、節、權也。

凡禮之大體，體天地，法四時，則陰陽，順人情，故謂之禮。訾之者，是不知禮之所由生也。夫禮吉凶異道，不得相干，取之陰陽也。喪有四制，變而從宜，取之四時也。有恩，有理，有節，有權，取之人情也。恩者仁也，理者義也，節者禮也，權者知也。仁、義、禮、知，人道具矣。其恩厚者其服重，故爲父斬衰三年，以恩制者也。門内之治恩揜義，門外之治義斷恩。資於事父以事君而敬同，貴貴尊尊，義之大者也。故爲君亦斬衰三年，以義制者也。三日而食，三月而沐，期而練，毁不滅性，不以死傷生也。喪不過三年，苴衰不補，墳墓不培，祥之日鼓素琴，告民有終也，以節制者也。資於事父以事母而愛同，天無二日，土無二王，國無二君，家無二尊，以一治之也。故父在爲母齊衰期者，見無二尊也。杖者何也？爵也。三日授子杖，五日授大夫杖，七日授士杖。或曰「擔主」，或曰「輔病」。婦人、童子不杖，不能病也。百官備，百物具，不言而事行者，扶而起。

言而后事行者，杖而起。身自執事而后行者，面垢而已。禿者不髽，傴羽者不袒，跛者不踊，老病不止酒肉。凡此八者，以權制者也。

喪禮本乎恩，故仁始之。恩不足，斷以理。恩勝理當，不可無節。節嚴不可無權。資，猶取也。孝本事父，取以事君。貴貴尊尊，皆謂敬君也。苴衰，苴麻之衰，雖破不補。墳墓一成，不復增培，詳見《檀弓》。祥日，大祥之日。素琴，謂絃而不歌，所謂和之而不成聲也。鼓琴瑟，必歌以和之。不和故曰素。或曰：琴無漆飾也。杖論爵，君喪之禮也。三日，謂成服後。子，嗣君也。大夫待五日，士待七日，爵尊者誼隆哀甚，卑漸殺也。擔主、輔病，《儀禮·喪服傳》之文。無爵者杖，以擔主也。擔，負也。主，喪主。孝子哀毀不勝，授之杖以擔荷之也。輔病，謂不爲主者，哀困不能興，授杖以輔持之也。婦人與童子不備禮，不能病，故不杖。官備物具，不言而喪事自行者，唯天子、諸侯爲然。故盡情致哀，扶而後起可也。待言而後喪事行者，大夫士也。毀不及病，杖而起可也。身執事而後行者，庶人也。病亦不可，但不爲容飾，面有垢色而已，可也。禿、傴、跛，解見《問喪》。八者，一杖與不杖，二扶而起，三杖而起，四面垢，五不髽，六不袒，七不踊，八不止酒肉，皆以權爲制也。

始死，三日不怠，三月不解，期悲哀，三年憂，恩之殺也。聖人因殺以制節，此喪之所以三年，賢者不得過，不肖者不得不及。此喪之中庸也，王者之所常行也。《書》

曰「高宗諒闇，三年不言」，善之也。王者莫不行此禮，何以獨善之也？曰：高宗者，武丁。武丁者，殷之賢王也，繼世即位，而慈良於喪。當此之時，殷衰而復興，禮廢而復起，故善之。善之，故載之書中而高之，故謂之高宗。三年之喪，君不言。《書》云：「高宗諒闇，三年不言。」此之謂也。然而曰「言不文」者，謂臣下也。禮，斬衰之喪，唯而不對；齊衰之喪，對而不言；大功之喪，言而不議；緦、小功之喪，議而不及樂。

恩之殺，謂始死以至三年，情以漸減也。諒、亮同，明也。闇、暗同。明暗猶言昧爽，憂居愁慮之貌，《詩》所謂「不出于耿」也。「三年之喪，君不言」，「言不文」，蓋古語。記者引釋君不言，即高宗不言之謂；言不文，謂臣下也。人主百官備，不言而事行。臣下言而後行，但不尚文。唯而不對，對而不言，言而不議，議而不及樂，皆諒闇不言之義。解見《間傳》。

按：諒闇，《書》作「亮陰」，《論語》作「諒陰」，孔安國、何晏註「諒」訓信，「陰」訓默，近之。鄭玄註作「梁庵」，凶廬在楣梁下，鑿也，猶「浮筠」、「春容」之類，極無謂，而末學喜從之。

父母之喪，衰冠、繩纓、菅(間)屨，三日而食粥，三月而沐，期十三月而練冠，三年而祥。比終茲三節者，仁者可以觀其愛焉，知者可以觀其理焉，强者可以觀其志焉。禮以治之，義以正之，孝子、弟弟、貞婦皆可得而察焉。

比，及也。三節，謂始死至三月一節也，十三月而練二節也，三年而祥三節也。理，謂隆殺輕重之理。志，謂守禮克終之志。又禮以治之，義以正之，四制備矣。孝子、弟弟、貞婦，舉不外此矣。

# 禮記通解卷二十二終

時萬曆丙辰季冬京山郝氏刋刻